I
한국의 근대, 문화장의 동역학

글쓴이
박헌호 朴憲虎, Park, Heon-ho_ 고려대학교 민족문화연구원 HK교수
이승희 李承姬, Lee, Seung-hee_ 고려대학교 민족문화연구원 HK연구교수
김정한 金廷翰, Kim, Jung-han_ 고려대 민족문화연구원 HK연구교수
함돈균 咸燉均, Hahm, Don-kyoon_ 고려대 민족문화연구원 HK연구교수
류시현 柳時賢, Ryu, Si-hyun_ 전남대학교 호남학연구원 HK교수
서지영 徐智瑛, Suh, Ji-young_ UBC, 고려대학교 민족문화연구원 HK연구교수 역임
김일환 金日煥, Kim, Il-hwan_ 고려대학교 민족문화연구원 HK연구교수
문한별 文한별, Moon, Han-byoul_ 고려대학교 강사
정병욱 鄭昞旭, Jung, Byung-wook_ 고려대학교 민족문화연구원 HK교수
김승우 金承宇, Kim, Seung-u_ 고려대학교 HK한국문화연구단 연구교수
김　항 金　杭, Kim, Hang_ 고려대학교 민족문화연구원 연구교수
진태원 陳泰元, Jin, Tae-won_ 고려대학교 민족문화연구원 HK연구교수

문화동역학라이브러리 13
한국의 근대, 문화장場의 동역학

초판인쇄 2013년 5월 15일 **초판발행** 2013년 5월 25일
엮은이 박헌호 **펴낸이** 박성모 **펴낸곳** 소명출판 **출판등록** 제13-522호
주소 서울시 서초구 서초동 1621-18 란빌딩 1층
전화 02-585-7840 **팩스** 02-585-7848 **전자우편** somyong@korea.com **홈페이지** www.somyong.co.kr

값 30,000원

ISBN 978-89-5626-878-1 94330
ISBN 978-89-5626-851-4 (세트)

이 책은 2007년 정부(교육과학기술부)의 재원으로 한국연구재단의 지원을 받아 수행된 연구임(NRF-2007-361-AL0013)

고려대학교 민족문화연구원
문화동역학 라이브러리 13

한국의 근대, 문화장場의 동역학

Modern Korea, Dynamics of Cultural Fields

박헌호 편

문화동역학 라이브러리 문화는 복합적이고 역동적인 구성물이다. 한국 문화는 안팎의 다양한 갈래와 요소가 상호작용하는 과정을 통해 끊임없이 변화해왔고, 변화해 갈 것이다. 고려대학교 민족문화연구원이 주관하는 이 총서는 한국과 그 주변 문화의 복합적이고 역동적인 양상을 추적하고, 이를 통해 한국 문화는 물론 인류 문화에 대한 새로운 통찰과 그 다양성의 증진에 기여하고자 한다. 문화동역학(Cultural Dynamics)이란 이러한 도정을 이끌어 가는 우리의 방법론적인 표어이다.

소명출판

책머리에

이 책은 고려대학교 민족문화연구원 HK 한국문화사업단 산하 '근대문화연구팀'의 연구 성과를 간추린 것이다. 본 사업단의 아젠다는 '한국 문화의 동역학'이다. 이때의 '한국문화'는 연구의 대상이자 영역이며, '(문화)동역학'이란 문화연구의 동태적, 입체적 시각을 강조하는 것으로써, 단일 이론구조를 지닌 폐쇄적 형태의 방법론을 지칭하는 것이 아니다. 문화라는 학문 대상은 본질적으로 동태적인 것인데, 이를 해명하기 위한 학문적 방법론이 근대계몽기로부터 비롯하여 작금에 이르기까지 본질주의나 문화결정론적인 틀에 얽매였던 바가 적지 않다. 이럴 경우 한국문화의 역동적인 궤적을 추적, 해명하기가 쉽지 않다. 특히 봉건해체기로부터 현재에 이르기까지 근대의 문화변동은 격변이란 말이 어울릴 만큼 그 변화의 주기가 매우 빠르고 접촉한 문화 또한 다양했다. 이러한 역동성의 현장을 적절하게 재구성하기 위해서는 문화 현상과 요소의 다면적 얽힘을 초분과적으로 성찰하고 시간의 추이 속에서 동태적으로 파악하는 관점이 요청되지 않을 수 없다.

이 책의 저자들은 한국 근대문화의 역동적 전개양상을 동역학적 관점에서 파악하기 위한 시도로 몇 가지 전제를 함께 했다. 첫째 학문통섭적 연구를 진척시키되 자기 분야에서의 가장 역동적인 국면들을 포착할 것, 둘째 문화동역학의 층위를 '연관 · 구조 · 변동 · 표상'의 차원으로 대별하고 이를 논리화시키기 위한 기초 작업들을 수행할 것, 셋째 지금까지의 한국학 분야에서 상대적으로 소홀했던 부분을 다루거나 첨단의 문제의식을 담지할 것, 넷째 향후 이어질 공동연구의 기반이 될 기초적인 사실들에 주력할 것 등이 그것이다. 이러한 문제의식들을 공유한 상태에서 본 연구팀은 공동연구를 수행해왔고 그 첫 결실을 간행하여 학계에 보고하고자 한다.

여기서 우리가 '장(場)' 개념을 표제어로 삼은 것은, 문화를 소여 되는 것으로써가 아니라 대립되는 힘들의 관계이자 객관적 관계들의 구조로 다루고자 했기 때문이다. 예컨대 문화를 정치 · 경제 · 사회의 한 항목으로 혹은 예술 · 종교 · 사상 · 제도의 총합으로 환원하는 시각을 벗어나 각 영역들의 외부와 내부, 제도와 인식, 창조와 인정욕망 모두를 포착하기 위해서이다. '문화' 자체가 자신의 존재를 사회적으로 용인받아야 하는 '장'의 하나일 뿐만 아니라, 그 아래 각각 '예술의 장', '사상의 장', '종교의 장'과 같은 개념들을 내포하는 역동의 현장이다. 문화현상의 초분과적 성찰과 동태적 접근을 강조하는 동역학적 관점에서 '장'의 이론이 유효한 까닭이 여기에 있다. 이 책이 한국 근대문화의 제반 영역을 다 다루고 있지는 못하지만, '문화'를 바로 '그러한 문화'로 만드는 역동의 과정에 주목했던 이유도 이와 같다.

이를 위해 책을 크게 세 부분으로 나누었다. 제1부는 '구조와 변동의 장'이며 제2부는 '기억과 표상의 장', 그리고 마지막 제3부는 '소통과 연관의 장'으로 편성했다. 하나의 문화는 내적 정체성을 기반으로 외부 문화와의 소통과 연관을 통해 형성되며 이를 통해 자기 문화의 구조를 창출하나, 내 / 외부적 요인에 의해 변동의 과정을 거치게 된다. 특정 문화의 정체성은 기억과 표상을 통해 외화되는 데, 그것은 자기 정체성을 강화하면서 문화의 구조를 견고하게 하지만 다시 내 / 외부의 소통과 연관에 의해 변동의 과정 속으로 돌입하게 된다. 우리 연구팀은 문화동역학의 실제 양상들을 이러한 개념 아래 접합하고자 노력했으며 각 논문별 편차에도 불구하고 동일한 문제의식을 유지하고자 노력했다.

제1부 '구조와 변동의 장'에 네 편의 글을 실었다. 여기서는 한국 근대문화의 전체상을 구조화하기 위한 출발점으로서, 특정한 구조를 탄생시키는 혹은 그것의 변화를 충격하는 문제적인 국면들을 일차적으로 점검해보았다.

조선총독부 경무국 산하 도서과의 비밀문서였던 『조선출판경찰월보』를 분석한 박헌호의 글은, 식민지 조선의 문화장에서 가장 핵심적인 입법자이자 합법성의 부여자였던 식민권력의 '검열' 문제를 전체적으로 다루고자 하였다. 10년이 넘는 시간 동안 간행됐던 『조선출판경찰월보』는 식민권력의 검열촉수가 무엇에, 어디로 향했는지를 보여주는 분석서이자, 검열의 결과에 대한 보고서이며, 소리 없이 사라진 피식민지 '언어'들의 묘지명이다. 통계적 방법을 활용해 해당 시기 검열의 전체상을 재구하려는 이 논문의 성과는 향후 검열연구의 거시적 의미망을 구축하는데 디딤돌이 될 뿐만 아니라 많은 후속과제들을 제출하고 있다는 점에서 가치를 갖는다.

이승희는 연극이나 영화 상영 등으로 구현되는 '흥행시장'을 세금과 접목시키는 참신한 관점을 선보였다. 이는 검열의 문제와 밀접한 연관을 갖는 동시에 식민지 조선의 흥행업자들의 대응양상 또한 드러내 보일 수 있는 적절한 돋보기다. 검열을 통해 내용을 통제하려는 욕망과 세금을 더 많이 걷으려는 욕망 사이에서 유동하는 식민권력과 이에 부합하거나 저항하면서 자신들의 이익을 추구해가려는 극장업자들의 동태적 양상들이 '근대적 흥행시장'의 성립이라는 더 큰 조명틀 아래 일목요연하게 알몸을 드러내고 있다. 이는 '억압-저항'의 이분법을 넘어서는 관점일 뿐만 아니라, '자본-권력-대중'의 관계에 대한 역동적 접근의 사례로 기억될 만하다. 박헌호의 글이 '출판력'의 문제와 합법성의 문제, 권력의 문제를 초점화했다면, 이승희의 연구는 거기에 자본과 대중의 문제를 더하여 문화의 구조적 역동성을 심화시켰다.

한국 근대문화를 역동적으로 보고자 한다면, '한국전쟁'이라는 사건을 빼놓을 수 없다. 김정한은 「한국전쟁의 정치사회적 효과」를 통해 전쟁 이후 60년이 지난 오늘날의 시점에서 한국전쟁의 현재진행형 효과와 영향의 문제들을 점검했다. 이를 통해 우리의 경우, 한국전쟁을 통해 비로소 '국민'이 형성되었으며 그것은 죽음이라는 극한적 상황 앞에서의 '공포의 충성서약'을 동반했던 것이었음을 논증했다. 현재까지 한국의 정치지형도를 잠식하고 있는 '보수적 민주화'의 근원 또한 한국전쟁이 낳은 사생아 중 하나일 것인데, 이는 극한적 폭력에 대한 두려움 속에서 삶으로서의 기회주의를 양산하고, 악의 평범성을 뇌리에 심어 냉소주의와 허무주의로의 충동에 시달리는 일상을 낳았다고 진단한다. 산업화와 민주화를 동시에 달성했다고 자부하는 현재의 한국 사회에서 마주치는 숱한 문제들 안에, '한국전쟁'이 오롯이 살아 있는 것이다.

이는 곧 체험의 시간을 역사화하는 문제, 해방적 시간을 염원하는 문제로 귀결되지 않을 수 없는데, 이를 문학 속에서 적절히 보여줄 수 있는 작가가 바로 시인 김수영이다. 함돈균의 「김수영 시의 시간의식

연구」는 그 부제가 말하는 것처럼 '해방적 시간과 '역사화'라는 관점을 중심으로' 이루어진다. 함돈균은 분석을 통해, 존재의 다른 가능성이 개방되는 새로운 미래, 해방적 시간은 추상적인 차원의 '진보'라는 허약한 가상을 통해서가 아니라, 현실에 없는 자들의 억압된 과거를 기억하고 그 자리 없는 자들의 억압적 현존질서를 중단시키는 진정한 비상상태를 결단하고 실천하는 데 있음을 논증하였다. 김수영의 시에 자주 드러나는 '과거-현재-미래'의 공존은 이러한 해방적 시간에 대한 염원의 표상이며, 그것은 '사랑'을 호출함으로써 자신의 육체를 획득했다. 이는 한국 현대시사에서 시간성에 대한 가장 독창적이고 열정적인 사유의 산물이었다는 점에서 오늘날에도 거듭 되새겨봐야 할 자산으로 남아 있다.

제2부 '기억과 표상의 장'도 네 편의 글을 실었다. '기억'이란 항상 시대적 · 정치적 상황에 따라 변화하는 것이며 권력관계에 따라 부상하거나 침묵을 강요받는 방식으로 구현된다. '기억'을 표상하는 행위 자체가 매우 정치적인 행위이며 역사적 의미를 창출하는 행위라는 점에서 기억과 표상의 동역학을 살피는 것은 한국 근대문화의 동태적 접근방법에서 간과할 수 없는 영역이다.

류시현은 한국 근대사의 중요한 결절점에 해당하는 '3 · 1운동'에 관한 기억을 다루었는데, 특히 가장 가까운 지점이라고 할 1920년대에 '3 · 1운동'이 어떻게 기억되고 어떤 의도 아래 호출되는가를 분석했다. 특히 이 글이 주목한 것은 '민족'과 '민중'에 대한 인식의 편차이다. 구한말 이래 민중은 어리석은 존재라는 '우민관'을 지녔던 지식인들에게 3 · 1운동은, 지식인의 계몽 너머에 정치적 실체로서의 민중이 존재한다는 것을 현실적으로 보여줌과 동시에 이미 그들의 통제를 벗어난 존재로서 민중이 존재한다는 것을 극명하게 보여준 사례다. 이후 '민중'을 중심으로 삼일운동을 기억하고자 했던 사회주의 계열과 달리 민족주의 세력 내부에서 민중의 문제가 상대적으로 복잡하게 나타나는 이유도 이와 관련이 깊다는 것을 논증하여, 이 글은 '민족 / 민중'의 분화지점으로서 '3 · 1운동'에 대한 기억이 작용했다는 사실을 보여주고 있다.

이런 맥락에서 민중의 일환이라 할 '여공'들이 식민지 문학 장 안에서 어떻게 표상되는가 하는 문제를 분석한 서지영의 글은 흥미롭다. 1920~30년대 일자리를 찾아 도시공장으로 이동한 농촌소녀들의 형상은 60~70년대 농촌인구의 도시집중화 현상의 전조에 해당하는 한편, '전통'의 영역에서 근대로 걸어 나온 여자, 곧 근대적 직업에 종사하며 스스로 돈을 버는 새로운 유형의 여자라는 차원에서의 '신여성' 중 하나이자, 식민지 자본의 가장 가혹한 수탈에 노출된 프롤레타리아이기도 하였다. 그들은 사회주의적 전망에 의거 혁명전사로 탈바꿈하기도 하지만, 근대 물질문명의 소비주체로 그려지기도 하고, '고향'에 남겨진 가족들을 위해 혹독한 수탈을 견디는 희생적 존재로서도 드러난다. 말하자면 식민지 '서발턴' 내부의 이질성을 표상하는 존재로써 이 시기의 여공 형상을 주목할 필요가 있는 것이다.

「카프 전후 소설의 어휘 사용 양상」은 문학연구자와 언어연구자가 공동의 문제의식 아래 통섭적 연구를 시도한 의미 있는 사례다. 1930년대 카프 해체 전후 소설들의 어휘 사용 양상을 계량적 방법을 통해 살펴봄으로써 문학연구에서 언어학적 연구방법론을 도입하는 것의 의의를 제시하고자 했다. 지금까지의 카프문학 연구가 이데올로기적 접근방법이 주요한 것인데 반해 이 연구는 실제 작품에 등장하는 어휘의 사용 양상을 분석하여 카프 해체 전후의 인식적 변화를 실증했다는 점에서 향후 인접한 분과학문 간의 공동연구의 한 모델을 제시한 것으로 평가할 수 있다. 우리 연구단의 주요한 특징 중 하나인 컴퓨터 공학과 인문학의 결합(전자인문학)이라는 시도가 이 글에서도 선명하게 드러난다.

기억에 대한 통시적 표상은 한국 근대사를 횡단하는 주요한 방법론 중 하나가 될 터인데, 정병욱은 이를 '한국산업은행'이라는 과거 '조선식산은행'의 후신인 집단들의 기억 표상을 통해 계보화했다. 이 은행의 사보였던 『산우』를 대상으로, 해방 직후 '자기반성'의 기억들이 대두되다, 단독정부 수립 이후 '부일협력'에 대한 변호로 논조가 바뀌고, '한국전쟁' 이후에는 이념적 문제로부터 한발 비켜나 '산업금융의 경험'을 강조하는 기능적 측면으로 변하는 과정을 추적하여 보여주었다. 4・19 이후 이러한 주류기억에 대항하는 대항기억이 발화되는 것 역시 흥미롭다. 시대에 따라 기억의 흐름들이 바뀌는 양상은 식민 잔재의 청산에 대한, 나아가 한국 근대사에서 과거가 집단적으로 해결되지 못하고 늘 봉합에 머물렀던 현상들의 원인이 어디에 있었는지를 예시하는 대목이다. 과거란 늘 현재의 투영으로 호출된다는 사실을 서늘하게 보여주었다. 비단 '산업은행'뿐이겠는가!

제3부는 '소통과 연관의 장'이라는 소제목 아래 세 편의 글을 모았다. 한 국가의 문화는 고유한 측면을 내재하는 것이나 다른 문화와의 끊없는 소통과 연관 속에서 정체성을 형성하고 변형하는 유동하는 존재로 구현된다. 이러한 구분 아래서 우리는 한국문화를 문화적 소통과 연관

의 산물로 파악하여 연구의 영역과 범위를 넓혀 나가고자 한다.

「구한말 선교사 호머 헐버트의 한국시가 인식」을 다루면서 김승우는, 헐버트의 한국시가 인식이 유사한 활동을 활발하게 벌였던 제임스 게일과 어떠한 측면에서 다르고, 그러한 차이를 만든 인식적 근원이 무엇인지를 밝혔다. 한국문학 고유의 지점들을 강조한 헐버트는, 한국문학을 중국문학의 전범을 따르고 있다고 파악한 게일에 비해 나아간 것이겠지만, 그것이 한국문학을 영미문학의 '어떤 것'들로 환원하려는 욕구를 지닌 것이었기에 반드시 긍정적인 것만은 아니었다. 이는 오늘날까지도 지속한다고 볼 수 있는 — 한국문화를 '중국적인 것의 변용'으로 해석하려는 관점과, '서구적인 것의 적용'으로 판단/비평하려는 관점의 기원을 보여준다는 점에서 이 연구의 가치가 빛난다.

김항의 연구는 근대일본의 국가관이 자연주의적 시각에 매몰되어 있었음을 논증하고, 이에 대한 마루야마 마사오와 다케우치 요시미의 비판을 검토함으로써, 이른바 '동아시아론'의 현재적 의의를 살펴보는 것을 목적으로 삼았다. 국가를 개개인을 초월하여 과거로부터 영속해 온 초역사적 실체로 간주하는 자연주의적 국가관은 국가의 폭주를 비판하고 제어하는 정치적 힘을 형성하기 어렵게 한다. 이를 비판하면서 마루야마는 '결단으로서의 내셔널리즘'을 통해 '아시아'라는 식민지적 지역성을 해소하는 방향으로, 다케우치는 '방법으로서의 아시아'를 통해 '유럽-아시아'라는 구분 자체에 저항하는 방향으로 각각 나아갔다. 이른바 '동아시아론'의 비판적 계승을 통해 이러한 논의들의 현재적 의의를 점검하는 것이 여전히 우리에게 남아 있는 과제이다.

마지막으로 진태원의 연구는 90년대 후반 이후로 한국학계를 풍미한 '국민국가' 혹은 '국민'비판론에 대해 반비판의 지점들을 제기하는 글이다. 민족주의 혹은 국민국가론에 대한 다양한 비판들은 한국 근대사의 역사적 경험 속에서 입론적 타당성을 보장받을 지점들이 다양하게 존재한다는 점에서 이론적 승인을 쉽게 얻었다. 그러나 그러한 논의들이 공통적으로, 근대 정치의 병리적 측면들 전체가 국민과 국민국가에 뿌리를 두고 있다는 문제의식을 공유한다는 점에서, 이러한 논의는 '국민국가'에 대한 저항과 대안모색의 가능성을 차단하는 결과를 낳을 수 있다. 3 · 1운동을 포함한 한국의 근대사는 다양한 측면에서 이데올로기에서 대중의 존재론적 우위를 보여주고 있는데, 이러한 우월성을 승인할 때 국민국가의 문제를 넘어설 수 있는 가능성이 열린다는 점, '권력'비판의 태도가 권력 자체의 긍정적이고 생산적인 작용가능성을 부인하는 방식으로 귀결되어서는 안 된다는 점, 국민국가 자체가 역사적 산물이란 점을 인식하고 '개인' 또한 국가 안에서 자유와 권리를 누릴 수 있다는 사실로부터 논의를 출발해야 한다는 점 등을 제시하였다. '한국의 근대, 문화장의 동역학'은 오늘날에도 역동적인 모습으로 우리 곁에서 작동하고 있는 것이다.

서로 전공영역도 다르고, 공부해온 방식도 다르고, 지적 취향과 문제의식도 다른 연구자들이 모여 분과학문의 경계를 넘어 통섭적 공동연구를 한다는 것이 말처럼 쉬운 것은 아니었다. 우리는 서로의 전문지식을 나누며 환희했던 만큼, 서로에게 벽을 느꼈고, 서로에게 서운했다. 나아가야 할 지점과 나아가지 못하는 현실 사이에서 많이 헤매기도 했다. 이제 성과를 묶어내는 마당에, 기쁨보다는 아쉬움이 더 크다는 것은 비단 겸양의 말만은 아니다. 지금까지 치러왔던 시행착오의 교훈들이 보다 나은 열매로 맺어질 수 있기를 간절히 바란다.

고려대학교 민족문화연구원 한국문화연구단의 일원으로서 긴 세월을 함께 했으나, 지금은 우리 곁에 없는 연구자들이 있다. 류시현, 김항 선생은 각기 전남대, 연세대의 HK교수로 자리를 옮겼고, 서지영 선생은 더 큰 공부를 꿈꾸며 밴쿠버의 UBC에서 새로운 도전을 진행 중이다. 세 분 모두 흔쾌히 논문게재를 허락해준 것에 감사하며, 진정, 더욱 빛나는 '내일'들의 연속이기를 간절히 바란다. 학문동네의 어느 현장에서 혹은 삶의 어느 골목길에선가 환한 얼굴로 다시 만나, '한국의 근대, 문화장의 동역학'을 되씹어볼 수 있는 기회가 오기를!

제목에 비해 다루는 내용이 성근 것을, 우리 자신 잘 안다. 그럼에도 가고자 하는 길의 이정표를 '현재형' 제목으로 삼은 것은, 오늘의 발걸음은 성그나 내일의 도착지는 더욱 조밀하리라는 우리의 다짐을 잊지 않기 위해서이다. 한국의 근대, 문화장의 동역학은 우리의 화두요, 戰場이며, 업보이자 놀이터다.

2013년 봄,

필자들을 대신하여 박헌호 씀.

차례

1부

구조와 변동의 장

한국 근대문학 검열연구의 통계적 접근을 위한 시론

『조선출판경찰월보』와 식민지 조선의 구텐베르크 은하계

박헌호

1. 근대문학의 검열연구와 『조선출판경찰월보』

한국 근대문학 연구에서 일제의 검열은 대전제로 관습적으로 언급돼왔지만 그에 대한 직접적인 연구는 많이 이루어지지 못했다. 그러면서 우리는 우리가 연구하는 텍스트가 검열을 '통과'한 작품이라는 사실을 간과한 채, 존재하는 텍스트를 절대화했고 이를 통해 작가의 현실 인식과 양식적 변천, 미학적 의미에 대해 논의를 전개해왔다. 문학의 본질이 '표현'이라 했을 때 우리는 표현되지 못하고, '노예의 언어'로 말하며, 에둘러 미봉했던 말들을 '텍스트'라 불러왔던 것이다. 이런 맥락에서 검열문제는 한국 근대문학 연구에서 가장 근본적인 영역에 속하며 중층적인 시각과 다양한 방법론에 입각하여 연구될 것이 요청되는 사안이다.

식민지 시대 검열연구는 그 동안 언론학자들이 선도적으로 이끌어 왔으며[1] 국문학 분야에서도 지속적으로 문제제기를 해왔다.[2] 특히 최근에는 '억압-저항'의 이분법을 넘어서 문화 / 제도사적인 관점에서 검열의 실체와 작동기제에 대한 새로운 접근이 시도되고 있어 주목을 요한다.[3] 이러한 연구들은 검열의 주체와 방법, 작동양태에 대한 탐구는 물론 문학작품을 포함한 다양한 문화예술 방면에서 검열이 미친 광범위한 영향에 대해 새로운 논의의 지평을 열었다. 이를 통해 검열이 일제의 사상적 억압수단일 뿐만 아니라 한국 근대지식사와 문화사에 결정적인 영향을 미친 중요한 메커니즘이었다는 사실을 밝혀냈다.[4]

하지만 검열연구는 여전히 시작단계에 있다. 그것은 검열주체로서의 '조선총독부'에 대한 연구[5]가 아직도 미흡하고, 검열의 객체이면서

---

1 예를 들면 최준, 『한국언론사』, 일조각, 1960; 최민지, 『일제하 민족언론사론』, 일월서각, 1978; 정진석, 『일제하 한국언론투쟁사』, 정음사, 1979; 정진석, 『한국언론사』, 나남, 1990; 강준만, 『권력변환 – 한국언론117년사』, 인물과사상사, 2000. 등을 들 수 있다.

2 근대문학 분야에서는 한만수가 행한 일련의 작업이 선구적 역할을 해왔다. 가령 「일제시대 문학검열연구를 위하여」, 『배달말』 27호, 배달말학회, 2000.으로부터 「식민지시대 문학검열에 나타난 복자의 유형에 대하여」, 『국어국문학』 136호, 국어국문학회, 2004. 5.를 거쳐 「식민지 시기 근대기술(철도, 통신)과 인쇄물 검열」, 『한국문학연구』 32호, 동국대 한국문학연구소, 2007.6에 이르기까지 다양한 영역에서 연구를 진행해왔다. 이 글은 한만수의 연구결과에 많은 빚을 지고 있다.

3 특히 2004년 12월에 성균관대학교 동아시아학술원에서 개최한 〈식민지 검열체제의 역사적 성격〉 심포지움과 2005년 12월 동국대 한국문학연구소에서 개최한 〈식민지 시기 검열과 한국문화〉 심포지움, 그리고 2006년 12월 서울대 규장각에서 개최한 〈일제하 한국과 동아시아에서의 검열에 관한 새로운 접근〉이라는 심포지움에서 발표됐던 논문들에 주목할 필요가 있다.

4 나는 일제의 검열논리만이 아니라 이에 대응했던 식민지 지식인들의 '반검열'논리를 분석하여 검열이 미쳤던 영향의 일단을 한국 근대정신사의 관점에서 재구성해보았다. 박헌호, 「'문화정치'기 신문의 위상과 반-검열의 내적논리」, 『대동문화연구』 50집, 성균관대 대동문화연구원, 2005.6 참조.

5 이에 대해서는 박용규, 「일제 말기(1937~1945)의 언론통제정책과 언론구조변동」, 『한국언론학보』 46, 한국언론학회, 2001; 정근식, 「식민지적 검열의 역사적 기원-1904~1910」, 『사회와 역사』64, 한국사회사학회, 2003; 정근식,「일제하 검열기구와 검열관의

동시에 매개적 주체역할을 수행했던 인쇄 / 판매 자본에 대한 연구[6] 역시 일천하여, 검열의 대상인 작가와 작품에 도달하기 위한 중간지식[7]이 여전히 부족하기 때문이다. 검열연구의 궁극적인 목표가, 검열이 정신에 미친 문화적, 사상적 영향을 탐구하는데 있으며 이를 통해 형성된 한국 근대정신사의 재구성에 있다고 할 때, 우리는 아직도 그 全 단계의 실체와 구조에 대해서도 잘 알지 못하고 있는 것이다.

검열연구의 어려움은 무엇보다도 '자료'가 충분치 않다는데 있다. 이것은 원칙적으로 검열의 속성에 기인한다. 검열이란 특정한 사상과 언어를 사회적으로 존재(표현)하지 못하게 하는데 목적이 있는 것이 아니던가. 따라서 검열연구는 보다 더 많이 실증의 바다를 뒤지며 다녀야 한다. 여기서 최근에 발굴된 『조선출판경찰월보』(이하 『월보』)의 중요성이 부각된다.[8] 『월보』는 조선총독부 경무국 도서과가 검열업무의 정리 및 체계화와 '집무에 참고할 목적'으로 월간으로 발행한 비밀자료이다. 1928년 9월부터 1938년 12월까지 총 123호의 존재가 확인되었으며 그중 111개호가 존재한다. 『월보』는 정근식 · 최경희[9]와 정진석[10]

변동」, 『대동문화연구』 51집, 성균관대 대동문화연구원, 2005; 박광현, 「검열관 니시무라 신타로[西村眞太郞]에 관한 고찰」, 『한국문학연구』 32호, 동국대 한국문학연구소, 2007.6 등을 참조할 수 있다.

6 한만수, 「식민지 시대 출판자본을 통한 문학검열에 대하여」, 『국어국문학』 131호, 국어국문학회, 2002.5 참고.

7 작가와 텍스트 사이에 존재했던 검열을 둘러싼 긴장에 대해서는 한만수가 '검열우회'라는 개념을 동원하여 몇몇 사례를 분석한 바 있다. 「1930년대 문인들의 검열우회 유형」, 『한국문화』 39, 서울대 규장각한국학연구원, 2007.6 등 참조.

8 『월보』는 국사편찬위원회의 류준범 선생 등의 노력으로 웹상에 공개되었다. 이 자리를 빌어 감사의 말씀을 드린다. 또 정진석 편찬으로 『극비 조선총독부 언론통제자료총서』(전21권, 2007)로 영인본이 출시되었다.

9 정근식 · 최경희, 「도서과의 설치와 식민지 출판경찰의 체계화 1926~1929」, 『한국문학연구』 30호, 동국대 한국문학연구소, 2006.6.

10 정진석, 『극비 조선총독부의 언론검열과 탄압』, 커뮤니케이션북스, 2007.

의 선구적인 연구에 의해 자료의 성격과 발간경위, 구성내용 등이 밝혀졌다. 이들에 의해서도 천명된 바 있지만 『월보』의 자료적 가치는, 검열주체인 식민권력이 발간한 비밀자료라는 것, 10년에 걸친 방대하고 지속적인 기록물이라는 것, 그리고 검열의 체제와 방법은 물론 처분의 형태와 변화양상, 내용 등이 상대적으로 소상히 기록된 자료라는 점에서 다시 한 번 그 의의를 강조해둘 필요가 있다. 이 글은 선행연구에 의지하는 한편, 『월보』가 식민권력이 생산한 식민지 조선의 검열에 관한 '비밀통계자료집'의 성격을 갖는다는 점으로부터 문제의식을 출발하였다.

『월보』의 구성은 前月의 검열업무 결과를 통계화한 표를 앞머리에 제시하고, 행정처분의 대상이 되었던 텍스트의 목록과 그 간략한 내용을 번역, 제시하는 형식을 취했다. 물론 『월보』의 구성양식이 시기마다 변화하며 그것 자체가 분석의 대상이 되어야 하는 것이지만[11] 크게 보아 이러한 구성방식은 변하지 않는다. 요컨대 『월보』는 검열업무의 압축적 제시(통계표)와 그에 대한 구체화(목록과 요약번역)로 구성되었다고 말할 수 있다. 접근하는 각도와 분석의 방식에 따라 『월보』가 보여줄 수 있는 자료적 가치는 실로 무궁무진하다. 근대문학 연구에서나 식민지 조선의 사상사, 지식사 연구에서 『월보』는 다양한 실증적 자료를 제공해줄 수 있다. 이상경의 연구[12]처럼 요약 번역된 내용과 실제 작품의 양상들을 추적, 비교함으로써 당시 문학작품의 검열양상을 추

11 이에 대해서는 이혜령, 「『조선출판경찰월보』의 형식적 체제에 대하여」, 『식민지 검열과 근대 텍스트』, 성균관대 동아시아학술원 심포지움 발표논문집, 2009.2 참조.

12 이상경, 「『조선출판경찰월보』에 나타난 문학작품 검열양상 연구」, 『한국근대문학연구』 17호, 한국근대문학회, 2008.4.

적하는 것도 하나의 방법이다. 본고는 그러한 구체적인 작업에 앞서 『월보』라는 자료의 성격을 이해하는 것을 목적으로 하였다.

이를 위해 『월보』 전체를 시계열적으로, 또한 통시적으로 검토하는 작업을 수행했다. 이 글이 『월보』의 성격을 이해하며, 그것이 그려내는 전체상의 핵심에 도달하는 길로, 『월보』가 자신의 구성 원리로 선택한 '통계'를 중심에 놓은 것도 그 때문이다. 그것은 그들이 창안한 범주와 양식을 이해하는 일이자, 식민권력이 검열을 현실화하는 방식에 대한 이해이기도 하다. 또한 그것은 이미 법령과 제도에 의해 구조화된 것의 표상이지만, 현실 속에서 일어난 다양한 검열양상이 스스로를 어디로 귀속시키는가를 보여주는 귀납증명이기도 하다. 『월보』의 구성원리가 시기에 따라 변한다는 사실은, 말 그대로 식민권력이 검열행정을 구사하면서 스스로를 질서화 하는 양식이 변한다는 사실의 표현인 것이다.

범주의 창안과 통계의 집적에 의해 비밀통계자료집으로서의 『월보』는 검열의 육체성을 제거하면서도 검열의 물질성을 역설의 방식으로 증명한다. 검열이 물질화(미디어化)된 정신을 문제 삼는 것인 한 그 정신은 물질로서 '(행정)처분'되고 물질적 누적으로서 통계화 되어 존재의 흔적을 남기게 되는 것이다. 그런 점에서 통계가 지닐 수밖에 없는 추상성은 물질성의 누적으로서 우리 앞에 현시하게 된다.

그리고도 더 나아가야 했다. 우리의 작업이 궁극적으로는 그들이 제시한 범주(패러다임)와 숫자의 현존으로부터 자유로울 수 없지만, 그럼에도 범주의 결합방식을 묻고 재구성하여 숫자가 스스로 말해주는 지점을 찾아내고자 했다. 이것은 식민권력이 검열을 수행하면서 의식적으로 자각한 일이 아닐 수도 있다. 하지만 그럼에도, 혹은 그러하기 때문에 이러한 작업은 필수적인데, 그들이 의도하지 않았던 것들을 이해하는 일이 그들이 의도했던 일들을 이해하는 데에도 도움을 주기 때문이다.

이 논문은 『조선출판경찰월보』에 나타난 항목들을 통계화하여 살펴보고 이를 통해 『월보』가 그려내는 전체상의 일단을 제시하는 것을 목표로 한다. 이 글에서 다루는 통계가 향후 『월보』연구와 식민지 검열연구에 기초자료가 되기를 바라면서 기본적인 데이터를 제시하고자 노력했다. 우리가 추출한 통계 중에서 『월보』의 전체상을 보여줄 수 있는 일반적인 통계를 중심으로 했음을 밝혀둔다.

2. 통계자료집으로서의 『조선출판경찰월보』

'통계'란 권력의 표현이다. 국가 단위의 통계가 가능하다는 것은 국가 관료기구가 구비되었으며, 중앙과 지방 사이의 위계가 정비되었고 소통이 체계적이라는 사실을 나타내는 것이다. 중앙 관료기구에서 제시하는 국가적 차원의 통계란 체제의 정비와 행정력의 과시와 무관하지 않다. 통계statistics란 말 자체가 이미 국가state를 내포한 개념이다. 이 말의 뿌리가 이탈리아어 'stato(국가)'와 'statista(國事에 관련된 사람)'이라는 사실에서 알 수 있듯이, 통계는 '응용수학'이나 '자료처리 방법론'이기에 앞서 '국가(혹은 권력)에 대한 記述'이라는 의미를 지닌다.[13] 그

13 박명규 · 서호철, 『식민권력과 통계』, 서울대 출판부, 2003, 5면.

런 점에서 '통계'라는 행위는 "지배를 위한 정보나 행정업무의 경로만이 아니라 통치 그 자체에 대한 표상을 담지하고 있"[14]는 것이다.

이러한 사정을 이해한다면 인문학에서 통계를 활용하는데 왜 여전히 많은 이론적 난점과 왜곡의 가능성이 제기되는지 짐작할 수 있다.[15] 통계는 물질적 현실을 계량화한 추상이다. 그것은 '사실'을, 존재에 들러붙은 개별성의 흔적을 털어내고 동일한 범주 밑으로 소거한다. 통계는 일상적 현존이 시공간과 물질성을 뛰어넘어 객관적 증거로 전환되는데 기여한다. 수량을 기록한다는 의미에서의 통계는 예로부터 있어왔으나, 그것이 가치판단의 차원에서 객관성의 징표로 부각되는 것은, 수학적 합리성을 이성의 지표로 사유한 근대 이후의 일일 것이다. 통계가 객관성과 과학성의 지표로써 사용되고 있는 것도 이와 무관치 않다. 그런 점에서 통계는 가장 객관적인 동시에 가장 비현실적인 지표방식일 수 있다. 통계의 기만성과 왜곡에 대해 끊임없이 문제가 제기되는 것도 이와 연관이 깊다. 통계는 현실을 드러내는 만큼 현실을 은폐한다.

본고는 이러한 문제점을 의식하며 작업을 했지만 그럼에도 현존하는 『월보』의 상태로 말미암아 많은 문제가 발생했다. 이 글이 『월보』의 통계를 대상으로 하는 만큼 통계의 정확성은 가장 중요한 전제다. 그런데 『월보』에서 현재 실물이 존재하지 않는 호가 12개호나 된다는 사실이 전체통계의 신뢰성에 근본적인 제약을 초래한다. 통계 취합을 위한 기본 데이터에 공백이 발생하는 것이다.[16] 누락된 호는 다음과 같다.

---

14 이혜령, 앞의 글, 105면.

15 J. 베스트, 노혜숙 역, 『통계라는 이름의 거짓말』, 무우수, 2006 참조.

16 이미 밝혀져 있듯이, 1928년 9월에 발행된 제1호에는 9월의 검열기록이 담겨 있다. 1929년 7월에 발행된 11호까지는 같은 방식으로 간행되다가 12호는 9월에 발행되면서 한 달

第13~14호	第27호	第32~33호,第38호	第85호	第109~112호	第113호
1929.9~10	1930.11	1931.4~5, 10	1935.9	1937.9~12	1938.1
29년 : 2개호	30년 : 1개호	31년 : 3개호	35년 : 1개호	37년 : 4개호	38년 : 1개호

〈도표 1－망실된 『조선출판경찰월보』 일람〉

그러나 12개호가 망실되었다는 사실이 본 연구를 위한 통계정보 입력에서 동일한 크기의 공백을 야기하지는 않았다. 『월보』를 구성하는 각 표의 세부정보의 존재유무에 따라 사정이 다르기 때문이다. 『월보』는 첫 머리에 기본표를 제시하고 있는데, 시기에 따른 변화에도 불구하고 대략 5개로 나눌 수 있다.[17] 〈표 1 출판물 납본 수 및 출판출원 수표〉, 〈표 2 출판물행정처분 건수〉, 〈표 3 신문지행정처분 건수〉, 〈표 4 차압처분통계〉, 〈표 5 주의통계〉가 그것이다. 여기에서 〈표 1〉, 〈표 4〉, 〈표 5〉는 12개호의 정보가 누락된 채로 입력될 수밖에 없었다. 그러므로 이 글이 '제한적' 결과를 담을 수밖에 없었다는 것은 겸양의 말이 아니라 사실의 차원에서 이해되어야 한다.

하지만 〈표 2〉, 〈표 3〉은 다른 방식으로 추론이 가능했다. 왜냐하면 『월보』의 고정적 기본표인 〈표 1~5〉에서 당월 건수 뿐 아니라 前月 및 해당 연도의 累計가 양식상으로 반영되어 있는 항목이 바로 〈표 2 출판물행정처분 건수〉와 〈표 3 신문지행정처분 건수〉이기 때문이다. 누계까지 덧붙이며 검열당국에서 한층 더 주의를 기울였던 만큼, 『월

전인 8월의 내용이 들어 있다. 이 글에서는 연도별 통계를 중시했기 때문에 표지에 표시된 '몇 월호'라는 표시보다 기록의 대상이 되는 달을 표시했다. 예를 들어 84호는 1935년 9월에 간행되지만 8월의 내용을 담고 있기에 여기서는 (35. 8)로 표시했다.

17 앞서 밝혔듯, 시기에 따라 제시되는 표 자체가 변화한다. 하지만 큰 차원에서 여기 제시하는 5개의 표를 중심으로 통계가 이루어지므로 여기서는 이를 기본양식으로 한다.

보』의 1차적 역할도 이 두 표로 수렴되는 정보에 대한 파악에 있었다고 추론할 수 있겠다. 〈표 2〉, 〈표 3〉은 이 前月 및 累計를 활용하여, 缺號들의 정보를 상당 수준에서 복구할 수 있었다. 총 12개의 망실된 『월보』 중, 우선 익월호가 존재하는 6개호(제14, 27, 33, 38, 85, 113호)는 그것의 前月통계를 통해 〈표 2〉, 〈표 3〉의 정보를 얻었다. 그리고 여기에 누계에서 역추산하는 방식을 접목시켜 각 년도에서 유일한 공백으로 남아있던 제13호와 제32호의 정보 역시 복구가 가능했다. 이렇게 〈표 2〉, 〈표 3〉에서 총 12개호였던 정보의 공백은 결국 1937년도에 해당하는 연속된 네 개호(제109～112호)를 제외하고는 모두 채워질 수 있었다.

〈표 1〉의 경우는 독특하게도 102호(1937년 2월분)부터 누적 통계 항목이 추가되어 이를 통해 113호의 〈표 1〉 정보를 환산해낼 수 있었다. 102호 누계항에는 101호(1월분)의 〈표 1〉 정보가 합산되어 있고 1937년 12월분까지 누적 통계가 연계된다. 1938년이 되면 다시 처음부터 축적되며, 이러한 형태는 『월보』의 마지막 발간호인 123호까지 유지된다. 이로써 1937년부터 『월보』에는 〈표 1, 2, 3〉의 세 개 건수통계표에 누적항목이 위치하게 된다. 그러나 여전히 남아있는 결호들 — 〈표 2, 3〉의 네 개호 및 〈표 1, 4, 5〉의 열두 개호 — 에 대해서는 공백을 유지하고 해당년도의 평균값을 환산할 때는 누락된 호만큼을 감안하여 구했다. 예를 들어, 〈표 1〉에 해당하는 정보 중 1930년도의 평균값은 11을 분모로, 37년도의 평균값은 8을 분모로 하여 산출하였음을 밝혀둔다.

또한 통계의 정확성을 떨어트리는 다른 요소는 『월보』 원본 자체에서 계산이나 체제상의 오류가 꾸준히 발견된다는 점이다. 이에 대해서는 다음과 같이 조치하였다.

① 단순히 계산상의 오류가 명백한 경우에는 수정을 가하는 것을 원칙으로 했다. 가령 합계가 도표의 숫자와 일치하지 않을 경우 다음호의 전월 호 정보를 통해서 이를 재확인한 뒤 수정했다. 그러나 원본의 오류가 단순오기 정도를 뛰어넘는 경우에는 약간의 자의적 판단을 개입시킬 수밖에 없었다.

② 제63, 64호는 〈표 3 신문지행정처분 건수표〉의 쪽수가 누락되어 있으며, 제114호의 경우 〈표 5 삭제 및 주의 통계표〉가 목차에만 있고 실제 내용상에는 존재하지 않는다. 이 세 호는 해당란을 기준으로 前後 각 1년씩을 합산한 2년간의 평균치를 적용시켰다. 이중 제63, 64호의 〈표 3 신문지규칙 행정처분〉에서 풍속에 해당하는 건수는 평균치 환산의 첫 시점을 62호부터로 잡았다. 제62호부터 〈표 3〉의 풍속항목 체제가 변화하며 풍속처분 건수 또한 대폭 늘어나는 사정을 감안했기 때문이다.

③ 제64호의 경우 〈표 4〉가 절반만 실려 있다. 일반적으로 〈표 4〉는 두 면에 걸쳐서 기재되는데, 앞면에 '선내발행' 및 '내지발행' 차압통계가, 뒷면에 '외국발행' 및 '계'에 대한 통계가 제시된다. 이중 제64호에 남아있던 것은 뒷면이었다. 따라서 합계에서 외국발행 항목들의 건수를 차감하고 남은 건수를, '선내발행' 및 '내지발행'의 건수에 당시 일반적으로 나타나던 비중대로 분배하여 〈표 4〉 앞면의 세부 근사치를 복원하였다.

④ 제95호와 96호의 〈표 5 삭제 및 주의 통계표〉의 경우, 두 개호의 내용이 완전히 동일하다. 이 경우, 행정상의 오류가 거의 확실하나 기입된 현황을 그대로 반영했다. 현존하는 자료를 인정하는 것이 지금으로서는 최선의 방책이기 때문이다.

이 글이 제시하는 각종 결과물은, 스프레드시트 프로그램의 자동 계산과 『월보』 원본이 제시하는 데이터 수동 입력의 결과 대조를 통하여 이중 삼중의 검산을 수행하여 얻어졌다. 그러나 이상의 조치들에도 불구하고 여전히 남아있는 결호들 — 〈표 1〉의 11개호, 〈표 2〉와 〈표 3〉의 4개호, 그리고 〈표 4〉와 〈표 5〉의 12개호 — 에 대해서는, 원본의 공백을 그대로 유지하는 것을 원칙으로 했다. 그러므로 정확히 말하면, 이 글의 통계는 『월보』가 스스로 담고 있는 오류와 망실에 따른 자료의 공백을 인정하는 범위 안에서만 가치를 갖는다. 그럼에도 우리는 이 글이 제시하는 자료들이 『월보』의 전체상을 드러내고 그 의미를 이해하는데 결정적인 문제를 지니고 있다고 생각하지는 않는다. 12개호의 망실보다 111호의 존재가 발신하는 메시지가 더 묵직하기 때문이다. 듬성듬성 침묵으로 존재하는 12개월의 시간은 111개월에 걸친 발화의 흐름으로 흐릿한 윤곽이나마 드러나기 때문이다.

먼저 전체적인 추이를 설명하고 시기적 구분을 시도한 뒤 〈표 1〉에 대한 집중적인 분석을 시도했다. 통계의 구성은 기본통계와 응용통계[18]를 혼합했다. 『월보』의 방식에 따라 『월보』를 이해하면서도 『월보』의 방식을 넘어 『월보』를 재구성하기 위해 그러했다.

3. 전체적 추이와 체제의 변화

먼저 『월보』의 기본 성격에 대한 개괄적인 정보를 확인하자. 『월

18 '기본통계'란 『월보』의 통계표 상에 나와 있는 항목들을 단순 합산한 것을 말하며, '응용통계'란 통계표 상에 나와 있는 숫자들에 기반하되, 필요에 따라 항목들을 재구성하여 새롭게 도출한 통계를 의미한다.

보』는 10년에 걸쳐 123호가 발간된 장기 기록물이지만 형식과 체제에서 여러 변화가 존재했다. 호별 분량도 변동이 심한데, 여기에 별도의 '조사자료'[19]로 발간된 검열 자료들도 감안할 경우 분량의 문제에서 어떤 통일성을 발견하기란 쉽지 않다. 상식적으로 볼 때 도서과의 업무량과 『월보』의 분량이 비례관계에 있지 않을까 상정할 수 있지만 실제로는 그렇지 않다. 전체 처분 건수와 분량의 관계를 도표화할 때 이 점이 드러난다.

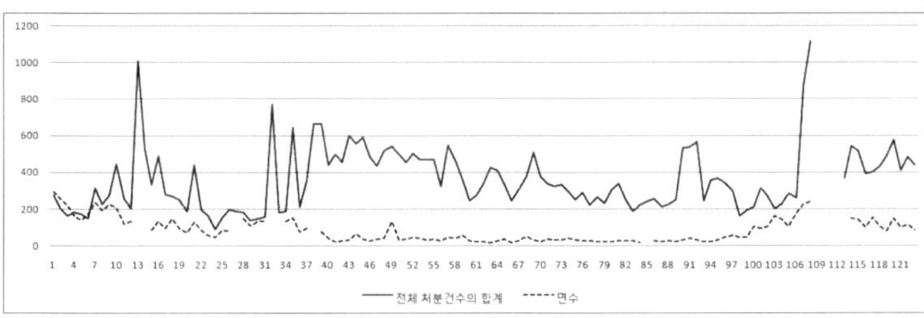

〈도표 2－전체 처분 건수 및 분량의 추이〉

〈도표 2〉는 행정처분 건수와 분량 사이에 일차원적 비례관계가 존재하지 않는다는 사실을 보여주는데, 이를 해석하는 것은 『월보』의 성격을 이해하는 단서가 될 수 있다.[20] 왜냐하면 분량의 문제란 단순히 '量'의 문제가 아니라 『월보』의 구성 원리의 결과이므로, 양의 변화는 구성 원리의 변화와 긴밀한 연관관계가 있을 수밖에 없기 때문이다.

이에 더하여 통계가 현실을 은폐하거나 혹은 왜곡된 해석을 유도할

19 정근식, 최경희는 다양한 정황증거에 입각해 도서과가 발행한 '조사자료'가 『월보』의 부록과 같은 성격을 지녔을 가능성을 추론했다. 앞의 글, 142～146면.

20 점선이 끊어진 부분은 缺號를 의미하며 그럼에도 그 호의 처분 건수가 표시된 것은 앞에서 말했듯, 누계를 이용했기 때문이다.

수 있다는 전제는 『월보』의 통계를 추출하고 해석하는 전과정에서도 유념해야 할 부분인데, 가장 일반적인 오류가능성은 처분 건수의 증감을 조선내의 검열상황과 연동시켜 해석하는 것이다. 이것은 『월보』의 전체적인 성격규정과도 밀접한 연관을 맺는 사안이다.

일본의 조선통치의 핵심전략은 '차별'에 있었다. 서구 제국의 식민지 경영과 일본의 그것이 다른 것 중 하나가, 일본의 경우 겉으로는 '동화' 즉 '내선일체'를 내걸었다는 사실이다. 하지만 그것은 현상적인 구호일 뿐 통치정책의 모든 면에서 '차별'이 관철되었다. 이때 차별이란 조선인에 대한 불이익만을 의미하지 않는다. 그것은 후발 근대화 국가였던 일본의 상대적 낙후성으로 말미암아 초래된 일본 국민의 열등감을 은폐하려는 이데올로기적 효과를 지니고 있었다. 인종적 동질성과 문명적 근접성을 지닌 조선을 식민지로 만든 일본은 정신적인 차원에서 식민통치의 명분을 제시하기 어려웠다. 이런 상황에서 차별은 조선인들에게 '식민주의'를 내면화하게 만드는 계기가 될 뿐만 아니라, 일본인 자신을 '제국의 주체'로 자각하게 만드는 핵심적인 이데올로기 장치였다.[21]

검열에서도 마찬가지다. 일본인과 조선인은 서로 적용받는 법 자체가 달랐다. 조선인들은 '출판법'과 '신문지법'에 의해, 일본인(외국인)은 '출판규칙'과 '신문지규칙'에 의해 검열을 받았다. '출판법'과 '신문지법'의 구분은 '時事, 政談'의 게재 가능성에 따라 나뉘어졌다. 신문지법에 의거해 허가를 받은 출판물만이 '時事, 政談'을 다룰 수 있었다. 인쇄매체의

21 박헌호, 「'문화정치'기 신문의 위상과 반-검열의 내적논리」, 『대동문화연구』 50집, 성균관대 대동문화연구원, 2005.6, 236면.

〈도표 3－차압통계 : 사용문자별〉

구 분	조선어	일본어	중국어	기타언어	합계
1928년	249	288	137	2	676
1929년	593	1611	383	46	2633
1930년	532	1078	382	70	2062
1931년	243	1226	955	93	2517
1932년	171	2055	2479	75	4780
1933년	118	2044	1356	104	3622
1934년	125	1403	1103	81	2712
1935년	78	1121	284	147	1630
1936년	117	1511	590	118	2336
1937년	91	562	1210	361	2224
1938년	52	720	483	1210	2465
계	2369	13619	9362	2307	27657
계 비율	9%	49%	34%	8%	100%

〈도표 4－차압통계 : 발행지별〉

	조선발행	일본발행	외국발행	계
1928년	71	390	215	676
1929년	172	1732	727	2631
1930년	172	1100	790	2062
1931년	143	1133	1243	2519
1932년	151	1839	2790	4780
1933년	150	1850	1623	3623
1934년	121	1341	1247	2709
1935년	126	968	536	1630
1936년	147	1309	882	2338
1937년	213	376	1635	2224
1938년	100	484	1881	2465
건수	1566	12522	13569	27657
비율	6%	45%	49%	100%

발간이 허용된 1920년 이후부터 모두 강제 폐간된 1940년까지 조선인 신문은 3개를 넘지 못했다. 그러므로 신문지법에 의해 발간된 몇몇 잡지를 포함한다 해도, 정치적인 문제를 다룰 수 있는 매체는 매우 적었다.

〈도표 3〉과 〈도표 4〉를 통해 드러나듯이, 일본(외국)인에 대한 행정처분 건수가 조선인에 비해 압도적으로 많은 이유는 일본(외국)에서 들어오는 출판물에 대한 행정처분의 양이 많았기 때문이다. 조선총독부 경무국 도서과의 행정력은 조선이라는 특정한 지역 혹은 법역 내부에서만 적용된다. 일본에서 발행되었거나 만주 등 중국에서 발행된 인쇄 출판물에 대해서 그들이 행사할 수 있는 검열 행정력이란 조선 내부로의 반입을 금지하는 행위일 뿐이다. '차압'이라는 행정처분이 여기에 해당한다. 행정처분 건수의 증감이 곧 조선 내에서의 검열상황과 직접적으로 연결되는 것이 아니라는 뜻이다.

전체 처분 건수에서 이수입물이 차지하는 비중을 따로 떼어내어 도표[22]로 만들었을 때 우리는 조선 내 검열상황에 대해 보다 분명한 이해를 할 수 있다.

〈도표 5－전체 처분 건수 및 이수입물 차압건수의 추이〉

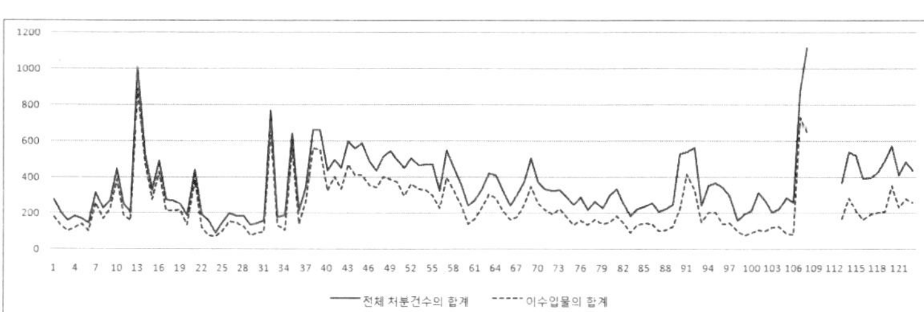

22 〈도표 5〉는 '치안'과 '풍속'항목의 합계이지만, 1호에서 61호 사이의 풍속 통계는 『월보』의 체계상 '선내'와 '이수입'으로 구분되지 않는다. 따라서 위 그래프는 '풍속'항목에 대해서는 62호 이후의 이수입물 합계만이 반영되어 있다. 그럼에도 1호~61호 사이의 풍

일본에서 조선으로 들어오는 것이 '移入', 일본 이외의 외국에서 조선으로 들어오는 것이 '輸入'이다. 둘 다 조선 내부에서 생산된 인쇄물이 아니라는 뜻이다. 〈도표 5〉는 10년간의 검열업무를 통해 식민권력에 의해 행정처분을 받은 전체 건수 중에서 '이수입물'이 압도적이었음을 보여준다. '법'(조선인 적용)에 의한 처분 건수보다 '규칙'(일본인 / 외국)에 의한 처분 건수가 압도적으로 많은 것이다.

달리 말하면 식민권력의 검열업무에서 핵심은 조선에서 조선인에 의해 출판되는 인쇄물에 대한 탄압과 더불어 조선 외부로부터 조선으로 들어오는 다양한 텍스트들에 대한 감시와 통제였다고 말할 수 있다. 외부로부터 반입되는 텍스트들을 차단하는데 검열업무의 많은 행정력을 소비하고 있었던 것이다. 이는 조선총독부 경무국도 공공연히 밝혔던 사실이다.

> 輸移入 新聞雜誌 許可制度 實施 計畫
>
> 最近 移入圖書의 影響考察　圖書檢閱의 强化策
>
> 경무국에서는 일본내지와 기타 조선외로부터 수입되는 신문 잡지와 『팜플렛』류의 검열망을 확충하는 동시에 이런 종류에 대하야는 허가제도를 실시하야 조선내에 미치는 영향을 업새고저 방금 조사연구 중으로 불일간 실시를 보게 될 것이라 한다. 즉 최근 조선과 만주 등 식민지의 독자를 상대로 한 신문잡지 『팜푸렛트』류가 일본내지로부터 조선안으로 폭주하고 잇

속통계는 그 자체가 양이 매우 적어 전체적인 의미를 도출하는 데에는 큰 영향을 미치지 않는다는 사실을 밝혀둔다.

서 이것이 조선사상계에 미치는 영향이 큼으로 도서과에서는 이에 대한 검열을 종래에도 엄중히 하야 왓스나 현행검열제도로서는 취체의 만전을 긔하기가 곤난함으로 금후는 새 취체책으로 일본 내지와 기타 조선외로부터 조선 내에 수입되는 신문잡지 기타『팜플렛트』등은 전반적으로 허가 제도를 실시하고 허가된 이외의 것은 일체 수입을 금지하게 할 터이라는 바 이것은 조선내의 발행허가 제도와 아울러 수입되는 신문잡지 등의 취체를 강화하야 사상선도의 일책에도 가추려는 것으로 결국 조선내의 독서게와 사상게를 조선외로부터 엄중히 봉쇄하야 통제를 보게 될 것으로 비상히 주목된다. 더욱히 조선과 가티 문화정도가 나즌 사회에 잇서 국외로부터 신문잡지를 수입하야 흡수하는 정신문화의 영향이 막대한 바 잇는 터임으로 수입되는 그것의 선악은 막론하고 일반 사상게와 독서게는 물론 일반 사회자체에 미치는 영향도 가지가지로 과연 어떠한 결과를 초래할는지 지식계급의 주목은 이리로 집중될 것이라 한다.[23]

요컨대 일본이나 중국에서는 합법적인 출판물이라 하더라도 조선에 들어올 수 없는 텍스트들이 상상을 초월할 정도로 많았다. 이러한 통계 결과는 식민지 조선이 '법역'의 차이에 의해 '근대 텍스트의 바다'에 '섬'으로 존재했다는 사실, '섬'으로 남아 있기를 식민권력이 의도했다는 사실을 확연하게 보여준다. 아울러 그럼에도 다양한 텍스트들이 끊임없이 조선으로의 진입을 시도했었다는 사실도 확연하다. 통계가 보여주는 것처럼 끊임없이 '압수'됨에도 불구하고 많은 텍스트들이 쉽

23 「輸移入 新聞雜誌 許可制度 實施 計畫」,『조선일보』, 1934.10.31, 석2면.

새 없이 조선으로, 조선으로 밀려오고 있었던 것이다.

식민지 조선의 검열이 단지 조선 내부에서 발행되는 텍스트들에 대한 억압만이 아니라 외부에서 생산된 텍스트들에 대한 차단을 주요 과제로 삼은 것이라 할 때, 그러한 방식으로 텍스트를 차단함으로써 생겨나는 조선이라는 공간 내부에서 이루어지는 인쇄출판 행위를 어떻게 이해해야 할까? 존재를 말살할 수는 없되 소통을 차단하는 것이 이 수입물에 대한 행정처분의 의미라면, 이를 감지하면서도 '법역'의 차이에 따라 자신이 일본(중국)에서 보고 들었던 것과는 다른 언어와 문체로 글을 쓰고 출판해야 했던 식민지 조선의 著作人들에게 '검열'은 무엇이었을까? 당시 조선의 지식인들은 대다수 일본 유학생 출신이었다. 중국이나 구미 유학생들도 존재했다. 이들의 입장에서 보면, 이 같은 상황은 그들이 일본이나 중국에서 보고 들었던 것들을 조선 내에서는 말할 수 없다는 것을 의미한다. 식민지 조선의 지식인들이 자신이 외국에서 보고 들었던 것과는 다른 언어와 문체로 글을 쓰고 출판해야 했다는 사실은 무엇을 의미하는가?

이러한 차단이 식민지 조선에서 근대지식과 사상의 창출과 소통에 무슨 영향을, 어떻게 미쳤는지 생각하지 않을 수 없다. 흔히 말하는 바, 근대지식의 이식성과 시차적 표절, 독점의 문제들은 조선을 근대 텍스트의 섬으로 남아 있게 만든 식민권력의 통치전략과 무관한 것이라 할 수 없는 것이다. 물론 이러한 통치전략이 완벽하게 성공할 수는 없다. 그러한 차단에도 불구하고 근대 텍스트들은, 또한 그것이 담고 있는 근대 지식은 조선으로 들어왔고 자기 나름의 구조 속에서 재생산되었다. 그럼에도 근대지식의 창구를 통제하는 행위가 지닌 의미를 지식사와 정신사의 차원에서 묻는 것은 여전히 중요한 질문이다. 그런 점에서 『월보』의 통계들은 '조선의 텍스트성'을 전체적으로 재구성할 것을 요청할 뿐만 아니라, 이를 통해 창출되는 사유의 구조와 표현 형식에 대한 질문까지도 담고 있다.

이러한 분석을 통해 우리는 『월보』의 성격을 이해하기 위한 단서를 찾아나갈 수 있다. 무엇보다 '제국의 시선'으로 이 문제에 접근해야 한다는 점이 분명해졌다. 경무국 도서과 조사자료 32호로 나오는 『지나신문차압기사개요』(1932.11)의 존재가 보여주는 것처럼, 중국 내지는 만주에 대한 끊임없는 관심이 『월보』의 주요특징 중 하나이다. 우리는 이를 『월보』의 '첩보'로서의 성격이라고 생각하고 싶다. 비밀자료로서, '집무에 참고할 목적'이라고 표방한 발간의도가 의미하는 것은, 『월보』가 조선 내부는 물론이요 조선을 둘러싼 제국의 판도 내부에서의 여론과 사상의 동향에 대한 종합 감청기 역할을 하고자 했던 것이라 판단한다. 중국과 만주에 대한 과도한 집중이 이를 증명한다.[24] 뒤집어 말하면 만주는 상당한 기간 동안 조선이라는 텍스트의 무주공산을 향해 끊임없이 새로운 정보를 가지고 묻고 말하며 침입했던 '또 다른 언어의 세계'였던 셈이다.

그럼에도 『월보』는 '조선'출판경찰월보이다. 텍스트들이 '조선'으로 쏟아져 들어오는 것을 혼신의 힘을 다해 막는 것이 그들의 주된 임무였다는 사실이 무엇을 말해주겠는가? 식민지 조선을 근대 텍스트의 바다에 '섬'처럼 고립시킴으로써 식민권력은 통치의 근간을 확립할 수 있

---

24 이에 대해서는 류진희, 「『조선출판경찰월보』에 있어 '지나'라는 메타범주」, 『식민지 검열과 근대 텍스트』, 성균관대 동아시아학술원 심포지움 발표문자료집, 2009.2.7 참조.

었던 것이다. 『월보』의 형식적 체제가 변화하는 과정에 제국을 둘러싼 지정학적 균형관계의 변화가 자리 잡고 있다는 것이 우리의 판단이다.

이 문제를 더 내밀화하기 위해 『월보』의 통계가 지시하는 사실들을 더 따라가 보자. 우선 처분 건수와 면수의 관계를 따졌던 〈도표 2〉에서 40호(31.12) 이전에는, 망실된 호들을 제외하고는 처분 건수와 분량이 일정한 비례관계를 지니고 있었음을 기억해두자. 그런데 40호 이후부터는 건수와 분량의 관계가 불분명하다. 처분 건수가 많아도 분량이 좀처럼 늘어나지 않는 것이다. 이 시기는 도서과장이 淸水重夫로 바뀌는 시점이며, 기본표의 제시에서도 일련번호가 붙는 등 『월보』가 좀 더 체계화된 형태로 자리를 잡는다. 그런데 그 체계성의 핵심이 처분 건수에 상관없이 분량의 소략화로 귀결되었다. 처분 건수는 여전히 상당한데 왜 분량을 줄인 것일까?

이를 풀어내는 실마리 역시 『월보』가 담고 있다. 40호부터 내내 줄어들었던 분량이 96호(36.8)부터 점증적으로 늘어나기 시작해서 108호(37.8)에서 꼭지점(238면)을 찍는다.[25] 이후에는 다시 분량이 줄지만 이전(40호~95호)보다는 상대적으로 많은 분량으로 간행되면서 123호를 맞이한다. 이것은 무엇을 의미하는 것일까?

〈도표 6－면수와 처분 목록수의 비교〉

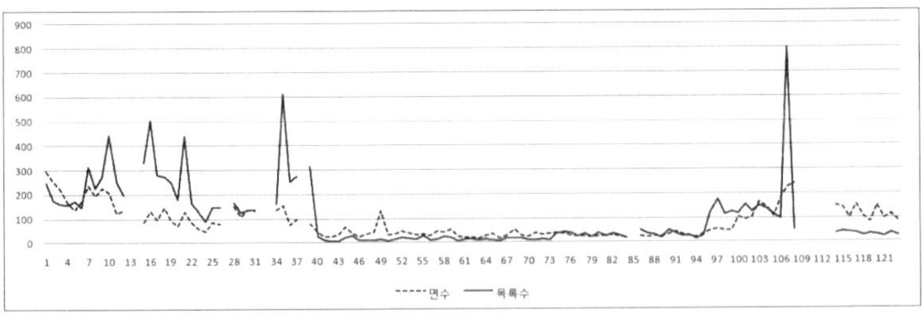

〈도표 6〉은 호별 분량을 결정짓는 일차적인 기준이 처분 건수가 아니라 처분 목록건수라는 사실을 보여준다. 『월보』의 분량을 결정하는 중심내용은 처분 대상목록과 이에 대한 요약번역을 제시하는 부분이었다. 대개 목록이 늘어나면 분량도 늘어난다. 왜냐하면 목록 자체의 양만이 아니라 이에 대한 번역의 양도 함께 늘어나기 때문이다. 하지만 이러한 진술은 어찌 보면 상식적인 진술에 불과하다. 게재할 대상이 늘어나면 분량도 늘어나게 마련이므로.

〈도표 7 - 전체 처분 건수와 처분목록수의 비교〉

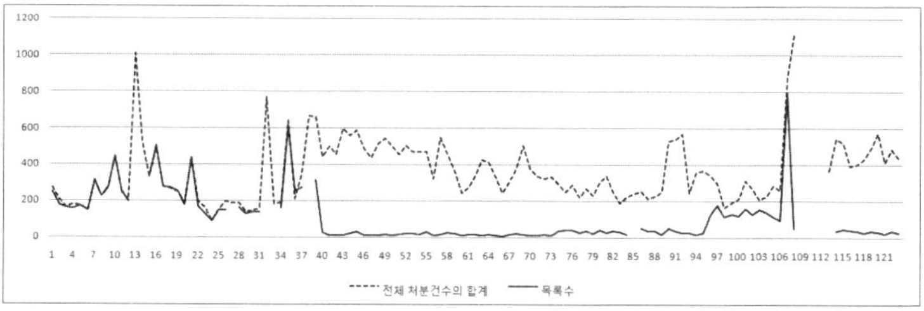

따라서 문제의 초점이 처분 건수와 목록건수 사이의 함수관계로 전환된다. 〈도표 7〉이 흥미로운 것은 40호 이전에는 목록건수와 처분 건수가 거의 동일하다는 사실을 보여주기 때문이다. 40호 이전에는 현재 망실된 호수(실선이 없고 점선만 존재하는 부분)를 제외하고는 처분 건수와 목록건수가 거의 일치한다. 그렇다면 우리는 망실된 호에서도 처분 건수와 『월보』에 게재된 목록건수가 일치하리란 예상을 할 수 있다. 당연히 분량도 동일한 증감을 보여주었을 것이다. 게다가 망실된 호수의 해당 시기에 처분 건수가 비약적으로 정점을 이루고 있다는 우연의 일

25 『월보』 전체로는 1호가 278면으로 가장 두껍다.

치도 발견할 수 있다.[26]

처분 건수와 목록건수 사이의 함수관계를 밝히기 위해 우리는 처분 건수에 비해 목록건수가 현저하게 적은 40호~95호를 탐색했다.

〈도표 8－제40~95호 목록의 발행지별 분석〉

발행지	조선		일본		중국		기타 외국		공란	계
총 횟수	869		91		103		16		69	1147
비율	76%		8%		9%		1%		6%	100%
지역별 횟수	경성	721	동경	65	新京[27]	46	모스크바	11	비고: 이중 풍속항목은 총 5회	
	평양	27	대판	17	상해	20	하바롭스크	4		
	경남	26	名古屋	3	간도	14				
	기타 20개	95	기타 3개	6	기타 8개	23	샌프란시스코	1		

〈도표 8〉은 40~95호에 적시된 목록을 발행지를 중심으로 재구성하여 이를 전체수와 비율로 환산한 것이다. 출판물과 신문을 망라해서 조선 내부에서 발행된 것들이 76%라는 압도적인 다수를 차지한다는 것이 핵심이다. 이러한 결과가 흥미로운 이유는 그것이 『월보』 전체의 구성 원리와는 판이하게 다르기 때문이다. 앞서 제시한 것처럼 『월

26 이에 대해서는 다양한 추론이 가능하지만 특히 도서과에서 발간한 '조사자료'가 현재 전부 발견된 것이 아니어서 추론이 조심스러울 수밖에 없다. 현재로서는 '조사자료'와 연관돼 있을 것이란 추정을 내리는 것에서 그친다. 더 많은 추적을 통해 밝혀내야 할 대목이다.

27 40호~95호 사이의 목록으로 포섭되었던 중국의 이수입물 중 '新京'이 큰 비중을 차지한 이유는 바로 『만몽일보』의 존재 때문이었다. 신경 발행물의 처분 건수는 모두 『만몽일보』의 처분 건수이다. 『만몽일보』는 이 시기 목록화 된 중국발행 처분 건수의 45%를 차지했다. 『만몽일보』는 제62호에 처음 『월보』에 등장하여, 제65, 66, 67, 78, 82, 89호(85호는 알 수 없음)를 제외하고는 매호 마다 처분 목록상에 이름을 올렸다. 이렇듯 목록수가 격감한 이시기에도 남아있는 이수입물 목록들은 주로 검열주체가 겨냥한 특정 타켓에 집중된 것으로 보인다. 이러한 부분에 더 천착하여 연구한다면 우리는 보다 확실한 정보에 접근할 수 있을 것이다. 추후의 과제로 남긴다.

보』는 '출판규칙'과 '신문지규칙'이 처분 건수의 압도적인 다수를 차지한다. 『월보』 발행기간 전체에서 '차압'만을 대상으로 할 경우 조선에서 발행된 처분 건수가 전체의 6%에 불과했다는 사실을 떠올려보자. 그렇다면 유독 목록건수의 분량이 줄어드는 이 시기에 그 양상이 역전되어 나타나는 것은 매우 흥미로운 현상이라고 보아야 한다. 같은 기간 동안 처분된 것들을 법규별(출판법 / 출판규칙 / 신문지법 / 신문지규칙)로 나누고, '규칙'의 경우 그 하위항목으로 발행지를 나누어 통계를 산출해 보면 이 같은 사태가 분명하게 드러난다.

〈도표 9－제40～95호 처분 건수(치안)의 법규별, 지역별 분석〉

구분	출판법	출판규칙		신문지법	신문지규칙		계
		선내	이수입		선내	이수입	
건수	3346	877	4577	1090	1788	9466	21144
비율	16%	4%	22%	5%	8%	45%	100%

두 통계를 통합해서 읽으면 이런 사실들이 솟아오른다. 첫째, 40호(31.12)～95호(36.7)에 이르는 기간 동안 조선인을 대상으로 한 출판법 / 신문지법에 의해 행정처분을 받은 건수는 총 21%에 불과한데, 그것이 목록으로 기록되는 비율은 76%였다. 둘째, 규칙 중에서도 특히 이수입불에 대한 처분 건수가 전체 67%에 달하는데 목록에 기재된 것은 불과 18%에 그쳤다. 이런 사실이 왜 문제적인가 하는 것을 예시하기 위해 각 단계별(1～39호 / 40～95호 / 96～123호)로 전체 처분 건수와 목록으로 기록되는 건수 사이의 비율을 비교하여 제시한다.[28]

28 〈도표 10〉은 망실된 호에서 누계를 통해 복원했던 처분 건수를 삭제한 것으로, 현존하는

〈도표 10－단계별 처분 건수 대 목록건수의 비율〉

구분	1~39호	40~95호	96~123호
목록 건수	7881	1147	2613
전체 처분 건수	8594	21010	9689
목록 / 처분의 비율	92%	5%	27%

1단계는 8,594건의 처분을 행하고 이중 7,881건을 목록으로 기록했다. 기록률이 무려 92%이다. 그러나 2단계에 오면 이보다 훨씬 많은 21,010건을 처분했지만 기록률은 겨우 5%에 불과하다. 27%를 기록한 3단계도 1단계나 2단계 모두와 차이를 보여준다. 이를 통해서 『월보』를 구성하는 핵심원리 중 하나가 목록건수의 취합선택 기준에 있었다고 추론할 수 있다. 검열해야 할 대상은 늘 존재하지만 『월보』는 이를 자신의 방식으로 기록화한 것이다. 이를 통해 우리는 『월보』의 성격과 형식적 변화를 크게 3단계로 설정하고자 한다.

지금까지 따져본 일련의 사실들을 종합적으로 고찰했을 때 우리는 다음과 같은 추정에 도달하였다. ① 40호(31.12월분) ~95호(36.7월분)에 이르는 기간 동안에는 조선(인)을 대상으로 하는 '(출판 / 신문지)법'의 영역이 목록의 많은 부분을 차지한다. ② 이수입물이 목록에서 빠지면서 법규별 분포는 물론 목록건수의 영역에서도 이전과는 다른 양상을 보여준다. 이것은 처분 건수와 목록건수가 유사했던 1단계의 양상과 다를 뿐만 아니라 3단계와도 구분되는 양상이다. ③ 이를 기준으로 할 경

『월보』의 처분 건수와 목록건수만을 집계한 것이다. 목록건수와 처분 건수의 비율을 비교하는 위해서는 목록이 존재하지 않는 12개의 망실호에서 산출한 처분 건수를 삭제해야 하기 때문이다.

우 『월보』는 1~39호를 기간으로 하는 1단계와 40~95호 사이를 기간으로 하는 2단계, 그리고 96~123호를 기간으로 하는 3단계로 분할이 가능하다.

〈도표 11 – 전체분량과 조사 자료의 비교〉

호	기본	자료	계	호	기본	자료	계	호	기본	자료	계
제1호	278		278	제42호	22		22	제83호	25		25
제2호	214	34	248	제43호	27		27	제84호	15		15
제3호	192	24	216	제44호	59		59	제85호	결호		
제4호	160		160	제45호	35		35	제86호	23		23
제5호	131		131	제46호	23		23	제87호	18		18
제6호	126	39	165	제47호	32		32	제88호	23		23
제7호	231		231	제48호	39		39	제89호	22		22
제8호	189		189	제49호	45	85	131	제90호	29		29
제9호	220		220	제50호	29		29	제91호	39		39
제10호	202		202	제51호	33		33	제92호	30		30
제11호	114		114	제52호	44		44	제93호	21		21
호	기본	자료	계	호	기본	자료	계	호	기본	자료	계
제12호	130		130	제53호	37		37	제94호	20		20
제13호	결호			제54호	29		29	제95호	28		28
제14호	결호			제55호	34		34	제96호	30	16	46
제15호	78		78	제56호	26		26	제97호	44	7	51
제16호	128		128	제57호	43		43	제98호	36	9	45
제17호	90		90	제58호	39		39	제99호	36	6	42
제18호	141		141	제59호	51		51	제100호	42	56	98
제19호	87		87	제60호	23		23	제101호	43	46	89
제20호	63		63	제61호	19		19	제102호	37	63	100
제21호	120		120	제62호	19		19	제103호	47	113	160
제22호	78		78	제63호	11		11	제104호	50	87	137
제23호	49		49	제64호	24		24	제105호	46	55	101
제24호	34		34	제65호	34		34	제106호	38	137	175

제25호	79		79	제66호	16		16	제107호	120	100	220
제26호	74		74	제67호	25		25	제108호	38	200	238
제27호	결호			제68호	49		49	제109호	결호		
제28호	144		144	제69호	28		28	제110호	결호		
제29호	102		102	제70호	21		21	제111호	결호		
제30호	133		133	제71호	35		35	제112호	결호		
제31호	124		124	제72호	29		29	제113호	결호		
제32호	결호			제73호	32		32	제114호	101	44	145
제33호	결호			제74호	37		37	제115호	86	50	136
제34호	129		129	제75호	32		32	제116호	66	28	94
제35호	150		150	제76호	25		25	제117호	103	46	149
제36호	67		67	제77호	24		24	제118호	52	44	96
제37호	92		92	제78호	22		22	제119호	45	32	77
제38호	결호			제79호	18		18	제120호	42	103	145
제39호	73		73	제80호	21		21	제121호	59	35	94
제40호	37		37	제81호	26		26	제122호	45	66	111
제41호	22		22	제82호	26		26	제123호	56	26	82

〈도표 11〉은 이를 확인하기 위해 전체 분량 중에 '집무참조' 혹은 '집무참조자료'라는 이름으로 들어가는 분량을 구분해서 통계를 낸 것이다.[29] '집무참조'자료란 『월보』의 통상적인 활동, 그러니까 〈표 1〉~〈표 5〉로 정리되는 활동 부분 이외에 특정한 사안에 대해 장문의 분석자료를 첨가한 것을 말한다. 따라서 분량을 통해 『월보』의 성격을 파악할 때 반드시 고려해야 할 사항이다. 그런데 위의 표에서 드러나듯, '자료'가 첨가된 부분도 본고가 파악한 단계적 구분에 부합하는 양상을 보

29 〈도표 11〉은 정진석이 『극비 조선총독부의 언론검열과 탄압』(커뮤니케이션북스, 2007)에서 정리한 숫자와 차이가 있다. 그 이유로, 정진석은 원본의 공란을 전부 페이지에 포함했고 우리는 하지 않았으며, 마지막 페이지의 공란도 우리는 계산에 넣지 않았다. 우리는 순수하게 내용이 기입된 페이지만을 계산했다. 분량 문제와 『월보』 체제의 변화과정을 비교하기 위해서는 이와 같은 계산법이 더 정확하다고 판단했다.

여준다. 따라서 다른 기준에 의한 더 세부적인 분할이 가능하다는 사실을 인정함에도 불구하고, 분량 및 그와 연동된 체제 구성원리라는 차원에서는 본고가 행한 구분법이 설득력이 높다고 판단한다.

④ 남게 된 규칙관련 목록들이 어떠한 원리에 의해 기록되게 됐는지는 통계만이 아니라 목록의 내용과 당시의 정세, '첩보'로서의 가치여부 등을 종합적으로 연관시켜 판단한 뒤에라야 보다 확실한 이유를 알 수 있을 것이다. ⑤ 이런 사정들은 『월보』가 '조선'출판경찰월보라는 사실을 다시 한 번 각인시킨다. 행정처분을 받은 이수입물(목록과 요약역)은 상황에 따라 『월보』의 체제 안에 들어오기도 하고 빠지기도 하지만, '조선'은 여전히 혹은 당연히 『월보』 구성의 중심기준으로 존재했다. 『월보』의 존재이유가 조선 내부에서의 검열활동의 결과를 담아내는 것이었다는 차원에서 '법'관련 목록은 상대적으로 지속적인 기록 / 선택의 대상으로 남아있었던 것이다.

⑥ 앞서 언급한 대로 이 기간이 만주국의 성립을 전후한 시기로부터 중일전쟁이 발발하기 직전이라는 사실을 해석의 준거점으로 주요하게 참고할 필요가 있다. 1936년 8월 7일 일본은 '5상회의(수, 외, 육, 해, 장)'를 개최하여 '국책의 기준'을 "군부의 요구에 따라 중국과 소련침략을 목표로 삼는 북진론(육군의 요구)과 대등하게 남방 군수자원 확보를 위한 남진론(해군의 요구)을 기본방침으로 할 것을 결정하였다."[30] 『월보』의 체계가 다시 변화하여 처분 건수와 목록건수 그리고 분량이 함께 높아지기 시작하는 것이 공교롭게도 36년 8월분을 다루고 있는 96

30 강동진, 『일본근대사』, 한길사, 1985. 381면.

호부터이다. 1932년 3월 1일 만주국의 건국이 선언되는데 그 직전인 40호(발행은 32.01월)부터 '2단계적 추세'가 시작되어 중일전쟁이 일어나기 전까지 진행된 셈이다. 그렇다면 잠정적으로 볼 때 '2단계'는 일본이 만주를 지배할 가능성이 높아지면서 시작되며 일본이 '만주국'으로 만족하지 못할 때 종지부를 찍게 되었다고 판단할 수 있다. 『월보』가 수행한 중요한 역할 중의 하나가 '첩보' 기능이었는데 '만주'로 향한 '정보의 창' 역할이 어느 정도의 비중을 차지하는가에 따라 체제상의 변화가 야기됐다고 판단할 수 있는 것이다.

이러한 추론의 신빙성을 높이기 위해서는 더 많은 조사와 분석이 필요하다. 현재 우리의 자료수집과 분석의 수준에서는 도서과장의 변동에 따른 행정체계의 변화와 '조사자료'로 대체되는 양상, 그리고 보다 근본적으로 동아시아의 정세변화에 따라 도서과의 주요업무와 초점이 변화한 것이 아닌가 하는 점 등등을 덧붙일 수 있겠다. 발간초기인 1단계는 광주학생운동이나 신간회 활동, 그리고 공산당 재건운동이 최후의 실패로 돌아가는 등, 조선 내에서 민족적 차원의 저항운동이 마지막 불꽃을 피우던 시기였다는 점도 검토되어야 한다. 『월보』야말로 그것들을 자신의 방식으로 정리한 식민권력의 기록이기 때문이다. 이 같은 상황들을 종합적으로 고려한 상태에서 『월보』의 체제와 변화양상에 대한 최종적인 판단이 가능할 것이다.

4. 식민지 조선의 구텐베르크 은하계와 검열

『월보』는 기본적인 5개표를 제시하고 이를 구체화하는 방식으로 구성되어 있다. 제시되는 도표의 수는 시간이 지남에 따라 점차 구체화되거나 생략되기도 하지만 전체적인 양상에서는 5개 기본표가 요청하는 자료들을 담고 있다는 점에서 이를 기본양식이라 불러도 좋을 것이다. 여기서는 〈표 1〉에 대한 분석을 시도한다. 〈표 1〉의 이름은 〈출판물 납본 수와 출판 출원수 표〉이다. 출판을 허가받기 위해 출원을 하고 사후에 납본한 것들의 통계표이다. 조선인 출판물은 식민권력의 허가를 받아야만 출판될 수 있었기 때문에 〈표 1〉은 신문 이외의 식민지 조선에서 행해졌던 구텐베르크 은하계의 전체상을 보여주는 것이라고 할 수 있다. 다음과 같은 양식으로 되어 있다.

〈표 1〉 출판물 납본 수와 출판 출원수 표

<table>
<tr><th colspan="11">출판물 납본 수 급 출판 출원 수 표 (월분)</th></tr>
<tr><td colspan="7">출판물 납본 수</td><td colspan="4">출판 출원 수</td></tr>
<tr><td colspan="3">출판법에 의한 것</td><td colspan="3">출판규칙에 의한 것</td><td rowspan="2">계</td><td rowspan="2">허가</td><td rowspan="2">불허가</td><td rowspan="2">취하</td><td rowspan="2">계</td></tr>
<tr><td>단행본</td><td>잡지</td><td>기타</td><td>단행본</td><td>잡지</td><td>기타</td></tr>
<tr><td></td><td></td><td></td><td></td><td></td><td></td><td></td><td></td><td></td><td></td><td></td></tr>
</table>

이 표는 신문을 제외하고 식민지 조선에서 이루어지는 각종 출판활동의 '크기'를 말해준다. '법'과 '규칙'의 구분이 조선인과 일본(외국)인을 구별하는 것이라는 점은 앞에서 거듭 밝혔다. 따라서 이 통계를 추적하면 인쇄출판이라는 사회적 생산의 장에서 '조선'과 일본(외국인을

포함하는)의 크기를 알 수 있다. 발행인과 저자라는 지적 생산의 주체들이 인쇄출판을 통해 자신을 구성하고 현실화하는 장의 크기를 가늠케 한다는 점에서, 이 표는 해당 사회 '출판력'의 집계인 셈이다. '출판력'이란 지식과 자본, 그리고 이를 출판이라는 사회적 행위로 연결시킬 수 있는 해당 사회의 수행능력을 지시하는 개념으로 설정해볼 수 있다. 그러한 맥락에서 〈표 1〉을 전체화했을 때 아래와 같은 결과가 도출되었다.

〈도표 12－납본출판물의 법규별 건수 및 비율〉

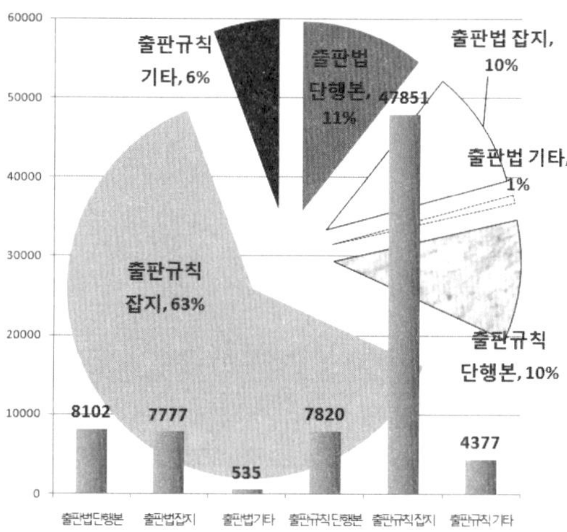

앞의 도표에서 막대그래프는 전체 양을 표시하고 원 그래프는 비율을 표시한다. 출판법에 의한 납본 비율이 전체의 22%에 불과하다는 사실에 주목하자. 인쇄출판이라는 사회적 장 내부에서 '조선'의 위상은 전체의 1 / 4에도 미치지 못했던 것이다. 이를 조선에 거주했던 재조일본인의 인구비율과 비교해본다면 사태가 더욱 극명하게 표출될 것이다.

〈도표 13－『월보』 발행기간 조선 내 인구비율〉

구 분	조선인		일본인		외국인	
	실수	비율	실수	비율	실수	비율
1928년	18,667,334	97.47%	469,043	2.45%	53,322	0.08%
1929년	18,784,437	97.39%	488,478	2.53%	58,146	0.08%
1930년	19,685,587	97.44%	501,867	2.48%	69,109	0.08%
1931년	19,710,168	97.41%	514,666	2.54%	38,124	0.05%
1932년	20,037,273	97.41%	523,452	2.54%	39,151	0.05%
1933년	20,205,591	97.33%	543,104	2.62%	42,626	0.05%
1934년	20,513,804	97.28%	561,384	2.66%	50,639	0.06%
1935년	21,248,864	97.27%	583,428	2.67%	58,888	0.06%
1936년	21,373,572	97.17%	608,989	2.77%	65,275	0.06%
1937년	21,682,855	97.14%	629,512	2.82%	43,118	0.04%
1938년	21,950,616	97.15%	633,320	2.80%	49,815	0.05%
평 균	20,350,918	97.31%	550,658	2.63%	51,656	0.06%

※출처 : (송규진 외,『통계로 본 한국근현대사』, 고려대 아세아문제연구소 출부, 2004, 90~91면)

인구비율로는 평균 97.3% : 2.7%인데 출판력에서는 거꾸로 22% : 78%였다. 이러한 기본상황은 계속적으로 의식돼야 한다. 각종 행정처분 등의 통계를 제시하면서 '일본인' 혹은 '조선인'이라는 식으로 전체적으로 호명하는 것은 어쩌면 사태의 본질을 왜곡하는 것이다. 생산되는 출판물의 양적인 차이를 전제하지 않은 상태에서 처분 건수를 민족에 따라 단순 비교하는 것은 적절치 않다. 출판력과 인구비율 사이의 본질적인 격차와 불균형을 전제한 상태에서만이 유의미한 해석을 산출할 수 있기 때문이다. 그러므로 본고가 제시하는 모든 통계를 해석할 때에는 이러한 전제조건을 끊임없이 의식해야만 한다. 구체적인 예로, 식민지 조선에서 근대지식의 전파에 남다른 역할을 수행했던 '잡지'에 대한 통계를 살펴보자.

출판규칙에 의한 납본 수는 시간의 경과에 따라 다양한 진폭을 나타내면서 변화하지만 출판법에 의한 납본 수는 '100'선을 전후로 하여 그 밑에서만 미약한 변화를 보여준다. 이것을 식민지 조선의 출판자본의 허약함과 지적 생산라인의 취약함으로만 해석하는 것은 매우 비생산적인 해석방식이 될 것이다. 우리는 이미 '자금난', '검열난', '원고난'이 식민지 시대 미디어 장의 고질적인 문제였다는 사실을 잘 알고 있다. 문제는 이 도표에는, 시대의 변화와 그에 따른 조선 지식인들의 성장, 그리고 대중문화의 발달과 표현욕구의 증가와 같은 출판의 동력들이 잘 드러나지 않는다는 사실이다. 마치 민간지를 3개 이상 허용하지 않았던 식민권력의 신문정책과 유사한―'총량'에 대한 강박과 억제욕구들이 잡지출판 분야에서도 존재했던 것이 아닌지 의심스러울 정도다. 총량에 대한 정책적 억제가 출판에서도 있었는지는 현재 확인되지 않고 있다. 하지만 〈도표 14〉가 보여주듯, 10년 기간을 대상으로 다룬 통계를 통해 드러나는 관성의 법칙이 의미하는바 또한 간과해서는 안 된다.

〈도표 14 ― 출판물 납본 수의 추이(잡지)〉

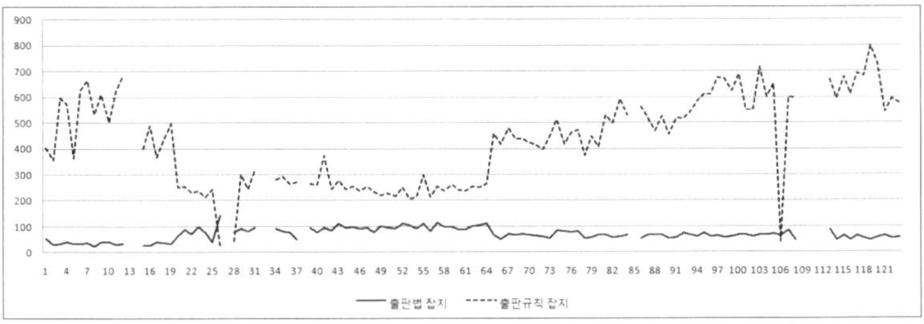

특히 미디어로서 '잡지'가 지닌 특성과 함께 이 도표를 음미할 때 우리는 식민지 텍스트와 검열정책 사이의 매우 섬세한 접점들을 추론해

볼 수도 있을 것이다. 잡지는 신문의 속보성과 단행본의 집중성 사이에 존재한다. 다양한 지식정보를 담되 일정한 시간적 간격을 두고 그것을 음미할 수 있기에 상당한 수준에서 전문성도 담지할 수 있다. 단행본과 같은 일관된 체계를 지니지 않아도 되지만 '편집'이라는 지적개입을 통해서 특정한 체계를 매번 창출할 수도 있다. 또한 특정 동호인 집단이 자신들의 정체성을 사회화하는 창구로 이용하기도 한다. 이러한 잡지가 일정한 수 이상을 넘어서지 않았다는 사실은—식민권력의 의식적 의도여부와 상관없이—검열로 매체의 현상형식을 장악하고 이를 통해 지식전달의 창구도 조절해갔던 식민권력의 집요함을 확인할 수 있다. 단행본과 비교했을 때 이 점이 보다 분명해진다.

〈도표 15—출판물 납본 수의 추이(단행본)〉

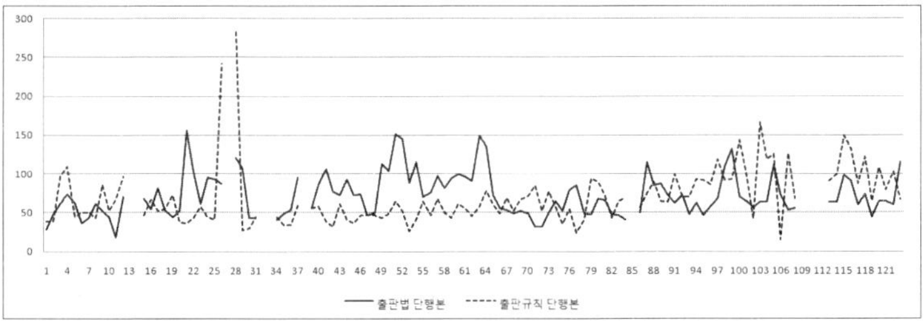

단행본의 납본 수는 출판법이나 출판규칙에서 유사한 변화양상을 보여주며 출판법에 의한 납본 수가 더 많았던 적도 꽤 발견된다. 이 도표를 이해할 때 잊지 말아야 할 것이, 식민지 조선의 출판시장에서 가장 지속적으로 발간됐던 단행본이 '족보'나 '문집'류였다는 사실이다. 이들만을 특화시킨 통계가 『월보』에 존재하지 않기에 이들을 따로 분류하여 비율을 산정할 수는 없지만, 단행본의 상대적 활황이 조선의

지적 생산능력을 표상하는 것으로 읽히기 곤란하다는 사실만큼은 기억할 수 있다.

이상의 통계들은 식민지 조선의 '구텐베르크 은하계'가 어떠했는지를 말해준다. 모두 아는 것처럼, 식민권력은 3·1운동 이후 어쩔 수 없이 신문을 허용하면서도 3개 이상을 허용하지 않았다. 잡지의 경우에도 위에서 드러나듯이, 결과적으로 일정한 수 이상이 발간되지 못했다. 아울러 식민권력은 조선 내부의 제작과정은 물론 외국으로부터의 유통과정도 장악하고 있었기에 일본이나 중국의 합법적 출판물 중에서 조선으로 반입될 수 없는 것들이 상당히 많았다. '이수입물'에 대한 차압이 행정처분의 대다수를 점하고 있는 사실이 이를 증명한다.

그 결과 식민권력에 의해 조성되는 식민지 조선의 '구텐베르크 은하계'는 매우 협소하고 초라했다. 그것은 그 협소함과 초라함으로써 식민지 조선의 근대지식과 사상의 존재양태에 대해, 그리고 제국과 식민지의 지적 역학관계에 대해 질문을 던진다. 검열은 지식과 정보의 차단을 의미한다. 그런 점에서 식민지 조선인들의 지적 발전은 근본적인 차원에서 제한을 받았다. 조선인들은 권력자들이 승인한 지식과 정보만을 학습하고 표현하고 소통할 수 있었다. 특히 일본/외국에서는 허락된 지식과 정보일지라도 식민지에서는 그것의 학습과 유통이 차단됨으로써 '제국'은 근대지식의 측면에서도 지속적으로 우월성을 견지할 수 있었다. '일본'은 '제국'이자 근대지식의 공급'공간'으로 자리 잡았던 것이다. '조선'의 낙후성은 정치경제 영역만이 아니라 근대지식의 영역에서도 더욱 확고해졌다. '조선'의 근대지식적 낙후함이 검열에 의해 고정/강화되면서 '일본/서구'에 대한 지적 열등감과 환상이 증폭된 것이 아닐까? 금지는 선망을 낳는다. 검열로 인한 서구지식의 제한적 습득은 서구에 대한 환상과 맹목적 추종을 낳은 근본원인으로 우리의 근대사에 작용했을 것이다. 근대지식이 '근대'를 만들어간다고 했을 때 이러한 양상이 한국의 근대지식사와 정신사에 어떤 영향을 미쳤는지를 따져보는 것이 검열연구의 또 다른 과제일 것이다.

5. 마무리

이 글은 한국 근대문학의 검열연구를 보다 실증적이고 통시적인 차원에서 검토하기 위한 예비 작업으로, 1928년부터 38년까지 조선총독부 경무국 도서과에서 발행했던 비밀자료집 『조선출판경찰월보』에 대한 통계작업을 시도하였다. 이 자료는 당시 식민지 조선에서 행해졌던 검열의 총체적인 양상을 통계와 목록화, 요약번역의 형태 등으로 담고 있어서, 검열연구는 물론 당시 지식사와 문학사, 사상사의 연구에서 간과할 수 없는 중요한 자료이다. 여러 학문분과에서 이 자료에 대한 다양한 분석과 접근의 각도를 개발해야 할 필요가 있다.

본고는 이를 위한 예비 작업이자 『월보』의 성격구명을 위한 기초 작업으로서, 『월보』의 전체적인 체제와 구성원리의 변화과정을 개괄하였고, 이를 통해 『월보』를 3단계로 나누는 근거를 제시하였다. 여기에는 만주사태의 발발과 중일전쟁으로의 확산이라는 정치적 계기도 포함되겠지만 중요한 것은 정치적 상황의 단순한 적용이 아니라 『월보』 자체의 논리로 이를 구명하는데 있다. 우리가 40~95호를 기준으로 전후가 나뉘는 3단계를 제안한 것은, 『월보』의 분량과 구성원리, 그리고 '집무자료' 등을 포함한 내적 변화의 동력을 통해 이 같은 결론에 도달했던 것이다. 이것은 개별 호에 대한 분석에 앞서 『월보』를 거시적인 차원에서 이해하는데 도움을 줄 것으로 판단한다.

아울러 우리는 '출판력Press Power'이라는 개념을 제안하여 식민지 조선에서 벌어졌던 인쇄출판 행위의 총량을 추적하고, 이를 당시 조선에 거주했던 일본인(외국인 포함)과 조선인의 인구비율과 비교하였다. 이로써 출판 상황을 민족 단위로 호명하는 오래된 습관에 문제를 제기하고, 식민지 조선의 '구텐베르크 은하계'의 실상을 통계를 통해 계량화하였다. 인구비율로는 97.3%(조선인) : 2.7%인데 '출판력'의 차원에서는 거꾸로 22% : 78%라는 왜곡된 시장상황을 전함으로써, 검열에 걸린 단순한 숫자상의 문제가 야기할 수 있는 숫자의 왜곡을 실증적인 차원에서 반박할 근거를 마련하였다. 특히 잡지 분야에서는 해당 시기를 망라하며 100개 이상의 잡지가 출판되지 못했던 상황을 밝혀냄으로써 근대잡지를 통한 지식의 유통과 소비의 문제에 일제가 얼마나 큰 작용을 했는지도 밝혀내었다.

특히 식민지 조선의 검열업무에서 만주나 중국이 차지하는 문제가 어떠한 양상으로 존재했는지를 밝혀낸 것도 소득이다. 조선의 검열업무 중 중요한 부분이 외부(중국과 일본을 포함한 외국)로부터 출판물이 조선으로 이수입되는 것을 차단하는데 있었다는 것은, 행정처분을 받았던 건수의 대부분이 이러한 이수입물에 대한 조처였다는 사실을 통해 확인되었다. 만주사변과 중일전쟁으로의 확산이 『월보』의 체제상에 변화를 주며 이것이 분량에도 반영되는 상황을 증명함으로써, 식민지 조선의 상황을 조선 내부에 국한하여 볼 것이 아니라 '제국'의 시선으로 파악해야 한다는 당위를 재확인한 것 역시 소득이다. 현재의 '국경'과 '국민국가'의 시선에 익숙한 우리들은 '제국'을 건설하고 '제국'의 시선으로 상황을 파악했던 당시의 관점을 회복하여 문제의식을 확대하는 갱신이 필요하다 하겠다.

이러한 분석을 통해 우리는 식민지 조선의 '구텐베르크 은하계'가 몹시 초라했으며, 조선은 근대 텍스트의 바다에 섬처럼 떠있는 고립된 존재였다는 사실도 추론해내었다. 외부로부터의 인쇄물(지식과 정보)를 차단하는데 총력을 기울였던 식민권력은, 안으로는 출판물 총수의 규제와 검열을 통한 내용통제를 통해 지식의 위계화를 고정화시켰고, 조선인들의 지적 상승을 원천적으로 차단하여 노력했다. 식민지라 함은, 국토와 정치상의 문제일 뿐만 아니라 지식과 표현의 문제이기도 했던 것이다. 이것은 단순히 민족주의적 관점의 재확인에 그치는 것이 아니라, 한국 근대의 지식의 역사와 자기표현의 역사에 심대한 굴절점을 확인하는 것으로, 이를 기반으로 새로운 지식사와 문학사를 재구성할 기초자료를 얻었다는데 의의가 있다.

아울러 이 연구의 궁극적인 목표인 한국 근대문학의 검열문제에 대해서도 우리는 보다 심화된 사실을 발견할 수 있었다. 문학에서의 검열연구는 텍스트 위에 존재하는, 혹은 텍스트를 삭제해버리는 검열행동 자체에 대한 직접적인 연구만을 의미하는 것이 아니다. 텍스트가 존재하기 위해 전제되어야 할 많은 사회적 기반들에 대한 기초적인 지식을 밝혀냄으로써 특정 텍스트의 사회성을 회복할 뿐만 아니라 그 안에 담긴 미학적 내용들의 정치성을 보다 넓은 시야에서 감각할 수 있게 도와주는 것 역시 검열연구가 담당해야 할 몫이다.

그런 점에서 검열연구는 일제의 억압에 대한 구체적인 연구이자, 우리 안에 새겨진 자기굴절의 근원을 탐색하는 일이기도 하다. 『월보』에 대한 연구는 그러한 자기굴절의 역사를 물질적으로, 통계적으로 접근할 통로는 열어준다는 점에서 중요한 탐구영역이다. 이 글은 『월보』연구의 첫머리에서 기초적인 작업을 수행한 작업보고서의 성격을 가질 뿐이다. 〈표 1〉~〈표 5〉로 구성된 기본 통계표 작업부분에서도 이 글은 겨우 첫걸음을 내딛었을 뿐이다. 앞으로의 작업을 통해 더 나은 연구결과를 보고할 수 있기를 바란다. 이제 시작이다.[31]

31 이 글은 한기형, 이혜령, 유석환, 류진희, 손성준과 함께 조사하고 통계처리를 하며 작성한 논문이다. 저자이름에 모두를 올리는 것이 마땅하나, 번잡을 피하기 위해 내 이름만을 적어둔 것임을 밝힌다. 특히 손성준은 이 글에 실린 모든 통계표를 작성해주었다. 그럼에도 이 글의 오류는 전적으로 나의 책임이다.

세금으로 본 흥행시장의 동태론

이승희

1. 식민권력과 흥행시장의 역학

근대에 들어 성립을 본 '흥행'은 태생적으로 자본주의적 자양분을 먹고 자라난 문화형식이라고 할 수 있다. 그러나 이러한 흥행이 시장경제의 법칙을 따랐을 것이라고는 좀처럼 상상이 되지 않는다. 식민권력의 지배력이 압도적이었던 '결과들'을, 우리는 너무나 잘 알고 있기 때문이다. 예술은 '현실'을 관통하면서도 그 너머를 꿈꿀 수 있는 힘이 있고, 그래서 우리는 그것에 강렬한 매혹을 느끼지만, '현실의 바닥'으로 내려오면 그 예술이 관통해 있는 제도의 완고한 힘에 압도당하기 일쑤이다. 간혹 그 '너머'로 비약해야만 했던, 억압의 생산성이라는 역설을 발견하는 행운이 없는 것도 아니지만, 대체로 제도의 세계는 현실을 종종 비관적으로 만든다.

식민지조선은 어디까지나 일본제국 권역의 일부분이었고, 제국의 이해관계에 따라 조선총독부의 통치가 이뤄지던 장소였다. 흥행 역시 제국의 동향과 식민권력이라는 독립변수로부터 자유로울 수 없는 상태에 있었다. 이러한 조건이 흥행에 대한 식민권력의 지배력을 높였던 반면, 흥행시장의 규모와 독자성을 절대적으로 미약한 수준에 묶어두도록 만들었다. 국가와 시장의 대등하지 못한 이러한 관계는 근대적인 의미에서의 흥행이 시작될 무렵부터 시작되었다. 19세기 말에 그 근대적 징후들이 없었던 것은 아니지만, 흥행이 시장의 영역에 안착될 수 있었던 것은 엄밀히 말해서 극장이 출현하면서부터였다. 극장은 흥행 행위가 '돈'으로 환산되는 상품적 가치임을 명백히 하는 근대적 공간이었으며, 사람들은 점차로 이를 당연한 관행으로 받아들이기 시작했다. 문제는 공교롭게도 이러한 초기적 상황에 통감부정치에서 한일병합이라는 정치적 국면이 함께 놓여 있었다는 사실이다. 이러한 동시성은 흥행시장이 시작단계부터 식민권력의 영향력으로부터 자유롭지 않았음을 시사한다.

사정이 이러하다면, 흥행의 '시장' 연구는 다소 난감한 일이 아닐 수 없다. 식민권력이 흥행시장의 수준을 결정하는 최종심급이라면, 시장에 대한 논의는 다분히 소모적일 가능성이 높기 때문이다. 흥행에 관한 정책과 그 시행의 결과들은 확실히 식민권력의 규정력이 얼마나 강고한 것이었는지를 보여준다. 그러나 이러한 사실이 시장에 대한 연구의 중요성을 반감시키는 것은 아니다. 흥행이 결국 국가와 시장이라는 두 가지의 형식 안에서 제도화되는 것이라면, 국가가 선편을 쥐고 진행된 정책 시행의 추이로부터 국가가 어떻게 시장을 주조해냈는지, 그럼으로써 어떤 문화적 효과가 야기되었는지 검토하는 일은 여전히 중요하다. 그 결과가 바로 이후 흥행문화의 향방에도 결정적인 영향을 미쳤기 때문이다.

물론 시장이란 국가의 기획에 붙들려 있기만 하는 것은 아니다. 그것은 동시에 마치 하나의 유기체처럼 독립적으로 운동하는 성질을 가지고 있다. 시장의 운행은 분명 국가의 기획을 초과하는 그 어떤 국면을 제공하고 있음에 틀림없다. 이러한 가정이 성립할 수 있는 이유는 흥행시장이 '돈'의 흐름과 여러 주체들의 욕망이 함께 얽혀 있는 장소이기 때문이다. 혹자는 '돈'의 유로流露를 만들어냄으로써 모종의 이득을 얻고자 하고, 혹자는 그 유로를 변경하기 위해 운동한다. 아니면, 혹자는 그 유로 안에서 만족감을 찾되 현실의 결핍에서 발생하는 욕망을 표현하는 것으로써 모종의 기획들을 넘어선다. 중요한 것은 이 비대칭적 관계가 거의 대부분 힘의 '불균등한 공모'를 통해서 '돈'의 흐름을 만들어낸다는 점이다. 그리고 이 과정이 바로 흥행의 역사일 것이다. '시장'에 대한 관심은 말하자면 그러한 비대칭적인 힘들을 적극적으로 읽어내고 그것들의 공모가 제도화되는 과정을 묘사한다는 것을 의미한다.

그럼에도 불구하고 식민지조선의 흥행시장에 대한 접근은 식민권력의 정책적인 측면으로부터 시작되어야 한다. 그 불균등하고 비대칭적인 관계를 만들어낸 발원지가 다름 아닌 '거대한' 식민권력이기 때문이다. 흥행시장의 구축이 바로 일본제국의 식민지경영과 동시적으로 진행되었고, 그 정책적 필요에 따라 흥행의 정치적·경제적 가치가 결정되었다는 점은 아무리 강조해도 지나치지 않다. 식민권력에 대한 이해를 높였을 때, 비로소 흥행시장의 윤곽이 객관화될 수 있을 것이며 국가차원에서의 기획을 초과하는 문화적 상상력 혹은 제도적 억압의 생산성도 그 면모를 드러낼 수 있을 것이다.

이때 흥행시장 문제의 관건이 바로 '돈'임을 새삼 강조할 필요가 있다. 흥행이 그 수준이 여하하든 시장의 법칙에 따르는 상품으로 존재했던 만큼, '돈'을 경유하지 않고서는 시장의 문제를 제대로 짚어내기란 쉽지 않다. 연극・영화를 포함한 흥행에 관한 지금까지의 정책연구가 제시한 그림들이 식민권력의 기획에 관해 많은 이해를 돕고 있기는 하지만,[1] 흥행시장의 근저라 할 수 있는 '돈'의 문제는 거의 논급된 적이 없는 형편이며 이것이 여타의 제도들과 어떤 관계를 맺고 있는지는 더더욱 관심 밖이었다. 그나마 1934년 이후 시행된 외화상영 쿼터제도, 그리고 이와 맞물려 진행된 일본내지의 메이저 영화사들의 진출이 영화시장의 지형을 바꾸어 놓은 결정적 계기였음을 확인할 수 있었던 것은 중요한 성과라고 할 수 있다.[2] 그러나 논의를 더욱 다변화할 필요

---

1 이에 대해서는 다음의 연구를 참조할 수 있다.
박영정, 「일제하 연극통제정책과 친일연극인」, 『역사비평』, 역사문제연구소, 1993 겨울; 이준식, 「일제 파시즘기 영화정책과 영화계의 동향」, 『한국민족운동사연구』 37, 한국민족운동사학회, 2003; 김재석, 「국민연극 시기 '조선연극문화협회' 연구」, 『어문논총』 40, 한국문학언어학회, 2004; 박영정, 「법으로 본 일제강점기 연극영화 통제정책」, 『문화정책논총』 16, 한국문화관광정책연구원, 2004; 조준형, 「일제강점기 영화정책(1903~1945년)」, 김동호 외, 『한국영화정책사』, 나남출판, 2005; 이승희, 「식민지시대 연극의 검열과 통속의 정치」, 『대동문화연구』 59, 성균관대 대동문화연구원, 2007; 이화진, 「식민지기 영화검열의 전개와 지향」, 『한국문학연구』 35, 동국대 한국문학연구소, 2008; 함충범, 「1910년대 조선에서의, 일제의 식민지정책에 따른 활동사진정책에 관한 연구」, 『현대영화연구』 6, 한양대 현대영화연구소, 2008; 함충범, 「중일전쟁 시기 일본과 조선에서의 영화정책 및 영화계의 대응양상 비교연구(1937~1940)」, 『현대영화연구』 7, 한양대 현대영화연구소, 2009; 이승희, 「식민지시대 흥행(장) 「취체규칙」의 문화전략과 역사적 추이」, 『상허학보』 29, 상허학회, 2010.

2 이화진(2007), 위의 논문; 이호걸, 「1920~30년대 조선에서의 영화배급」, 『영화연구』 41, 한국영화학회, 2009; 이순진, 「1930년대 조선 영화문화의 변동과 조선인 영화상설관의 소멸 -단성사의 몰락 과정을 중심으로」, 『대동문화연구』 72, 성균관대 대동문화연구원, 2010.

가 있다. 흥행시장의 영역에는 영화 이외에 연극과 같은 여타의 흥행물들도 상존하고 있었다는 점에서 그 종차를 확인하는 일도 긴요하거니와, 무엇보다도 식민권력의 흥행에 대한 정책적 고려가 '돈'과 관련하여 어떤 수준에 놓여 있었는지 그 윤곽을 그리는 작업이 요구된다.

이런 차원에서 보면 흥행과 관련된 조세정책은 식민권력의 가장 기본적인 이해를 드러내는 지점이라는 점에서 검토될 필요가 있다. 조세의 징수는 식민지경영의 방향성을 가장 여과 없이 드러내주는 동시에, 흥행시장의 위상이 단적으로 드러나는 지점이기 때문이다. 사실 조금만 생각해보면 흥행이 과세 대상이었다는 점은 당연한 것이었겠으나, 입장세에 관한 논의[3]를 제외하면 그에 대한 논의는 전무한 편이다. 이런 데에는 시장에 대한 관심이 저조한 탓도 있겠거니와, 사실상 그에 관한 심도 있는 논의를 이끌어낼 만한 최적의 자료들을 찾아보기가 어려운 사정도 있다. 식민지시대 조세정책 일반에 대한 연구는 상당히 진척되어 있는 상황이지만, 흥행과 같은 하위영역에까지 미칠 수 있는 자료나 논의는 거의 없다. 전시체제기에 부과된 입장세가 그나마 약간 언급되었을 뿐이다. 그렇긴 해도 흥행이 시장의 영역에서 일정한 소득을 올리는 영업행위로 간주되고 그에 대한 과세가 일상적으로 이뤄졌음이 분명한 이상, 산재한 자료들을 모아서라도 흥행에 대한 조선총독부의 조세정책을 구성해보는 작업은 긴요한 일일 것이다.

그런데 흥행시장에 대한 식민권력의 정책적 입장을 확인하는 것만으로는 부족함이 있다. 국가의 기획 맞은편에는 시장의 영역이 있고

3 박영정, 「1938년의 입장세법」, 『문화예술』, 한국문화예술진흥원, 1997.5.

바로 그 시장의 동태를 아울러 살필 때, 비로소 양자의 역학관계는 온전히 드러날 수 있다. 이런 차원에서 이 글은 흥행시장을 주도했던 주체들에게도 관심을 기울이고자 하는데, 이들의 생리는 본원적으로 시장논리에 의해 견인되어 있고 이들의 집단적 출현은 그 규모가 크든 작든 순전한 이익단체로서 흥행시장의 자율성을 주장하는 징후로서 비춰지기 때문이다. 그렇기에 이들과 식민권력의 이해관계가 항상 일치했다고 간주할 수 없다. 물론 거의 대체로 이들이 당국과 갈등한 일은 없었으나, 흥행시장의 주도세력이 1920년대 중반 검열수수료 감하운동을 끈질기게 전개했던 사실은 매우 이례적인 일이었다. 이 양상은 국가와 시장의 역학관계를 좀 더 분명히 드러내고 있는 것으로 보인다. 이 글이 조세정책의 추이를 따라가면서 흥행시장의 동태를 짐작케 하는 일련의 대응양상을 아울러 살핀 이유가 여기에 있다.

2. 흥행세 중심의 세제와 극장업의 특혜

식민지시대 조선총독은 내지의 제국의회나 정부의 간섭으로부터 비교적 자유로웠으며 그 권력 또한 막강했다. 이 점은 법률의 효력을 가지는 '제령'이라는 법 형식에서 잘 드러난다. 제령은 조선총독이 발하는 명령으로서, 일본 제국의회의 관여 없이도 규정될 수 있었고 일본 법률을 의용依用한다고 하더라도 별개의 법령으로 효력을 발하는 법 형식이었다. 일본이 이처럼 조선총독에게 막강한 권력을 부여했던 것은 식민지 지배의 효율성을 극대화하고 그만큼 자의성을 최대한 확보하기 위함이었다. 대만의 경우와 달리, 한일병합이 '합의'의 형태를 취했기 때문에 식민지조선에서는 군정을 실시할 수 없는 대신 그와 동일한 효과를 거둘 통치방법을 강구해야 했는데, 제령은 말하자면 조선총독에게 강력한 지배권을 보장함으로써 군정과 같은 효과를 낼 수 있는 법령이었던 것이다. 대만과의 이 같은 차이는 한반도가 지정학적으로 중요했다는 것과 '저항의 차이'가 있었다는 것으로 이해된다.[4]

제령의 대상, 즉 법률을 요하는 사항 가운데에는 조세 사항도 포함되어 있었다. 조선총독부가 실시한 조세제도는 그 이전과 비교할 때 분명 근대적 세제로의 이행이라는 의미를 띠고 있었다. 재정의 일원화, 예산의 수립과 시행, 화폐교환경제와 맞물려 있는 조세의 금납제, 소득세 중심 세제로의 변화 등 조세제도의 근대적 변화는 현저한 것이었다. 그러나 그 실내용은 지극히 제국주의적 이해관계에 충실한 것이어서, 조선총독부의 조세정책은 근본적으로 일본제국 내 식민지조선의 위상, 즉 그 효용적 가치 여하에 따라 운용되었다. 그 결과는 참담했다.

식민지기간 동안 일본에서 유입된 자금이 60~70억 엔이었던 데 반해 유출된 자금이 최소 300억 엔 이상이 된다는 사실, 더 나아가 이 액수에 환산되지 못한 부분들까지 포함하면,[5] 이 기간은 조선사회의 생산력이 고갈되어가는 과정이었다고 해도 과언이 아니다. 그러나 일본 입장에서 보면, 이는 조선현지의 자산을 기초로 증식된 자본을 투자하

---

4 이상 제령에 관한 자세한 내용은 김창록, 「제령에 관한 연구」, 『법사학연구』 24, 한국법사학회, 2002.10 참조.

5 이를테면 강제저축, 8·15 이후의 인플레, 관업경영 적자분 4억여 엔, 세출분석, 물자수탈, 문화재 유출, 인적 수탈 등이 고려의 대상들이일 것이다. 정태헌, 「일제하 자금유출 구조와 조세정책」, 『역사와 현실』 18, 한국역사연구회, 1995 참조.

여 그보다 훨씬 많은 것을 회수해간 수익성 높은 투자행위였다.[6] 그리고 바로 그 재정의 원천 상당수가 식민지조선인들의 조세부담으로부터 나왔다. 지금까지 학계의 논의에 의하면, 식민지시대의 조세구조는 지세 중심 세제에서, 소비세 중심 세제로, 그리고 다시 소득세 중심 세제로 변화하여갔다.[7] 이 과정 동안 조선총독부는 꾸준히 조세수입을 증가시켜 갔는데, 그 규모는 그야말로 가공할 만한 것이었다. 1930년대 초반을 경과하면서 그 증가세가 가속화되다가 중일전쟁 발발 이후 급격한 팽창세를 보여, 1943년 조세수입은 1911년의 것에 비해 무려 4,000% 이상 증가되었고, 1인당 조세부담은 일본의 5.6배보다 높은 6.9배 증가율을 보였다. 문제는 일본과 식민지조선의 소득격차가 점점 벌어지는 데 반해 조세부담은 더욱 가중되고 있었다는 점인데, 그 비율은 식민지조선사회의 생산능력 증가율을 크게 상회한 것이었다.[8] 한일병합 당시 불과 10개의 세목에 불과하던 국세가 종전 당시 35개로 늘어났다는 것은, 그만큼 식민경영이 수탈적이었음을 시사한다.

그렇다면 흥행과 관련된 세금의 경우는 어떠했을까. 기본적으로, 조세정책의 변화가 조선인의 부담을 증가시키고는 있었지만, 전체적으로 보았을 때 흥행에 부과된 각종 세금은 1938년 '입장세'와 같은 국세

6 정용석에 의하면 그러한 식민지조선 경영의 본원적 목적은 바로 농업식민지 구축이었다. 정용석, 「일제의 식민지조선 경영의 본원적 목적과 재정적 방식, 1910~1936」, 『사회과학논집』 16, 동아대 사회과학연구소, 1999 참조.

7 세제 변화과정에 대해서는 정덕주, 「일제강점기 세제의 전개과정에 관한 연구」, 『세무학연구』 23-4, 한국세무학회, 2006; 정태헌, 「한국의 근대 조세 100년사와 국가, 민주화, 조세공평의 과제」, 『역사비평』 94, 역사문제연구소, 2011 참조.

8 일본의 1인당 국민소득에 대한 조선의 1인당 국민소득의 비율은 1941년 24.4%에서 1943년에는 18.7%로 감소되었고 1인당 조세부담액의 비율은 동기간 중 17.4%에서 19.1%로 높아졌다. 조세부담에 관해서는 정덕주, 위의 글, 197~201면 참조.

를 제외하고는 별로 주목을 끈 적도 없었고 세액의 비중 역시 대체로 약소한 편이었다. 1930년대 후반에 이르러 흥행업의 활황이 곧잘 운위되고 공교롭게도 중일전쟁 이후 전시총동원체제기와 맞물리면서 상황은 급전한 것으로 보이지만, 그때까지 흥행 관련 세금이 주목된 적은 거의 없었다.

1) 지방세로서의 흥행세

세제에서 '영업세'라는 이름이 공식적으로 등장한 것은 1927년 3월 31일자로 제정 · 시행된 「조선영업세령」에서이지만, 그 이전부터 부府와 읍 · 면에서는 영업행위에 대한 세금을 부과해오고 있었다. 여기에는 영업소를 갖추고 영업을 하는 경우와 특정행위로 수입을 얻는 경우 모두가 포함되었는데, 전자는 대체로 극장업에 대한 세금일 것이고, 후자는 흥행 그 자체에 대한 세금으로서 흥행세에 해당된다. 그러나 전자의 경우는 1927년까지 알려진 바가 거의 없다. 다만, 「조선영업세령」이 시행되기 직전인 1927년 1월 당시, 극장주들이 경성부에 '영업세 인하 청원'을 한 사례가 있어 그 사실이 확인되지만,[9] 그 이후의 사정 또한 명료하지 않다. 이와 달리, 흥행세는 가장 오래되고 안정적으로 유지되어온 징수세목이었다. 흥행세는 영리적인 흥행을 하는 개인이나 단체에 부과하는 지방세로서, 잡종세의 일종이었다. 과세대상에는

---

9 「영화검열료 문제 재연, 영업세 인하 청원」, 『조선일보』, 1927.1.16.

연극・영화 등의 흥행뿐만 아니라 각종 회원제도에 의해 운영되고 있는 단체가 회원권의 발매 등을 통해 입장수익을 얻으려고 하는 경우도 고려되었는데,[10] 이는 주로 스포츠분야에 대한 흥행세 과세를 적극적으로 고려하고 있던 일본내지의 행보를 참조한 것이었다.

흥행세는 흥행허가원을 제출할 때[11] 납부했는데, 지역에 따라 다르고 세액 또한 일정치 않았다. 경성의 경우는 1일당 최고요금에 5명의 입장료를 곱하여 받다가, 1920년 6월 경성부 조례를 개정할 당시 극장 정원의 6할을 입장인수로 가정하여 1일당 그 정원수에 대한 수입액의 백분의 3을 징수하였다.[12] 그러나 여타의 지역에서도 이와 같은 일정한 기준이 마련되어 있었던 것은 아니었던 것 같다. 가령, '자선'을 목적으로 하는 경우는 응당 면세대상인데 세금을 부과했다고 비난을 산 적이 있었으며,[13] 세액의 기준 또한 일정치 않아 현장에서 혼선을 빚기도 했다.[14] 이러한 사례들은 적어도 1920년대 중반까지는 흥행세의 과세가 그 어떤 명문화된 규정에 의거한 것이 아니라 실무담당자의 임의적인 관행에 의존하고 있었음을 보여준다.

---

10 「홍업세 연구」, 『조선일보』, 1923.8.28.

11 「사리원 面所의 吏員도 跋扈, 旣定햇든 홍행세를 倍나 올리려고」, 『동아일보』, 1925.10.3; 「홍행세 밧고 홍행금지, 시각변개하는 마산의 경찰서」, 『조선일보』, 1926.11.9.

12 「경성부 세금 앙등」, 『동아일보』, 1920.6.3; 「회원제도의 영리, 재무과에서는 홍힝세를 등급을 뎡하야 밧는다고」, 『조선일보』, 1923.7.8.

13 "교육을 위하는 일"에는 흥행세를 면제해준 사례가 있음에도 불구하고, 전주면사무소는 자선 소인극(가극대회)에 대해 1일 4원이라는 고율의 흥행세를 부과하여 비난을 샀다. 「교육에 홍행세?, 전주면의 몰디각」, 『동아일보』, 1925.4.26.

14 사리원의 사례는 흥행세 과세가 임의적으로 이뤄지고 있었음을 단적으로 보여준다. 극단 광월단光月團은 면사무소에 흥행허가원을 제출할 때 1일 1원씩 계산하여 7원을 납부했는데, 마지막 날 면리원들이 자신들이 잘못 계산했으니 2원씩 계산하여 14원을 받겠다고 하여 물의를 일으켰고, 다음날 『시대일보』 독자위안회에 대해 전기료 명목으로 면리원 중 혹자는 50전을, 혹자는 10전을, 혹자는 80전을 내라고 하는 등 혼선을 빚었던 것이다. 「사리원 面所의 吏員도 跋扈, 旣定햇든 홍행세를 倍나 올리려고」, 『동아일보』, 1925.10.3.

그러나 1927년 제1차 세제정리를 통해 「조선영업세령」(조선총독부제제6호)이 제정되면서 어느 정도 재정비가 이뤄졌다. 이 법령에 따라 종래 지방세로 징수되던 영업세가 국세國稅로 승격되고 그 일부가 '특별영업세'와 '잡종세'로 정리되었다. 이와 보조를 맞추어 경성부는 「부세 특별세 조례」를 폐지하고 「경성부 특별영업세 조례」[15]를 제정하였다. 이 조례의 골자는 ① 국세영업세의 과세를 받지 않거나 면세점 이하의 영업자에 대한 특별영업세 부과와, ② 잡종세의 정리였다. 따라서 이 조례에는 「조선영업세령」에는 포함되어 있지 않은 업종들까지 다수 포함되어 있었고, 흥행 관계 세금도 여기에 포함되어 있었다. 그 업종 가운데 '유희장업遊戲場業'이라 하여 그 세율은 수입금액의 만분의 5였는데, 포괄적인 이름으로 규정된 이 업종에 극장업이 포함되었을 가능성이 있으나 확실치는 않다. 반면 잡종세의 하나로 '제흥행'에 부과된 세율은 수입금액 100분의 3이었는데 이때 수입금액이란 입장정원의 6할에 각 등급의 입장료를 곱한 것으로, 이는 1920년 조례 개정 당시의 것과 동일했다. 다만, "구휼자선을 위하는 제흥행"은 과세 대상에서 제외되었고, 이 잡종세는 월세의 형식으로 기월 1일부터 15일까지 납부하도록 규정되었다.

「조선영업세령」의 제정은 경성 이외의 지역에서도 흥행세 과세기준을 마련하는 계기가 되었던 것으로 보인다.[16] 1930년대의 기록들을 참조할 때, 경성부의 세액기준이 하나의 표준이 된 듯하며, 규정내용

---

15 「신설되는 영업세」, 『동아일보』, 1927.3.9~10.

16 「도제」, 「부제」, 「읍・면제」에는 납세의 종류로 '국세 및 도세의 부가세'와 함께 '특별세'를 언급하고 있는데, 경성부와 마찬가지로 흥행 관계 세금이 조례로 규정되었으리라 짐작된다.

도 좀 더 엄격해졌다. 이를테면, 세액의 부과시 흥행횟수를 고려한 것이 그러한데, 1929년 12월 진남포에서는 부세 조례의 개정시 1일 2회 이상 흥행할 경우 그 횟수마다 잡종세를 부과한다는 조문을 첨가했고,[17] 1939년쯤에 이르면 「읍면특별세규칙준칙」에 의거하여 1일 2회 이상 흥행을 하는 경우 과세표준을 누증할 수 있게 내무국장 이름으로 통첩을 내렸다.[18] 그러나 흥행 관계 영업은 국세가 아닌, 지방세의 부과대상이었기 때문에, 지역에 따라 다소의 편차가 있었다. 실제로, 김해읍은 '연극장업'에 대한 특별영업세와 '흥행세'(잡종세)를 1938년 4월에서야 비로소 실시하였다.[19]

한편, 「조선영업세령」의 개정에 따라 경성부 조례 또한 1931년 2월에 개정되었는데, 그 핵심은 과세표준액에 미치지 못하는 경우 특별영업세를 과세하지 않는다는 것이었다.[20] 신문기사의 기록에는 '유희장업'이 누락되어 있는 대신 '유기장업遊技場業'이 포함되어 있는데, 과세표준액은 1년 수입금액 5백원이었다. 1931년 조례 개정에 "적용종목의 개정"이 포함되어 있다고 한 점에 비추어, 이 기록이 단순한 착오가 아닐 가능성도 있다. 그러나 1931년이 오락유흥업이 한창 성장하고 있을 무렵이라는 점에서 '유희장업'이 과세대상에서 빠졌으리라고는 생각되지 않는다. 문제는 이 업종에 극장업이 포함되었는지의 여부일 터인데, 김해읍의 사례에서 보듯이 명칭이 여하하든 극장업에 대한 특별영업세 부과는 이뤄졌던 것으로 짐작된다.

---

17 「府吏員조례와 부세조례 개정」, 『동아일보』, 1929.12.26.
18 「흥행세를 累增, 1일 2회 이상 흥행에」, 『동아일보』, 1939.8.17.
19 「특별잡종세를 김해읍서 실시」, 『동아일보』, 1938.1.20.
20 「특별영업세 = ◇조례개정실시」, 『동아일보』, 1931.2.27.

하지만 당시까지만 해도 극장의 수효는 적고 세율도 낮아서, 극장업에 대한 특별영업세 징수가 당국의 재정확보에서 큰 비중을 차지하지는 못했을 것이다. 반면, 당국의 입장에서는 흥행세 징수를 통해 훨씬 더 안정적인 세수를 확보할 수 있었다. 당대 문헌들이 극장업에 대한 세금부과 사례를 거의 언급하고 있지 않은 반면, 흥행세 문제를 종종 표면화했던 것도 그런 맥락이었을 것이다. 그렇다면 이러한 흥행세 중심의 세제를 어떻게 이해해야 하는 것일까. 이 세제가 흥행시장과는 어떤 관계가 있는 것일까.

2) 극장업에 대한 특혜

이는 극장의 대부분이 '영화상설관'이었다는 사실에서 출발할 수 있다. 영화상설관은 공연단체에 대관을 하는 경우가 더러 있었지만, 영화상설관으로 허가를 받은 마당에 연극과 같은 흥행을 제공할 수 있었던 일수는 처음부터 제한되어 있었다. 무엇보다 극장의 대관을 통한 수익성은 늘 불확실했기 때문에 수익성 높은 영화 상영을 포기하고 애써 공연단체를 유치할 필요가 없었다. 따라서 대관을 통한 수입은 극히 미미한 정도에 지나지 않았을 터이고, 극장업 수익의 원천은 영화의 상영이었다. 그렇다면 극장주가 부담해야 하는 세금은 극장경영에 부과되는 특별영업세와 영화 상영 등의 흥행에 부과되는 흥행세인 셈인데, 극장주의 조세부담 정도는 다른 경우와의 비교를 통해 판단하는 것이 필요하다.

단적으로 말하면, 흥행세 중심의 세제는 극장을 소유하지 못한 흥행인들과 비교할 때 극장업자들에게 유리한 특혜였음에 틀림없다. 극장주들에게 특별영업세는 그 세율이 별로 높지 않아서 별로 큰 부담이 아니었다. 또한 동일업종에는 동일세율을 부과하는 단순비례세제의 성격상 극장을 갖고 흥행을 하든 그렇지 않든 흥행세의 부담은 동일했다. 이런 조건에서 보자면, 극장대관 흥행은 수입정도와 관계없이 흥행세를 납부해야 할 뿐만 아니라 극장대관료까지 지불해야 하는 이중의 곤경에 처해 있던 셈이었다. 더욱이 극장대관료는 정액제로 지불되기보다는 대체로 총수입을 대관단체와 극장이 나누어가지는 방식으로 책정되었고, 극장이 과반 이상을 가져가는 경우도 빈번했다.[21] 식민지시대 내내 연극인들이 극장의 소유를 갈망했던 것도 바로 이 때문이었다. 연극전용극장인 동양극장의 출현(1935)을 연극인들이 환영했던 것은 그런 점에서 심리적 보상일 따름이었는데, 이 극장의 사용자는 어차피 극장직속단체로 제한되어 있었던 것이다.

이런 사정은 연예 및 유흥 종사자 개개인들의 경우에도 마찬가지였다. 경성부가 1920년 6월 조례를 개정할 당시 '조흥세助興稅'가 신설되었는데, 이는 종래 '유흥세'라 하여 요릿집 등과 같은 곳에 드나들던 사람들에게서 징수하던 것을, 해당 영업자를 납세의무자로 하여 징수케 하는 방법으로 전환하면서 그 명칭을 바꾼 것이다. 기생 1인에 대하여 1시간에 8전씩으로, 조흥세는 부세 수입의 새로운 재원으로 채택되었다.[22] 경성부는 1922년 또 다시 새로운 재원 확보를 위해 고심했는데,

21 박승희에 의하면 1920년대 당시 극단과 극장의 수입배분은 4 : 6이었다고 한다. 박승희, 『춘강 박승희 문집』, 서문출판사, 1987, 15면.

이때 매월 1원씩 징수했던 '창기세'와 마찬가지로 '작부세'를 거두고자 하는 의견이 제출되기도 했다.[23] 하층 아웃사이더로부터 징세하는 것에 대하여 도덕적 편안함을 가지고 있었던 것은, 흥행문화와 직간접으로 관계된 연예 종사자들에게서도 마찬가지였다. 광대, 행려배우, '유예사장遊藝師匠(연예를 가르치는 자)', 예기, 무기舞妓 등에게 잡종세를 부과해오고 있었고, 이에 대해 때로는 면제 혹은 감면 논의가 있기도 했지만 큰 진전을 보지 못했다.[24] 일본의 경우는 유예사장·유예인·배우·예기 등에 대하여 잡종세를 부과하다가 오히려 1931년 영업세의 일종으로 전환했고,[25] 식민지조선에서는 1934년 개인소득세 신설시 이들을 과세대상으로 삼았다.[26] 이들이 영업장에 소속되었을 경우 납세의 의무로부터 자유롭지 않았을 것임은 분명하다.

이렇게 보면, 흥행세 중심의 조세제도는 결과적으로 극장주, 특히 영화상설관주에게 유리한 제도였다고 이해될 수 있다. 또한 관주 대부분이 일본인이었다는 점은 그와 같은 혜택이 종족적인 배타성에 기초하고 있었다는 점을 암시한다. 흥행시장이 극장업을 중심으로 형성되고 있었음을 고려할 때, 이러한 종족적 배타성은 필연적으로 식민지주민의 문화적 생산성을 약화시켜갈 수밖에 없었을 것이다. 일본인이 패

22 「각 부세령 심의」, 『동아일보』, 1920.4.25; 「경성부의 조흥세법」, 『동아일보』, 1920.5.6; 「경성부의 新재원」, 『동아일보』, 1920.6.6; 「조흥세 징수방법」, 『동아일보』, 1920.7.2.

23 「11년도 예산에 窮한 경성부의 재원신책, 흥행셰 관람셰 작부세를 바더 부족하는 경비에 츙당할 작정」, 『동아일보』, 1922.2.17.

24 「유삭자의 부세부담, 명년부터 7만원 격증」, 『동아일보』, 1925.11.14; 「조흥세 감하, 영업 면세점 인상」, 『동아일보』, 1926.2.4; 「내년에 실시할 新稅戶數割」, 『동아일보』, 1926.5.13; 「지방세제 개폐, 특히 잡종세에 고려」, 『동아일보』, 1927.7.28.

25 「예기, 배우세도 영업세로 간주」, 『동아일보』, 1931.4.20.

26 金日善, 「개인소득결정 불복에 대하야(1)」, 『동아일보』, 1934.11.11.

권을 쥐고 있던 극장업에 대한 특혜는 일본제국의 식민지경영이라는 전체적인 틀 안에서 이해될 필요가 있는데, 조세제도에 비추어 보면 흥행시장은 식민권력이 적극적으로 직접적인 개입을 하지 않은 영역이었다. 그나마 적극적으로 개입한 경우라면 그것은 극장이라는 공간 자체가 야기하는 잠재적 불온성에 대한 사상취체였을 뿐, 시장에 대해서는 어느 정도 관망의 자세를 취하였다. 조세제도의 경우도 그러하거니와, 시장에 작지 않은 영향을 미칠 수 있는 입장요금 등에 대해서 그 어떤 제도적 통제를 가한 경우는 없었다.

물론 약간의 제동이 없지는 않았다. 전시수탈의 서막으로 일컬어지는 '개인소득세'의 도입이 1934년 「조선소득세령」(조선총독부제령 제6호)으로 현실화되었기 때문이다. 그때까지 유산자층에 대한 과세는 세제특혜적 성격을 띤 지세와 1927년에 처음 도입되었지만 조세액의 2%에 불과한 영업세와 자본이자세가 전부였다. 그러나 세출증가 요인이 두드러지고 소비세 중심의 과세만으로는 재정확보에 어려움을 겪을 수밖에 없었던 당국의 입장에서는 고소득층에 대한 소득세 과세를 고려하지 않을 수 없었다.[27] 그리하여 극장 경영에도 개인소득세가 국세로 징수되기 시작했다.[28] 법령에 의하면 800원 미만의 경우는 소득세가 면제되었으나(제32조), 800원 이상부터는 누진세율(제36조)을 적용하여 세금이 징수되었다.

극장업에 대한 세금을 '국세'로 '공식화'한 이러한 변화가 실제로 흥행시장에 어떤 영향을 미쳤는지 확실치 않지만, 충분한 흥행자본을 소

27 개인소득세 도입의 배경에 대해서는 정태헌(1995), 앞의 글, 199~201면 참조.
28 金日善, 「개인소득결정 불복에 대하야(1)」, 『동아일보』, 1934.11.11.

유했던 일본인 경영주들, 그리고 일본내지로부터 유입된 대자본이 이 정도의 과세에 중대한 영향을 받았으리라고는 상상하기 어렵다. 이 변화에서 중요한 것은 지금까지 지방세의 일종으로 선택적이었던 과세대상이 국세로 승격되었다는 것이며, 이는 전시체제의 돌입이라는 정치적 상황에 따른 경제적 요청이었다는 점이다. 그리고 태평양전쟁이 한창이었던 1942년 「조선영업세령」의 개정(조선총독부제령 제14호)을 통해서 '연극흥행업'이 국세 영업세의 과세대상으로 새롭게 포함된 것도 같은 맥락에 있다. 물론 그 세액이 수입금액의 천분의 8이라는 단순비례세제에 따르고 있는 만큼, 역시 치명적인 세율은 아니었다.

이처럼 흥행시장에 대한 식민권력의 개입정도가 비교적 낮은 수준이었던 것은 그만큼 흥행시장의 규모가 작았음을 의미하겠지만, 이 사실 자체가 현상의 본질은 아니다. 흥행시장의 규모가 비교적 커지는 1930년대 후반에 이르러서도 사정이 별반 달라지지 않았다는 것은, 그 본원적 이유가 다른 데 있었음을 시사한다. 그것은 바로 식민지조선의 흥행시장이란 어디까지나 문화적 생산성의 제고라는 차원에서 기획·경영되지 않았다는 사실이다. 영화의 상영과 배급이 중심을 이루고 공연예술이 주변으로 밀려났던 것, 식민지조선으로 상품을 팔러오는 이들은 있으나 그 역은 거의 불가능했던 것, 그리고 그나마 약소한 흥행수익조차 식민지주민의 몫으로 분배되지 않은 것이 흥행시장의 현실이었다.

3. 이익집단의 동태, 수수료와 세금의 차이

흥행세 중심의 조세제도가 극장업에 혜택이 돌아가게끔 되어 있었다는 점은 여러 방증을 통해서도 확인된다. 세금이 국가와 지방단체가 강제적으로 징수하는 성격을 띤다고는 하지만 이와 관련하여 심각하게 당국과 갈등한 적도 없거니와, 그 흔한 탈세 사건도 단 한 번 없었다. 이는 그럴 만한 사안이 없었거나, 아니면 이를 수행할 만한 주체가 마땅치 않았다는 것을 의미한다. 그런데 이러한 대체적인 경향에도 불구하고 1920년대에 검열수수료 인하운동이 전개되었다는 것은 놀라운 일이다. 물론 휴관단행과 같은 급진적 조치는 '전혀' 없었지만, 흥행시장의 주도세력들이 당국에 대하여 집단적 움직임을 보인 사례는 아마도 이 경우가 유일할 것이다. 이 사건은 조선총독부의 시책에 대한 이익집단의 즉각적인 반응이었다는 점에서, 흥행시장의 동태를 이해하는 데 매우 흥미로운 시사점을 제공한다. 문제의 핵심은 늘 미온적이고 복종의 태도를 보여 왔던 흥행업자들의 운동이 어떻게 해서 가능했는지에 있다. 이 문제에 접근하기 위해, 먼저 약간의 우회를 해보도록 하자.

3) 영화삼우회라는 시한부

식민권력의 지배력이 식민지시대 전체를 관통하여 항상성을 유지했다고는 말할 수 없을 것이다. 1920년대 조선사회가 보여주었던 활력이 그 증거이다. 이 활력은 정치적 자유에의 요구를 포함하는 사회역량과 관계된 것이기도 했지만, 시장의 논리를 본질로 삼는 흥행계에 있어서도 마찬가지였다. 영화의 위세가 다른 흥행들을 압도해나가고 극장업이 전망 좋은 사업으로 부상했던 다른 한편으로, 극장의 공공성을 실현하고자 했던 일련의 경향('공회당 겸 극장')[29]도 공존하고 있었다. 그런 점에서 친목의 성격이든, 아니면 더욱 적극적으로 경제적 이익을 도모하는 이익집단이든, 흥행시장에서 모종의 그룹들이 생겨났다는 점은 주목할 만하다. 그것이 가능했던 것은 각종 '회會'로 넘쳐났던 1920년대 조선사회의 활력 덕분이다.

극장가에서 '삼우회三友會'라는 단체가 출현한 것도 같은 맥락에 있다. 사실 이 '삼우회'라는 명칭은 각종 단체에 두루 붙여진 이름이었는데, 이 삼우회가 극장가에 처음 등장한 것은 1925년 4월 25일 경성 '영화삼우회'가 조직되면서이다.[30] 이 단체는 단성사·조선극장·우미관 등 경성의 조선인극장에 소속되어 있던 변사·악사·영사기사 등 40여 명으로 구성되어 있었다. 이에 비추어 보면 '삼우'란 세 개의 조선인극장, 그리고 극장의 중추를 담당하고 있던 세 직종 간의 연대를 의미하는 작명이었음을 알 수 있다. 그러나 아마도 그 중의성은 경성에 한하여 유효한 것이었을 터이다. 경성의 세 극장은 서로 경쟁관계에 놓여 있었지만, 마침 영화삼우회가 발족한 바로 그 해에 "삼관 협조의 실현"을 성사시켰다.[31] 그러나 이 협정은 오래 지속되지 못하고 1926년 여름에 와해되었고 그 이후로 입장료의 인하와 함께 외화 쟁탈전이 벌어졌다.[32] 이는 한편으로는 1925년 영화삼우회 발족 당시의 분위기를

29 이에 대해서는 함경도의 사례를 참고할 수 있다. 이승희, 「공공 미디어로서의 극장과 조선민간자본의 문화정치」, 『대동문화연구』 69, 성균관대 대동문화연구원, 2010.

30 「영화계 종사원, 삼우회 조직－작일 명월관에서」, 『동아일보』, 1925.4.26.

31 이구영, 「영화계 1년」(전3회), 『동아일보』, 1926.1.2~3.6.

32 「各館 反目尤甚, 흥행쟁탈 격렬」, 『동아일보』, 1926.11.24.

짐작케 해주지만, 삼관 협조의 와해라는 극장 측의 이해관계가 작용하는 현실에서 영화삼우회의 존재가 종족적 연대라는 상징적 의미를 띤 것으로 이해될 수 있다. 더욱이 지방으로 내려갈수록 조선인극장의 수효는 훨씬 적었던 만큼 — 광주 영화삼우회,[33] 함흥 영화삼우회[34]의 사례가 시사하듯 —'삼우'는 변사・악사・영사기사 등 세 분야의 조선인 종사자들을 의미했던 것이다.

여기서 영화삼우회가 극장경영주가 아닌 피고용인들, 즉 실질적으로 극장을 움직이는 종사자들로 조직되었다는 점이 중요한데, 이들이 한편으로는 조선인 종사자들의 연대를, 다른 한편으로는 흥행현장인력의 이해관계를 대변했기 때문이다. 경성 영화삼우회의 경우, 그 삼관이 조선인극장이라 해도, 사실상 건물소유주는 모두 일본인의 것이었고, 결성 당시의 경영관계를 살펴보아도 단성사를 제외하고는 명실상부한 조선인극장이라 칭하기에는 민망함이 있었다. 이런 상황에서 변사・악사・영사기사의 연합은 경영상의 수위에서는 보완될 수 없는 상징적 의미가 있었다. 뿐만 아니라, 피고용인들의 열세를 상쇄할 수 있는 이익단체의 역할을 할 수도 있었다. 사실 이 종업원들이 파업을 한다면 극장의 휴관은 불가피한 일이었고, 더욱이 다른 조선인극장 종사자들과 연대해 있는 상황이라면 그 힘은 배가되는 상태였다. 실제로, 1925년 7월 우미관에서 봉급을 받지 못한 관원들과 경성 영화삼우회의 공조체제를 확인할 수 있다.[35]

---

33 광남관, 제국관, 광주좌 등이 주축이었던 것으로 짐작된다.

34 1929년 동명극장, 진사좌, 함흥극장 등 3개의 극장의 종사자들 40여 명으로 조직되었다. 「三劇場員 주최 영화 삼우회 조직」, 『중외일보』, 1929.10.14.

35 「우미관원 동요」, 『동아일보』, 1925.7.24.

영화삼우회가 경성·광주·함흥 등지 외에도 얼마만큼 있었는지는 알려져 있지 않지만, 이러한 조직의 출현은 1920년대 사회역량이 낳은 산물임에 틀림없다. 극장 인력을 중심으로 한 그 종족성은, 아마도 식민지시대 통틀어 흥행시장 내에서 하위계급의 능동적 실천을 보여주는 유일한 사례일 것이다. 비록 그 주된 활동은 프로그램을 자체적으로 구성하여 — 영화상영, 기생들의 공연, 삼우회 음악부의 연주 등 — 흥행을 단독으로 개최하는 것으로 제한되었지만,[36] 이러한 연대의 기초가 흥행시장에서 불리한 조선인 피고용인의 위치, 그럼에도 불구하고 장인匠人으로서 갖는 자부심으로부터 나왔다는 점은 의미 있게 받아들일 필요가 있다.

그러나 영화삼우회는 더 이상의 수준으로 고양되지 못하고 사라져갔다. 그 원인을 알려주는 자료들을 갖고 있지는 못하지만, 영화삼우회가 출현될 수 있었던 바로 그 배경이 곧 시한부 조건임은 짐작할 수 있다. 피고용자로서 이들의 운명은 자본을 가진 고용주에 의해 좌우될 수밖에 없었고, 이들을 대체할 만한 잠재적 예비군들은 흥행시장의 활기가 더해질수록 증가되고 있었다. 그러나 무엇보다도 이 단체의 생명은 조선인극장의 성쇠와 직접적인 연관이 있었다. 조선인극장의 특수가 사라지고 발성영화가 본격화되는 1930년대 중반이 되면, 친목의 차원에서라도 존재했던 영화삼우회의 존재기반은 사라질 수밖에 없었

36 경성의 경우-「영화삼우회 연예, 5월 30일 토요, 단성사에서」, 『조선일보』, 1925.5.30; 「제1회 삼우회 출연, 활사, 양악, 기생연구」, 『동아일보』, 1925.5.28; 「영화삼우 연주, 금야 우미관에서」, 『동아일보』, 1925.6.6. / 광주의 경우-「광주의 망년영화회」, 『동아일보』, 1927.12. 21; 「광주에서 영화대회 개최, 독자는 우대」, 『조선일보』, 1929.2.12; 「광주삼우회 영화대회 종막, 대성황으로」, 『조선일보』, 1929.2.17; 「광주독자우대 발성영화대회」, 『동아일보』, 1934.12.9. / 함흥의 경우는 활동기록이 남아 있지 않다.

던 것이다.

4) 흥행업자들의 검열수수료 인하운동

이렇게 보자면, 식민지시대에 한 민간기구가 흥행시장에 깊숙이 개입할 수 있었다면 그것은 두 가지 조건을 갖췄을 때일 것이다. 초超-종족적인 시장논리에 입각해 있으면서, 흥행시장의 역학구조와 근원적으로 엮여 있을 때이다. 영화삼우회는 그런 것들을 결여하고 있었다. 뿐만 아니라, 일제 말 관제적 민간기구들을 제외하면, 제작과 관계된 흥행현장인력(감독·배우·기술자 등)이 중심된 민간기구는 아예 존재하지 않았다. 연극계의 경우, 극장문제로 곤경에 처한 연극인들의 대응책으로 '흥행조합'의 조직을 신불출이 제안한 적이 있었지만[37] 이 또한 현실화되지 않았다. 이를 두고 — 흥행시장의 불합리한 구조를 타개해야만 자신들의 권익을 보호하고 경제적 이익을 조금이라도 도모할 수 있다는 — 의식의 자각과 실천력의 부족이라고, 그들에게 그 책임을 물을 수는 없을 것이다. 흥행시장에 대한 윤리적 요구는 대체로 시장논리에 의해 패퇴하기 마련이다. 시장논리를 압도하거나 제어할 수 있는 것은 다만 식민권력의 명령뿐이었다. 흥행시장이 식민권력과 일본인 흥행자본이라는 양축에 의해 구조화되어 있던 식민지조선에서, 종족적·경제적 하위계급이 영향력을 행사할 수 있었던 여지는 거의 없

37 신불출, 「조선흥행계에 항의」, 『조선일보』, 1933.1.21.

었던 것이다.

따라서 영화배급업과 극장업에서 흥행시장의 주도세력이 형성되는 것은 당연했다. 흥행시장에서 가장 수익성이 높은 것은 영화였고, 조선영화의 제작여건이 여의치 않은 상황에서 외화가 그 중심이 되었다. 그렇기에 외화의 배급과 상영은 흥행시장에서 돈의 흐름이 가장 민활하게 움직이는 곳이었고, 이를 중심으로 한 이익단체 역시 경제적 이해관계가 첨예한 관심사로 부상되었을 때 등장하였다. 그것은 바로 검열수수료 때문이었다.

검열수수료가 처음 언급된 것은 1925년이었다. 경기도 경찰부 보안과는 검열수수료 징수를 위해 검열관檢閱館의 신축이 필요하고, 이에 대한 비용을 검열수수료로 충당할 수 있다는, 기묘한 순환논리로 그 계획을 밝혔다.[38] 이 구상은 「활동사진필름검열규칙」(조선총독부령 제8호)이 1926년 7월 5일자로 공포되면서 현실화되었다. 이 법령 제7조에 의하면 검열수수료는 3미터 당 5전씩, 검열 후 3개월 내에 검열을 신청하는 해당 필름의 복본과 유효기간 경과 후 6개월 내 재검열하는 경우에는 3미터 당 2전, 그리고 도지사와 경찰서장이 검열하는 필름에 대해서는 3미터 당 1전을 내게 되었던 것이다.

이 법령의 시행을 앞두고, 경성의 영화업자들은 아연 긴장했다. 그때까지 동경에서 검열수수료를 지불한 필름인 경우는 무료로 상영을 해왔던 터라, 검열수수료의 징수는 관계자들의 경제적 손실을 가져오는 일대 사건이었다. 영화업자들은[39] 이미 일본에서 검열을 마친 필름

38 「활동사진필름 검열세 징수계획」, 『동아일보』, 1925.5.28.

39 이를 위해 활동할 위원으로 선출된 이들은 다음과 같다. 희락관[松田], 대정관[中丸], 중앙

의 복사본을 다시 검열하는 것은 불합리하다며 검열수수료의 철폐를 주장하고 나섰으나, 곤도[近藤] 도서과장은 이를 일축했다.[40] 이에 검열수수료 철폐에서 인하로 그 입장을 바꾸기도 했으나 이 역시 별 소득이 없었다.[41]

영화업자들은 현행 법령을 따를 수밖에 없었다. 1927년 초, 검열수수료 인하운동을 재개했으나,[42] 이와는 별도로 검열수수료 납부로 인한 재정적 손실을 메우고자 대책을 강구했다. 경성의 극장주들은 거리에 걸어놓은 광고지를 없애고, 각종의 할인행사도 하지 않으며, 입장요금의 경우 특별흥행은 위층1원 / 아래층 80전을 초과하지 않으며 보통흥행은 위층 50전 / 아래층 30전으로 하기로 협정했다.[43] 물론 이는 미봉책에 지나지 않았으므로 극장주들은 다시 곤도 도서과장과 아사리[淺利] 경무국장을 차례로 만나, 대만의 경우와 같이 5미터에 5전으로 인하하고 재검열은 무료로 해달라고 진정했다.[44]

그러나 역시 이는 받아들여지지 않았다. 다만, 경무국장의 발언, 즉 검열수수료를 경영자 측에서 부담하는 것은 '무리한 일'이라는 의견에, 또 다른 분쟁의 씨앗이 생겨난 듯하다. 경무국장의 이 말은 극장주들이 검열수수료를 온전히 부담하지 않아도 된다는 해석을 가능케 했다.

관[藤本], 황금관 · 조선극장[早川], 단성사(박승필), 우미관[脇田], 폭스영화배급소[荒木], 櫻빠-[相澤], 만선활동[宮川] 등. 「영화당국자협의」, 『동아일보』, 1926.7.20.

40 제1차로 진행된 검열수수료 철폐와 인하 운동에 관한 좀 더 자세한 내용은 한상언, 「「활동사진필름검열규칙」의 검열수수료 문제와 조선영화산업의 변화」, 한국영화학회 학술발표회 자료집, 2011.6, 5~7면 참조.

41 「영화 검열료 징수, 각 관계자 반대운동」, 『조선일보』, 1926.7.21.

42 「영화검열료 문제 재연, 영업세 인하 청원」, 『조선일보』, 1927.1.16; 「영화검열료 문제 재연과 영업세 부과율 감하운동」, 『동아일보』, 1927.1.19.

43 「측면공격으로 검열료 감하운동」, 『동아일보』, 1927.2.12.

44 「5米突 5전으로, 영화검열료감하최후운동」, 『동아일보』, 1927.2.19.

사실, 「활동사진필름규칙」은 검열수수료 납부자가 누구여야 하는가에 대해서는 구체적으로 명시하고 있지 않다. 그러나 필름의 검열이 "다중의 관람에 제공"하기 위해 사전에 밟아야 하는 행정적 절차인 만큼, 검열과 흥행행위는 직접적으로 연관되어 있었다. 따라서 지금까지 배급회사로부터 필름을 대여 받아 영화를 상영해온 극장주들은 자신들이 검열수수료를 내야하는 것으로 간주했던 것인데, 경무국장의 발언은 적어도 그 일부를 배급업자가 부담해도 된다는 해석을 열어놓은 것이다. 영화배급업자들은 이에 즉각적으로 반응했다. 극장주들과 이해관계가 충돌하자, 1927년 2월 22일 '조선영화배급업자조합'을 따로 조직하여 다음과 같이 결의하였다.[45]

1. **경성에서 상영되는 검열료를 배급자는 절대로 그를 부담치 않기로 함.**

2. 영화상영 기일과 장소 부정사용과 임대요금을 지불하지 않거나 체납하는 자에게 대하여는 사건을 해결하기까지 배급을 중지할 것.

3. 빌리고자 할 즈음에 시험 영사하는 일은 절대로 폐지할 터이요 만일 위반하는 자는 사진요금의 반액을 조합에 제공할 일.

배급업자들이 조직적으로 대응하고 있는 이상, 이들로부터 필름을 공급받고 있는 극장주들은 이를 받아들일 수밖에 없었다. 그러나 검열수수료를 극장 측이 부담한다고 해도 극장주와 배급업자는 공생의 관계였기 때문에, 이들의 관계는 기본적으로 적대적일 수 없었다. 해를

45 「영화업자 결의, 22일에」, 『조선일보』, 1927.2.24; 「검열료의 부담거절, 배급업자조합 결의」, 『동아일보』, 1927.2.25.

넘겨 1928년 가을흥행을 앞두고 이들은 다시 검열수수료 인하 운동을 전개하기 위해 이번에는 전조선의 업자들을 망라한 '활동사진업자조합'을 결성했다.[46] 이 조직이 검열수수료의 감하를 관철시키기 위한 것이었음은 두말할 필요도 없다. 이들이 내건 명분은 두 가지이다 — 일본의 상설관은 천여 개에 이르지만 조선의 경우 20여 개소에 불과하며, 대만도 3미터에 2전씩을 받고 있다는 것.

조선총독부는 드디어 법령을 개정(조선총독부령 제65호)하여 1928년 9월 19일자로 검열수수료를 — 1미터 당 1전씩, 3개월 이내 복본과 유효기간 경과 후의 재검열의 경우는 1미터 당 5리 — 인하했다. 「활동사진필름검열규칙」의 시행으로 2년여 끌어오던 검열수수료 문제는 이렇게 하여 일단락되었다. 물론 당국의 인하조치는 2년여 간 단속적으로 추진해온 검열수수료 인하운동이 결정적으로 작용한 결과라고 보기는 어렵다. 이에 대해 한상언은 검열수수료 인하가 일본 내무성의 정책과 연동하여 실시된 것일 따름이지 식민지조선의 감하운동과는 상관없는 조치였다고 말한다. 일본 내의 영화업자들 사이에서도 경기불황을 이유로 수수료액을 감하해줄 것을 청원하는 상황이었고, 이윽고 일본과 대만이 1928년 8월 1일자로 검열수수료 인하를 단행했던 것이다.[47] 확실히 당국이 영화업자들의 청원에 움직였다는 증거들은 좀처럼 보이지 않는다. 그렇다고 해서, 일본에서 인하되었기 때문에 식민지에서도 인하되었다고 하는 것도 그리 요령 있는 설명은 아닐 것이다.

46 「영화업자합동 檢料감하운동」, 『동아일보』, 1928.8.23.

47 한상언, 앞의 논문, 7~8면.

5) 수수료와 세금의 차이

만약 영화업자들이 아무런 반발을 하지 않았어도 조선총독부는 수수료를 인하했을까. 그렇지는 않았을 것이다. 일본인 극장주들이 상당수였을 청원자들의 끈질긴 간절함이 당국의 태도변화를 가져온 직접적인 요인은 아니라 할지라도, 당국의 입장에서는 적어도 그러한 집단적 움직임에 대하여 어떤 식으로든 응답을 할 필요가 있었다. 물론 처음에는 경영난과 수수료 부과는 별개의 영역이라고 일축했지만, 지속적인 청원은 검열수수료의 징수에 대한 손익계산을 해보는 계기가 되었음에 틀림없다. 이런 과정에서 일본 혹은 대만에서의 경과도 중요한 참조가 되었을 것이다. 문제는 손익계산의 결과이다.

먼저, 영화상영이 성황을 이루기 시작한 식민지조선이라 할지라도, 흥행시장의 규모면이나 경제적 수준이 일본과 비교될 수 없는 상황이었음에도 불구하고 동일한 검열수수료를 책정했다는 것부터 문제 삼을 필요가 있다. 1925년 검열수수료가 처음 언급되었을 당시,[48] 검열수수료 징수가 먼저인지 검열관의 신축이 먼저인지 혼란스럽게 만드는 논리의 교착상태는 우연이 아닐 것이다. 이는 식민지경영의 비용을 어떻게 충당하고 사용하는가를 보여주는 단적인 사례로 읽을 수 있다. 조선총독부는 검열의 일원화에 따른 업무증대가 예상되는 상황에서 이에 소요되는 '비용의 마련'을 위해, 일본내지와 동일한 수수료를 책정하는 무리수를 두었다. 간단하게 말하면, 식민지에서 징수된 자본으

48 「활동사진필름 검열세 징수계획」, 『동아일보』, 1925.5.28.

〈표 1〉 검열사무 총예산

경상부	봉급 및 사무비	24,369원
임시부	운영 및 설비비	9,500원

〈표 2〉 검열수수료 총수입

	요금률	수수료 금액	비고
신검열	3미터당 5전	32,132원85전	1,926,469m
재검열	3미터당 2전	619원26전	92,810m
복본 검열	3미터당 2전	17원92전	2,674m
계		32,770원03전	2,021,953m

로 그 비용을 충당하는 것이었다. 이러한 패턴은 조선총독부의 기본적인 재정정책이었다.[49] 실제로 「활동사진필름검열규칙」 시행 초년도(1926.8~1927.7)의 검열사무 예산과 수수료 수입액을 나란히 놓고 보면,[50] 검열수수료의 수입으로 검열사무의 예산을 충당했음을 확인할 수 있다.

영화업자들의 끈질긴 설득에는 이를 수긍할 만한 명분이 있었고, 이를 그대로 관철시킬 경우 이제 막 활기를 띠기 시작한 흥행시장의 전망은 장담할 수 없다는 이면의 압력도 있었을지 모른다. 그러나 조선

49 일본으로부터 자금이 유입되는 통로는 공채, 보증금, 회사자본의 투자 등으로 대별된다. 그런데 공채는 적자재정의 보전재원으로 도입된 것이 아니라 일제의 대륙침략이라는 군사목적을 위해 충당되었으며 그 이자도 일본보다 훨씬 높게 설정되었다. 보충금의 경우 대부분 재조선 일본인 관리의 수당으로 지급되었고, 1939년부터 유입된 '금자금특별회계' 보충금은 결국 조선의 생산력 고갈로 이어졌다. 이를 통해서 보듯이 식민지경영의 비용을 위해 최소한의 투자도 이루어지지 않은 셈이다. 유입자금의 실체에 관해서는 정태헌(1995), 앞의 논문, 193~197면 참조.

50 〈표 1〉과 〈표 2〉는 『활동사진필름검열개요』에 수록되어 있다. 한국영상자료원 편, 『식민지시대의 영화검열-1910~1934』, 2009, 163・178면.

총독부의 입장 변화를 이끌어낸 가장 큰 요인은 검열수수료를 인하해도 무리가 없겠다는 계산이 끝났기 때문이다. 위의 표에서 보듯이 총예산이 33,869원, 수수료 총수입이 32,770원으로 1,099원이 모자라는 상황이지만, 검열에 필요한 설비를 갖추기 위해 들어간 초기비용 9,500원은 경상비가 아니기 때문에 향후로는 수수료 수입으로 검열사무를 충분히 감당할 수 있는 상황이었다. 아마도 수수료 인하 이전인 제2차년도의 경우는 흑자로 돌아섰을 것이다. 수수료를 인하하면 수입액은 감소하겠지만, 그럼에도 불구하고 1미터 당 1전으로 감하하는 특단의 조치를 취한 것은 이를 상쇄할 만큼 필름검열의 총량이 증가할 것이라는 판단에 근거했을 것이다. 결국 검열수수료의 인하는 검열사무예산에 비추어 무리 없는 수준에서 결정되었던 것이다.[51]

한편, 비록 영화업자들의 운동이 조선총독부의 태도변화를 이끌어낸 결정적 요인은 아니었지만, 검열수수료의 인하는 이들에게 명분과 실리에 무게를 실어주는 효과를 가져다주었음이 틀림없다. 이 문제의 해결을 위해 활동사진업자조합이라는 전국적 단위의 기구를 결성했다는 점은 매우 특기할 만한 현상이었다. 물론 검열수수료 인하 이후 이 기구의 존재는 흔적 없이 사라졌지만, 그러한 조직의 효용성을 기억하기에는 충분했다. 1930년대 '경성흥행협회'의 조직은 그러한 경험의 연장선상에 놓여 있었다.[52] 조선영화배급업자조합의 결성 또한 그 과정에서 생긴 부

51 브라이언 이시스는 저렴한 검열비가 할리우드 영화들을 시장으로 몰려들게 하는 상당한 경제적 인센티브로 작용하였다고 말한다. 그의 말대로 검열수수료의 인하는 외화시장이 활성화되는 계기가 되었음이 분명하다. 그러나 그렇다고 해서 영화검열이 "막대한 이익을 안겨주는 사업"이라는 주장은 재고의 여지가 있다. Brian Yecies, 「식민지 조선에서 좋은 사업이었던 영화검열-할리우드 제1차 황금기(1926~1936)의 부당이득 취하기」, 『한국문학연구』 30, 동국대 한국문학연구소, 2006.6 참조.

산물이었지만, 영화배급이 시장에서 차지하는 중요성만큼 그러한 조직의 유용성은 체감하고도 남음이 있었다. 1934년 양화통제에 대한 대응으로 조직된 '조선내외영화배급업조합'도 같은 경우라 할 것이다.[53]

문제는 무엇이 과연 이들을 움직이게 했는가라는 점이다. 흥행업자들의 집단적 움직임은 매우 이례적인 현상이었다. 그것은 무엇보다도 검열수수료의 납부가 흥행시장에 즉각적인 영향을 미치는 새로운 제도였기 때문이다. 영화업자들의 반발은 상시적인 지출세목이 새롭게 추가된 데에서 오는 재정적·심리적 부담에서 비롯되었다. 극장주나 배급업자, 혹은 일본인이나 조선인 모두가 연대할 수 있었던 것도 이 사안이 경제적 이해관계가 매우 명확했기 때문이다. 그리고 여기에는 청원의 형식을 통해 당국과 협상할 수도 있다는 흥행업자들의 정세 판단, 즉 1920년대의 정치적 특수도 얼마간은 작용했을 것이다. 그러나 만약 이것이 '수수료가' 아니라 '세금'이었다면 이와 같은 연대가 가능했을지는 의문이다. 이 수수료는 어디까지나 검열사무에 대한 보상으로 징수되는, 즉 반대급부라는 점에서 급부와 교환관계에 있다. 이러한 성격은 검열수수료의 인하가 충분히 협상 가능한 대상임을 말해주는바, 영화업자들의 대응은 그런 차원에서 이해될 수 있다. "본래 검열료란 세금이 아니요, 검열수수료이니까" 감하되어 실시하는 데까지 시일이 오래 걸리지 않을 것이라는,[54] 기신양행 유지영의 발언은 그것이

---

52 경성의 영화상설관주로 조직된 '경성흥행협회'의 존재가 처음 확인되는 것은 1933년(「경성 흥행협회. 보국 주간행사」, 『조선일보』, 1933.4.20)이지만, 아마도 검열료 인하운동이 모태가 되어 발족된 것으로 추정된다.

53 1939년 현재, 조합회원은 30개사에 달했다. 「영화배급독점진출에 조선내 업자 반대」, 『동아일보』, 1939.1.19.

54 「제3회로 운동―유지영 씨 담」, 『동아일보』, 1928.8.23.

수수료이기 때문에서 오는 기대감으로 읽히는 바 있다.

확실히 검열수수료를 둘러싼 이러한 정황은 두 가지로 해석될 수 있다. 하나는 흥행시장의 주도세력이 세금에 대해서는 협상 불가능한 대상으로서 받아들이고 있었다는 점이다. 다음 장에서 살펴보겠지만 '입장세' 신설시, 극장주들은 그 사안이 당국과 협상 테이블에 앉을 수 있는 것이라고는 생각하지 않았다. 다른 하나는 그만큼 흥행에 부과되던 세금이 흥행시장에 미치는 영향력이란 그다지 크지 않았음을 역설적으로 보여준다는 점이다. 앞서 살펴본 바와 같이 흥행세 중심의 조세제도는 극장업에 혜택이 돌아가는 단순비례세제로서 흥행시장을 직접적으로 좌우할 만큼의 제도적 압력을 가하지는 않았던 것이다. 이렇게 본다면, 조선총독부는 조세제도에 관한 최소한의 개입을 하되, 그 테두리 내에서 그 시장의 경영을 흥행업자들에게 위탁하여 흥행시장의 규모와 위상을 조율해나갔다고 할 수 있다. 영화업을 중심으로 한 이익집단의 출현은 흥행시장의 자율성을 나타내는 징후임에는 틀림없었으나, 그것은 어디까지나 당국이 그려놓은 선 밖으로는 결코 벗어나지 못하는 타율성을 본질로 하고 있었다.[55]

4. 입장세라는 대중과세와 흥행시장의 숨은 손

55 한상언은 검열수수료의 징수로 시장에 일어난 변화 세 가지를 꼽는다. 즉 관람료 인하를 통한 가격 경쟁, 신작영화의 유치경쟁, 그리고 조선영화 제작 등이다(앞의 논문, 9~14면). 조선총독부의 시책에 따른 시장의 변화를 추적해내는 일은 매우 중요한 과제라고 할 수 있는데, 이 경우 관람료 인하 조치는 납득할 만한 즉각적인 변화이지만, 나머지 두 가지는 검열수수료 문제와 직접 연동되어 있다고 보기는 어렵다.

1930년대 중반을 넘어서면, 극장의 정원초과 수용이 사회적 문제가 되어 그때마다 당국의 취체방침이 발표되곤 했다.[56] 이 현상은 관객의 수효가 절대적 수치 면에서 증가하고 있었음을 말해주는데, 〈표 3〉과 〈표 4〉가 보여주듯 흥행시장의 경기는 날이 갈수록 좋아지고 있었다. 이는 1938년 4월 경성흥행협회가 종래의 '학생권'을 폐지하기로 한 것에서도 단적으로 드러난다.[57] "이제 학생권을 폐지해도 학생 팬이 줄지는 않을 것"이라는 자신감의 발로였다. 흥행시장의 경기 좋음을 역설하는 신문의 기사들이 유독 많이 실리는 것도 바로 이때였다.

의아스러운 것은 바로 이 시기에 중일전쟁이 발발했다는 사실이며, 그럼에도 불구하고 그 증가추세가 꺾이지 않았다는 점이다. 더욱이 검열수수료 징수방침이 발표되었을 때와 맞먹는, 아니 그 이상일 수도 있는 입장세의 신설이 발표된 때가 바로 1938년이었다.

〈표 3〉 경성 영화상설관 입장자 수

연도	입장자수(명)	비 고
1926[58]	1,312,466	연극장 278,221 / 기타 소극장 104,266 / 가설흥행장 47,878
1933[59]	2,064,681	시내 14개소 : 최다 입장인원 우미관 289,244
1936[60]	3,514,304	본정서 관내 8개소(2개 연극장 포함)[61] : 전년도보다 54만여 명 증가
1938[62]	3,456,137	본정서 관내 8개소 : 상설영화관 3,317,508 / 연극장 138,629

56 「각 극장 영화상설관에 보조의자를 엄금」, 『매일신보』, 1937.11.28; 「정초 흥행에 通棒, 극장시설 재검사」, 『동아일보』, 1938.1.6; 「정원초과극장, 경찰이 톡톡히 꾸지람」, 『조선일보』, 1939.8.18; 「영화, 극 흥행장에 정원초과를 취체」, 『동아일보』, 1940.3.21.

57 「횡설수설」, 『동아일보』, 1938.4.1.

58 「작년 중 경기도 내의 관극료 백만원」, 『동아일보』, 1927.3.17.

59 「작년 관극자 2백여만 명」, 『동아일보』, 1933.4.6.

60 「흥행성적으로 본 극장가의 경기」, 『조선일보』, 1937.5.16.

61 영화상설관(6개) 명치좌, 약초극장, 중앙관, 희락관, 황금좌, 부민관 / 연극장(2개) 조일좌, 경성극장

62 「오락에 버린 돈, 백20만원」, 『동아일보』, 1939.1.28.

1) 입장세라는 대중과세

사실, 흥행은 상품시장에 기초한 사치재의 성격을 띤 소비재라고 할 수 있다. 이러한 성격은 세액이 약소하다고 할지라도 언제든 조세를 징수할 수 있는 명분을 제공했고, 더욱이 불특정 다수로부터 징수할 수 있는 대중과세의 용이함을 갖추고 있었다. 1922년 경성부가 새로운 재원을 마련하기 위해 '작부세'와 함께 "구경하는 세금", 즉 '관람세'를 고려한 것도 그런 맥락이었다. 물론 "중산계급 이하의 시민"의 위안에 방해가 된다 하여 반대의견이 만만치 않아 결국 시행되지는 않았다.[63] 그러나 입장세의 도래는 다가오고 있었다. 1931년 일본에서는 유료 스포츠 경기 관람자에게 1할의 '관람세'를 징수하기로 했고,[64] 1936년 만주 도문圖們에서는 "치외법권 일부철폐와 동시에 간도성내 각 상부지商埠地와 만철부속지내에 종전에 묵인되었던 일반과세를 부과"하면서 잡종세의 하나로 '관람세'가 징수되기 시작했다.[65]

그리고 드디어 1938년 4월 1일부터 입장세의 징수가 시작되었다. 「조선지나사변특별세령」(조선총독부제령 제12호)의 제정이 그 시작이었다. 이 법령에서 입장세 관련 조목은 제25조~제36조에 해당되는데, 입장세가 부과되는 장소는 모두 2종으로 분류되었고, 흥행 분야는 제1종에 속했다.

---

63 「11년도 예산에 窮한 경성부의 재원신책, 흥행셰 관람셰 작부세를 바더 부족하는 경비에 츙당할 작정」, 『동아일보』, 1922.2.17.

64 「입장료의 1할을 관람세로 징수」, 『동아일보』, 1931.8.6.

65 「치외법권 일부철폐로 新과세만 19여 종」, 『동아일보』, 1936.7.14.

제1종 1. 연극 · 활동사진 · 연예 또는 관물(스모 · 야구 · 권투 및 기타의 경기로 공중의 관람을 목적으로 하는 경기를 포함)을 개최하는 장소

2. 경마장

3. 전2호에 게기한 것을 제외한 일정의 공연물 또는 설비를 하여 공중의 관람 또는 유희에 공여하는 장소로 조선총독이 정한 것

제2종 1. 무도장 · 마작장 · 당구장

2. 골프장 · 스케이트장

제1종의 세율은 입장료의 100분의 5, 과세기준액은 39전(일본은 19전)이었다. 입장요금이 39전 미만이거나 자선사업, 기타 조선총독이 정하는 목적에 쓰이는 경우는 면제되었다. 이 법령의 시행을 앞두고 극장주들이 가장 우려한 것은 이로 인한 입장자 수의 감소였다. 입장세 부담은 원칙적으로 관객의 몫이었지만, 현재의 입장료에서 5푼을 더해 받을 경우 관객의 수효가 감소할 것이 분명했기 때문이다. 특히 일류 극장의 경우는 과세 영향을 많이 받을 수밖에 없었다. 과세기준이 39전인만큼, 그 미만의 입장료를 받는 이류 이하의 극장들은 입장세로 인한 타격이 거의 없었다. 극장주들은 업계의 부진을 우려해 당분간이라도 이 세금을 극장 측이 부담해야 하는 것이 아닌지 고심했다.[66] 입장세 철폐를 주장할 수 없는 상황에서, 이제 입장요금의 향방은 인상되거나 혹은 39전 미만으로 감하되는 양극화로 치닫게 되었다.

---

66 「입장료 稅의 증징액은 흥행업자가 부담, 조선에 실시여부가 주목」, 『동아일보』, 1938.2.19; 「입장세 실시되면 부담은 누구에게?」, 『조선일보』, 1938.2.25; 「영화관 입장세, 관주 측이 부담」, 『조선일보』, 1938.4.4. 이와 같은 부담은 물품특별세의 부가 때문에 곤혹스러워 했던 음반계도 마찬가지였다(「레코-드 가격인하?」, 『조선일보』, 1938.2.2).

경성의 일류극장들은 일단 2할 정도의 입장료 인상을 선택했다. 종전에는 일류극장의 보통흥행의 경우 대인 50전 / 학생・소인 30전이었으나, 이를 인상할 경우 대인 60전 / 학생・소인 40전이 되는 것이다.[67] 일류극장들은 여기에서 더 나아가 학생 할인제도를 폐지하고 대인요금을 받기로 했다.[68] 그러나 결국 일류극장들은 학생 / 일반 요금의 구별을 철폐하되 50전으로 균일화하기로 하고, 이류 이하의 극장들은 모두 과세기준 이하로 요금을 받기로 결정했다.[69] 이는 현행의 입장료를 유지하면서, 입장세로 인한 경제적 타격을 학생요금제의 폐지로 보상하려는 타협책이었다.

그 즉각적인 결과는 일류극장들의 경우 입장자의 감소로 나타났지만 이류 이하의 극장들에서는 학생층이 몰려들어 오히려 입장자의 증가로 드러났다.[70] 1938년 통계에 의하면,[71] 활동사진관 〉 당구장 〉 연예장〉 연극장의 순서로 입장자가 많았고, 제1종의 총인원수가 18,082,707명에 총 입장료가 5,877,876원이었으며, 이 가운데 활동사진관의 입장료가 2 / 3에 달했다. 입장세액은 모두 167,028원으로 비교적 적은 편이었는데, 이는 면세 입장자가 총인원수의 과반 정도이고 면세대상의 입장료가 총 입장료의 1 / 3 수준이었기 때문이다. 결과적으로, 입장세로 인한 세수 확보는 크지 않은 편이었고, 흥행시장의 활기는 여전한 셈이었다.

이런 가운데 조선총독부는 계속해서 전비지출이 증가하자 세수 확

67 「府內 극장, 영화관 입장료 2할 인상」, 『동아일보』, 1938.3.24.

68 「학생의 우대를 폐지, 대인요금으로 통일, 부내 흥행업자의 입장세 대책」, 『조선일보』, 1938.3.31.

69 「호화 '푸로'도 무색, 입장세 영향으로 흥행업자 이중곤경」, 『조선일보』, 1938.4.6.

70 「호화 '푸로'도 무색, 입장세 영향으로 흥행업자 이중곤경」, 『조선일보』, 1938.4.6.

71 「새로 실시된 입장세, 초년도에 16만원」, 『조선일보』, 1939.12.17.

보를 위해 입장세 징수를 위한 법령을 독립시키기에 이른다. 그리하여 1940년 4월 1일자로 「조선입장세령」(조선총독부제령 제22호)을 시행하는데, 이 법령의 핵심은 입장료의 등급에 따라 누진세율을 부과하고 과세기준액을 29전으로 낮춤으로써 입장세 징수를 늘리고자 한 것이었다. 또한 '입장료'란 "관람료, 좌석료, 중전, 신발보관료, 깔개료, 기타 명의 여하를 불문하고 입장하는 자가 입장을 위하여 지불하여야 하는 금액의 합계액"이라 규정함으로써 세수증대를 꾀하였다(「조선입장세령 행규칙」, 조선총독부령 제63호). 대신, "입장세의 과세표준인 입장료를 표준으로 하여 지방세를 부과할 수 없다"(「시행규칙」, 제18조)고 명시함으로써, 기존에 부과되던 흥행세는 폐지된 셈이었다.

입장세액의 증가와 흥행세의 폐지는 일견 증세의 효과가 없는 것으로 비춰지지만, 실제는 그렇지 않았다. 단순비례 세제라는 한계로 더 이상의 증수가 없는 소액의 흥행세를 징수하기보다는, 입장세라는 무차별적인 대중과세에 누진세율을 적용하여 세수 증대를 꾀하고, 극장들에는 흥행세 폐지를 제공하여 입장세로 인한 심리적·경제적 부담을 완화시킴으로써 조선총독부 당국의 충실한 파트너로 삼는 효과를 기대할 수 있었다. 이후 해방이 될 때까지 「조선입장세령」은 네 차례나 더 개정되었는데, 과세 기준액은 계속해서 29전을 유지했지만, 세율은 점차로 높아져갔다. 1945년 4월, 개정안(조선총독부제령 제4호)에 이르러서는, 1원50전 미만인 경우는 85%, 1원50전 이상은 170%, 회수·정기·대절로 입장계약을 한 경우는 130%라는 가공할 만한 세율을 보였다.[72]

72 입장세가 시행되기 시작하여 폐지될 때까지의 세율을 정리한 것은 이승희의 「흥행 장의 정치경제학과 폭력의 구조, 1945~1961」(『대동문화연구』 74, 성균관대 대동문화연구원,

이러한 입장세 징수 정책의 추이가 흥행시장에 어떤 작용을 했는지는 좀 더 면밀히 고찰해야 얻어질 수 있지만, 결과는 크게 달라지지 않았으리라 짐작된다. 가령, 1940년 「조선입장세령」의 시행을 앞두고 역시 극장들은 입장료의 인상을 고려하였다. 대표적인 일류극장이었던 명치좌와 약초극장이 '70전'이란 특별요금의 형식으로 흥행을 시도해 보았는데, 그 결과 관객의 수효는 감소되지 않았고, 이에 용기를 얻은 두 극장을 비롯해 황금좌까지 합류하여 입장료를 인상하고자 했던 것이다.[73] 이류 이하 극장들은 면세점 이하의 입장요금을 택했을 가능성이 높다는 점에서, 결과적으로 흥행시장의 외양은 크게 달라지지 않았으리라 추정해볼 수 있다.

2) 흥행시장 규모의 조율

1930년대 중반을 지나면서 흥행시장이 활기를 띤 것은 분명하다. 입장세의 징수가 시작된 1938년 현재, 5년 전보다 흥행일수가 32%, 입장자수가 78%, 입장료 수입이 2~3배 증가했다는데,[74] 그렇다면 이 현상을 어떻게 이해해야 하는 것일까.

먼저, 극장문화가 시작된 지 30여 년 이상 흐르면서 '극장 세대'가 누적됨으로써 발생한 자연증가를 생각해볼 수 있다. 자연증가를 억제할

2011)를 참조.

73 「비싸지는 사진 구경, 시내 상설관에서 입장료 인상」, 『조선일보』, 1940.3.31.

74 「비등하는 흥행인기」, 『동아일보』, 1939.8.27.

만한 외부 요인이 없는 것은 아니었지만, 모든 경우 별 영향을 주지 못했다. 가령, 입장세 사례에서 확인했듯이 저가의 입장요금을 받는 극장들이 증가한데다가 일류극장의 입장료에 부담을 느끼는 이들은 이류 이하의 극장으로 이동했고, 입장요금을 인상한 일류극장의 관객들은 그 수효를 일정하게 유지했다. 또한 중일전쟁의 발발은 오히려 '사변뉴스영화'의 특수를 동반했다. 여기에 1930년대 중반 이후 신축된 극장들(명치좌, 약초극장 등)이 선도한 시설의 고급화가 관객을 유인하는 하나의 계기였을 수도 있다. 사실상, 1930년대 이후 종족공간으로서의 극장은 연극장인 동양극장으로 게토화되었고, 영화상설관은 종족적 경계가 거의 무화되고 있는 상태였다. 이런 상황에서 훌륭한 시설을 갖춘 극장들이 선사하는 감각은 새로운 관객들을 만들어내는 듯이 보였다.

여기까지 보면, 1930년대 중후반 흥행시장의 호조는 지극히 시장논리에 충실한 일련의 과정으로 이해된다. 그러나 여기에는 함정이 있다. 다음의 두 가능성을 고려하는 것이 필요하다. 첫째, 자연증가라는 요인 외에, 극장 입장자의 절대 수 증가는 다른 문화적 경험의 반경이 협애해진 반사적 결과를 포함해야 한다는 점이다. 주지하다시피, 1920년대의 문화적 활력은 강연회, 토론회, 음악회, 소인극 공연 등을 통해 다차원적인 표현에의 욕구들이 분출했다는 데 있었다. 그렇다고 해서 이 활력이 흥행시장의 경기를 활성화하는 계기로 작용했다고 보기는 어렵다. 흥행시장의 활황이 곧 조선사회의 타락으로까지 인식되었을 뿐만 아니라,[75] 실제로 1925년은 "운동경기, 기타 집회, 흥행 등으로 말

75 "이렇게 모두 작년 정초보다는 어림도 없이 감소되었는데 이것이 순전한 금전관계가 아니요 일반의 깨달음이 깊은 까닭이라면 참 반가운 일이라 하겠다더라." 「한산한 연두 景

미암아 가뜩이나 관객 없는 영화흥행계는 막대한 타격을 면치 못하였"[76]던 해로 기억되었다. 그런 면에서 이해하자면, 공교롭게도 조선 사회의 역량을 와해시키는 일련의 정치적 압박이 소기의 성과를 거두는 그때부터 흥행시장의 활기가 현저해졌음을 확인할 수 있다. 여기에 하나의 방증을 제시할 수도 있다. 1935년 학생들이 주최하는 회합이 현저하게 줄었는데, 이를 두고 당시 신문은 1935년 10월 경기도 보안과가 '특수흥행취체규칙'을 제정한다고 발표함에 따라 그 여파가 중등·전문·제학교의 주최 행사에까지 취체범위를 확대시키고 있는 까닭이라고 추측했다.[77] 이는 다양한 문화적 경험의 출구들이 사실상 봉쇄된다는 것, 그리하여 식민권력이 마련해놓은 일정한 창구로 문화적 경험이 강제된다는 것을 의미했다. 그런 의미에서 본다면 학생들의 극장출입은 자율적인 선택이 아닌, 유인誘引된 결과가 될 것이다.

둘째, 극장 세대의 누적으로 인한 자연증가 혹은 인구수의 팽창을 감안한다고 해도 관객의 증가추세가 비정상적으로 느껴지는 '감각'은, 산술적 수치 너머에 있는 숨은 손의 책략에서 비롯된 것일 수 있다. 그 감각은 '정원초과'라는 현상과 연접되어 있는데, 이는 일차적으로 극장의 공급이 인구수의 팽창 혹은 관객증가로 인한 수요를 충족시키지 못한 데서 오는 현상으로 이해될 수 있다.[78] 말하자면 1930년대 후반 흥

況, 료리집과 연극장조차 쓸쓸」, 『동아일보』, 1923.1.26.

76 이구영, 「영화계 1년」(2회), 『동아일보』, 1926.1.3.

77 그 취체규칙의 주요 내용은 학생·생도·아동 등이 참가하는 교외 회합이 있을 경우 학교장의 승인서를 첨부하고, 이때 입장료를 받을 경우 어떤 경우에든지 5전 이상의 징수는 불허한다는 것이었다. 「학생관계 흥행을 입장료 5전 균일」, 『조선일보』, 1935.10.9; 「학생계 주최물의 적막」, 『동아일보』, 1935.10.15.

78 「영화, 극 흥행장에 정원초과를 취체」, 『동아일보』, 1940.3.21.

행시장의 비정상적인 열기는 공급과 수요의 불균형으로 인한 정원초과에 의해 감각적으로 증폭된 셈이다. 그런 데에는 극장의 새로운 개관을 껄끄럽게 생각하는 극장주들의 이해관계가 작용했다.

검열수수료 인하운동을 전개할 당시 극장주들은 활동사진상설관의 수효를 제한해달라는 요청을 경무국장에 전달한 바 있다.[79] 이는 분명 극장업이 새로운 문화 사업으로 부상하고 있던 상황에서 자신들의 경제적 이익을 배타적으로 점유하기 위한 의도였다. 실제로, 경성에서 조선인이 극장을 신축하는 일은 용이하지 않았는데, 동양극장이 흥행계의 큰손 와케지마 후지로[分島周次郎]의 도움이 없었다면 개관할 수 없었다는 사실이 이를 단적으로 말해준다.

극장주들의 배타적인 영업권 주장은 1930년대 후반 경성흥행협회의 활동에서 잘 드러난다. 1937년 경성 본정의 권번이 적립금 30만원으로 극장을 신축하려 했으나, 이것이 무산된 것도 경성흥행협회의 로비가 크게 작용한 결과였다. 협회는 기존의 상설관만으로도 포화상태라는 명분을 내걸어 이 극장의 출현을 반대하는 성명을 발표했다. 여기에 언론도 30만원 자본으로는 "극장다운 극장의 건설은 불가능"해서 설사 세워진다고 해도 이류극장의 수준일 것이라는,[80] 하지 않아도 될 걱정까지 보탰다. 1938년 9월, 영리흥행을 목적으로 하는 업자들이 부민관을 사용치 못하도록 진정한 것도 같은 맥락에 있었다. 그것은 흥행의 성황을 이루고 있었던 부민관에 자신들의 밥그릇을 빼앗기고 있다는 위기의식이었으며, 심지어 흥행허가 이전에 협회 측에 자문해달라는

---

79 「5米突 5전으로, 영화검열료감하최후운동」, 『동아일보』, 1927.2.19.
80 「大상설관 출현과 흥행협회의 반대」, 『조선일보』, 1937.9.9.

요청까지 하였다.[81] 이에 대해 본정서 보안계와 부민관장(佐村信平)은 만족스러울 만한 답변을 주지 못했는데, 조선내외영화배급업조합이 해결사로 나서서 부민관에서 하는 영리흥행에는 필름을 빌려주지 않을 것을 결의함으로써 실질적으로 부민관에서의 영리흥행은 불가능하게 되었다.[82] 조선내외영화배급업조합의 이 같은 결정은 영화상영에 제한된 것이었지만, 영화상영을 주영업으로 하고 있던 협회회원들의 목적은 충분히 달성된 것이었다. 배급업계의 이러한 개입은 규모가 제한되어 있던 흥행시장에서 상생해야 하는 양자의 파트너십을 선명하게 보여준다.[83]

1930년대 경성흥행협회의 이러한 배타성은 일견 관객의 수요를 따라가지 못하는 공급 부족 현상들과 배치되어 보이는 것도 사실이며, 이는 시장논리와도 전혀 부합하지 않는다. 그러나 이 모순은 흥행시장의 파이를 더 이상 키울 수 없었던 상황에서 최소의 흥행공급으로 배타적인 경제적 이득을 취하고자 했던 결과였다. 흥행시장에서 제작이 차지하는 비중은 약소한 반면 이수입을 통해 들어온 흥행물의 공급은 과다했으며, 그 수요의 상당부분을 재조선 일본인들이 점유한 반면 조선인들의 수요를 이끌어내는 데는 한계가 있었다. 더욱이 일본의 대륙진출이 진행되고 있던 상황에서 훨씬 더 큰 시장을 두고 식민지조선에 골몰할 필요가 없었다. 이런 상황에서 조선총독부의 시책 또한 한몫을 했다. 1939년 4월 22일부터 「임시자금조정법」 개정을 통해 그다지 시

---

81 「營利의 흥행자 때문에 극장 못해먹겟소, 부민관 흥행금지진정」, 『동아일보』, 1939.9.19
82 「부민관 영리흥행에 = 필름을 대여치 안키로」, 『동아일보』, 1939.9.29.
83 양자의 파트너십은 『키네마순보』 발간 20주년 기념행사를 공동주최하는 데서도 드러난다. 「『키네마순보』 발간 廿주년 기념」, 『동아일보』, 1939.10.28.

급하지 않은 사업의 경우 3만 원 이상은 조선총독부의 허가를 받도록 하여(종래는 자본금 20만 원 이상), 그 이상 소요되는 극장의 신설이 어렵게 되었던 것이다.[84]

이렇게 보면, 입장세라는 대중과세는 흥행시장의 호경기라는 알리바이를 갖고 있는 것처럼 보이지만, 흥행시장의 활황에는 상당부분의 거품을 포함하고 있었다. 관객 수효의 꾸준한 증가세와 1930년대 후반 흥행시장의 비약적인 호조는 분명했지만, 그것은 어디까지나 식민권력과 흥행업자의 공조가 흥행시장의 규모를 조율하면서 비롯된 결과였다.

5. 세금과 흥행시장의 함수관계

이 글의 문제의식은 두 지점에서 출발하였다. 하나는 근대 이후 오랫동안 지속되어온 국가와 시장의 불균형한 역학관계의 기원으로서 식민지시대를 살펴보려 한 것이었다. 이는 제도사에 접근하면 접근할수록 식민권력의 제도적 압력이 모든 현상의 최종심급으로 보이는 곤경을 넘어서기 위한 돌파구이기도 했다. 시장의 법칙은 때로는 국가권력을 제어할 수 있는 매우 유력한 또 하나의 권력이 될 수도 있기 때문이다. 그러나 식민지조선의 경우 그럴 가능성은 애초에 차단되어 있었다. 흥행시장의 구축이 바로 일본제국의 식민지경영과 동시적으로 진행되었다는 점은, 그 운명이 처음부터 일본제국의 식민지경영이라는

84 「요리점, 흥행장의 신설, 3만원 이상은 허가제」, 『조선일보』, 1930.4.25.

전체적인 기획 속에서 결정되어 있는 것과 다름이 없었다. 이는 아마도 지정학적 위치의 중요성이 매우 다른 대만의 경우나, 아니면 흥행문화가 일찍부터 발달해 있다가 일본에 의해 점령당했던 상해의 경우와 비교하면, 식민지조선의 사례가 매우 참담한 지경이라는 것을 분명히 보여줄 것이다.

다른 하나는 해방 이후로부터 1950년대까지를 살피면서 마주했던 극장주들의 '탈세 · 횡령' 등과 같은 각종의 탈법 장면이 식민지시대에는 텅 비어있었다는 돌연의 발견이었다. 마치 매끈하고 순조롭게 질서화되어 있던 시대라고 말해주는 듯이, 이 낯설게 다가온 장면은 다시금 식민권력과 흥행시장의 관계를 반추하게 만들었다. 이 미지의 영역에 접근하는 가장 빠른 방법은 식민지경영의 방향성을 가장 여과 없이 드러내줄 것이라 기대되는 조세정책을 살펴보는 것이었다. 세금은 국가나 공공단체가 강제로 징수하는 것으로서, 일반적으로 두 가지의 목적을 갖고 있는 것으로 얘기된다. 첫째는 공공재 공급과 소득 재분배를 위한 재원조달을 위한 것이며, 둘째는 경제활동의 규제와 유도로써 경제의 안정과 성장을 도모하는 것이다.[85] 이를 염두에 두고 흥행과 관계된 세금에 관해서 살펴본다면, 흥행시장에 대한 조선총독부의 정책적 입장이 그 윤곽을 드러낼 것이라 기대했던 것이다.

물론 조선총독부의 조세정책과 이를 실질적으로 수행해간 흥행자본의 추이가 식민지조선의 흥행시장의 동태를 설명하는 가장 유력한 경로는 아니다. 이를테면, 검열과 취체가 오랫동안 흥행시장의 지형을

85 「조세」, 『한국민족문화대백과』 참조.

주조한 측면도 있으려니와, 식민지시대를 통틀어 식민권력이 흥행시장에 직간접으로 개입하여 뚜렷한 결과를 남긴 적이 있다면, 그것은 아마도 1934년 「활동사진영화취체규칙」을 시작으로 1940년을 전후로 하여 모든 조직과 인력을 국가의 통제 아래 두기에 이르렀던 시간일 것이다. 1934년이 중요한 계기가 되는 것은 "조선의 영화시장에 대한 일본영화의 영향력을 강화함으로써 일본 흥행자본의 이익을 도모"하기 시작하고, 외화의 수입통제를 개시하여 흥행시장의 중심을 흔들어 놓았기 때문이다.[86] 아니면, '돈'의 흐름을 만들어내는 또 하나의 주체인 관객의 문제도 그 주요대상이다. 흥행시장의 동태를 살피기 위한 채널은 더욱 개발될 필요가 있을 것이다.

논의는 다소 장황했지만 결론은 비교적 단순한 지점에 도달했다. 조선총독부의 조세정책이 흥행시장에 직접적으로 미치는 영향력은 별로 크지 않았다는 사실이다. 일차적으로는 식민지조선의 흥행시장이 적극적인 정책적 개입을 할 만큼 경제적 가치를 갖고 있지 못했기 때문이지만, 이는 조선총독부의 정책방향이 애초부터 문화적 생산성의 제고보다는 이수입물의 소비에 맞춰져 있었던 결과였다. 따라서 조선총독부로서는 흥행시장의 주도세력에게 그 경영을 위탁해놓아도 충분했던 것이다. 이를 의미심장하게 받아들일 필요가 있다. 극장업이 흥행시장의 중심축이자 흥행자본의 출처가 되는 식민지조선에서, 그 주도세력의 9할 이상이 일본인이라는 사실은 흥행시장의 비자립적인 타율성을 노정하도록 만든 요인이 되었기 때문이다. 검열수수료 인하

86 이순진(2010), 앞의 글, 190~194면 참조.

운동을 계기로 이익집단들의 활동은 현저했으나, 이들은 국가와 파트너십을 유지하면서 자신들의 경제적 이익을 배타적으로 점유하기에 애를 썼을 뿐이다. 더욱이 쇼치쿠[松竹]과 도호[東寶]와 같은 일본내지의 메이저 회사들의 진출이 본격화한 1930년대 후반에 이르면, 문제의 심각성은 더해진다.

즉 조선총독부는 최소한의 개입을 하되, 그 테두리 내에서 시장의 경영을 흥행업자들에게 위임하여 흥행시장의 규모와 위상을 조율해 나갔다고 말할 수 있다. 그리하여 흥행시장의 구조는 영화가 중심이었으되 제작보다는 상영과 배급이 시장의 핵심을 이루었고, 공연예술의 경우는 시장의 중심으로부터 밀려났으며, 식민지조선으로 상품을 팔러오는 이들은 있으나 그 역은 성립되지 못하는 시스템으로 구축되어 갔다. 흥행세 중심의 세제와 극장업에 대한 특혜, 그리고 입장세로 무게중심을 옮겨가는 일련의 과정은, 재조선일본인과 일본내지의 흥행자본에 특혜를 부여하면서 궁극적으로는 그 경제적 효과를 전시체제에 돌입한 국가에로 회수하는 과정이었다. 전비를 충당하는 재원의 유용성, 그것이 입장세의 본질이었으며, 여기가 바로 식민지조선의 흥행시장이 도달해야 했던 곳이었다.

한국전쟁의 정치사회적 효과

김정한

1. 서론 – 전쟁사회

한국전쟁 이후 60여 년이 지났지만 남북 간의 대립과 전쟁 상황은 여전히 지속되고 있다. 최근까지도 북방한계선을 둘러싼 서해교전이 수차례 일어난 바 있고, 특히 2010년 3월 16일에 발생한 천안함 사건은 '제2의 한국전쟁'이 언제든 가능하다는 사실을 새삼 확인시켰다. 더구나 북한은 핵개발을 수단으로 삼아 체제 위기를 극복하려는 시도를 멈추지 않고 있으며, 남한 또한 미국의 핵우산nuclear umbrella이 해제될 국면을 예비하고 동아시아의 군사적 균형을 유지하기 위해서는 핵주권을 확립해야 한다는 주장이 많은 논란을 일으키고 있다. 한국전쟁은 끝났지만 60여 년이 지난 지금까지도 언제든 전쟁이 일어날 수 있고 항상 전쟁에 대비해야 하는 전쟁사회는 계속되고 있는 것이다.

물론 북한과 비교할 때 남한은 그동안 비약적인 경제성장과 민주화를 동시에 이룩해왔다. 비록 1997년 외환위기 이후 경제성장은 지체되고 민주주의는 후퇴하고 있지만, 체제 비교적으로 북한에 대한 남한의 우위는 의심하기 어렵다. 그럼에도 불구하고, 북한이 유격대국가(김일성체제)에서 정규군국가(김정일체제)로 이행하면서 사회주의적 세습 왕조를 구축했다면,[1] 남한은 문민정부–국민정부–참여정부로 이어지는 잇따른 민주정부들의 집권에도 불구하고 신자유주의적 세계화 정책으로 인해 사회적 양극화가 심화되고 정치적, 사회경제적 민주주의가 후퇴했으며, 미국과 중국이라는 두 강대국의 헤게모니 경쟁 속에서 남북 분단체제는 평화공존의 길을 찾지 못한 채 표류하고 있는 것이 사실이다. 이런 상황은 한국전쟁이 한국정치에 숙제로 남겨둔 문제들을 다시 성찰할 필요성을 제기한다. 이 글에서는 지난 60여 년의 시간대를 관통해온 한국전쟁의 정치사회적 효과들을 검토하고, 한국정치가 한걸음 더 민주적으로 성장하기 위해 해결해야 할 과제들을 정리해보고자 한다.

그러나 본격적인 논의에 앞서서, '6·25전쟁'과 '한국전쟁' 사이에서 아직도 합의되지 않는 명칭 문제를 간단히 짚고 넘어갈 필요가 있겠다. 전쟁 직후부터 국내에서 공적으로 널리 사용되어온 '6·25전쟁'이라는 용어 대신에 '한국전쟁'이라는 명칭을 제안하는 이유는 다음과 같은 언급에 잘 나타나 있다.

1 와다 하루키, 서동만·남기정 옮김, 『북조선–유격대국가에서 정규군국가로』, 돌베개, 2002.

> 전쟁의 시작을 기념하는 경우는 거의 없으며, 게다가 민족 내부의 참혹한 동족상잔을 나머지 절반을 공격하고 증오하기 위한 방편으로 삼아 편의적으로 불러내온다는 것은 전형적인 과거 지향적 기억방식이다. 6·25라는 사건 자체에서 한 발자국도 벗어나지 못했음을 반증하는 것이기 때문이다. 따라서 6·25 전쟁시작을 넘어 7·27 전쟁종식을 기억하고, '한국전쟁' 전체를 반성하고 비판하는 것으로 인식을 전환하는 것은 매우 중요하다. 그렇게 될 때 우리는 비로소 전쟁이 남긴 분단질서의 극복, 전후 청산, 평화를 위한 해결책을 모색할 수 있을 것이다.[2]

요컨대 '6·25'라는 이름에는 전쟁 개시에만 주목하는 맹목적인 냉전적 기억방식이 전제되어 있으므로, 분단질서를 극복하기 위한 인식 전환을 위해 '한국전쟁'이라고 부르는 게 낫다는 것이다. 하지만 '6·25'라는 용어는 개전의 책임을 분명히 하고, 전쟁의 성격을 사실적으로 규명하는 데 도움을 주는 장점이 있다는 반론도 만만치 않다.

> '한국전쟁'이라는 명칭은 'Korean War'를 번역한 것이다. 이때 Korea는 남북한을 포함하고 있기 때문에 외국인들에게 이 명칭은 문제가 없다. 그렇지만 과거 한반도, 즉 Korea에서 일어난 전쟁은 모두 '한국전쟁'으로 불릴 수 있기 때문에 이 용어는 커다란 혼란을 불러올 수 있다. 이런 혼란을 피하기 위해 '한국전쟁'보다는 '6·25전쟁'으로 이 전쟁을 부르는 것이 상대적으로 낫다고 볼 수 있다. …… 전쟁을 통하여 엄청난 참화를 경험한 우리 민족이 이러한 참화의 직접적 책임을 분명하게 규명할 수 있는 전쟁 발발 시점

---

2 박명림, 『한국전쟁의 발발과 기원 – 결정과 발발』 1, 나남, 1996, 326~327면.

을 중시하는 것은 당연한 것인지도 모른다.[3]

어떤 용어를 사용하는 것이 더 적합한지에 관해서는 보다 많은 논의와 소통이 있어야겠지만, 그동안 역대 독재정권들은 자신의 정권의 정당성을 변호하는 방편으로 '6·25전쟁'을 극단적인 반북주의적 시각에서 선전 도구로 이용해온 것이 사실이다. 이런 맥락에서는 냉전적 대립과 민족 상흔의 기억이 강하게 새겨져 있는 '6·25'보다는, 비교적 중립적인 어감을 갖고 있는 '한국전쟁'이라는 명칭을 사용하는 것이 보다 합리적인 학문적 탐구와 성찰의 조건을 만드는 데 기여할 수 있을 것이다. 더구나 한국전쟁이 단지 남한과 북한의 내전일 뿐 아니라 국제전의 성격도 갖고 있었다는 점에서 대내외적으로 '한국전쟁'으로 통일해서 사용하는 것이 오히려 혼란을 감소시킬 수도 있다.[4]

2. 한국전쟁과 한국정치

한국전쟁의 주요 정치사회적 효과는 크게 국민국가, 민주주의, 내면

---

3 김영호, 「탈냉전과 6·25전쟁의 재인식」, 『6·25전쟁의 재인식』, 기파랑, 2010, 37~38면.

4 최근 출간된 한 대중적 역사서는 한국전쟁을 다음과 같이 평가하고 있다. "한국전쟁은 전쟁 발발 과정에 초점을 맞추면 내전으로 보이고, 전개 과정에 중점을 두면 국제전이나 국제전적 내전으로 보인다. 그런데 한국전쟁의 기원에 대해서는 남북 단독정부 수립이라는 미·소의 국제적 책임이 크고, 발발 단계에서는 내전적 외형에도 불구하고 소련이 결정적 역할을 한 국제전적 측면이 강했다. 또한 전개 과정과 휴전 회담에서는 미국와 중국이 주도하는 국제전으로 진행됐다. 즉 한국전쟁은 발발, 전개, 휴전의 주요 국면마다 주도적인 개입 국가가 달랐지만, 전반적으로는 국제전적 성격이 중심적이었다." 문사철 기획, 『근현대사신문 현대편 1945~2003』, 사계절, 2010, 34면.

의 정체성identity이라는 세 가지 측면으로 나누어 살펴볼 수 있겠다. 첫째, 세계체제world-System가 단일한 자본주의 체제와 다양한 국민국가들로 구성되어 있다면,[5] 정치가 실존하는 중심 단위는 국민국가일 수밖에 없고, 국제정치 또한 국민국가들 간의 관계로 나타난다. 따라서 한국전쟁이 대한민국이라는 국민국가의 형성에 미친 영향력과 그 특징을 살펴보는 것은 정치를 가능케 하는 근본 조건이 무엇인지를 탐색하는 것을 의미한다. 둘째, 국민국가가 형성된 이후 그 내부에서 구성되는 정치는 정치사회와 시민사회로 구분해서 분석할 수 있는데,[6] 이 두 영역에서 민주주의는 여러 사회 균열cleavage이 어떤 양상으로 표출되고 있으며, 또한 그것이 어떻게 정치 균열로 대표되는가의 문제로 설명할 수 있다. 여기서 한국전쟁은 대한민국의 급속한 민주화 과정의 성격과 경로를 규제하는 독립 변수로서 기능해왔다. 셋째, 민주주의 사회에서 각 개인들이 내면화하는 정체성은 국민국가의 정치문화와 밀접한 관련을 맺고 있는바, 한국전쟁은 오늘날에도 대한민국의 전반적인 정치문화를 규정하면서 그것을 내면화하는 개인의 정체성에 다양한 압력을 가하는 주요 요인으로 작용하고 있다.

1) 정치적 시초 축적 – 국민의 형성

자본주의 발생의 기원과 관련해서 맑스는 봉건적 공동체에서 벗어난

5 I. 월러스틴, 이광근 역, 『세계체제 분석』, 당대, 2005.
6 A. 그람시, 이상훈 역, 『옥중수고』 1, 거름, 1997.

거대한 노동자들의 형성이 자본주의의 전사前史를 이룬다고 설명한다. 즉 노동자들을 생산수단에서 강제로, 폭력적으로 분리시킴으로써 판매할 것이 노동력밖에 없는 자유로운 임금노동자들이 출현하고, 이런 조건에서 자본주의적 생산양식이 발전할 수 있다는 것이다. 그래서 맑스는 이를 시초 축적primitive accumulation(또는 본원적 축적)이라고 부른다.

> 자본관계를 창조하는 과정은 노동자를 자기의 노동조건의 소유로부터 분리하는 과정 (…중략…) 이외의 어떤 다른 것일 수가 없다. 따라서 이른바 시초축적은 생산자와 생산수단 사이의 역사적인 분리과정 이외의 아무것도 아니다. 그것이 '시초적'인 것으로 나타나는 것은 그것이 자본과 그에 대응하는 생산양식의 전사前史를 이루기 때문이다.[7]

생산자와 생산수단의 폭력적 분리를 보여주는 대표적인 사례가 15~17세기에 일어난 영국의 엔클로저 운동이다. 이를 통해 농민들은 대량으로 토지에서 쫓겨났으며, 토지 없는 노동자들은 열악한 노동조건에서 엄격한 산업 규율 아래 장기간 노동을 묵묵히 수행해야 했다.[8]

그런데 이것을 자본주의 발생을 위한 경제적 시초 축적이라고 한다면, 이와 유비적으로 국민국가의 형성을 위한 정치적 시초 축적을 생각해볼 수 있을 것이다. 가령 "전쟁이 국가를 만든다"[9]는 명제처럼 근대 국민국가의 형성하는 데 있어서 전쟁은 핵심적인 기능을 수행했으

7 K. 마르크스, 김수행 역, 『자본론 I』 (하), 비봉출판사, 1991, 899면.
8 B. 파인 · A. 사드-필류, 박관석 역, 『마르크스의 자본론』, 책갈피, 2006, 100~103면.
9 C. 틸리, 이향순 역, 『국민국가의 형성과 계보』, 학문과사상사, 1994.

며, 이는 한국전쟁과 관련해서도 동일하게 이야기할 수 있다. 즉 전쟁 과정에서 기존의 정치공동체를 폭력적으로 해체하고, 새로운 규범과 규칙을 부과하고 사회를 재통합하여 새로운 정치 질서를 구성하는 것이 정치적 시초 축적이다.

> 전쟁기간 및 전후의 사회 통합은 전쟁 이전의 계급적 대립선을 따라 조직된 해방 공간의 시민사회가 전쟁을 거치면서 완전히 해체되고, 강제적이고 폭력적인 탈계급화 및 전통적 규제력의 약화라는 과정을 통해 '개별화된' 시민사회의 성원들을 '국민'으로 호명하고, 시민대중이 이같은 호명을 내면적으로 수용함으로써 사회적 재통합을 이루는 과정을 가리킨다. 한국전쟁은 '국민을 창출하는' 가장 중요한 역사적 기간이었다.[10]

한국전쟁 시기와 전후에 국민을 창출하는 중요한 기제는 국민개병제도와 의무교육제도, 즉 군대와 학교였으며, 여기에 냉전적 반공주의, 친미주의, 자유민주주의 등을 구성요소로 하는 시민종교civil eligion가 확립됨으로써 국민을 하나로 통합하는 기제로 기능했다.[11] 하지만 국민을 창출하고 통합하는 정치적 시초 축적은 경제적 시초 축적과 마찬가지로 대단히 폭력적인 과정이다. 그것은 한편으로는 물리적 폭력(강제)으로, 다른 한편으로는 상징적 폭력(동의)으로 국민의 범주로 포용될 수 없는 이질적 타자들(부역자, 빨갱이 등등)을 철저하게 배제함으

10 강인철, 「한국전쟁과 사회의식 및 문화의 변화」, 한국정신문화연구원 편, 『한국전쟁과 사회구조의 변화』, 백산서당, 1999. 204면.

11 위의 글, 205·221면.

로써 이루어진다. 공산주의자 내지 공산주의자로 간주되는 자들에 대한 국가권력의 학살과 폭력이 공공연히 자행되었고, 이는 일반 주민 전체를 대상으로 하는 잔혹한 만행을 불가피하게 불러일으켰다. 따라서 정치적 시초 축적은 이른바 국가폭력, 국가 테러리즘state terrorism을 동반할 수밖에 없으며, 전쟁을 겪으며 민중은 생존을 위해서라도 국가에 대해 '공포의 충성서약'을 하지 않을 수 없다.[12]

> 일반 국민에 대한 국가테러가 이렇게 극단적으로 나타난 이유는 정통성을 다투는 북한과의 전쟁과, 그것과 연계된 내부 도전 세력에 대한 진압, 즉 국내평정internal pacification을 결합했기 때문이다.[13]

국민국가의 형성은 대외적으로 독립적인 주권을 인정받는 과정이면서 동시에 대내적으로 국가권력에 도전하거나 저항하는 세력을 일소하고 평정하는 과정이다.[14] 한국전쟁 시기에 월북과 월남이라는 형태로 대규모 인구 이동이 일어난 이유도 여기에 있다. 그것은 전쟁의 포화를 피하려는 단순한 피난이 아니라, 적극적인 사상적 선택이자 자신과 가족의 생존을 위한 필사적인 몸짓이었다. 국가 형성 과정에서 동원의 정치와 충성의 강제가 극대화됐으며, 이런 의미에서 한국전쟁

---

12 이용기, 「마을에서의 한국전쟁 경험과 그 기억—경기도의 한 '모스크바' 마을 사례를 중심으로」, 『근대를 다시 읽는다—한국 근대 인식의 새로운 패러다임을 위하여』 2, 역사비평사, 2006, 486면.

13 박명림, 「한국전쟁과 한국정치의 변화—국민통합, 헌법정치, 한미관계를 중심으로」, 『한국전쟁과 사회구조의 변화』(한국정신문화연구원 편), 백산서당, 1999, 71면

14 근대국가의 형성 과정에서 국가는 행정권을 확립하고 사적 폭력을 억누르는 국내평정을 이룩함으로써 모든 폭력을 독점한다.

은 "'국민의 국가'가 아니라 '국가의 국민'을 만들어냈고, 사회는 사실상 국가의 피조물에 불과했다".[15] 국민이 자신이 원하는 국가를 구성하는 것이 아니라, 국가가 자신이 원하는 국민을 구성하는 것은 오직 전면적인 전쟁 시기(예외상태)에만 가능한 일이다.

이런 맥락에서 보자면, 일반적으로 한국전쟁은 세계적인 냉전의 시발점이었다고 평가되고 있지만, 그에 못지않게 중요한 냉전은 '내부 냉전kalter Bürgerkrieg'이다. 이는 사회 내부에서 정치적, 이데올로기적으로 다른 진영에 속하거나 다른 진영에 속한다고 간주되는 사람들과 대립하는 것을 가리킨다.[16] 내부 냉전의 대표적인 사례는 매카시즘으로 표현되는 '빨갱이 사냥'일 것이다. 여기서는 실제로 빨갱이인지 아닌지는 문제가 되지 않았으며, 오로지 "'전쟁이 일어날 수도 있다'는 논리와 명분으로 안보국가, 예외국가를 일상화할뿐더러 지배세력이 내부의 반대세력을 단속하고 자신의 정치적 입지를 지속시키는 체제였다."[17] 그러나 더 큰 악업은 내부 냉전이 일상생활 전체로 확대됨으로서 정치적, 이데올로기적 적enemy만이 아니라, 크게는 가족이나 친족의 원한을 되갚기 위해, 작게는 사소한 다툼이나 이익을 위해 상대방을 '빨갱이'로 모는 허위 밀고와 조작이 횡행했다는 데 있다. 이런 일상적인 내부 냉전은 전통 공동체를 파괴할 뿐 아니라 인간성 자체를 말살하면서 공동체 사회가 견지해야 할 윤리를 해체했다. 아버지가 무고

---

15 전상인, 「6·25전쟁과 한국의 사회변동, 그리고 사회적 유산」, 『6·25전쟁의 재인식』, 기파랑, 2010, 436면.

16 B. 슈퇴버, 최승완 역, 『냉전이란 무엇인가—극단의 시대 1945~1991』, 역사비평사, 2007, 119면.

17 김동춘, 「한국전쟁 60년, 한반도와 세계」, 『역사비평』 91호, 2010, 178면.

로 죽임을 당한 가족들은 언제든 기회가 주어지면 보복하려 했고, 여기에는 아이들도 예외가 아니었다. 잔혹한 보복과 피의 악순환은 사회 전체에 "골육상잔의 근본주의"를 만연케 했던 것이다.[18]

1989~1991년에 현실 사회주의 국가들이 붕괴하면서 반공주의와 반자유주의가 대립하는 세계적인 냉전은 점차 사라졌지만, 정치적 시초 축적 과정에서 자행된 국가폭력의 유산은 그에 대한 철저한 반성과 청산의 기회를 잡지 못한 채 오늘날까지 존속하고 있으며,[19] 내부 냉전 또한 대표 악법인 국가보안법과 때마다 반복되는 '색깔논쟁'으로 여전히 지속되고 있다. 국민국가를 형성하고 국민을 구성하는 일은 이와 같이 외적 배제와 내적 통합을 동반했으며, 그 귀결은 그렇게 구성된 국민이 국가를 대하는 태도의 양가성 내지 분열증이었다. 한국전쟁은 "한국인들로 하여금 국가에 대해 이중의식을 갖도록 만들었다. 그 하나는 전쟁 상황이 국가의 중요성을 체감시킴으로써 국가에 대한 애국심을 고양시킨 결정적인 계기였다는 것이고, 다른 하나는 전쟁을 경험하는 과정에서 국가에 대한 불신과 공포가 동시에 성장했다는 점이다".[20]

2) 보수적 민주화

한국전쟁을 통한 분단국가의 수립은 '빨갱이'로 표상되는 이질적 타

---

18 강준만·김환표, 『희생양과 죄의식』, 개마고원, 2004, 55면.
19 조현연, 『한국 현대정치의 악몽-국가폭력』, 책세상, 2000.
20 전상인, 앞의 책, 441면.

자를 완전히 축출하는 방식으로 추진되었으며, 이는 종전 이후 지금까지 일체의 좌파 사상이나 정치세력이 제도권의 정치사회에 제대로 진입할 수 없는 높은 문턱을 만들었다. 익히 알려져 있듯이, 이와 관련된 한국전쟁의 주요한 정치적 효과는 "반공규율사회"의 확립이었고,[21] "제도정치의 우익적 프레임화"였다.[22] 그에 따라 해방 정국에서 좌익 반쪽형이었던 이데올로기 지형은 한국전쟁 이후 우경 반쪽형으로 변화한다. 하지만 이는 남한의 국가폭력에 의해 주조된 것이기도 했지만, 전쟁 시기에 겪은 인적, 물적 피해에 대한 직접적 체험, 더 중요하게는 북한의 남한 점령정책의 실패에서 기인하는 것이기도 했다.

> 북한은 남한점령 기간 중 토지개혁의 완수, 친일파 숙청 등 반제반봉건 혁명적 과제들을 수행하였으나 남한 민중의 주체적 역량과 분리되어 전쟁이란 형태로 전개된 '위로부터의 혁명'이라는 한계와 정책수행 과정에서 무절제한 집단학살, 감정적 보복 등의 오류를 통해 공산주의에 대한 공포심과 혐오심을 불러일으키고 민심의 이반을 초래했다.[23]

점령 기간 동안 북한의 무절제한 학살과 보복이 공산주의에 대한 민심 이반으로 이어졌던 것이다. 이는 남북한 간의 적대관계가 지배적인 이분법적 사고와 담론으로 사회 내부에 스며드는 토양으로 작용했으

---

21 조희연, 『한국의 국가 민주주의 정치변동』, 나남출판사, 1998 참조.

22 오유석, 「안보국가 시기의 국가-제도정치-운동정치」, 『한국 민주주의와 사회운동의 동학』, 나눔의 집, 2001, 154면.

23 손호철, 「한국전쟁과 이데올로기 지형」, 『현대 한국정치-이론과 역사 1945~2003』, 사회평론, 2003, 134면.

며, "매우 협애한 이념적 대표체제, 사실상 보수와 극우만을 대표하는 정치적 대표체제"가 정착하는 데 일조했다.[24] 즉 남북한의 국가폭력이 서로 상호작용하는 가운데 민주주의의 보수화 내지 보수적 민주주의로서 보수독점의 정치적 대표체제가 만들어진 것이다.

사실 한국전쟁 자체만 놓고 보면, 그것은 독재에 유리할 수도 있었고 민주주의에 기여할 수도 있었다. 일반적으로 전쟁의 체험과 그에 대한 공포는 군사독재가 자신의 정당성을 강화하는 자원으로 활용할 여지가 크지만, 아직 봉건적 유제가 남아 있는 상황에서 일어난 한국전쟁은 이승만 정권이 뒤늦게 추진한 농지개혁을 통해 지주제를 해체하고 전통적인 양반-상민의 신분관계와 유교적 위계질서를 와해시킴으로서 민주주의가 성장할 수 있는 사회적 조건을 개척했다. 예컨대 한국전쟁은 "의식의 균등화를 가져오면서 전통적인 유교적 반상의식을 해체시키는 등 평등 의식을 향상시켰"으며,[25] "계급구조의 재편과 신분제의 해체 등 6·25전쟁이 초래한 사회구성원의 '국민적 평준화'는 민주주의의 발전을 위한 유리한 환경이었다."[26]

물론 해방정국과 한국전쟁을 거치며 '과대성장'한 경찰과 군대 등 억압적 국가장치들은 국가의 권위주의적 실천을 방기할 수 있고, 더 나아가 1961년 박정희 쿠데타와 1980년 신군부세력의 군사반란 등에서 엿볼 수 있듯이 특히 군부에 의해 독재정권이 장기화될 수 있지만, 한국전쟁 자체가 필연적으로 군사독재의 원인일 수밖에 없었다고 판단

24 최장집, 『민주화 이후의 민주주의』, 후마니타스, 2002, 20면.
25 박명림, 앞의 글, 113면.
26 전상인, 앞의 책, 451면.

하기는 어렵다. 실제로 선진국이나 제3세계에서 군부정치는 문민정부가 제대로 작동하지 않거나 민간 정치세력이 취약할 때 그 정치적 공백을 메우려는 시도였으며, 따라서 "군부의 정치 개입은 사회적, 정치적 실패의 징후", "정상적인 정치 과정의 붕괴(…중략…)를 드러내는 징후"일 뿐이다.[27] 다시 말해서 군부가 정상적인 정치를 파괴하고 예외 정치를 실행하는 것이 아니라, 이미 정상적인 정치가 붕괴되었을 경우에 그것을 대신하려는 차선책으로 쿠데타가 발생한다. 물론 쿠데타로 국가권력을 장악한 군부세력이 일정 기간 사회 안정을 책임진 다음에 문민 정치세력에게 정부를 이양하지 않고 장기집권으로 나아가기도 하지만, 이는 또 다른 문제이다.

오히려 장기적인 군사독재의 사회정치적 조건은 남한과 북한의 '적대적 공범관계'에서 찾을 수 있다. 적대적 공범관계란 서로를 배제하고 타자화하면서 동시에 서로를 강화하고 정당화하는 관계를 의미한다.[28] 남과 북의 적대적 관계가 역으로 남한과 북한의 독재정권을 정당화해주고, 그에 대항하는 민주화세력의 요구를 억누르는 구실이 되었던 것이다. 특히 선거 때마다 등장하는 이른바 '북풍'이나 '색깔론'이 효과를 발휘할수록 이런 적대적 공범관계는 더욱더 공고해졌다. 적대자들 간의 연대라는 아이러니는 이런 식으로 작동했다. 예를 들어,

가장 흥미 있는 4자 관계는 김일성, 한국전쟁, 대한민국, 박정희 사이의

27 E. 홉스봄, 김정한·안중철 역, 「20세기 정치에서 문민과 군부」, 『혁명가－역사의 전복자들』, 길, 2008, 252～255면.

28 임지현, 「한반도 민족주의와 권력 담론－김일성과 박정희」, 『적대적 공범자들』, 소나무, 2005.

적대와 연대의 뒤집힌 관계 조합일 것이다. (…중략…) 김일성으로 인해 비로소 박정희가 살아났고 그의 권력으로의 질주가 시작되었기 때문이다. 이후로도 박정희는 자신을 살려준 김일성의 제2의 전쟁 기도와 위협을 빌미로 권위주의 체제를 강화하고 비판 세력의 도전을 억눌렀으며, 대북 경쟁을 위해 국민을 동원하였다.[29]

이와 같은 적대적 공범관계 내지 적대적 정부 간의 보이지 않은 연대로 인해 정치적 민주화는 지체될 수밖에 없었고, 그나마 1987년 6월 항쟁 이후 확립된 민주주의 체제 또한 강한 보수적 특성을 갖게 되었다.

반면에 정치사회에서 시민사회로 눈길을 돌려보면 조금 다른 양상을 살펴볼 수 있다. 물론 이데올로기적 우경화와 반공주의의 그늘에 숨어든 친일세력의 청산 실패는, 좌파적 진보세력만이 아니라 자유민주주의세력도 자신의 운동과 전망을 펼치기 어려운 상황을 낳았다. 이런 조건에서는 대중들과 소통하는 건강한 좌파와 합리적인 우파가 사회세력화하기 어려웠고, 소수 극좌파와 수구냉전적 우파 간의 극단적인 대립이 표면화할 뿐이었다. 또한 노동자, 농민, 빈민 등 하위계층 차원에서도 자발적인 사회운동이 성장하지는 못했으며, 대개 기성 권력의 명령 체제에 순응적인 모습을 보이거나, 적극적인 정치 참여보다

29 박명림, 「박정희와 김일성－한국적 근대화의 두 가지 길」, 『역사비평』 82호, 2008, 141면. 한국전쟁을 연구하면서 박명림은 남한과 북한의 독립적 이해와 상호관계를 분석하는 '대쌍관계동학interface dynamics'이라는 개념을 제시한 바 있다. 이는 두 행위자가 하나의 전체 질서를 구성하면서 상호작용하는 가운데, 다시 이 전체 질서가 두 행위자에게 구조적 제약 조건으로 작용하는 관계를 가리키는데, 이런 개념 자체가 새롭다기보다는 남한 정치와 북한 정치의 상호 과정을 동시에 살펴야 한다는 문제의식으로 이해될 수 있을 것이다.

소극적인 침묵이나 비공식적인 수동적 저항으로 표출되었다. 이 때문에 한국의 근대화와 자본주의적 발전이 '성공'할 수 있었다는 것은 역설이 아닐 수 없다.[30]

이와 같이 한국전쟁이 시민사회와 사회운동에 발휘한 중요한 효과는 한편으로는 급진주의radicalism에 대한 경계였지만, 다른 한편으로는 테러리즘에 대한 원천적, 정서적 거부였다. 여기에는 아마도 해방정국의 좌우대립, 한국전쟁, 이승만독재, 5·16쿠데타, 유신체제, 5·18 광주항쟁의 학살 등 현대사 곳곳에서 엄청난 잔혹성을 드러낸 국가폭력에 대한 공포와 콤플렉스가 작동하고 있을 것이다. 또한 국가폭력을 향해 대항폭력counter-violence으로 대응하는 일이 자멸적이고, 자신만이 아니라 가족과 친족, 심지어 이웃까지도 생존의 위험에 처하게 만든다는 '학습 효과'도 존재하고 있을 것이다. 그럼에도 그 주요 원인이 어디에 있든 시민사회와 사회운동에서 전반적인 비폭력주의의 기조가 관철되어 왔다는 사실은 부인할 수 없다. 법을 위반하는 행위를 포함하여 모든 폭력에 비판적인 입장은 물론 자유주의적 법률주의에 기초해 있지만, 좌파적 진보세력까지 포괄되는 비폭력주의에 대한 선호는 자유주의로는 설명될 수 없으며, 궁극적으로 한국전쟁에서의 잔혹성에 대한 장기적 반정립 효과로 이해되어야 한다. 가장 최근에 일어난 대중운동이라고 할 수 있는 2008년 촛불시위에서도 잘 예시되듯이 비폭력과 평화는 일종의 불문율과 같은 노선으로 기능했으며, 이는 당시 촛불시위의 가장 큰 특징이 아나키즘의 부상임에도 불구하고 그러했다.[31]

---

30 김동춘, 「한국전쟁 60년, 한반도와 세계」, 『역사비평』 91, 2010; 박명림, 앞의 글; 손호철, 「한국전쟁과 이데올로기 지형」, 『현대 한국정치—이론과 역사 1945~2003』, 사회평론, 2003.

그러나 여기서 주목해야 할 현상이 하나 있다. 즉 국민정부와 참여정부의 햇볕정책에 반대하며 조직화된 냉전보수적 행위자들과 시민단체들이다. 그로 인해 "남북관계를 둘러싼 남한사회의 내부 갈등"으로 규정되는 남남 갈등이 시민사회 내에 심화되고 있는바,[32] 문제는 이 냉전보수적 행위자들이 사적 폭력을 공공연하게 실행하고 있다는 점이다. 진보세력이나 개혁세력에게 비폭력주의가 암묵적인 전제를 이루고 있어서 이것이 때로는 보다 적극적이고 급진적인 실천을 자제하는 한계로 나타난다면, 거꾸로 시민사회의 냉전보수세력은 2008년 촛불시위와 최근 천안함사건을 둘러싼 참여연대 사태에서 볼 수 있듯이 폭력행위를 서슴치 않는 성향을 보이고 있다. 더구나 경찰 등 공권력이 이를 방치하면서, 그동안 힘겹게 쌓아올린 보수적 민주주의마저도 조만간 또 다시 '피의 악순환'으로 후퇴하는 것이 아니냐는 우려를 금할 수 없다.

3) '악의 평범성'의 내면화

체제에 비판적이든 단지 정부에 도전적이든 간에 심각한 정치적 탄압에 직면하고 각종 폭력적 상황에 노출되어야 했던 직·간접적 체험들은 한국전쟁의 가장 부정적인 효과로 명시되어야 한다. 한국전쟁 시

---

31 김정한, 「촛불의 정치학—대중운동과 제도정치의 새로운 순환?」, 『그대는 왜 촛불을 끄셨나요』(당대비평 기획위원회 편), 산책자, 2009.

32 손호철, 「분단과 남남갈등 60년」, 『해방 60년의 한국정치』, 이매진, 2006, 51면.

기에 국군과 인민군이 반복해서 자행한 학살들, 좌우 이데올로기 대립 속에서 희생된 애매한 피해자들, 체제 정당화 내지 정권 수호 차원에서 조작된 수많은 간첩 사건들, 공공연한 고문과 실종, 의문사들, 이를 목격하거나 당하며 살아온 수많은 보통사람들의 내면에 싹튼 것은 무엇일까? '폭력의 예감'이 여기에 어울리는 용어일 수 있다.

> 법의 내부에 있으면서 자신이 이제껏 폭력에 노출되어 왔고 앞으로도 노출될 위험에 처해 있다는 것, 다시 말해서 자신이 국가의 폭력과 테러에 의해서 살해된 존재, 또는 살해당하려 하는 존재라는 것을, 법의 내부에 있으면서 자기 속에서 발견해내는 일이기도 하다. 그것은 감옥 속에 있으면서 감옥 밖에서 살해된 타자를 찾아내서, 자신도 그렇게 되었을지 모른다는, 또는 앞으로 그렇게 될지도 모른다는 것을 예감하는 '폭력의 예감'이다. 그 속에서 살해당할지도 모르는 미래와 살해당했을지도 모르는 과거가, 예감한다고 하는 현재 속에서 교차된다.[33]

'폭력의 예감'에 따른 효과는 우선 기회주의였다. "전쟁이라는 극한 상황은 타인 내지 외지인에 대한 신뢰 범위를 크게 제한함으로써 오히려 폐쇄적 사회관계를 강화시켰"으며, 또한 전쟁은 남과 북의 전쟁이었지만 사회구성원들 간의 일상적 전투를 동반했고, "전쟁이 끝나면서 한국은 말 그대로 생존의 법칙이 우선하는 기회주의의 나라로" 변화했다.[34] 그리고 또 다른 효과는 '피난사회'로 지칭하는 피난 문화의 만연

33 도미야마 이치로, 임성모 역, 「폭력의 예감」, 『전장의 기억』, 이산, 2002, 224~225면.
34 전상인, 앞의 책, 434·446·447면.

이었다. "한국전쟁기의 피난은 일회적인 사건으로 그치지 않고, 전쟁과 더불어 만성적인 정치사회 현상으로 구조화되어 한국사회를 '피난사회'로 만들었다. (…중략…) 피난사회에서는 모두가 떠날 준비를 하고 있으며, 모두가 피난지에서 만난 사람처럼 서로를 대하며, 권력자와 민중들 모두 어떤 질서와 규칙 속에 살아가기보다는 당장의 이익 추구와 목숨 보존에 치중하는 경향이 있다."[35] 보통사람들의 기회주의와 피난 문화는 자기 스스로 자신의 살 길을 찾아야 하는 방법이었고, 동시에 모든 사람들이 어쩔 수 없이 따를 수밖에 없다고 인식되는 냉혹한 현실에 대한 필사적인 대응이었다. 한국전쟁은 보통사람들의 이성과 감성, 정서를 막론하고 모든 것을 변화시켰다.

> 석 달 동안의 피난을 끝마치고 돌아왔을 때, 마을 모습은 별로 변하지 않았는데 사람들은 모두 변해 있었다. 서로 믿고 얘기를 나눌 이웃이 없어진 것이다. 형제끼리도 사촌끼리도 사돈 간에도 입을 다물고 지냈다. 마을 남자들 중엔 모병으로 국군이 되기도 하고 인민군 의용군으로도 갔다. 토벌대로 가기도 하고 공비가 되기도 했다. 그 어느 쪽도 본인의 의사와는 다르게 서로가 적이 되어버린 것이다. 그렇게 살벌한 분위기는 여자들과 아이들한테도 미치게 되었고 가치관의 혼란은 그 당시 우리들의 정신 성장에 커다란 장애가 되었다. 흰색도 검다고 가르치면 그냥 검은색으로 따라 배워야 했고 고양이가 개로 둔갑하는 세상이었다. …… 그렇게 6·25는 모든 인간을 인간으로 살도록 두지 않았다.[36]

35 김동춘, 『전쟁과 사회 – 우리에게 한국전쟁은 무엇이었나?』, 돌베개, 2000, 64~65면.
36 권정생, 『우리들의 하느님』, 녹색평론사, 2008, 153~154면.

한나 아렌트라는 유대인 철학자는, 나치 친위대(SS) 고급장교로서 유대인 대량학살의 실무 총책임자였던 아돌프 아이히만의 전범 재판를 취재하면서 그의 특징을 악의 평범성banality of evil으로 묘사한바 있다. 아이히만에게서 발견할 수 있는 것은 "두려운 교훈, 즉 말과 사고를 허용하지 않는 악의 평범성"이다.[37] 이를 통해 아렌트가 강조하는 핵심 논점은 처형자와 희생자 모두에게 나타나는 "전반적인 도덕의 붕괴"였다. 평범하고 존경받을 만한 사람들이 뻔뻔하고 사악한 범죄를 저지르는 일이 표준적인 행위로 인식되는 체제, 흰색을 검다고 가르치면 검은 줄로 알아야 하는 세상이 만들어낸 비극이었다. 악의 평범성에 관해 아렌트는 다음과 같이 부연한다.

> 수년 전 나는 예루살렘에서 아이히만에 대한 재판을 보고하면서 '악의 평범성'에 대해 말했는데, 그 말로 의미한 것은 어떤 이론이나 교설이 아니라 아주 사실적인 어떤 것, 즉 대규모로 범해진 악행의 현상이었다. 이는 악행자가 가지고 있는 어떤 특정한 사악함이나 병리학, 혹은 이데올로기적 확신으로 추적될 수 없는 것으로, 그 악행자의 유일한 인격적 특징이란 특별한 천박성일 뿐이다. 그 행위가 아무리 괴물적인 것이라 하더라도, 그 악행자는 괴물적이지도 악마적이지도 않았고 그가 재판을 받고 경찰의 심문을 받을 때뿐 아니라 그의 과거에도 마찬가지로 사람들이 찾을 수 있는 유일한 특징은 전적으로 부정적인 특성의 것이었다. 즉 그것은 어리석음이 아니라 기묘한, 사유를 하지 못하는 전적으로 진정한 무능력이었다.[38]

---

37 H. 아렌트, 김선욱 역, 『예루살렘의 아이히만-악의 평범성에 대한 보고서』, 한길사, 2006, 349면.

다시 말해서, 자신의 행위에 대해 사유하고 판단하지 않는다면 누구나 악한 행위를 할 수 있다는 것을 함의하고 있으며, 어떤 행위는 괴물적일지라도 그것을 행하는 자는 괴물도 악마도 아니고 오히려 지극히 평범하고 정상적인 인물일 수 있다는 것이다.[39]

한국전쟁과 종전 이후 60년의 역사 속에서 보통사람들이 자각하고 두려워 한 것은 악이 평범하다는 것, 평범한 사람들이 누구나 괴물적이고 악마적인 행위를 할 수도 있다는 것이 아닐까? 한국인들은 아렌트보다 훨씬 이전에 체험적으로 악의 평범성을 깨닫고 그것을 내면화한 것이 아닐까? 서로에 대한 폐쇄적인 불신은 도덕과 윤리의 붕괴를 반영한다. 털어서 먼지 안 나오는 사람 없다는 속담에서 알 수 있듯이, 누구나 다 범죄를 저지르며 살고 있(다고 여겨지)는 현실, 누구나 까놓고 나면 안 걸리는 사람이 없(다고 여겨지)는 현실은, 악의 평범성에 대한 깨달음을 내면화한 관점에서 보게 되는 현실일 것이다. 이것이 냉소주의와 허무주의로 변모하고, 결국 보다 나은 사회를 만드는 데 있어서 가장 우려할 만한 장애물이 되는 것은 어쩌면 당연한 일이다.

3. 결론–한국정치의 과제

한국전쟁의 정치사회적 유산을 어떻게 평가할지에 대해서는 논란의 여지가 있겠지만, 그 대차대조표가 전체적으로 긍정적 이익보다 부

38 R. 번스타인, 김선욱 역, 『한나 아렌트와 유대인 문제』, 아모르문디, 2009, 268면.
39 위의 책, 261~269면.

정적 손실이 많다는 데에는 어느 정도 합의가 있을 수 있다. 그러나 한국전쟁의 진정한 부정성은 서로 총을 겨누는 비극적인 전쟁이 발발했다는 데 있는 것만이 아니라, 전쟁을 일으킨 근본적인 구조적 모순들이 전쟁까지 했음에도 불구하고 거의 해결되지 않았다는 데 있는 것처럼 보인다.

> 진정한 비극은 전쟁 그 자체가 아니었다. 왜냐하면 순전히 한국인들끼리의 내부충돌이라면 식민주의, 민족분단, 외국간섭 등으로 야기된 엄청난 긴장이 해결되었을 것이기 때문이다. 비극은 이 전쟁이 아무것도 해결하지 못했다는 것이다.[40]

> 한국전쟁이 '평화'로 귀결되지 않고 새로운 형태의 전쟁(휴전)으로 마무리됨으로써 전쟁의 원인과 그로 인해 발생한 모든 피해에 대한 법적·정치적 책임 문제는 유보되었으며, 남북한 간의 만성적 군사·정치적 대결과 긴장, 그리고 남북한 각각의 극단적 이데올로기 대립, 즉 반공주의와 반미주의로 착근, 내재화되었다.[41]

그렇다면 이상의 논의에 기초할 때 한국정치가 지향해야 할 바는 무엇일까? 이를 크게 네 가지 차원에서 정리해볼 수 있겠다. 첫째, 국가와 국민(시민)의 관계이다. 한국전쟁을 거치며 국민이 형성되었지만,

---

40 B. 커밍스, 김동노 · 이교선 · 이진준 · 한기욱 역, 『브루스 커밍스의 한국현대사』, 창비, 2001, 418면.

41 김동춘, 앞의 책, 2010, 164~165면.

국민은 애국심을 갖고 국가를 필요로 하면서도 국가에 대한 공포와 불신이 팽배해 있다. 더구나 신자유주의적 세계화의 물결 속에서 최소한의 복지 혜택도 받지 못하는 청년 실업자들 사이에서 '국가가 나한테 해준 게 뭐가 있냐'라는 유행어가 돌고 있을 정도로 정부, 정치인, 공무원 등 국가 전반에 대한 신뢰와 기대의 상실이 전면화하고 있다. 이런 상황에서는, 국가권력과 시민의 절대적 대립이라는 허구적 구도를 설정하거나, 탈국가적 정치를 막연히 선호하는 아나키즘의 확산으로 나아갈 가능성이 커진다. 제도정치에 대한 적극적인 참여를 독려하고 국가권력을 민주화하기 위해서는 무엇보다 시민들이 국가에 기대를 품고 변화의 열망을 간직할 수 있는 조건을 마련해야 한다.

둘째, 좌우 대립의 문제이다. 제도정치적, 이데올로기적 우경화는 마치 선과 악의 이분법 도식으로 세상을 보듯이 모든 사안을 좌우 대립으로 파악하는 정치적 관성을 낳았다. 물론 좌파와 우파의 존재 자체가 일소되어야 하는 것은 아니며, 대중과 소통하는 좌파세력이나 진보정당이 성장하고 상식이 통하는 합리적인 보수 세력 내지 개혁적 자유민주주의세력이 자신의 사회적 위상을 확고히 제시할 수 있을 때 한국정치가 한 단계 도약하리라는 것은 분명하다. 문제는 오히려 좌파적 진보세력이 유의미한 사회적 힘을 획득하지 못하고 개혁적 자유민주주의세력이 신자유주의세력과 동화하는 가운데, 단순히 당리당략에 따라 색깔론을 제기하고 가상의 좌우 대립으로 포장하는 '불공정한' 정치 게임이 여전히 반복되고 있다는 데 있다.

셋째, 정치문화 내지 정치윤리의 차원이다. 악의 평범성의 내면화는 정치공동체 구성원들 간의 근본적인 불신과 도덕적, 윤리적 붕괴를 함의하며, 이는 구태의 냉전적 대립을 보존하는 국가보안법 등 법적, 제도적 개혁 외에도 새로운 정치문화와 정치윤리를 확립해야 할 필요성을 제기한다. 물론 어떤 면에서 이미 한국전쟁은 좋지 않았던 흘러간 옛 시절일 뿐이며, 전쟁을 직접 경험하지 못한 세대를 부모로 두고 있는 새로운 젊은 세대는 레드 콤플렉스나 반공주의에 무감하고, 심지어 2008년 촛불시위에서 볼 수 있듯이 국가폭력에 대해서도 공포보다는 조롱거리로 받아들이는 성향을 보이고 있다. 이 젊은 세대의 성장은 자연스럽게 보다 바람직한 새로운 시민윤리의 출현으로 이어질 가능성이 높다. 그러나 그것이 자생적으로 이루어지기를 기다리기보다는, 차이를 인정하고 서로를 포용하며 소통할 수 있는 정치윤리의 내용과 전망을 사회적으로 고민해야 한다.

넷째, 한국전쟁의 미완의 종전에서 비롯하는 남북관계의 개선이다. 이와 관련해서, 한반도의 평화를 '남북통일'이 아니라 '남북공존'에서 찾아야 한다는 주장은 설득력을 갖는다. 즉 통일론은 "차이를 갖는 두 개의 정치 단위가 궁극적으로 하나의 체제, 하나의 가치로 통합되는 것을 통하여 평화를 성취하고자 하는 접근"이며, 이는 어느 한쪽 국가로 (때때로 폭력적으로) 통합을 이루려는 끊임없는 경쟁과 갈등의 원천이 될 수 있다. 따라서 "차이를 인정하고 공존하는 것을 통하여 평화를 실현하는 평화공존론적 접근"이 보다 중요하다는 것이다. 이런 맥락에서 보자면 한반도 평화를 더 잘 유지할 수 있는 것은 통일이 아니라 평화공존이다.[42] 이는 "한반도의 통일국가를 아무 매개 없이 직접적으로

---

42 최장집, 「한반도 평화의 조건과 구조」, 『민주주의의 민주화』, 후마니타스, 2006, 217~218면.

도출"하는 "안보 담론에 입각한 통일의 위험을 인지"함으로써, 남한과 북한이 서로 차이를 인정하고 소통하면서 서로의 정체성을 평화적으로 변화시켜 나가는, 서로가 타자-적에서 타자-친구로 변화하는 과정과 상통할 것이다.[43]

43 구갑우, 「한반도 평화의 정치철학적 기초-평화 담론의 생태계를 위한 철학의 모색」, 『국제관계학 비판-국제관계의 민주화와 평화』, 후마니타스, 2008, 468~469면.

해방적 시간과 '역사화', 김수영의 시간의식에 대하여

시의 전위는 정치의 진보와 어떻게 다른가

함돈균

1. 들어가며—시적 체험으로서의 '역사화'

시의 시간은 통상적 세계 시간과 다르다. 시적 화자에 의해 전유되는 그 시간은 전적인 차원의 주관적 시간이라고도 할 수 없고, 물리적 차원에서 측정될 수 있는 순수한 자연적 시간이라고도 할 수 없다. 객관적 현실과 시적 화자의 주관적 인지 상태가 상호 교호·중첩되면서 시의 시간은 시적 화자 고유의 체험을 시간화 한다. 이러한 체험의 시간화를 시의 내부에서 일어나는 내적 체험의 '역사화'라고 말할 수도 있을 것이다. 그러나 이러한 체험의 역사화는 통속적 역사 기술의 어떤 것을 연상시키는 연대기적인 것과는 무관하다. 시적 체험으로서의 '역사화'는 시간을 등질적이고 양적인 것으로 환원하고, 역사를 이러한 등질적·양적 시간의 합산·축적, 순차적이고 연속적인 결합으로 이해하는 직선적인 시간 이해가 아니다. 시의 시간에서 '역사화'는 시간을 하나의 '계기'와 '사건'으로 인식함으로써 시간에 대한 통상적 이해를 파열시키고 거기에 불연속성과 예측불가능성을 도입한다. 이때 '계기'와 '사건'으로 인식되고 체험된 개별적 시간들은 제각각 고유한 특성과 무게를 지니면서 시간에 물리적으로 측정될 수 없는 시적 깊이를 형성한다. 시의 시간에서 존재의 다른 가능성이 개방되고, 시적 화자에 의해 예측 불가능한 방식으로 미래 시간이 예감되며, 객관적 현실과는 무관하게 이른바 역사의 해방적 시간이 불현듯 출현하는 일은 이런 식으로 가능하다.

이러한 시적인 것으로서의 체험의 시간화 또는 '역사화'에 대한 사유는 이 논문이 다룰 주제인 김수영 시의 시간의식을 깊이 이해해 보기 위해서도 불가피한 면이 있다. 특히 실존적 어둠과 역사적 환경이 처한 곤경에서 오히려 다른 미래와 해방의 시간을 예감했던 그의 변증법적 세계인식에 대한 이해를 위해서는 더욱 그렇다. 이는 김수영의 시에서 가장 중요한 시어 중 하나인 '전통'과 같은 시어를 이해하는 데에는 물론이고, 표면적으로 시간관과는 별 상관이 없는 듯이 보이는 그 시의 '사랑'의 문제를 이해할 때에도 중요하다. 여기에서 그의 독특한 시간의식을 이해하고 사유하는 데에 있어 하나의 참조가 될 만한 철학적 테제가 벤야민의 역사관이다. 지금까지 김수영의 시간관 또는 역사관을 이해하는 데에 벤야민의 사례는 인용된 적이 거의 없었으나, 벤야민이나 김수영이나 통상적 시간관(역사관)과는 이질적인 시각에서 존재와 역사의 해방적 시간을 예감했다는 점에서, 김수영에 대한 이해에 있어 벤야민의 사유는 참조할 만한 측면이 없지 않아 보인다.

벤야민의 관점에 따르면 통속적 마르크시즘의 역사관(역사유물론)은 시간과 역사에 대한 중대한 오해에 기초해 있다. 무엇보다도 그 오해의 핵심은 마르크시즘의 역사관이 시간을 물리적으로 등질적이며 연속적인 것으로 이해한다는 사실이다. 그에 따르면 이것은 서구 문화를 수천 년 간 지배해 온 시간관의 답습이다. 역사유물론은 시간을 공간화 했으며, 여기에서 역사의 시간은 부르주아의 기술주의적 시간관이라 할 물리적이고 통속화된 '진보' 개념을 벗어나기 어렵다. 이러한 시간관에서 해방적 시간은 등질적이고 공허한 양적 시간의 축적을 통해서나 가능하며, 이러한 '연대기적 미래'(말 그대로 '아직 오지 않은 것') 속에서 그것은 끊임없이 유예되는 것으로만 존재한다.[1] 그러나 벤야민에 대한 탁월한 주석가인 아감벤에 따르면, 그것이 설령 단초에 불과하다 할지라도 마르크스는 시간에 대한 이해에 있어 부르주아의 통상적 견해와는 결정적으로 다른 길을 발견한 측면이 있다. 그것은 인간이 시간이라는 통로로 흘러들어감으로써 역사 속으로 빨려 들어가는 것이 아니라 그 스스로의 실천을 통해 역사적인 인간이 된다는 사실에 대한 자각이며, 여기에서 역사는 순수하고 추상적이며 물리적인 차원의 객관적인 어떤 것이 아니라 주체의 실천 속에서 '시간화'되는 어떤 것이 된다. 인간은 시간 속으로 빨려 들어가기 때문에 역사적인 존재가 아니라, 오히려 그 자체가 역사적 존재이기 때문에 자신의 체험을 시간화 하는 존재이며, 여기에서 시간화는 '역사화'와 다른 것이 아니다.[2]

벤야민에게서나 그의 충실한 해석자인 아감벤에게서나 진정한 해방의 시간이 도래하는 것, 예측할 수 없는 역사의 미래 또는 미래의 역사

1 W. 벤야민, 최성만 역, 「역사의 개념에 대하여」, 『발터벤야민 선집』 5, 길, 2009, 344면.
2 G. 아감벤, 조효원 역, 『유아기와 역사』, 새물결, 2010, 182면.

가 출현하는 것은 바로 이러한 시간관에 의해서다. 등질적이고 물리적 차원의 시간의 연대기적 축적에 의해서 다른 미래와 해방적 시간이 '객관적으로' 오는 것이 아니라, 인간의 행위와 결단으로부터 그 시간은 '지금시간Jetztzeit(현재)'에 곧바로 임재한다. 그것은 '현재'를 역사적인 계기로서 시간화 하는 시간의식이며, 이러한 계기적 인식을 통해 현재는 특별한 의미의 시간으로 충만한 사건화된 시간이 된다. 공허하고 등질적인 통속적 시간과 대비하여 스토아학파가 카이로스적καιρός 시간이라고 부른 이 시간은, 우리의 통제를 벗어나는 객관적이고 무의미한 시간이 아니라 시간의 주체화이며 시간을 능동적으로 '역사화' 하는 일이다.[3] 벤야민은 이를 통속적 역사의 연속체를 폭파하는 혁명적 의식, '해방된 산문befreite Prosa'이 출현하는 '메시아적 시간'이라고 명명했는데, 그에 따르면 혁명적 기회를 동반하지 않는 순간이란 없다. 중요한 것은 새로운 과제에 직면하여 전혀 새로운 해답을 출현시키는 '기회'를 만들어내는 것이며, 이 시간이 바로 '메시아'가 출현하는 시간이다.[4]

주목할 점은 그가 이 시간의 출현을 시인 횔덜린이 부른 미래의 인류를 위한 기도에 맞서, 억압된 자들의 '과거'에 대한 기억을 통해 즉각적으로 구성하고 불러내야 할 '혁명'의 시간으로 사유했다는 사실이다. 즉 벤야민에게서 존재의 다른 가능성이 개방되는 새로운 미래, 해방적 시간은 추상적인 차원의 인류 일반의 미래나 선형적 시간관에 기초한 '진보'라는 허약한 가상을 통해서가 아니라, 현실에 자리가 없는 자들의 억압된 과거를 기억하고, 그 자리 없는 자들의 억압적 현존질서를

3 위의 책, 186면.
4 위의 책, 355면.

중단시키는 진정한 '비상상태Ausnahmestand(예외상태)'를 결단하고 실천하는 방식으로 '지금시간(현재)'에 즉각적으로 출현하고 인식될 수 '혁명'의 시간이었다.[5] 그런 점에서 주체가 개입한 이러한 '역사화'에서 현재와 과거와 미래는 공속한다고 할 수 있다. 아감벤에 따르면 이러한 역사화나 체험의 시간화란 결국 시인들이 꿈꾸는 지복의 낙원상태, 행복과 삶의 향유에 대한 표상이자 예감으로서, 이는 모든 측정가능한 등질적 시간관으로부터 벗어나 있는 것이다.[6]

이러한 관점은 이제 본론에서 논의할 김수영 시의 시간의식의 특이성을 보다 깊이 있게 이해하는 데에도 중요한 참조가 될 만하다. 김수영이 존재의 새로운 개방 가능성을 감지할 때에도, '설움'과 '사랑'을 얘기할 때에나 '전통'을 얘기할 때에도, 그는 통속적 차원을 벗어난 지점에서 이것들에 대해 얘기하려고 했으며, 여기에는 그 특유의 시간의식이 개입해 있다. 그가 이른바 '참여시인'으로서의 면모를 보이기 시작한 1960년 4·19 이후에 썼던 시들에서조차 그의 시간관은 통상적 역사관과는 다르다. 간단히 설명하기는 어렵지만 그가 다른 미래를 예감할 때 그 시간관은 통상적 시간 이해를 기반으로 역사의 진보와 미래를 기대하는 유물론적 세계인식이 아니며, 이는 이러한 시간관에 전통적 리얼리즘 문학의 시간 인식이라고 하기 어렵다. 본론에서는 이러한 논의를 염두에 두면서 그의 몇 편의 시에 나타나는 증후적 시간의식을 이런 관점에서 해석해 보고자 한다.

---

5 위의 책, 336~337면.
6 위의 책, 191~193면.

2. 과거와 미래가 공속하는 시간

꽃은 과거와 또 과거를 향하여 / 피어나는 것
나는 결코 그의 종자種字에 대하여 / 말하고 있는 것은 아니다
또한 설움의 귀결을 말하고자 하는 것도 아니다
오히려 설움이 없기 때문에 꽃은 피어나고

꽃은 피어나는 순간
푸르고 연하고 길기만 한 가지와 줄기의 내면은
완전한 공허를 끝마치고 있었던 것이다

중단과 계속과 해학이 일치되듯이
어지러운 가지에 꽃이 피어오른다
과거와 미래에 통하는 꽃 / 견고한 꽃이
공허의 말단에서 마음껏 찬란하게 피어오른다

—「꽃 2」(1956) 전문

이 시에서 주목해야 할 것은 "꽃은 과거와 또 과거를 향하여" 피어난다는 시간성의 문제이다. "과거와 또 과거를 향하여" 피어난다는 것은 꽃의 개화가 무한한 "과거"를 향하고 있음을 뜻하며, 이 무한한 과거의 끝은 '최초'의 시간, 즉 시간의 기원에 닿아 있다. 이 시간의 기원으로서의 "과거"는 꽃에게는 "설움의 귀결"이 아닌 시간, "설움이 없"는 시간이다. 이 과거는 "설움이 없"는 시간이라는 점에서, 사물의 원형이

현실에 왜곡됨 없이 온전하게 보존되는 절대시간이라고 할 수 있다. 2연에서 "꽃이 피어나는 순간"이 "완전한 공허를 끝마치고 있었던 것"은 이 시간이 "설움이 없"는 태초의 원형에 닿아 있기 때문이다. 시적 화자는 이 순수한 개화의 순간을 자신의 궁극적인 기대지평으로 받아들인다. 궁극적인 기대지평으로서의 시간이라는 점에서도 이 시간은 화자에게 통속적 시간 이해 하에 있는 등질적인 시간이 아니라, 사물의 원형을 온전히 경험할 수 있는 계기적이고 사건적인 특이성을 지닌 절대 시간이자 충만한 시간이다.

그런데 여기에서 생각해 보아야 할 점은, 김수영이 현대성에 대한 예민한 통찰을 통해 사회적 현실과 역사의 문제를 제 몸에 새기고, 이를 언어적으로 감각화 하는 데 누구보다도 선구적인 모더니스트였다는 사실이다. 이는 이 텍스트에서의 '꽃의 개화'가 일반적으로 서정시인이 상정하는 묘사 대상으로서의 자연 대상이나 감정 묘사의 매개가 아니라는 사실을 시사한다. 그것은 이 "설움이 없"는 '꽃의 개화'가 사물의 이미지를 개인적 실존과 역사적 경험에 대한 알레고리로 차용하는 데에 능란했던 김수영의 또 하나의 알레고리일 수 있다는 사실을 암시한다. 이 시의 알레고리가 특정한 차원의 구체성을 획득하고 있다고는 할 수 없으나, 적어도 우리가 추측할 수 있는 것은 이것이 사물과 세계, 나아가 사회적 삶의 부조리와 왜곡상이 생겨나기 이전의 시간(역)에 대한 기대를 반영하는 어떤 원형적 이미지와 관련되어 있다는 사실이다. 이 알레고리적 시간을 충만하고 계기화 된 시간으로서 카이로스적 시간에 근접하는 것으로 해석할 수 있는 까닭도 이 때문이다.[7]

3연의 "과거와 미래에 통하는 꽃"이라는 언술은 이런 점에서 주목된다. 이 언술에는 절대적이고 온전한 차원으로서의 꽃의 개화가 태초의 시간에 이루어지고 있을 뿐만 아니라, 여기에 과거와 미래라는 이질적 시간성이 공속하고 있다는 의미가 내포되어 있다. 그러므로 시적 화자에게 온전한 시간으로서의 과거를 향한 기원은 미래에 대한 기원과 함께 있다고 볼 수 있다. 김수영에게 미래는 이런 식으로 등질적인 시간의 연속과 축적을 통해 존재하는 '다음-시간'이나 '나중'이 아니라, 오히려 충만한 시간으로서의 '과거'를 기억하고 회복하는 순간, 지금 이 자리에서 즉시 예감되는 기대지평의 일종이다. 그러므로 김수영에게 "과거"는 어떤 연대기적 역사관 속에서의 회귀적 시간도 아니고, 니체적 의미의 골동품적 시간도 아니며, 문화적 원형으로서의 공동체 '전통'에 대한 향수에 기초해 있는 것도 아니다. 그것은 왜곡됨 없이 순수하게 회복되어야 할 충만하고 절대적인 시간 경험 속에 있는 것이라는 점에서, '이미' 체험되었지만 아직 오지 않은 시간이고, 그런 점에서 "과거와 또 과거를 향하여 피어나는 것"은 '미래' 시간을 포함한다. 미학적으로나 정치적으로나 당대 세계에서 급진적이고 불온한 입장을 지니고 있었던 시인 김수영의 이러한 시간관은 서구의 '현대시인'들과 비교할 때에도 시사하는 바가 있다. 이러한 모습은 마치 오늘날 '현대시'가 만들어지는 가장 중요한 길목에 있었던 18세기 낭만주의자들이

7 방인석의 연구에 따르면, 김수영에게 "설움"의 문제는 개인적 차원의 문제가 아니라 식민과 해방, 전쟁과 분단으로 이어지는 질곡의 한국적 현실에 대한 자가 진단이다. 김수영이 "우둔한 일인 줄 알면서"도 "설움을 역류하는" 길을 찾아 나서는 까닭은 "그것이 나의 생활이며 생명이며 정신이며 시대이며 밑바닥이라는 것을 믿"(김수영, 「방안에서 익어가는 설움」)기 때문이다. 김수영에게서 "설움"은 한국의 역사적 조건과 그 조건 속에 놓인 개인의 길항 과정에서 빚어진 독특한 감성으로서, 개인과 역사가 한 몸이라는 인식에서 발원한다. 방인석, 「김수영 시의 자유와 설움의 상관성 연구」, 『한민족문화연구』 34집, 2010, 96~99면.

나 20세기 초의 아방가르드 운동이, 현존하는 불평등한 사회계약의 중단을 의미하는 태초의 시간을 알레고리적으로 상정하고, 이 '과거' 이미지 속에서 오히려 평등한 사회계약의 원초성을 회복하는 '미래'를 예감하는 미학적 · 정치적 급진성을 보여주었던 것과 본질적으로 통하기 때문이다.[8]

그러나 그 시의 시간성을 이러한 차원의 '현대성'이란 관점에서 이해할 때조차도 감안해야 할 사실이 있다. 과거와 미래가 공속하는 이러한 김수영의 시간관이 낙관적 세계인식에 기초해 있는 것이 아니라, 언제나 자기 시대의 삶의 조건에 대한 투철한 세계 인식과 더불어 이루어졌다는 사실이 그것이다. 김수영에게서 이러한 자기 시대의 존재 조건에 대한 인식은 많든 적든 간에 그의 시에 아이러니적 인식의 흔적을 남기곤 한다.[9] 이 텍스트의 2연에서 "과거와 또 과거를 향하여 / 피어나는"

---

8 O. 파스, 김은중 역, 『흙의 아이들』, 솔, 2003, 55~63면.

9 아이러니의 개념을 현대시의 발생론적 역사와 관련하여 해석하면서 옥타비오 파스는 아이러니irony 개념이 현대시의 시간과 무관할 수 없다고 지적한다. 그에 따르면 현대시의 출발이었던 낭만주의는 단지 문체와 언어의 변화에 한정된 문예운동이 아니라 현대시의 조건을 이루는 근원적 믿음의 변화라는 관점을 통해서만 제대로 이해될 수 있다. 낭만주의는 전통적인 시적 리듬을 발굴하면서 세계와 인간에 대한 아날로지적 비전을 부활시킨다. 그것은 인간을 포함한 모든 존재들이 자신의 닮은꼴과 상응을 발견하는 조화와 화합의 무대이다. 은유는 언어적 가교를 통해 사물들의 대립 상을 제거하지 않으면서 서로 화해시킨다. 작품들 또한 서로를 비추면서 해석되고 해독되는 커다란 책의 목록을 이룬다. 은유는 아날로지의 시학 속에서 현대시가 직선적인 시간과 의미의 분열로 이루어진 현대의 시간관에 대립하여 내세우는 신화적 무기이다. 그러나 현대시는 스스로가 현대성이라는 역사적 시간 속에 편입되어 있으며 그의 의식 자체가 현대성이라는 역사적 의식의 산물임을 안다. 아이러니는 현대의 직선적 · 역사적 · 연속적 · 불가역적 시간의식의 산물로서, 아날로지의 신화적 비전이 가능하지 않다는 수난의식을 보여준다. 아이러니는 현대시의 시간이 우주적 상응과 교감, 문자의 해독과 해석은 불가능한 시간대에 존재하며, 단어의 뒷면과 의사불통 상태를 괴롭게 직시하는 의식이다. 아이러니는 세계가 이제 읽을 수도 없고, 해답을 줄 책도 존재하지 않으며, 총체성이 깨어졌다고 느낀다는 점에서 불행한 의식이지만, 그것 역시 하나의 앎이라는 점에서 지적 인식이다. 지적 인식으로서의 아이러니의 궁극에는 죽음과 무에 대한 의식이 존재한다. O. 파스, 앞의 책, 83~100면.

꽃이 "완전한 공허를 끝마치고 있었던 것"에 비해, 3연의 꽃이 "공허의 말단에서" 피어오르는 것은 그 때문이다. 이 "공허의 말단"은 "설움이 없"는 온전한 개화가 가능했던 '과거'와는 달리, "중단과 계속과 해학이 일치되듯이 / 어지러운 가지에" 피어오를 수밖에 없는 오늘날의 시적 조건을 반영한다. 멈춤과 전진과 풍자적 상황이 공속("일치")한다는 시적 판단은, 설령 오늘날 어찌하여 꽃이 피어난다 하더라도 그것은 천상(天上)의 자리에서 피는 꽃이 아니라, 오염되고 혼탁한 "현대의 가시철망 옆에 피어 있는 꽃"(「구라중화(九羅重花)」, 1954)이라는 현대적 삶의 조건에 대한 투철한 인식에서 나온다. 이러한 조건에서 '꽃'의 개화란 자연의 순환적 생리에 편입되어 있다기보다는 "숨어 있는 인내와 용기를 다하여 날개를 펴"(「구라중화」)는 '결단'과 '의지'의 소산이며, "중단과 계속과 해학이 일치되"는 사물의 왜곡과 세속적 혼탁을 존재의 조건으로 승인하는 아이러니한 자리, 즉 "세상과 배를 대고 서"(「너는 언제부터 세상과 배를 대고 서기 시작했느냐」) 있는 자리에서 일어난다.[10] 이 꽃은 그러므로 오히려 더 "견고한 꽃"이라고 할 수도 있는데, 김수영은 아이러니한

---

10 이 텍스트에 대해 오문석은 "중단과 계속과 해학이 일치되듯이"를 이 논문의 관점과 표면적으로는 유사한 듯이 보이지만, 전체적인 맥락에서는 상당히 다르게 해석하고 있다. 그의 관점에 따르면, 이 언술은 오늘날의 꽃이 "과거"의 꽃과 다르게 이질성과 차이를 내포하며 피어야 한다는 시인의 주관성을 드러내는 대목이다. 오문석에 따르면 이는 김수영이 억압적으로 인식한 '과거-전통'에 대한 반발이 드러내는 대목이자, '전통'을 구제할 수 있는 방법론으로 제시된 것이라고 이해된다. 김수영에게 "과거"는 '습관'의 다른 이름이고, 이는 무차별적인 시간성으로 김수영에게 이해된 '전통'과 일상에 대한 시간 비판의 맥락 속에서 이해되어야 한다는 주장이다.(오문석, 「김수영의 시간 의식 연구」, 『한국시학연구』 5권, 2001, 147~151면) 이러한 주장은 곰곰이 따져볼 만한 논점을 지니고 있다고 생각된다. 그러나 이는 김수영 시의 '부정성'을 전체적인 맥락에서 해석하면서도, 정작 이 텍스트 속에서 꽃이 피어나는 시간으로서의 "과거"의 의미를 면밀히 고려하지는 않은 해석이라고 보인다. "설움이 없기 때문에 꽃은 피어나고"라는 언술에 의거하여 볼 때, 적어도 이 텍스트에서 "과거" 부정적인 시간성을 내포한 것으로 보이지는 않기 때문이다.

상황 속에서도 이렇게 '의지'와 '결단'을 통해 과거와 미래가 공속하는 현재('지금시간')의 자리를 완강하게 유지하고 거기서 존재의 개방을 예감하는 일이야말로, 더 이상 시의 "뮤즈"를 따르던 "서정시인"의 시대일 수 없는 "오늘의 우울"과 "오늘의 경박"에 부합하는 '현대 시인'의 길이라고 보았다(「바뀌어진 지평선」, 1956).[11]

3. 정지停止적 시간으로서의 예감적 미래

바늘구멍만한 예지叡智를 바라면서 사는 자의 설움이여
너는 차라리 부정한 자가 되라 / 오늘
이 헐벗은 거리에 가슴을 대고
뒤집어진 부정不正이 정의가 되지 않더라도

그러면 너의 벗들과 / 너의 이웃사람들의 얼굴이
바늘구멍 저쪽에 떠오르리라 / 축소와 확대의 중간에 선 그들의 얼굴
강력과 기도가 일체가 되는 거리에서 너는 비로소 겸허를 배운다

바늘구멍만한 예지의 저쪽에서 사는 사람들이여 / 나의 현실의 메트르여
어제와 함께 내일에 사는 사람들이여 / 강력한 사람들이여

—「예지」(1957) 전문

---

11 함돈균, 「오염된 시인과 시—김수영 시의 아이러니와 현대성」, 『한국문학이론과 비평』 53집, 2011, 156~157면.

김수영에게서 존재의 개방을 가능하게 하는 다른 시간에 대한 예감은 이 텍스트에서는 시적 화자에 의해 "예지叡智"로 호칭된다. 그것은 아직 이르지 않은 시간으로서의 미래에 대한 명명일 것이다. 김수영의 시에서 빈번히 언표 되고 그래서 가장 중요한 시어 중 하나인 "설움"은 이 텍스트에서도 나타나는데, 여기에서 그것은 "바늘구멍만한 예지를 바라면서 사는 자"의 정서와 관련된다. 바꿔 말해 "설움"의 대상으로서의 "예지"란 "설움"을 유발하게 하는 원인으로서, 그것이 곧 시적 화자의 가장 간절한 기원의 대상이라는 뜻이다. 김수영의 시에서 "설움"이란 시어가 차지하는 위상을 놓고 볼 때, 이것은 "예지"가 그 시의 가장 궁극적인 기대지평에 속한다는 것을 뜻한다. 김수영에게서 궁극적 기대지평으로서의 "예지"란 곧 다른 시간, 존재의 다른 개방성에 대한 예감이다. 이 기대지평의 출현은 당연히 쉽지 않을 것이다. 그러나 "뒤집어진 부정이 정의가 되지 않더라도"라는 표현을 주목하건대, 이 텍스트에서 "바늘구멍만한 예지"로 표현되는 화자의 "설움"은 일반론적인 것이라기보다는 화자가 살던 시대의 사회적이고 정치적인 실존과 관련되는 것이라고 추측할 수 있다. 역으로 말해, "설움"의 소멸로서 "예감"의 시간이 출현하는 것은 "뒤집어진 부정이 정의가" 되는 시간이다.

그렇다면 "바늘구멍만한 예지"가 출현하는 일, "뒤집어진 부정이 정의가" 되는 존재의 다른 개방성, 다른 미래는 어떻게 출현할 수 있는가. 중요한 지점은 바로 여기다. 이 텍스트에서 시적 화자는 그것을 통상적 시간 이해 속에서의 '진보'나 미래시간으로 유예하고 기약하기보다는 주체가 선 지금 이 자리에서 즉각적으로 예감하는 모습을 보여준다. "바늘구멍 저쪽에 떠오르리라"에서 "－리라"라는 언술은 엄밀히 따지자면 근접한 미래를 뜻하는 가정법적 시제이지만, 체험 형식으로서의 "예지"라는 측면에서 그 미래는 미리 당겨 앞서 체험되는 현재화된 미래라고 할 수 있다. 이 현재화된 미래로서의 "예지"의 시간은 연대기적 미래를 통해 이를 수 있는 게 아니라, 1연의 "너는 차라리 부정한 자가 되라"라는 주체의 '결단'을 통해 '지금시간'에 즉각적으로("그러면") '출현'하는 것이다. 마르크스에게서 '역사화'의 의미가 그러했던 것처럼, 여기에서 시간은 주체가 흘러들어가는 형식이 아니라 주체의 실천이 능동적으로 개입되는 시간화이다. 역사는 객관적이고 물리적이며 자연시간적인 형식이 아니라, 주체의 실천을 통해 의미화 하고 계기화하는 시간화의 한 형식이 된다.

이 지점에서 흥미로운 것은 존재의 다른 가능성이 출현하는 해방적 시간에 대한 벤야민적 사유와 김수영의 "예지" 사이의 유사성이다. 벤야민은 충만하고 의미화 된 계기적 시간으로서의 절대시간을 카이로스적인 시간이라고 보았는데, 그에게 이 시간은 시간을 역사화 하는 주체의 결단 형식일 뿐만 아니라, 메시아적인 것이 임하는 것으로서 일체의 현행질서가 '중단'되는 정지停止와 부정否定의 시간이었다. 그는 이 시간을 정치·사회적으로 억압된 계급의 현실과 과거를 주체들이 기억하고 해방의 시간을 인식론적으로 회복함으로써, 그들에 의해 새롭게 역사화 되는 실천과 인식의 시간으로서의 '지금시간Jetztzeit'으로 사유하였다. 그러므로 이 '지금시간'에는 과거와 미래와 현재가 공속한다고 할 수 있다.

김수영의 「예지」에서도 이 시간은 물리적인 시간이 아니며 현재-과거-미래가 공속한다. 이 시간은 예감적 시간으로서 현재 속에 도래한

('떠오른') 미래인 동시에, "헐벗은 거리에 가슴을 대고" 사는 "너의 벗들과 이웃사람들의 얼굴"이 떠오르는 시간이라는 점에서 역사의 시간에 몸을 담고 사는 인민의 과거와 현재가 결부되는 해방적인 시간이다. 이 시간이 "어제와 함께 내일에 사는 사람들"의 시간일 수 있고, 그 시간 속에서의 그들이 "강력한 사람들"일 수 있는 것도, 화자에게 이 시간의 참된 의미가 억압의 역사에 대한 해방인 동시에 이 역사의 진정한 주인공이 도래하는 시간으로서 진정한 '역사'의 시간이기 때문이다. 무엇보다도 중요한 것은 이 해방적 시간이 "너는 차라리 부정한 자가 되라"라는 주체의 결단과 실천을 통해 이 자리에 도래하는 '역사화'의 한 형식이며 시간에 대한 주체의 개입이라는 사실이다. 이 역사화는 벤야민의 해방적 시간이 현행 질서의 중단을 의미하는 '비상사태'였던 것처럼, "헐벗은 거리"의 질서가 중단되고 "뒤집어진 부정이 정의"가 되는 "부정否定"의 시간이다.

김수영은 자신이 살고 있는 삶의 현실을 직시하면서 역사적 비관주의에도 낙관주의에도 빠지지 않으면서 삶의 다른 시간을 시적으로 예감하는 일 자체를 중요한 시작 행위로 삼았다. 이 예감을 이 텍스트에서 그는 "예지"라고 말하고 있는데, 그에게 이것은 "강력과 기도가 일체가 되"게 하는 일, 즉 "겸허"하지만 간절한 믿음과 의지를 통해 예감되는 시적 시간이었다. 이것이 가능했던 것은 시인으로서의 김수영이 그 스스로 자기기만과 허위의식을 자기고발 하는 데에는 엄격했으나, 인민("너의 벗들과 / 너의 이웃사람들의 얼굴")에 대한 믿음을 끝내 잃지 않았기 때문이다. "바늘구멍 저쪽에 떠오르"는 대상이 "축소와 확대의 중간에 선 그들의 얼굴"이라는 사실은 이 점에서 시사적이다. "그들의 얼굴"은 "축소" 즉 억압된 과거와 현재의 표상이기도 하지만, 진정한 역사의 미래 그 자체에 대한 표상("확대")이기도 하다. 시적 화자의 "바늘구멍" 속에서 "그들"은 새로운 역사의 기로에 서 있는 것이다.

그런데 이 지점은 "예지"적 시간으로서의 김수영 시의 해방적 시간이 서구의 낭만주의자들이나 벤야민의 해방적 시간의 개념과 비슷하면서도 다르다는 점을 알려준다는 점에서 특별히 주목해야 할 지점이다. 김수영의 「꽃 2」와 같은 시에서 알레고리적 이미지로서의 '꽃'이 추상적인 이미지였던 것에 비해 상대적으로 "바늘구멍 저쪽에서" 떠오른 대상이 "벗들과 / 이웃사람들의 얼굴"이라고 할 때, 이 의미는 김수영 시의 전체적인 맥락 속에서 좀 더 구체적으로 의미화가 가능하다. 이 "그들"은 서구 낭만주의의 이상적 대상처럼 혼탁상이 완벽하게 제거된 순수한 대상이 아니며, 전통적 리얼리즘의 역사적 주체처럼 메시아적인 '민중'도 아니다. 오히려 김수영의 많은 시들에서 "그들"은 "생활에 얼이 빠진"(「미스터 리에게」) 모습을 하고 나타나며, 그래서 "그들"은 늘 시인의 자의식을 건드리는 비판적 의식의 대상이었고, 심지어는 "순사와 땅주인에서부터 과속을 범하는 운전수에까지" "늘비"해 있는 '적'이기도 하였다(「적」, 1962).

하지만 김수영은 그 자신 역시 "그들"과 다를 바가 없다는 사실에 늘 괴로워했으며 이것은 김수영 시의 가장 중요한 시작 모티프가 되었다.[12] 그럼에도 불구하고 그는 세계의 윤리적 혼탁 상에 시인조차 같이

12 이러한 상황을 조강석은 '이중구속double bind'이라는 관점에서 해석한다. 그의 해석에 따르면 김수영에게는 자신의 시를 견인하는 다음과 같은 결정적인 질문이 존재한다. "나는 타락해 있는 것이 아닌가. 나는 마비되어 있는 것이 아닌가"(김수영, 「삼동유감」, 1968). 이 질문은 부정한 현실을 마주하고 있는 자의 논리이지만, 그 현실로부터 면죄부를 받는

엮여 들어가는 욕망의 공모적 현실이야말로 '현대시인'이 "새롭게 오늘부터 출발"해야 하는 '바뀌어진 지평선' 즉 '현대성'의 기본 조건이라고 인식했다.(「바뀌어진 지평선」) 욕망과 윤리적 혼탁성을 온전히 탈색하기 불가능한 현대성의 조건 하에서 "그들"은 "돈을 버는 거리의 부인들"(「거리 2」, 1955)인 동시에 역사의 "벗들과 / 이웃사람들"이기도 하다. 그러므로 「꽃 2」에서 오늘날의 '꽃'의 개화가 "중단과 계속과 해학이 일치 되"는 "어지러운 가지"에 피어오르듯이, 그의 "예지"적 시간 속에서도 세계와 사물의 혼탁성이 온전히 거세되는 것은 아니라는 아이러니적 인식의 개입을 감지하는 일은 중요하다. 이러한 시간의식은 '참여시인'으로서의 면모를 보이던 김수영이, 4·19의 실패 이후에 어떻게 연대기적 역사의 좌절을 진정한 역사의 좌절로 인식하지 않고 시적으로 극복해 나갔는지를 이해하는 데에 특히 중요하다. 김수영에게서 이것은 이 시기에 그의 가장 중요한 시어였던 '사랑'이라는 말로 표현되곤 했는데, 이 논문의 관점에 따르면 김수영의 '사랑'은 이러한 김수영 특유의 시간관에서 이해될 때만이 보다 온전한 이해가 가능한 시어라고 할 수 있다.

4. 해방적 시간으로서의 '사랑'의 의미

> 욕망이여 입을 열어라 그 속에서 / 사랑을 발견하겠다 도시의 끝에
> 사그러져 가는 라디오의 재갈거리는 소리가 / 사랑처럼 들리고 그 소리

자의 질문이 아니다. 조강석, 「비화해적 가상으로서의 김수영과 김춘수 시학 연구」, 연세대 박사논문, 2008, 89면.

가 지워지는

강이 흐르고 그 강 건너에 사랑하는 / 암흑이 있고 3월을 바라보는 마른 나무들이

사랑의 봉오리를 준비하고 그 봉오리의 / 속삭임이 안개처럼 이는 저쪽에 쪽빛

산이

사랑의 기차가 지나갈 때마다 우리들의 / 슬픔처럼 자라나고 도야지우리의 밥찌끼

같은 서울의 등불을 무시한다

이제 가시밭, 덩쿨장미의 기나긴 가시가지 / 까지도 사랑이다

왜 이렇게 벅차게 사랑의 숲은 밀려닥치느냐

사랑의 음식이 사랑이라는 것을 알 때까지

난로 위에 끓어오르는 주전자의 물이 아슬

아슬하게 넘지 않는 것처럼 사랑의 절도(節度)는

열렬하다 / 간단(間斷)도 사랑

이 방에서 저 방으로 할머니가 계신 방에서

심부름하는 놈이 있는 방까지 죽음 같은

암흑 속을 고양이의 반짝거리는 푸른 눈망울처럼

사랑이 이어져가는 밤을 안다 / 그리고 이 사랑을 만드는 기술을 안다

눈을 떴다 감는 기술—불란서 혁명의 기술

최근 우리들이 4·19에서 배운 기술
그러나 이제 우리들은 소리 내어 외치지 않는다

복사씨와 살구씨가 곶감씨의 아름다운 단단함이여
고요함과 사랑이 이루어놓은 폭풍의 간악한 / 신념이여
봄베이도 뉴욕도 서울도 마찬가지다 / 신념보다도 더 큰
내가 묻혀 사는 사랑의 위대한 도시에 비하면 / 너는 개미이냐

아들아 너에게 광신狂信을 가르치기 위한 것이 아니다
사랑을 알 때까지 자라라 / 인류의 종언의 날에
너의 술을 다 마시고 난 날에 / 미대륙에서 석유가 고갈되는 날에
그렇게 먼 날까지 가기 전에 너의 가슴에 / 새겨둘 말을 너는 도시의 피로에서
배울 거다 / 이 단단한 고요함을 배울 거다
복사씨가 사랑으로 만들어진 것이 아닌가 하고 / 의심할 거다!
복사씨와 살구씨가 / 한번은 이렇게 / 사랑에 미쳐 날뛸 날이 올 거다!
그리고 그것은 아버지 같은 잘못된 시간의 / 그릇된 명상이 아닐 거다

—「사랑의 변주곡」(1967) 전문

이 텍스트에서 이른바 해방적 시간은 "복사씨와 살구씨가 / 한번은 이렇게 / 사랑에 미쳐 날뛸 날"로 표현되고 있다. 그것은 "복사씨와 살구씨와 곶감씨의 아름다운 단단함"을 형성하게 한 "고요함과 사랑이

이루어놓은 폭풍"이 도래하는 순간으로서, 일상의 시간 질서가 정지되고 존재의 새로운 가능성이 개방되는 '개화開化'의 순간이다. 여기에서 "폭풍"과 "씨"의 이미지는 이 해방적 시간이 지닌 '정지停止'와 '개화'의 의미를 단적으로 포함하고 있다. "아름다운 단단함"으로서의 "폭풍"과 "씨"의 원천이 "고요함과 사랑"이며, "이 사랑을 만드는 기술"이 "불란서혁명의 기술" "최근 우리들이 4·19에서 배운 기술"과 등가라고 언술될 때, 이 해방적 시간이 사회와 정치적 차원의 해방의 의미와 깊이 연관되어 있을 것이라는 사실을 짐작하기란 어렵지 않다. 그런데 여기에서 중요한 것은 이 해방적 시간이 단지 물리적 차원의 직접적인 정치 투쟁의 순간만을 의미하는 것이 아닐 뿐더러, 통상적 차원에서 얘기되는 진보와 계몽적 시간으로서의 미래나, 물리적인 자연시간으로서 달력이 넘어가면 저절로 오는 연대기적 미래로서 전망되는 시간이 아니라는 사실이다. 시적 화자에 따르면 다른 차원의 존재 질서가 개방되는 새로운 역사의 시간을 "인류의 종언의 날에" "너의 술을 다 마시고 난 날에" "그렇게 먼 날"로 상정하는 일은 "아버지 같은 잘못된 시간의 / 그릇된 명상"일 뿐이다.

그렇다면 이 시간은 어떻게 오는가. 시적 화자에게 그것은 일상화된 세계 이해를 찢고 들어오는 계기적 시간이다. 그러므로 그 시간은 "그렇게 먼 날까지 가기 전에 너의 가슴에 / 새겨둘 말"을 '배우는' 순간에 즉시 도래한다. 그것은 주체가 "단단한 고요함"이 지닌 의미를 깨닫는 순간이며, 작고 약한 "복사씨가 사랑으로 만들어진 것이 아닌가 하고 / 의심"하는 인식론적 전회의 순간이다. 이 순간은 세인적 삶을 살아가는 주체가 통속적 시간과 단절하고 현재의 시간을 공허한 자연시간이 아니라 충만한 의미체로서 체험하는 방식으로 실천되는 내적 체험의 시간화이며, 그를 통해 공허했던 현재를 역사의 중요한 한 국면으로 인식하고 전유하는 시간성의 역사화라는 점에서 카이로스적인 시간이다. '역사'라는 게 따로 있는 것이 아니라 현재 시간의 의미를 주체가 특별한 순간으로 체험하고 세계에 대한 통속적 이해를 인식론적으로 전환하는 순간, '지금 여기'라는 시간은 그 자체가 "복사 씨와 살구 씨가 / 한번은 이렇게 / 사랑에 미쳐 날뛸 날"로서의 진정한 역사로서 체험된다. 역으로 말해 시적 화자에게 "복사 씨와 살구 씨가 / 한번은 이렇게 / 사랑에 미쳐 날뛸 날"로서의 해방적 시간은, 객관화된 자연시간 속에서의 물리적인 "씨"가 개화되는 순간이라기보다는, "아들"이 "사랑을 알 때"라는 그 인식론적 전회의 순간이다. 다시 말해 "사랑"에 대한 의미를 자각하고 "사랑"의 의미를 내적으로 충만하게 체험하는 그 순간이 곧 존재가 다른 방식으로 개방되는 시적 순간이 출현하는 순간이다. 여기에서 '지금시간'은 벤야민에게서처럼 역사의 메시아가 임하는 미래가 깃드는 시간이 되며, "의심"의 순간으로서의 현재는 역사화 된다.[13]

그러므로 여기에서 특별히 눈여겨 볼 것은 18회나 반복되어 언표되는 "사랑"의 의미일 것이다. 그런데 이 때 해석을 위해 유의해야 할 점은, 시적 화자가 "사랑"의 의미를 스스로 규정하기보다는 주로 그 "사랑"이 어디에서 발견되는가, 그것을 어디에서 배웠는가 하는 사랑의 출처와 거처에 대해서 말하고 있다는 사실을 확인하는 일이다. 따라서 마지막 연에서 "아들"이 "사랑을 알 때"란 곧 이 사랑의 출처와 거처가

13 김인환은 이 텍스트를 언급하면서 "의심은 믿음으로 바뀌었고, 반성은 사랑으로 변하였다"고 말한다. 김인환, 「한 정직한 인간의 성숙 과정」, 『김수영의 문학』, 1983, 219면.

지닌 의미를 '알게 되는' 순간이라고 할 수 있다. 즉 현재의 시간을 '다른 시간'으로 인식하는 일도 이 사랑의 의미를 알게 되는 순간과 관련된다.

의미심장한 사실은 첫 연에서 시적 화자가 "사랑을 발견"하는 장소를 "욕망"의 "입"이라고 말하고 있다는 사실이다. 이 "욕망"의 "입"은 "도시의 끝"과 관련이 있다. 즉 이 "욕망"은 "도시"가 품고 있는 소리들, 어둠("암흑")과 메마름("마른 나무")의 형상들과 연관된다. 주목할 점은 이 형상들이 표면적으로 볼 때는 "사랑"의 일반적인 대상이 아니라는 사실이다. 그러므로 2연에서 "사랑의 기차가 지나갈 때마다 우리들의 / 슬픔처럼 자라나고 도야지우리의 밥찌끼 / 같은 서울의 등불을 무시한다"는 화자의 말은, 오히려 "사랑"의 진정한 의미를 깨닫게 될 때까지는 사랑의 대상으로 상정된 이 '도시의 욕망'이 일반적인 차원에서는 전혀 사랑의 대상으로 보이지 않을 것이라는 뜻을 함의한다. 마지막 연에서 시적 화자의 "아들"이 "사랑을 알 때까지 자라"야 하는 것도, "너에게 광신을 가르치기 위한 것이 아니"라는 사실을 화자가 강조하는 것도 다른 어떤 것도 아닌 이 "도시의 피로"가 실은 사랑의 대상이며 사랑의 원천이라는 것을 깨닫는 일이 그만큼 어렵기 때문이다.[14]

바로 이 지점이 4·19의 좌절을 겪으면서도 김수영이 연대기적 역사의 좌절을 진정한 역사의 좌절로 인식하지 않고 자신의 방식으로 극복하고 있다는 사실을 확인하는 지점이라고 할 수 있다. 김수영은 자

---

14 이 "사랑"은 김수영의 정치성이 임화의 정치성과 갈라지는 지점으로서, 그것은 김수영의 정치성이 거창한 이념과 신념의 문제가 아니라, 일상적 삶의 비루함과 진실성에 대한 포용으로 나아갔다는 사실을 단적으로 드러내는 지점이다. 이승원, 「정치 현실에 대한 두 시인의 반응」, 『한민족어문학회』 34집, 2003, 191면.

신의 초기 시에서 부터 1960년대 말까지 진행되었던 시작 행위 전체 속에서 지식인으로서의 문제의식을 가지고 세인적 삶의 통속성과 대결하는 동시에, 그 자신이 그 세인적 삶의 일부라는 모멸감과 자의식 자체를 중요한 시작의 테마로 삼아왔다. 한편 그는 굴곡 많고 격렬한 현대사의 격변기에 속해 있던 개인으로서 당대적 삶에 대한 증언자이자 한 명의 주체로서의 역할을 자처하기도 했다. 그런 차원에서 '참여시인'으로서의 면모를 보이기까지 하며, 그의 수많은 열정적 산문들을 생산하게 한 계기가 되기도 한 4·19라는 사건이 그에게 미친 영향력을 상기해 보는 일은 김수영을 이해하는 데에 필수적이다. 이것은 김수영에게서 "1961개의 / 곰팡내를 풍겨 넣"는(「아픈 몸이」, 1961) 것으로 묘사된 4·19의 좌절과 그로 인해 찾아온 "미쳐돌아가는 역사의 반복"(「장시 2」, 962)이, 무력한 지식인이자("너무 조용한 것도 병이다 / 너무 생각하는 것도 병이", 「복중(伏中)」, 1961), 한 명의 생활인으로 살아가는 자로서 그 자신에 대한 심각한 자기모멸을 유발했다는 뜻이기도 하다. 또 그것은 김수영으로 하여금 역사의 후퇴에도 불구하고 통속적 생활세계를 특별한 저항없이 살아가는 듯이 보이는 "온갖 식구와 온갖 친구"를 "온갖 적들"과 등가적인 것으로 바라보는 민중 혐오감과 역사에 대한 패배의식으로 귀결될 수도 있게 한 사건이었다.

그러나 김수영은 1960년대 중반 이후 쓰인 시들을 통해 이들 중 그 어떠한 것으로 치우치기보다는, 특유의 시간의식을 통해 '역사'의 의미를 자신의 방식으로 전유하는 모습을 보이기 시작하였다. 「현대식 교량」(1964)에서 "새로운 역사"라고 그가 부른 새로운 시간의 출현은, 어떤 물리적인 차원의 외부적 사건 발생이나 연대기적 시간이 아니라 어떤 계기적 시간의 출현이며, 통속적으로 이해된 현재 시간과는 다른 의미화 속에 도래하는 시간의 역사화라는 관점에서 이해해야 한다. 이 시에서 김수영은 "식민지의 곤충들이 24시간을 / 자기의 다리처럼 건너다"니는 "현대식 교량"에서 "젊음과 늙음이 엇갈리는 순간"을 포착하며, 이 순간에 시인은 "적을 형제로 만드는 실증을 / 똑똑하게 천천히 보"게 된다고 말한다. 역시 여기에서도 그는 이 존재 변이의 순간을 "사랑을 배"우는 시간이라고 말한다.

결국 「사랑의 변주곡」에서 화자의 아들이 사랑을 알게 되고, 사랑을 발견하게 되는 순간은 "도시의 피로"를 담지하고 있는 "식민지의 곤충들"(「현대식 교량」)을 긍정하는 순간에 찾아오는 새로운 존재 발견의 시간이라고 할 수 있다. 그것은 김수영의 또 한 편의 기념비적인 텍스트인 「거대한 뿌리」(1964)의 "요강, 망건, 장죽, 종묘상, 장전, 구리개 약방, 시넌, 피혁점, 곰보, 애꾸, 매 못 낳는 여자, 무식쟁이, 이 모든 무수한 반동" 속에서 "거대한 뿌리"를 발견하는 순간이며, "더러운 역사"와 "더러운 진창"을 "사랑"의 이름으로 껴안는 순간이다. 여기에서 "더 쨍쨍 울리는 추억"은 "영원"이 된다.(「거대한 뿌리」) 극적인 인식론적 전회의 순간이라고 할 만한 이 "사랑"의 순간에, 통속적 시간 이해 하에서 패배주의적이고 혐오의 대상으로 전락할 수도 있는 연대기적 '역사'의 대상들은, 그 자체가 '역사적인' 시간을 개방하고 그 시간 속에 살아 있는 진정한 역사의 주체로 변화한다.[15] "쨍쨍 울리는 추억"이 "영원"이

15 「거대한 뿌리」에 나타나는 "사랑"은 "전통"과 "역사"에 대한 김수영의 집요한 탐구의 궤적 속에서 이해되어야 하며, 김수영이 탐구한 "혁명"에 대한 인식과도 밀접한 관련을 갖는다. 궁극적으로 이 텍스트를 비롯하여 이 시기 텍스트에 자주 등장하는 김수영의 "사랑"은 우리의 역사적 조건 속에서 어떻게 '현대성'을 이해할 것인가 하는 문제로 귀결된

되는 이 인식론적 전회의 시간은 주체에 의해 개방된 시간의 역사화이며, 현재 속에 공속하는 과거와 해방적인 것으로서의 미래 시간의 출현이다. "복사씨와 살구씨와 곶감씨의 아름다운 단단함"은 결국 이 연약하고 보잘 것 없는 것들이 "3월을 바라보는" "사랑의 봉오리"이며, "이 방에서 저 방으로 할머니가 계신 방에서 / 심부름하는 놈이 있는 방까지 / 죽음 같은 / 암흑 속"이 실은 "사랑이 이어져가는 밤"이라는 사실을 주체가 깨닫는 일을 통해 가능한 사실들이다. 「사랑의 변주곡」의 마지막 연에서 "단단한 고요함"이란 결국 연대기적 역사에서 타자화된 대상들, 현실적인 차원에서는 "도시의 피로"를 품고 있는 통속적 욕망의 대상들 속에서 진정한 역사를 도래하게 할 잠재성에 대한 발견이다. 굳이 벤야민의 언어를 빌어 말한다면, 그것은 김수영이 1960년대 중반 이후 발견한 "새로운 역사"(「현대식 교량」)의 '메시아'의 다른 이름이었다고 할 수 있을 것이다. 김수영에게서 그것은 역사의 패배주의에 빠지지도 않고 낙관주의에도 의존하지 않으면서 해방의 시간을 "예지"하는 중요한 시간이해의 방식이었으며, 역사유물론에 기초한 '리얼리즘'의 역사관과는 다른 방식으로 내적 체험으로서의 시간을 '역사화'하는 한국시사의 가장 비범한 시적 방법론 중 하나였다고 평가할 수 있을 것이다.

다. 이찬, 「김수영 시에 나타난 '진리의 윤리학'과 '현대성' 인식 양상」, 『우리어문연구』 36집, 2010, 374~375면.

5. 나오며

통상적으로 이해되는 세계 시간과는 달리 시의 시간은 전적인 차원의 주관적 시간이라고 할 수도 없고, 물리적 차원에서 측정될 수 있는 자연적 시간이라고 할 수도 없다. 시의 시간은 객관적 현실과 시적 화자의 주관적 인지 상태가 교호하고 중첩되면서 발생하는 체험의 시간화다. 시의 시간에서 역사의 의미 역시 연대기적 시간과는 다른 방식으로 이해되어야 한다. 벤야민의 시간 이해에 따르면, 역사는 물리적이고 연대기적인 것으로서의 자연적 시간성으로 주체와 무관하게 독립적으로 존재하는 어떤 것이 아니라, 주체의 의미화를 통해 충만해지는 계기적 시간성이며, 인식론적 전회를 통해 '구성'되는 주체화된 사건의 일종이다. 이러한 '역사화'된 시간에는 과거와 현재, 미래가 순차적으로 제각각 존재하는 것이 아니라, 충만한 것으로 의미화 된 '지금시간(현재)'에 과거-현재-미래가 공속한다. 벤야민은 이 시간성에서 인민이 억압되고 사물의 의미가 왜곡되는 세계 시간이 '정지'하는 순간이 출현하며, 이것이야말로 진정한 역사와 해방적 시간이 계시啓示되는 '메시아적' 시간이라고 이해하였다.

벤야민의 사례는 해방적 시간에 대한 예지에 몰두했으며, 존재의 다른 가능성을 통속적 시간 이해와는 다른 시각에서 시적으로 탐구해 온 김수영의 시간관(역사관)을 이해하는 데에도 하나의 참조할 만한 사례다. 「꽃 2」에서 김수영은 세계상이 왜곡되지 않은 상태로 존재하는 '과거'의 상태를 떠올린다. 이때 이 과거 회상은 어떤 등질적이고 연대기적인 시간으로서의 과거에 대한 회고가 아니라, 절대적이고 충만한 것으로서 체험되는 이질적 시간성에 대한 내적 체험이며, 그것은 시인에게 절대적인 기대지평에 속하는 것이라는 점에서 '미래'의 시간성을 담보하고 있는 행위이다. 「예지」에서 시인은 존재의 개방, 다른 시간, 미래를 호출하고 예감하는 행위를 "예지"라고 부른다. 역시 이 시에서도 "예지"를 통해 감지되는 다른 미래는 연대기적 시간성에 속해 있지 않다. 그것은 궁극적으로는 "뒤집어진 부정이 정의"가 되는 시간에 대한 "기도"와 관련된 것으로서, 시인에게 이 "예지"로서의 미래 시간이 사회적이고 정치적인 차원의 해방적 시간과 무관하지 않음을 암시하고 있다. 김수영의 다른 시의 표현에 따르면 이는 "새로운 역사"와 같은 시간일 터인데, "뒤집어진 부정이 정의"가 되는 시간이란 현행 세계 질서가 '정지'되는 시간과 관련된다고 할 수 있다. 주목할 만한 점은 이 "예감"이 그저 찾아오는 시간이 아니라, "부정"을 통해서 즉, 주체의 결단과 실천을 통해 주체화되는 시간성이라는 사실이다.

김수영에게서 궁극적으로 이러한 해방적 시간으로서의 미래 시간, '새로운 역사'라는 시간성은 1960년대 중반 이후 쓰인 시들에서 "사랑"이라는 호칭을 얻는다. 김수영의 기념비적인 텍스트 중 하나인 「사랑의 변주곡」에서 "사랑"은 "복사씨와 살구씨와 곶감씨의 아름다운 단단함"이 새화하게 하는 근간으로 언술되는데, 이는 작고 연약하고 보잘것 없는 것이 지닌 잠재적 가능성의 무한함에 대한 시인의 확신을 보여주는 것이다. 눈여겨 볼 점은 김수영이 이 시에서 "사랑"의 대상을 "도시의 피로" '도시의 욕망'으로 상정하고 있다는 사실이다. 이것은 4·19의 실패를 경험했음에도 불구하고, 역사의 패배주의에도 빠지지 않고 근거 없는 낙관주의에 기대지도 않으면서, 어떻게 한 명의 시인이자 지식인이 삶의 현장성을 차갑게 직시하면서도 그것을 뜨겁게 포용할 수 있는지를 확인하게 하는 사례이다. 김수영에게 있어 "사랑"은 한편으로는 지리멸렬하고 또 한편으로는 타자화된 통속적 역사의 대상에서 진정한 역사의 가능성과 잠재성을 발견하는 극적인 시적 탐구의 산물이었다고 할 수 있는데, 이는 한국현대시사에서 시간성에 대한 가장 독창적이고 열정적인 사유의 산물이었다는 점에서 큰 의의를 지닌다.

2부
기억과 표상의 장

3 · 1운동과 1920년대 시간 · 장소 · 주체에 관한 기억

류시현

1. 머리말

1919년의 3 · 1운동은 조선 민족의 자주독립을 위해, 노동자 · 농민 등 일반 민중이 적극 참여함으로써 조선인의 역량을 확인할 수 있었던 정치적 경험이었다. 이러한 3 · 1운동의 중요성에 주목하여 3 · 1운동 관련 연구는 그것의 배경, 전개 등의 '사실' 규명과 역사적 의미 규정에 집중해왔다.[1] 그리고 3 · 1운동의 역사적 의의와 교훈과 관련해서 오늘날의 필요와 요구에 따라 과거의 3 · 1운동은 새롭게 소환 · 표상되고 있는 실정이다.

1 3 · 1운동의 연구 현황에 관해서는 지수걸, 「3 · 1운동의 역사적 의의와 오늘의 교훈」, 『3 · 1 민족해방운동연구』, 청년사, 1989; 장석홍 외, 「3 · 1운동과 국내외 민족운동」, 『한국독립운동사연구』 13, 1999 참조.

3·1운동과 관련된 절대적인 평가 기준은 아니지만, 동아일보사가 주관한 3·1운동 50주년을 기념한 『3·1운동 50주년 기념논집』과 1989년 한겨레신문이 후원한 『3·1운동 70주년 기념 논문집』 사이의 간극은 3·1운동을 부르주아 민족운동에서 '민중이 민족해방운동의 주도권을 점차 장악하기 시작'한 민족해방운동으로 보는 관점의 전환에서 찾아질 수 있다. 이 글에서는 3·1운동과 가장 가까웠던 과거인 1920년대 국내 언론매체를 중심으로 이 사건이 어떻게 '기억'되었는지를 살펴보고자 한다.

인간 행위에 대한 기억과 설명은 당대의 요구와 독립되어 존재할 수 없기에 항상 새롭게 쓰인다. 트루이요Trouillot는 기억은 항상 시대적·정치적 상황에 따라 변화하는 것이며 권력관계에 따라 선택 혹은 침묵되는 과정이라고 보았다.[2] 아울러 포스트모던 이론가들은 "역사상을 형성하는 지각들이 변화하면서 복잡하게 만들어낸 혼합물을 구성하는" 요소로서 기억에 주목하고 있다.[3] 이러한 연구의 경향은 3·1운동에도 적용되었다.

3·1운동과 관련해서 '기억'이란 주제로 여러 접근이 이루어져 왔다. 지수걸은 사회주의계열의 정치를 둘러싼 담론이라는 측면에서, 정종현은 문화·기억을 둘러싼 담론이라는 입장에서, 3·1운동의 표상과 이를 둘러싼 경쟁과 충돌, 그것의 정치동학political dynamics과 정치적 함의를 다루었다.[4] 또한 해방 후의 시기에는 남한의 정치세력이 각기 자

---

2 Michel-Rolph, *Silencing the Past*, Beacon, 1999 참조.

3 제프리 K. 올릭 편, 최호근·민유기·윤영휘 역, 『국가와 기억』, 오름, 2006, 14면.

4 지수걸, 「3·1운동과 국내 공산주의 계열의 민족해방운동」, 『한국독립운동사연구』 13, 1999; 정종현, 「3·1운동 표상의 문화정치학」, 『한민족문화연구』 23호, 2007 참조.

신의 정치적 목표에 따라 3·1운동 표상을 둘러싼 경쟁 관계에 있었음을 보여주었다.[5]

이러한 연구는 식민지시기 민족주의계열과 사회주의계열에서 각기 3·1운동을 어떻게 이해하고 기념했는가에 관한 정치적 담론의 내용을 제시했으며, 해방 후의 시기에는 남한의 정치세력이 각기 자신의 정치적 목표에 따라 3·1운동 표상을 둘러싼 경쟁 관계에 있었음을 보여주었다. 이 글에서는 시간과 공간 그리고 '주체'란 주제로 3·1운동이 1920년대에 어떻게 기억되었는지를 검토하고자 한다.

3·1운동에 관한 기억을 1920년대를 중심으로 검토하는 이유는 이 시기가 3·1운동과 가장 가까운 과거이기에 이에 관한 기억이 이후 시기보다 선명하기 때문이다. 식민지시기 대중적인 참여 속에서 전국적인 규모로 일어난 민족운동은 3·1운동 이외에도 6·10만세운동(1926), 광주학생운동(1929년) 등이 존재한다. 이 가운데 3·1운동은 1920년대는 물론 식민지시기 전체에 걸쳐 가장 큰 기억의 대상이 된 사건인 동시에 오늘날까지 '민족사의 과제' 해결을 위해서 혹은 다양한 정치·사회 집단의 담론으로 전유·경쟁의 대상이 되고 있다.

한편 1920년대를 검토하는 또 다른 이유는 당대 기억 주체의 상충된 경험과 상반된 입장아래 이 사건이 여과되지 않은 채 기억될 여지가 많기 때문이다. 이 글에서는 많은 연구 성과의 축적을 통해 구성된 3·1운동에 관해 시간과 공간 그리고 주체란 소재로 문화사적 접근을 하고자 한다. 이를 통해 1920년대 3·1운동과 관련된 기억의 경쟁 양상

---

5 김민환, 「한국의 국가 기념일 성립에 관한 연구」, 『한국학보』 99호, 2000 참조.

을 검토함으로써 민중을 포함한 식민지 조선인의 감정과 정서뿐만 아니라 당대의 역사적 함의를 파악하고자 한다.

2. '가까운 과거'에 관한 기억

1922년 5월 『개벽』을 통해 발표된 이광수의 「민족개조론」은 당대 조선 지식인 사회에서 왜 그렇게 많은 비판을 받았는가? 「민족개조론」과 「민족적 경륜」(1923년)에 관해 이성태는 "이 양 논문은 이군의 지론이오, 주장이오, 신조다. 그것은 정치적 경제적의 근본적의 혁신을 계획하는 급진적 청년들에게 비난받는 것은 어쩔 수 없는 필연한 일이었다. 그리고 3·1운동의 역사관에 있어서도 분명히 그는 잘못 관찰하였다"[6] 라고 평가했다.

그렇다면 이광수가 3·1운동에 관한 '그릇된 역사관'을 지녔다는 내용은 무엇을 의미하는 것일까? 당대 신상우, 최원순, 신일용 등은 이광수의 논리에 반박했는데,[7] 이들이 공통적으로 비판한 「민족개조론」의 내용은 다음과 같은 부분이었다.

> 재작년 (1919년을 가리킴 — 인용자) 3월 1일 이후로 우리의 정신의 변화는 무섭게 급격하게 되었습니다. 그리고 이러한 변화는 금후에도 한량없

---

6 이성태, 「이광수론」, 『開闢』 55호, 1925.1, 85면.

7 申相雨, 「春園의 民族改造論을 讀하고」, 『新生活』 6호, 1922. 5; 崔元淳, 「李春園에게 問하노라」, 『東亞日報』, 1922.6.3~4; 辛日鎔, 「春園의 民族改造論을 評함」, 『新生活』 7호, 1922.7.

> 이 계속될 것이외다. 그러나 이것은 자연의 변화이외다. 또는 우연의 변화이외다. 마치 자연계에서 끊임없이 행하는 물리학적 변화나 화학적 변화와 같이 자연히 우리 눈으로 보기에는 우연히 행하는 변화이외다. 또는 무지몽매한 야만인종이 자각 없이 추이하여 가는 변화와 같은 변화이외다.[8]

이광수가 3·1운동을 '우연'과 '야만'의 산물이라고 평가한 것에 관해, 민족주의계열과 사회주의계열 지식인들은 비판의 입장을 함께 했다. 또한 1926년의 시점에서 이 논쟁을 회고하는 사회주의자인 양명의 글에서도 "3·1운동을 '무계획한 야만적 행동이라' 배척하고 일만 명 전문가가 없는 것을 한탄하면서 수양동맹을 부르짖고, 총독정치가 작作하는 범위 내에서 정치적 결사를 계획하드니"[9]라고 해서 이광수의 논리를 비판했다.

또한 민족주의계열의 김동환은 1934년에 쓴 글에서 "이광수가 민족개조론 속에 자민족을 몹시 모욕한 어떤 문구를 했기에 대다수의 민중의 격노를 사서 …… 그러면 그 중대한 모욕적 문구란 무엇인가 그는 '야만'이란 두 글자이다. 이광수는 조선민족성의 결함을 들추기에 너무 급하여 ××(3·1－인용자)운동조차 '야만적 행동이라' 하였다"[10]라고 평가했다.

즉 1920·30년대 민족운동의 분화과정 속에서, 사회주의자와 민족주의계열의 지식인들은 비록 주의와 사상을 달리했음에도 불구하고

8 이광수, 「민족개조론」, 『개벽』 22호, 1922.5, 19면.
9 梁明, 「문학의 계급성과 중간파의 몰락」, 『개벽』 66호, 1926.3, 101면.
10 滄浪客(金東煥), 「민족개조론을 싸고 도는－이광수 대 최원순, 김명식, 주종건의 다각전」, 『삼천리』, 1934.9, 70면.

3・1운동의 역사적 의미를 '부인'하는 이광수의 논의에 적극적인 비판의 입장을 표명한 것이다. 이렇듯 이광수의 논리를 비판했던 지식인은 그들의 민족운동을 추진하는 내적 동력을 3・1운동이란 가까운 과거에서 찾고자 했다.

3・1운동에 관한 기억은 가까운 시기일수록 그리고 매년 3월을 즈음해서 더욱 강렬하게 소환되었다. 1920년대 전반기의 상황을 살펴보면, 1920년 4월 창간된 『동아일보』는 같은 달에 3・1운동 47인의 예심 결정서를 신문에 연재했고, 3・1운동 참가자와 관련된 재판 과정에 관해 집중적으로 보도했다.

1921년 3・1운동 2주년을 맞이해서, 48인의 감옥에서의 생활과 편지가 언론매체를 통해 소개되었다. 같은 해 2월 28일자 『동아일보』는 3・1운동 초기과정에서 선언서를 준비했던 47인의 활동을 '조선독립 선언사건'이라고 표현하고, '최근의 손병희'란 제목아래 그의 수감생활을 보도했다.

아울러 1921년 3월 1일자 『동아일보』는 "독립선언 관계자의 구금된 경성 감옥"이란 제목아래 경성감옥의 사진과 함께 「옥중에서 가족에게」란 기사를 게재했다.[11] 1923년 『조선일보』에서 언급했듯이 "민간에서 소리만 좀 크게 질러도 만세나 부르지 아니하였는가 하여 눈을 크게 뜨고…… 너나 할 것 없이 신경이 과민하여 지는 것은 사실"[12]인

---

11 1921년 3월 조선일보는 「逆運과 順運」이란 사설을 통해 "전세계가 順運을 値한 금임에도 吾人은 順과 幸을 博할 曙光이 無한가"라고 자문하고 "逆運이 아니면 어찌 이러한 順運을 挽回할 능력이 生하였으리오"라고 주장했다(「逆運과 順運」, 『조선일보』, 1921.3.5). 추상적인 서술이지만, 이 사설이 3・1운동과 가까운 1921년 3월에 게재된 것을 고려할 때, 조선인 독자에게 '順運의 挽回'라는 기대감을 전달하고자 했다고 볼 수 있다.

12 『조선일보』, 1923.3.2.

것이 1920년대 전반기 3월을 맞는 조선인의 정서였다.

한편 1919년 3·1운동이 일어났을 때, 식민지 조선에서 발행되던 총독부 기관지인 『경성일보』, 『매일신보』의 첫 반응은 '침묵'이었다. 1919년 3월 1일부터 고종의 장례식에 관해 집중적으로 보도기사와 사진을 게재하던 『경성일보』는 3월 6일이 돼서야 비로소 사설을 통해 3·1운동을 '망동'으로 표현했으며, 각지에서 일어난 여러 만세 시위 사건을 '소요'로 소개하기 시작했다.[13]

이러한 보도 입장은 『매일신보』도 동일했다. 1919년 3월 6일에 『경성일보』와 동일하게 「민족자결주의의 오해」란 사설을 게재하고, 3월 7일 "불령도배不逞徒輩의 선동으로 경성과 기여其餘 지방에서 군중의 망동을 감행하는 자"를 '엄중히 처분'하겠다는 조선총독의 '유고諭告'를 게재하고 본격적으로 '소요사건'을 보도하기 시작했다.[14]

3·1운동을 '소요'라고 규정했음에도 불구하고 일제 역시 3월을 맞이하면 1919년의 3·1운동을 재차 기억하지 않을 수 없었다. 일제당국은 1937년 '전시체제기'로 들어가기 이전까지 매년 3월 1일을 전후한 시기에 경찰을 동원해서 '특별경비'에 나섰다.

1935년의 한 기사에 따르면 이 기간 동안 일제는 "외지에서 왕래하는 인물과 요시찰인 요주의 인물을 위시하여 집단되어 있는 공장, 학교 방면에 까지 경계선을 펴고 있으며, 시내 각서各署에서도 28일부터는 본격적 경계를 개시"했다.[15] 식민지 조선사회에서는 실제로

13 「民族自決主義の誤解」, 『京城日報』, 1919.3.6.

14 『매일신보』, 1919.3.6~7.

15 『동아일보』, 1935.3.1.

1920년대 지속적으로 매년 3월 만세 시위를 기억하기 위해 상점의 문을 닫거나, 독립운동 관련 문서를 우편으로 우송하거나, 독립만세 관련된 격문 작성 및 배포, 감옥에서의 만세 시위 등 이른바 '기념일 투쟁'이 일어났다.

1919년 3・1운동은 민족운동의 일대 분수령이 되었다. 민족주의계열은 1923년 봄부터 물산장려운동과 민립대학 설립운동을 전개했고, 사회주의계열의 경우에도 사상단체 결성 및 노동자・농민 중심의 대중운동 확산에 주력했다. 하지만 1920년대는 민족운동의 고양과 함께 침체기를 동시에 경험한 시기였다.

사회주의계열에 비해 상대적으로 민족주의계열의 민족운동은 1924년을 즈음해서 낙관적인 전망을 제시하기 어려운 상황에 봉착했다. 3・1운동에서 시작된 '정치운동'은 그 목적을 달성하지 못했으며, 초기의 적극적인 호응에도 불구하고 점차 민립대학 설립운동은 물론 물산장려운동이란 '경제운동' 역시 1923년 말에 지지부진하게 되었다.

민족주의계열은 그들의 민족운동이 침체된 상황을 맞이하여 새로운 '가능성'을 찾고자 했는데, 1924년은 갑자년으로 새로운 60년이 시작되는 해임에 주목했다. 『조선일보』는 1924년 신년 사설에서 "어느 해나 신년이 없는 것이 아니지만 …… 갑자년으로 말하면 우리 반만년 대역사의 개창년開倉年"이라고 평가했다.[16] 이렇듯 민족운동가들은 갑자년을 맞이하여 다시금 민족운동을 활성화시키자는 '기대감'을 언론 매체를 통해 피력했다.

---

16 「祥光이 그득한 甲子年」, 『조선일보』, 1924.1.1.

이러한 시점에서 3·1운동은 다시금 강조되는데, 1924년 1월 『개벽』을 통해 문일평이 3·1운동을 '갑오혁명(갑오농민전쟁–인용자)이래 최대의 민중운동'이라고 평가한 것도 그 한 사례가 된다.[17]

식민지 조선인들이 3·1운동의 경험을 지속적으로 기억하고자 할수록 일제는 3·1운동을 '소요사건'으로 규정함으로써, 지속적으로 '혼란'과 '동요'의 이미지를 부여하려고 했다. 심지어 1930년대 중반 3·1운동을 서술할 때 ××로 표시될 정도로 이 사건의 기억을 '침묵'시키고자 했다.

실제로 1920년대 중반 이후 조선인 언론매체에서는 3·1운동의 역사적 의의와 교훈을 기사화하기 어려웠다. 이러한 상황에서 3·1운동을 기억하는 한 방안은 일제의 특별경계령을 보도하는 것으로 이루어졌다. 『조선일보』는 1925년 3월 1일자 기사에서 "시내 각 경찰에서는 연례年例에 의하여 이월 그믐날 밤에는 당번 비번 할 것 없이 혹은 사복 혹은 정복으로 총출동하여 각처에 대경계를 하였다. 기마경관대도 전부 출동하여 밤이 깊도록 시내 각처에는 말굽소리가 끊어지지 아니하였다"[18]라고 보도했다.

또한 1929년 3월 1일자 『동아일보』는 시사에 관한 촌평인 「횡설수설」에서 "특별경계니 수색이니 집회금지니 무슨 일이 났는가 알아보니 금일이 3월 1일 10주년인 까닭이라고 경찰의 기억력도 풍부한 모양"[19]이라고 세태를 풍자했다. 심지어 매년 3월을 맞이해서, 사회면에

---

17 문일평, 「갑자 이후 60년간의 조선」, 『개벽』 43호, 1924.1, 129면.

18 『조선일보』, 1925. 3. 1. 1927년 3월 1일자 『동아일보』에서도 역시 "금일이 3월 1일 전례대로 특별 경계"라는 제목아래 기사를 게재했다. 이 두 기사에서 보듯이 조선인 언론매체는 '年來', '前例' 등의 반복성을 강조함으로써 3·1운동을 재차 기억하고자 했다.

19 「횡설수설」, 『동아일보』, 1929.3.1.

실린 해프닝까지도 3·1운동과 연동해서 소개되었다. 1925년 2월 28일 평양의 술 공장에서 소주고리에 불이 붙어 폭발음이 났는데, 『조선일보』는 이를 "평양에 폭발소동 경관들은 자동차로 출동"[20]이라고 소개했다. 아울러 "몇 년 전 오늘 경성에서 독립시위 운동이 일어나던 날"이란 표현은 1920년대 3·1운동을 소개할 때 자주 사용되던 표현으로, 과거의 사건을 재기억하게 하거나, 그와 같은 일이 재현되었으면 하는 기대감을 함께 피력하기도 했다.

1920년대 동안 사회주의계열과 민족주의계열이 다양한 형태로 3·1운동을 기억하고자 한 것은 각기 자신들의 민족운동 역량의 토대를 3·1운동이란 '가까운 과거'에서 찾았기 때문이다. 그리고 일제의 검열을 염두에 두면서, 조선인 언론매체는 3·1운동에 관한 기억을 활용하기 위해 다양한 장치를 동원했다. 또한 1919년의 3·1운동은 시간적 관념과 관련해서 이후 사회적, 개인적인 영역 전반에 걸쳐 조선 사회에 깊은 영향을 미쳤다.

당대 '기미이후己未以後'란 관용어가 자주 사용되었는데, 이는 "전에 보지 못하던 새 현상이 많이 생긴다. 전에 듣지 못하던 새 말이 많이 생기고 전에 쓰지 못하던 새 문자도 많이 쓰게 된"[21] 상황을 의미했다. 즉 당시 조선사회에 새로운 사회 현상을 불러일으킨 3·1운동은 당대 민족운동 혹은 '사회운동'을 시기구분 하는 중요한 단위가 되었다.

---

20 『조선일보』, 1925.3.2. 1926년 3월에는 서울에서 부엌에서 사용하는 석탄가스 때문에 폭발음이 생긴 해프닝에 관해 『동아일보』는 '동대문서 대경실색' 등의 기사 제목으로 보도했다.

21 필자미상, 「최근 조선에서 유행하는 신술어」, 『개벽』 57호, 1925.3, 69면.

제 1기는 일로전쟁日露戰爭을 전후로 하여 합방시기까지는 유교사상을 중심으로 하는 하는 운동이요. 제2기는 합방 당시로부터 기미운동까지는 민족사상을 중심으로 하는 운동이요. 제3기는 기미운동으로부터 지금(1925년－인용자)까지는 실력양성의 방면에서 문화운동이 되고 생활 곤란의 방면에 있어서는 사회운동이 되며 신진 청년의 산파 역할에서 신조선이 탄생하려 하는 것이 현하의 정태情態이다.[22]

이렇듯 3·1운동은 사회적 시간을 구분하는 하나의 단위가 되었다. 일제의 경우에도 3·1운동을 피식민자의 삶과 사상에 중요한 전환점이 된 시기로 이해했다. 그 한 예를 보면 조선총독부 법무국은 1930년대 초반 조선인의 민족운동의 흐름을 3·1운동을 전후해서 3 시기로 나누었는데, 1기는 병합부터 국권회복운동이 전개된 시기, 2기는 1919년 이후 민족자결의 운동 시기 그리고 3기는 1924년 이후 공산당운동의 시기로 구별했다.[23]

이와 동시에 3·1운동은 개인 시간을 재는 한 척도가 되었다. 염상섭의 『만세전萬歲前』은 "조선에 만세가 일어나기 전 해 겨울이었다"라고 시작한다.[24] 이렇듯 당대 사회를 다룬 어떤 소설에서도 "기미년 만세운동이 일어날 때"라는 서술은 주인공의 삶을 구분하는 주요 기준으로 자주 표현되는 방식이었다.[25]

---

22 「신생하려하는 조선의 고민」, 『동아일보』, 1925.3.5.

23 朝鮮總督府 法務局, 『朝鮮獨立思想の變遷』, 1931, 1~87면.

24 염상섭, 1924, 『萬歲前』; 민음사, 1987, 11면에서 재인용. 문학 영역에서 3·1운동을 시간과 연동해서 '회고담'을 고찰한 것은 이혜령, 「正史와 情史 사이－3·1운동, 후일담의 시작」, 『민족문학사연구』 40호, 2009 참조.

25 "기미년 만세운동이 일어날 때에 귀영이는 서울서 고등여학교를 졸업하였다." 등의 표

아울러 이후 여러 종류의 회고 기록을 살펴보면, 일반적으로 3·1운동 당시 "나는 학생이었다" 혹은 "직장에 다니고 있었다" 등등의 표현이 자주 나온다. 즉 3·1운동은 당시 개인의 지위와 역할이 무엇이었는지를 밝히며, 이전과 이후의 삶의 변화를 가늠하는 중요한 '시간적' 기준점 역할을 담당했다. 3·1운동에 관한 시간의 기억은 '공간'의 기억 속에서도 나타난다.

3. '기념과 비극'의 공간 기억

당대 3·1운동은 '독립시위운동', '조선독립운동', '만세운동', '3·1운동', '기미년운동', '기미독립운동' 등으로 일컬어졌다. 그리고 국외에서는 '3월 혁명' 등으로 표현되기도 했다. 이러한 다양한 명칭으로 불린 1919년 3·1운동 당시 만세운동의 중요한 시위 '도구' 가운데 하나가 태극기였다. 1883년 공식적으로 제정된 태극기는 일본에 의해 병합된 이후 "국권회복과 독립의지를 나타내는 상징"이었다.[26]

일반적으로 상징적인 이미지나 구호의 압축은 시위의 효과를 극대화하는 효과를 발생한다.[27] 3·1운동 당시의 구호는 '만세' 혹은 '조선독립만세'의 구호로 압축되었고, 기미독립선언서, 자체 제작의 선언서

현도 그 한 예이다(露雀, 「봉화가 켜질 때에」, 『개벽』 61호, 1926.3, 25면.

26 목수현, 「근대 국가의 '國旗'라는 시각문화」 『미술사학보』 27호, 2006, 309~312면.

27 1789년 프랑스 혁명의 정치적 구호는 '자유, 평등, 박애(형제애)'로 압축되었다. 린 헌트는 이해되기 어려운 가치인 '형제애'가 프랑스인이 공동체에 참여하고 있는 것으로 상정될 수 있기 때문에 광범위하고도 확신에 찬 의미로 정착될 수 있었다고 보았다(린헌트, 조한욱 역, 『프랑스 혁명의 가족 로망스』, 새물결, 1999, 31~32면).

및 전단지와 함께 태극기가 사용되었다. 태극기와 '만세' 시위는 이후 일제에 저항하는 전형적인 시위 방식으로 활용되었다.[28] 아울러 '만세 시위'가 일상화됨에 따라서 1919년 3·1운동을 특별히 언급할 경우에는 '대정 팔년 만세운동' 등으로 서술되기도 했다.

만세와 태극기를 중심으로 시위의 전형을 만든 3·1운동을 기억하는 방안의 하나로 3·1운동과 관련된 장소가 소환되고 활용되었다. 일반적으로 민족주의와 관련해서 공간에 관한 역사성의 투영은 '공통의 정체성 또는 의식'을 형성하는 토대가 된다. 베네딕트 앤더슨은 공간에 대한 공통된 경험이 만들어지기 위해서는 "역사적으로 상당히 많은 집단의 사람들이 자신을 다른 상당히 많은 집단의 사람과 평행한 — 결코 만난 적이 없더라도 확실히 같은 궤도를 따라 진행하는 — 삶을 살고 있다고 생각"[29]해야 한다고 보았다.

3·1운동과 관련해서 공통의 역사적 경험의 공간으로 고종의 사망 및 장례식과 관련된 덕수궁, 33인이 독립선언서를 발표한 태화관, 대중적 차원에서 만세시위운동이 시작된 탑골공원 등이 있었다. 매년 3월이 되면 조선인 언론매체는 이러한 공간을 다양한 형태로 '소환'해서 기억하고자 했다. 이와 관련해서 절기상 3월은 봄이 시작되는 계절인 점이 주목된다. 매년 3월을 즈음해서 각 언론매체에서는 새로운 시작인 봄을 알리는 사진 혹은 기사를 게재했다. 1920년대 『매일신보』와 조선인 언론매체에 실린 봄에 관한 사진 자료의 내용은 다음과 같다.

---

28 태극기와 '(대한독립)만세'는 3·1운동의 경우처럼 1926년의 6·10만세운동에서도 동일하게 중요한 상징물과 구호였다. 아울러 집집마다 태극기를 붙이거나, 大路에 태극기를 게양하는 등의 '태극기 사건'에 관해서는 윤선자, 「독립운동과 태극기」, 『역사학연구』 35호, 호남사학회, 2009, 99~100면 참조.

29 베네딕트 앤더슨, 윤형숙 역, 『상상의 공동체』, 나남출판, 2002, 240면.

〈표 1〉 1920년대 『매일신보』에 실린 봄 관련 이미지와 주요 용어

연도	봄 관련 기사 내용 (괄호 숫자는 발간 월일)
1920	온실 (2.36), 꽃 (2.28), 온실 식물 (3.16), 나무 새순 (3.31)
1921	제비(2.22), 나무 새순 (3.1), 아지랑이 (3.4)
1922	동물원 (3.6), 벚꽃나무 (3.28)
1923	절의 범종 (3.13), 버들가지 (3.21), 야외풍경, 물오리 (3.22)
1924	물오리 (3.2), 여성들의 승마 (3.20), 종달새 (3.22)
1925	한강 (3.30)
1926	창경원 식물원 (3.17) 새싹, 물오리 (3.28)
1927	서울 정동거리 (2.21), 새의 보금자리 (2.22), 해빙 (2.24), 봄 빨래 (2.27), 봄비 (3.9), 나무 새순 (3.19), 온실의 꽃 (3.19), 온실의 꽃 (3.21), 창경원, 벚꽃 (3.22), 물오리 (3.26), 청량리 (3.28)
1928	동대문 밖 (2.29), 청량리 (3.1), 학과 오리 (3.3), 꽃과 새 (3.4), 동대문 밖 (3.7), 한강 (3.23), 봄 풍경 (3.25), 청량리 (3.26), 압록강 (3.28), 한강 인도교 (3.29)
1929	창경원 (2.25), 봄 풍경 (3.1), 봄 새싹 (3.16), 우물가 (3.18), 교외 (3.20), 한강 (3.27), 청량리 (3.29)

〈표 2〉 1920년대 『동아일보』에 소개된 3·1운동 관련 사진 자료

일시	장소	사진 소개
1921.2.22	탑골공원	"봄눈-이십이일 아침 탑골공원에서"
1921.3.5	덕수궁	"빈 대궐에 봄빛만 새로워라"
1922.3.1	탑골공원	"봄빛 새로운 탑골 공원"
1924.3.1	태화관	"옛 회포 자아내는 태화관"
1925.3.1	탑골공원	"봄 돌아온 탑골공원"
1927.3.1	탑골공원	"해마다 다름없이 탑동공원의 봄"

이상의 사진 자료와 관련된 내용을 볼 때, 『매일신보』는 봄을 알리는 사진을 소개하면서 봄 풍경을 알리는 전형적인 사진(나무, 꽃, 온실, 경등)을 게재했다. 반면 『동아일보』와 『조선일보』 등 조선 언론매체들은 새순, 온실의 꽃 등 봄을 상징하는 사진 자료를 『매일신보』와 유사하게 선정해서 게재하면서도 3·1운동과 관련된 장소인 탑골공원, 덕수

궁, 태화관 등의 사진을 함께 활용했다.[30] 이 가운데 특히 자주 소개된 공간이 탑골공원이었다.

'탑동공원', '파고다 공원' 등의 명칭으로 알려진 이곳은 연례적으로 조선인 언론매체를 통해 봄을 맞이하는 장소로 선정되었고, 공원 사진이 게재되었다. 비록 사진 설명에서 3·1운동을 언급할 수 없었지만, 이에 관한 생생한 기억을 지닌 민족 공동체 구성원에게 '신춘新春'의 장소로 파고다 공원을 언급하는 것은 3·1운동의 경험과 연동될 수밖에 없었다. 즉 '새로운', '돌아온', '다름없는'으로 탑골공원을 소개한 용어는 3·1운동을 지속적으로 기억하고 다시금 재현하고자 하는 기대감이 투영된 것으로 볼 수 있다. 일제는 탑골공원과 3·1운동에 관련된 기억을 지우거나 대체했던 반면 조선인 언론매체는 이러한 공간을 통해 3·1운동의 기억을 되살리고자 했다.

> 봄을 맞는 이 공원(탑골공원-인용자) …… 아 3월을 맞는 팔각정 …… 팔각정아 기억하겠느냐? 그때의 그 일을? …… 기억이 상신尙新이구려! 그때가 벌써 5년이로구려 우리들은 그대의 품에서 크게 소리치며 벅적거리던 때가 …… 저들(일본인-인용자)은 우에노[上野], 히비야[日比谷]를 자랑하지만 우리는 영원히 너를 자랑한다.[31]

이 글은 박달성이 1923년 3월에 탑골공원을 산책한 것에 관한 감상문의 일부이다. 탑골 공원에 관련된 기사를 『개벽』 3월호에 실었다는 것

30 『조선일보』도 1926년 2월 28일자 신문에서 사진으로 탑골공원을 소개했다.
31 朴達成, 「봄을 맞는 탑동공원」, 『개벽』 33호, 1923.3, 77면.

은 1919년의 경험과 연동된 기억이었다. 박달성은 팔각정을 의인화하여 3·1운동의 경험이 계속 기억되기를 강조했다. 아울러 일본의 공원과 대비된 탑골공원은 그 자체가 아닌 그곳에서 1919년 3월 1일에 있었던 역사적 사건을 '영원히 자랑'하고 싶은 감정을 담고 있다고 판단된다.

이렇듯 3·1운동의 역사적 의의를 밝히는 언론매체의 글은 매년 3월 1일을 전후한 시점에서 보다 강하게 표현되었다. 그리고 만약 3·1운동과 관련된 공간을 언급할 수 없을 경우, 외국의 사례가 소개되었다. 일반적으로 사설은 당시의 시사적인 사건이나 정책과 연동되어 서술된다. 그런데 3월에 국제 정세와 미국 대통령 윌슨에 관한 사설을 게재했던 것은 3·1운동과 연결해서 이해할 수 있다.

> 민족자결주의의 현상이 여하한가 국제적으로는 그 또한 강대한 민족의 자결적 감정에 접촉되어 실현치 못하였으나 국내적으로는 아일랜드의 자유가 이것이며 이집트의 독립이 이것이며 인도의 비협동운동이 이것이며, 필리핀의 독립운동이 이것이라. 그 누구가 민족적 감정을 억압하며 세계의 대세를 역행하리오. 이로 보면 불원간 민족자결주의가 실현될 것도 사실이며 …… 18세기의 자유 인권설이 현대의 민주주의를 발달한 것과 같이 20세기 벽두의 민족적 국제연맹주의가 인류 평화를 확보할 탁설이라 하겠도다. 이러한 점에 있어서 윌슨씨의 과거의 로勞를 사謝하며 소약민족小弱民族의 장래를 위하여 축祝□하노라.[32]

32 「민족주의와 세계주의」, 『동아일보』, 1922.3.29.

이러한 국제정치의 사례와 함께, 매년 3월을 맞이하여 조선인 언론 매체는 3·1운동을 직접적으로 묘사하지 못할 경우에 인도, 필리핀, 아일랜드 등의 사례를 활용했다. 1920년대 매년 3월에 식민지 조선과 정치적 상황이 유사한 '약소민족 / 국가'를 소개하는 것은 3·1운동을 연동해서 살펴보고자 하는 의도가 있다고 볼 수 있다.

『동아일보』는 1920년 4월 창간해서 같은 달 아일랜드의 정치적 상황을 특집 기사로 연재했다. 특히 당대 일본과 중국관계는 일본과 조선관계의 거울과 같은 존재였다. 예를 들면 중국의 5·4운동과 관련된 내용을 3월에 게재하는 것도 3·1운동을 기억하는 한 방식이었다. 5·4운동을 3월에 언급하기 위해, 이 사건이 3·1운동에 이어서 일어난 민족운동이라는 연속성을 강조했다.

1925년 『동아일보』의 한 사설에서는 "기미년 우리 3·1운동에 곧 이어 일어난 모든 민족운동 중에는 중국의 5·4운동도 그 하나이니"라고 5·4운동을 언급했다. 그리고 5·4운동의 유래에 관해 중국 '인민'들의 활동에서 비롯된 것으로 "이러한 근저根底있는 운동이 결코 간단間斷될 이유가 만무하고 또 간단되어서는 안 될 것이오. 최후의 완전한 성공을 보는 모시기某時期에는 영구히 계속될 것이다"라고 보았다.[33] 중국의 사례를 통해 조선의 언론은 중국인들의 반일 운동을 소개했고, 일본의 '반성'을 촉구했다.

이렇듯 중국의 사례를 식민지 조선에 대비해 보면, 조선인의 반일 의지를 촉구하고 동시에 일본의 식민지 경영을 '포기'하라는 당부로 읽

33 「中國五四運動」, 『동아일보』, 1925.3.2.

힐 수 있다. 한편 3·1운동과 관련해서 국내 언론에서는 일제의 물리적 탄압이 있었던 공간을 소개하기 어려웠던 반면 국외에서 발행된 조선인 언론매체는 이를 적극 활용했다.

> 우리의 금번 운동은 정의 인도를 주장함이며 무력과 권력을 배척함으로 우리의 행동은 어디까지든지 광명정대하며 우리의 무기는 어디까지든지 적수공권뿐이라. 그러나 저 극악무도한 원수는 창과 검으로 이 손을 막으며 대포와 탄환으로 이 주먹을 대적하였나니 …… 수원 제암리의 학살 사건과 정주 맹산, 강서 등지의 참살은 입으로 차마 말하지 못하겠으며 손으로 차마 쓰지 못하겠으며 …… 천지가 없어질지언정 이 원수를 어찌 잊으며 일월이 변할지언정 이 원한을 어찌 삭히리오.[34]

'일제의 비인도적 만행'이라는 표제어로 『신한민보』는 당시의 비극을 소개했다. 일제의 물리적 탄압은 3·1운동의 정당성을 재확인시켜 주는 장치였다. 이 글 가운데 3·1운동을 공간적으로 기억하기 위해서는 일제의 만행이 저질러진 비극의 장소 특히 '제암리 사건'이 주목되었다. 하지만 일제 강점기에 이를 직접적으로 표현하기는 어려웠다.[35] '제암리 사건' 등과 같은 비극에 관한 내용은 국외에서 발행한 『신한민보』와 같은 매체를 통해 적극적으로 소개되었다.

---

34 『신한민보』, 1922.3.2.

35 이 사건에 관한 보도는 해방 이후에 본격적으로 가능해졌다. 1962년 3월 1일자 『동아일보』의 기사가 그 예인데, 그 표제어를 "기미년 학살의 마을 … 새봄은 오다"라고 하여 이 지역에 4H클럽, 협동조합이 생겨 재건의 움직임이 생겨나고 있음을 소개했다. 민족적 비극의 장소는 해방 후 새로운 '재건', '발전'의 공간으로 변화되었음이 연동되어 설명되었다.

한편 3 · 1운동에 대한 일제의 탄압은 국내외 언론을 통해 널리 알려졌다. 한 예로 상하이에서 발행된 중국 언론매체인 『신보申報』는 1922년 3월 25일자 기사에서 조선 여학생의 편지를 게재했는데, 이 편지에는 "죄도 없이 구타를 당하고 있으며, 철창 속에 갇혀 총칼의 위협을 받고 있습니다 …… 주일날에 기도하려 하면 총칼을 휘둘러 억압하고, 심지어는 그들의 총에 맞아 죽는 사람도 있습니다"[36]라는 내용의 일제의 3 · 1운동에 대한 탄압을 소개했다.

일제의 탄압은 문학의 형식으로도 재현되었는데, 상해 임시정부에서 발행된 『독립신문』에 게재된 시에서 "(…전략…) 삼월 하루! / 한촌韓村에 새악시와 애들! / 흙 위에 뿌린 붉은 피 / 창끝에서 터진 유방 속 / 연약한 입술이 헤지고 다시 / 애달파 하는 그의 가슴속으로! / 생산된 이 삼월 하루!"로 일제의 탄압으로 인한 비극이 형상화 되었다. 그런데 이 시는 이어서 비극 속에서 "찍힘 베임 죽음 가둠 속에서 / 내 생명 네 생명 대가로 준 쓰리고 아프고 기쁘고 쾌활한 이날!"[37]이라고 해서 희망을 찾고자 했다. 이처럼 제암리와 같은 공간을 상기하고 비극을 강조한 것은 민족운동의 적극적인 추진의 '자극제' 역할을 했다.

---

36 석원화 · 심민화 · 채민강 편, 김승일 역, 『중국언론, 신보에 그려진 한국 근현대사』, 역사공간, 2004, 103면.

37 金泰淵, 「三月하루」, 『독립신문』 96, 1921.3.1. 긍정적 전망을 전제한 비극의 강조는 이 시에서 밝힌 대로 '슬픔의 끝, 기쁨의 시작'을 위한 수사법이라고 볼 수 있다.

4. 3・1운동과 '민중'의 역할

3・1운동은 일제의 '무단통치'에 대한 대결의식과 1910년대의 민족운동 경험의 역량이 집결된 전민족적 민족해방운동이었다. '조선 독립' 요구란 공통의 정치적 경험은 공동체 구성원에게 커다란 민족적 자신감을 부여했다. 따라서 3・1운동으로 인해 이전시기 부정적인 것으로 묘사되었던 조선인 / 조선의 민족성에 관해서 긍정적인 평가가 가능하게 되었다.

예를 들면 고영환은 우리 민족에 대해 "지금은 우리가 다른 민족들에게 일시적 뒤짐으로 …… 반개半開민족이니 어떤 무엇이니 하는 수치와 모욕을 당하기 어려우리 만큼 당하지마는 한번 눈을 비비고 혼몽을 깨는 때에는 전광석화와 같이 각 방면으로 장족진보될 것은 명약관화한 사실이다"이라고 하여,[38] 조선 민족의 변환・발전을 낙관적으로 전망했다. 그리고 3・1운동과 1차 세계대전 이후 '개조'의 시대적 분위기 속에서 일본을 재인식하기에 이르렀다. 1921년 도쿄를 방문한 『개벽』의 한 필자의 글은 그러한 사정을 대변해 준다.

> 열국列國에서는 개조운동이 쟁기爭起하여 남녀의 평등을 주장하고 노동의 평등을 절규하여 급격의 세로 신도덕을 건립하게 되었다. 그러나 일본은 구각舊殼을 의연히 뒤집어쓰고 전세계를 대하는 것같이 보인다 … 일본은 관존민비官尊民卑의 국國이라. 적어도 열국에 비하여 우심尤甚한 것 같

38 高永煥, 「인내력의 수양」, 『학지광』 21호, 1921.1, 42면.

다. 관민官民의 현수懸殊가 이러할 뿐 아니라 남녀 간이 또한 불평등이다. 남은 여를 노복시奴僕視하고 여는 남을 주인시하여 양개 이성異性의 대등적 인격의 결합이 아니요 여는 남의 부속품이다. 이것은 여간 조선의 남녀에 비할 것이 아니다. … 일본은 의연한 황금시대의 일본이다. 약자의 주의와 빈자의 의견은 아무리 공정하다 할지라도 강자와 부자의 전前에는 머리를 숙이지 아니치 못하고 부자와 강자의 의견은 설혹 불합리하다 할지라도 빈자의 머리위에는 절대의 압력이 되고 만다. … 미신이 허다하게 류행되는 것 같다 … 정치는 … 공정을 구하는 쟁투보다는 사리私利의 쟁투가 불소不少하고 정치도덕의 실질보다도 법률형식을 유지하여 올 뿐이다.[39]

식민지 시기 일제가 강조했던 '선진문명기술'을 기준으로 즉 '근대'의 입장에서 접근했을 때, 일본에 대한 비판적인 입장을 지니기 어려웠다. 그런데 3·1운동은 민족에 관해 새롭게 인식하게 된 계기가 되었고, 민족성의 긍정과 부정의 논의에서 정의와 인도에 입각한 '개조' 시대에 부합하는가 여부가 중요한 판단 기준이 되었다.

위에 인용한 글에서 보이듯이, 서구를 기준으로 한 '보편성'과 '개조' 논의를 기준으로 적용하면 일본에는 남녀불평등, 관존민비, 노동자·농민들의 경제적 불평등 등이 존재하는 것으로 이해되었다.[40] 다시 말해 '세계개조'의 측면에서 보면 일본은 조선, 중국을 침략한 '불의'의 존

---

39 成琯鎬, 「나의 본 日本 서울」, 『개벽』 13호, 1921.7, 63~65면.

40 3·1운동 이후 동아일보의 한 사설에서는 일본인에게 대한 조선인의 '가능성'을 "일본 친구여! 과거에 비교하여 낭시 총독정치를 자랑하지 말지어라. 그 과거는 조선 사람이 스스로도 능히 타파하고 혁신하였으니라. 아니라. 일층 더 善히 혁신하였을 줄로 일반이 믿는도다"라고 표현했다(「일본 친구여」 (상), 『동아일보』, 1921.3.4; 『일제하 동아일보 압수 논설집』, 동아일보사, 1978, 30면).

재이고, '사회개조'의 측면에서 보면 일본이 서구문화보다 후진적이라고 평가할 수 있는 계기를 제공한 것이다. 일본과의 '대결'의식은 3·1운동을 통해 민중의 역량 확인을 통해 더욱 강조되었다.

> 조선 민족의 생명력이 권력계급 자체의 타락 무신용이 폭로되자마자 민중 자신의 자조적 활동으로 말미암아 …… 민중의 실지 각성을 말미암아 근본적 개화가 생기게 되었습니다. …… 몰랐던 '민족'을 알려하는—일없든 '민족'을 찾으려 하는—부서진 '민족'을 반죽하려 하는—지질린 '민족'을 일으키려하는—파무친 '민족'을 끄집어 내려하는 조선인의 갱생열이 다른 방도가 모조리 두색杜塞되었기 때문에 겨우 터져 있는 구멍을 뚫고 발표된 것이 그것(3·1운동—인용자)이외다.[41]

이 글은 3·1운동 이후 조선 사회의 정서가 새롭게 '갱생'되고 있음을 낙관적으로 전망하고 있다. 그리고 그러한 계기를 조성한 것이 민중에 의해서 가능해진 것으로 이해했다. 즉 민족 구성원 내부 속에서 민중의 역량을 확인한 민족주의계열은 이들을 교화의 대상이 아닌 협력자 혹은 동반자로 생각하게 되었다.

그런데 1920년대 초반 '세계개조'의 중요 방안 중 하나인 국제연맹에 미국이 가입하지 않은 점, 미국 식민지 필리핀의 처리 문제, 1921년 말부터 1922년 초에 걸쳐 이루어진 워싱턴회의에 관한 실망감 등을 통해 조선 지식인들은 '이상주의적' 국제질서의 실현 가능성을 회의하게 되

---

41 崔南善, 「朝鮮民是論」 1, 『동명』 1호, 1922.9.3, 1~2면.

었다. 특히 워싱턴 회의에서 조선인의 기대와는 달리 조선에 관한 문제는 거론조차 되지 않았으며, 군축회담을 통해 미국과 영국이 일제의 조선 지배를 다시금 기정사실화했다.

앞서 언급했던 이광수의 「민족개조론」은 바로 이러한 시대적 상황을 배경으로 한 민족주의자의 '상실감'을 표현한 것이었다. 이렇듯 이광수를 포함한 민족주의계열의 일부에서는 3·1운동 직후 보인 민중에 관한 기대감에서, 1922년을 전후한 시점의 국제정치적 상황과 연동되어, 민중을 보다 장기간에 걸친 내적 '개조'의 대상으로 간주하는 것으로 바뀌었다. 또한 사회주의계열과의 대립, 경쟁은 이러한 '민중관'의 변화에 주된 원인이었다.

1920년대 전반기 정치세력화의 과정에서 사회주의계열과 민족주의계열은 서로 대립각을 세우게 되고, 민중의 전유를 둘러싼 다양한 논의를 전개하기 시작했다. 양자의 경쟁관계는 1920년대 전반기 1922년 1～2월의 '김윤식사회장'에서 대립각을 세웠고, 이후 1923년 물산장려논쟁을 통해 재현되었다.[42]

『개벽』의 한 필자는 '문화파'에 관해 그 주된 골자는 '실력양성'이며, "현대 문명의 기초되는 자본주의적 경제력의 발달이 그들의 주안점"이라고 이해했다.[43] 그리고 앞서 살펴보았듯이 '물산장려운동' 가운데 동아일보계열에서 주장한 자본가 중심의 생산력 증식 움직임은 1923년

---

42 1920년대 전반기 사회주의계열과 민족주의계열의 대립관계에 관해서는 박종린, 『일제하 사회주의사상의 수용에 관한 연구』, 연세대 박사논문, 2006, 42～84면 참조.

43 필자미상, 「격변 又 격변하는 최근의 조선 人心」, 『개벽』 37호, 1923.7, 6면. 이 글에서는 '물산장려운동' 등의 '문화파'의 실력양성운동에 관해 "결과는 하나도 되는 것이 없고, 실패에 실패를 보고 말 뿐"이라고 평가했다.

말 경 그 주된 동력을 상실했다. 또한 1920년대 중후반 민족주의계열의 『동광』에서도 1919년 3・1운동 직후와 비교해서 당대를 비관적으로 전망했다.

> 3・1운동 이후 시대의 사조에 따라 격렬히 일어나는 새 현상으로 문화운동이니 청년운동이니 소년운동이니 노동운동이니 물산장려운동이니 민립대학운동이니 소작운동이니 노농운동이니 가진 생각의 운동이 …… 단박에 무엇이 될 것 같기도 하였지마는 지금은 어떠한가 다만 헛된 명의와 빈 간판만 남아 있지 아니한가.[44]

이러한 민족주의계열 내부의 현실인식과 병행해서, 1920년대 중반에 들어와서는, 민족주의계열에서도 사회주의계열의 운동 역량을 인정하지 않을 수 없는 상황이 되었다. 심지어 사회주의계열이 민족해방운동의 주도권을 쥐고 있는 것으로 이해되기도 했다. 박달성은 3・1운동이 일어난 지 7년이 된 시점에서 「그때그날그날그때」란 글을 통해 1920년대 중반 조선에는 사회주의, 민족주의, 일선융화주의란 세 가지 주의가 있고, 가장 우세한 것이 사회주의라고 보았다.

한편 사회주의자들은 사회주의 운동의 정당성을 확보하기 위해 3・1운동 이후 민족운동에서 '자본주의적 문화파'의 '실패'를 강조하고, 사회운동에 적극 참여하는 '혁명적 민중'이라는 이미지를 창출하려고 했다. 예를 들면, 1920년대 중반 배성룡이 평가하는 조선 사회운동의 구

44 「우리의 주장」, 『동광』 10호, 1927.2, 7면.

도는 아래와 같았다.

> 자본주의적 문화파의 민족운동이 자본주의적으로 철저히 실패하여 고통받는 조선 대중에게 촉망을 받기는 좀 어려웠었다. 대중의 사상이 향하는 곳은 물산장려운동보다도, 민립대학운동보다도, 금주금연운동보다도, 노동운동으로, 소작운동으로 이었다. 그러므로 조선의 문화운동은 3·1운동이후 수삼 년을 경과한 그때에도 여전히 지식계급의 운동, 특수계급의 운동에서 그 범위를 벗어나지 못하고 오직 그 수數 할 만한 수확이라고는 몇 개의 학교, 몇 개의 상사, 회사가 설립되었을 뿐이었고, 그 운동의 기세는 날이 갈수록 침정沉靜에 빠지지 아니치 못하였던 것이다. 그러므로 조선의 문화파의 활동은 1922년 또는 1923년 봄까지를 1기로 하고 이후 조선 민중운동의 주조主潮는 확실히 사회운동 방향으로 그 방향을 전환한 것으로 볼 수가 있는가 한다.[45]

동아일보계열은 1920년대 초반부터 3·1운동의 경험을 통해 민족의 대단결을 강조했다. 『동아일보』는 일련의 사설을 통해 일관되게 문화향상, 경제발전 등의 실력양성을 통한 문화운동의 전개를 표방했고, 민족 구성원 내부의 '대동단결'을 언급했다.[46] 이를 위해 조선인이 당면한 현안을 개인의 차원으로 돌려 이를 내적 개조와 수양을 강조한 논의가 재론되었다. 이와 함께 계급·계층 분화를 인정하면서, 『동아일보』는 조선적 특수성을 부각함으로써 민중을 전유할 방향을 설정했다.

45 배성룡, 「조선 사회운동의 사적 고찰」 1, 『개벽』 67호, 1926.3, 29~30면.
46 「극동의 신시대－조선인은 명료하라」, 『동아일보』, 1922.2.6.

그 논리는 "금일에 다소 자본을 지닌 자가 존재한다 할지라도 이들 소소小小자본가가 결국 노동자의 지위에 추墜할 것은 자본주의적 사회 발달사의 증명하는 바가 사실이라 하면 그 지극히 명료한 바니 …… 조선인이 노동자의 지위에 되는 경우에는 노동자 대 자본가의 관계는 다른 면에 있으니 일본인 대 조선인의 관계가 될 것이라"라고 보았다.[47] 이렇듯 민족적 단결을 강조하는 것은 사회주의계열과의 대립 경쟁 속에서 정치적 주도권을 염두에 둔 입장이라고 볼 수 있다. 즉 민중을 독자적인 한 단위로 설정하기 보다는 민족 구성원의 일원으로 설정하고, 전체 조선인의 단결을 강조한 것이다.

민족주의계열은 1920년대 초반 '조선인'이란 민족 공동체에 민중을 포함시켜 '대동단결'을 모색하고자 했다. 그렇지만 1920년대 전반기 이미 식민지 조선은 유산자와 무산자의 대립이 전제되고, 민중의 이해를 놓고 사회주의계열과 대립 혹은 경쟁을 해야 할 상황에 놓이게 되었다. 아울러 3·1운동이 준 추진력을 민족주의계열에서 제대로 활용하지 못한다는 위기감과 사회주의계열에 뒤쳐진다고 여긴 시점에서 민족주의계열의 대응이 어떠했으며, 이들이 선택할 수 있는 방향은 무엇이었을까?

민족주의계열의 중요한 과제는 사회주의계열의 공세에 대응해서, 민족 공동체 구성원의 공통의 기억을 통한 운동 역량을 지속하며, 3·1운동의 의의와 계승성 여부를 전유하고자 했다. 즉 1920년대 중반 재차 3·1운동을 기억한 이유는 당대의 시대적 상황에 관한 '교훈'을 통해 자

47 「사회주의적 운동에 대하여」, 『동아일보』, 1922.2.18.

신들의 존립 근거로 활용하고자 했던 것이다. 1924년 1월 『개벽』에 실린 글에서 문일평은 3·1운동이 가능했던 이유에 관해 계급·계층, 이해관계를 넘어서 민족구성원의 일치된 행동 때문이었다고 보았다.

> 이 운동의 선봉은 내외 재류在留하는 유식계급의 남녀학생이지만 이 운동의 중견은 조선의 가장 유력 단체인 천도, 예수 양 교도이었으니, 역사로든지 교리로든지 거의 빙탄불상용의 천도, 예수 양교 단체가 서로 편견 고집을 버리고 자진 제휴하여 난국을 공제하려 함은 …… 종파적 아는 민족적 아를 위하여서는 일치 행동을 취하였으니 전일보다 민족적 각성이 되었다는 일대 표증이다.[48]

이 글은 민족적 요소와 계급적 요소의 단합, 단결을 주장하던 민족주의계열의 입장에서는 3·1운동 중에서 계층·계급·종교를 넘어선 민족적 행위에 무게 중심을 두는 내용이 기억의 중심에 있게 되었다. 아울러 1920년대 중반 경 민족주의계열 운동의 침체는 다시금 운동 전선을 새롭게 조직하자는 '신생', '갱생' 등의 용어가 자주 등장하는 계기가 되었다.

1925년 『동아일보』의 사설에서는 3·1운동을 계기로 '구조선舊朝鮮'이 해체되고 '신조선新朝鮮'이 생겨나는 계기가 되었다고 평가했고, 당시의 시점을 '세계적 반동시기'라고 규정하면서 앞서 그러했듯이 '신진청년'이 지속적으로 '신조선'을 설립하는데 산파 역할을 담당하라고 주

---

48 文一平, 「갑자 이후 60년간의 조선」, 『개벽』 43호, 1924.1, 129면.

장했다.[49] 민족주의계열의 3·1운동에 대한 기억은 민족적 '단결'을 강조함으로써, 민중의 역할과 주체성을 놓고 사회주의계열과 대립 혹은 경쟁하고자 했다.

1920년대 중반 『동아일보』를 비롯한 민족주의계열은 민중보다 민족을 강조했다. 『동아일보』는 3·1운동에 관해서는 이는 '정치적 해방'을 위한 것으로, 1920년대 이후의 사회운동은 '경제적 해방'을 위한 것으로 규정하면서, 사회운동가들에게 "제군운동하는 목적과 대상이 그 무엇인가 …… 인도적 이상이며, 정의적 감정이며 희생적 정신이다. 그러므로 제군의 투쟁하려하는 적진은 사회운동자의 권외에 있을 것이다. …… 합하여 결하라. 이리하여 전선을 통일하라"[50]라고 주장했다.

또한 민중에 관해 "어느 사회를 물론하고 그 사회가 진보되고 퇴보되는 것은 민중 자체의 자각 여하에 따르는 것이다"라고 전제했지만, "지도자는 항상 그 시기의 적절함을 엿보아 민중 향상의 도途를 강구하는 동시에 잠자는 그들에게 암시를 주어야 할 것이며 민중은 또한 지도자의 말이 궤절軌節에서 벗어나지 아니함을 알거든 그 범위 안에서는 백절불굴의 태도로서 맹진하여 비로소 양자 서로 응 하는 때에 그 사회의 광명이 양으로 질로 완전함을 얻을 것이다"[51]라고 평가했다.

1920년대 중반 민족주의계열은 3·1운동에 관해 입장은 민중과 계급 이전에 민족을 강조함에 특징이 있다.[52] 민족을 재차 강조하는 이유

---

49 「신생하려하는 조선의 고민」, 『동아일보』, 1925.3.5. 이 글에서는 3·1운동을 "정의 인도를 무기로 삼고 세계의 여론을 대상으로 하여 민족적 자유를 절규하였던 것이 기미운동의 중심 사조이었다"라고 평가했다.

50 「다시 사회운동자에게」, 『동아일보』, 1925.3.12.

51 「민중과 자각」, 『동아일보』, 1927.3.27.

52 동아일보의 '민중관'을 당대 민족주의계열의 민중관 전체라고 규정할 수 없다. 민족주의

는 3・1운동 이후 구체적으로 그 역량이 체험된 민중, 계급적 자각을 통해 대중조직을 창출하려는 민중, 사회주의와 결합하여 자신들을 위협하는 민중이 대두하는 1920년대란 시대적 상황 속에서 부르주아세력의 주도성을 지속하기 위함이었다.

5. 맺음말

1919년의 3・1운동은 '독립'을 목표한 민족운동이었다면 '실패'라고 볼 수 있으며, 이전시기 의병전쟁, 독립전쟁과 비교해서 보면 만세 시위 등의 방식은 '단순한' 형태라고 볼 수 있다. 그럼에도 불구하고 '평화적인' 만세 시위에서 조직적이며, 물리적 대항 수단을 갖춘 시위 형태의 변화는 한말부터 1910년대까지 의병전쟁, 독립전쟁 등의 경험이 토대가 되었다. 이 글에서는 3・1운동에 관해 가장 기억이 생생했던 '가까운 과거'인 1920년대를 대상으로 공간(기념의 장소인 파고다 공원과 비극 장소인 제암리)과 '사회적, 개인적 시간관념' 및 민중에 관한 기억에 관해 살펴보았다. 이를 통해 일제하 식민지라는 정치공간 속에서 3・1운동이란 정치적 사건이 어떻게 기억되고 있으며, 이 민족운동의 주된 주역인 '민중'이 당대 민족운동세력의 정치적 전망 속에서 어떻게 인식되고, 구조화되는지를 밝혀보고자 했다.

계열의 일부에서는 '협동조합'을 경제적 대안으로 모색하는 경향과 실천이 이루어졌다. 협동조합은 기본적으로 '경제적 약자'인 민중의 권익을 중심으로 사고되었다. 민족주의 계열 내부에서 협동조합을 지향한 움직임은 사회주의에 동의하지 않았지만 자본주의적 폐해를 개선하고자 한 '실천을 목적한 대중(민중)운동'이라고 볼 수 있다.

또한 '기억'을 '활자화'된 기억에 한정해서 살펴보았다. 활자화된 자료를 통해 당대의 상像에 접근하는 것은 역사학 연구의 기본적인 연구 방법이며, 검토한 3·1운동에 관한 여러 논의는 3·1운동에 관한 '인식'으로 간주될 수 있다. 그럼에도 불구하고 이를 기억의 물음으로 접근한 것은 3·1운동과 가까운 과거인 1920년대에 상호 충돌하며 서로를 부인하는 것처럼 보이는 다양한 기억 주체들이 3·1운동을 어떻게 '소환'하는가에 관한 관계망을 살펴보고자 함에서 비롯되었다.

아울러 당대 민중을 포함한 식민지 조선인의 감정과 정서 속에 미친 3·1운동의 영향을 공간과 시간이란 문화사적 주제로 접근하고자 했다. 공간의 문제와 관련해서, 조선총독부의 입장을 대변한 『매일신보』가 3·1운동과 관련된 공간적 상징물인 탑골공원을 '침묵'시키고자 했다면, 조선인 언론매체는 거의 매년 3월이 되면 사진의 형식으로 이를 소개함으로써 3·1운동을 다시 기억하고자 했다. 그리고 국내에서 발행된 조선인 언론매체는 제암리와 같은 3·1운동과 관련된 비극의 장소를 소개할 수 없었지만, 식민지·반식민지를 경험하고 있는 조선과 비슷한 상황의 외국 사례를 게재함으로써 3·1운동을 공간적으로 기억하고자 했다.

한편 이 글은 일제(조선총독부), 민족운동의 다양한 계열, '민중' 등 당대 3·1운동과 관련된 다양한 기억 주체 가운데 민족주의계열의 인식과 기억을 중심으로 검토한 것이 한계이다. '민중'을 중심으로 3·1운동을 기억하고자 했던 사회주의계열과 달리 1920년대 민족주의계열의 '민중관'은 복잡했으며, 이를 3·1운동에 투영하고자 했다고 판단된다.

한말 이래 '우민관'을 지닌 민족주의계열의 지식인들은 3·1운동을 통해 보여준 민중의 역할을 부정할 수 없는 상황이었다. 즉 3·1운동은 이미 1910년대부터 막연하게 고려해야 한다고 본 조선민중에 대한 재인식이 가장 중요한 정치적 과제임을 일깨워 준 사건이라고 할 수 있다.

3·1운동의 전국적 파급력은 지식인의 계몽 너머의 정치적 실체로서 민중이 존재한다는 것을 현실에서 보여줌과 동시에 이미 통제를 벗어난 존재로서 민중이 존재한다는 것을 극명하게 드러낸 사건이었다. 따라서 3·1운동 이후 이러한 정치지형변화를 현장에서 체험한 민족주의계열의 지식인들이 민중을 어떻게 규정했는가 여부는 1920년대 이들의 일련의 활동에 내재한 현실인식의 근간을 이룰 뿐만 아니라, 향후 이들이 식민지 조선 사회에서 선택할 정치활동 논리의 기반이 되었다.

여공의 눈으로 본 식민지 도시 풍경

서지영

1. 머리말

본 연구는 1920~30년대 일자리를 찾아 도시공장으로 이동한 농촌 소녀들이 근대 노동 공간에 배치되면서 '여공'이라는 도시 노동계층으로 재구성되는 지점에 주목한다. 식민지 당대 대중매체와 문학(소설) 속에서 여공의 표상은 대부분 사회주의 담론의 자장 속에서 이루어졌다. 여공은 공장 내의 열악한 노동에 시달렸던 자본주의의 모순을 드러내는 희생물이거나, 의식의 계몽을 통해 계급적 정체성을 획득하고 혁명의 전사가 되는 프롤레타리아의 일원으로 재현되었다. 이러한 근대 초기 여공에 대한 동시대의 연구들 또한 대부분 여성노동사나 사회주의 노동운동사의 맥락에서 이루어졌다.[1] 발터 벤야민은 엥겔스가 『영국노동자 계급의 위치』에서 거리를 스쳐가는 군중들이 일체의 교감 없이 무감각하게 고립되는 현상을 역겹고 불쾌한 것으로 인지한 것에 대해 군중을 '외부'에서 바라본 것이라 평한 반면, 근대 초기 도시 군중에 매료되어 빠져들었던 관찰자 보들레르의 시선 속에는 군중이 내면화되어 있다고 언급한 바 있다.[2] 지금까지 근대 프롤레타리아 계급의 일부로 소환하여 여공을 가시화한 논의들은 여공을 외부에서 바라본 시선의 결과물이라 할 수 있다. 여공의 역사적 존재 양식을 온전히 재구성하기 위해서는 식민지 조선의 여공의 내면성에 대한 입체적인 탐색 또한 요구된다.

이 논문은 식민지시기(1920~30년대) 신문, 잡지기사, 소설, 수기, 일기 자료 등을 대상으로 하여 지금까지 본격적으로 논의되지 않았던 당

---

1 지금까지 이루어진 '여공'에 대한 연구를 살펴보면, 사회학에서 여성노동사의 일부분으로 여공을 다룬 논의로 정진성의 「식민지 자본주의화 과정에서의 여성노동의 변모」(『한국여성학』 4, 한국여성학회, 1986)가 있으며, 식민지시기 공장 내 노동환경과 여공들의 사회적 입지를 본격적으로 연구한 안연선의 「한국 식민지 자본주의화 과정에서 여성노동의 성격에 관한 연구－1930년대 방직공업을 중심으로」(이화여대 석사논문, 1988)와 강이수의 「1930년대 면방대기업 여성노동자의 상태에 대한 연구－노동과정과 노동통제를 중심으로」(이화여대 박사논문, 1992)가 있다. 역사 분야에서 여공에 관련 논의로 유숙란의 「일제시대 농촌의 빈곤과 농촌여성의 출가」(『아세아여성연구』 43-1, 숙명여자대학교 아시아여성연구소, 2004)가 있으며, 계급적 관점을 넘어서 여공을 1920년대 새로운 여성문화를 만들어낸 주체로 설정하여 그들의 근대적인 자아의식을 적극적으로 해석한 윤정란의 「식민지시대 제사공장 여공들의 근대적인 자아의식 성장과 노동쟁의의 변화과정－1920~1930년대 전반기를 중심으로」(『담론 201』 9-2, 한국사회역사학회, 2006)가 있다. 그 밖에, 식민지시대 일본의 공장으로 이동한 조선인 여공에 대한 논의로 박성의의 「일본 식민지 시대의 재일한국인 여공－방적, 제사여공」(『논문집』 17-1, 원광대학교, 1983)이 있다. 한편, 문학에서 여공을 문제 삼은 논의로 강경애 소설에 나타난 여성노동자의 현실을 다룬 하상일의 「식민지 여성의 현실과 사회주의 여성서사」(『비평문학』 22, 한국비평문학회, 2006), 식민지시대 여공과 자본주의의 관계망에 대해 주목한 김지영의 「여공의 신체에 새겨진 '화폐'의 초상－채만식의 단편소설 「동화」, 「병이 낫거든」을 중심으로」(『현대소설연구』 33, 한국현대소설학회, 2007) 등이 있으나, 이 글들은 특정 작가의 작품론의 성격을 띠며, 여공의 역사적 존재양식에 대한 논의로 나아가지는 않았다.

2 발터 벤야민, 반성완 편역, 「보들레르의 몇 가지 모티브에 관하여」, 『발터 벤야민의 문예이론』, 민음사, 1983, 131~135면.

대 여공의 '일상'을 여공의 눈을 통해 재구성하고자 한다. 특히, 계급적・인종적・성별적 주변부에 위치함에도 불구하고, 식민지 도시 공간의 '또 다른' 행위자agent였던 여공의 근대 체험에 주목함으로써, 전통과 근대, 계급과 젠더를 가로지르는 모더니티의 중층적 지형을 추적하고자 한다. 또한, 이 작업은 20세기 초 제3세계 식민지 조선의 기층계급 여성으로서의 여공을 서발턴의 위치에서 재사유하는 작업과 맞물린다. 즉, "누가 여공을 표상 하는가"라는 질문을 제기함으로써 여공 표상의 다양한 층위를 분석하고, 도시 공간 속 여공들의 다양한 체험과 목소리를 탐색함으로써 단일한 주체성으로 수렴되지 않는 '서발턴'으로서의 여공의 정체성을 재구축하는 토대를 마련하고자 한다.

2. 도시공장으로 떠나는 농촌소녀들

도시로 일자리를 찾아 농촌을 떠나는 현상은 19~20세기 산업화 과정에서 수반된 전 지구적 현상이었다. 하지만 1920~30년대 식민지 조선에서 많은 농촌소녀들이 도시공장으로 이동한 현상은 자본주의의 발달 그 자체에 기인한다기보다는, 취약한 식민지경제 구도 속에서 만성적 부채와 빈곤에 시달렸던 농촌으로부터의 탈출에 가깝다고 볼 수 있다.[3] 생계를 위해 가족 중의 누군가가 도시로 나가 임금노동자가 되

3 당시 토지조사사업의 결과, 광범한 농민층의 전 가구 혹은 그중 일 가족원이 생계를 위하여 농촌을 떠났는데, 식산은행 조사부의 추계에 따르면, 1925~1930년 사이에 해마다 약 4만 명, 1930~35년 사이에 6만 명, 1935~40년 사이에 22만 명이 이농하였으며, 1925년 조선총독부의 조사에서는 이농민 중 73.4%가 국내 도시지역으로, 나머지가 일본, 만주,

어야 했는데, 농촌의 남성에 비해 미혼여성은 저임금노동을 필요로 하는 도시의 자본주의적 생산관계 속에 더 쉽게 흡수될 수 있는 노동력을 지니고 있었다.[4] 특히 이 시기에 여성의 도시 이주가 남성의 이주보다 많았다는 것은 주목할 만하다. 도시에서 남성의 수가 여성보다 많았으나 그것은 농촌을 포함한 전국에서 남성의 수가 많은 것에 기인한 것이었고, 순 이주는 여성 인구 층에서 더욱 많았는데,[5] "農村에 남는 것 홀아비와 총각! 妙齡女 離鄕群工場으로 花巷으로"이라는 당시의 한 신문기사[6]는 1930년대 중반 여성들의 이농현상의 심각성을 시사하고 있다. 당시 도시로 유입된 시골의 나이어린 미혼여성들은 공장이나 가사사용인, 접객업종 등의 일자리를 얻을 수 있었는데,[7] 전근대 농업 공동체에서 결혼 적령기였던 소녀들은 가계의 부담을 덜고 생계의 보탬이 되기 위해 결혼을 미룬 채 도시로 이동하여, 노동계층을 형성하며 경제적 주체로 전이하게 된다.

1930년대 농촌을 배경으로 한 채만식의 단편소설, 「보리방아」, 「동화」, 「병이 낫거든」 등은 자발적인 의지로 미래에 대한 부푼 꿈을 가지

시베리아로 이주한 것으로 추산된다(정진성, 앞의 글, 55면).

4 유숙란, 앞의 글, 65~70면.

5 총독부의 『국세조사보고』와 『조사월보』를 대상으로 분석한 유숙란의 연구에 의하면, 1930년대 조선농가의 절반인 총 1,253,285호가 춘궁농가였으며, 특히 남부지방인 전라도와 경상도에서 가장 많은 춘궁농가가 존재하였는데, 1930년대 도시로의 전출을 지역별로 보면 경남, 전남 등 남부지역의 전출이 전국적으로 높았으며, 경남 지역의 경우 여성의 전출인구가 여성의 전입인구를 앞지르게 된다. 1930년에서 1935년 사이의 여성의 사회적 이동은 경성을 포함한 경기도가 90,590명으로 최다 증가하였으며, 그 다음이 평남, 함남, 평북, 함북, 충남, 황해의 순이었다고 한다. 남녀 모두 인구가 증가한 경기도와 함북을 제외하면 모두 여성의 증가가 남성의 증가를 능가하였다는 점이 주목된다(유숙란, 위의 글, 81~90면).

6 『동아일보』, 1936.2.23.

7 송영, 「솜틀거리에서 나온 소식」, 『삼천리』, 1936.4.

고 도시공장으로 떠나는 시골소녀들을 형상화하고 있다. 이들은 시골의 보통학교를 다녔으며 부모의 사랑을 받은 평범한 처녀들이지만, 극심한 보리흉년을 맞아 궁핍한 현실 속에서 혼인마저 좌절되고, 동네를 떠돌며 소녀들을 꾀는 공장 모집책의 유혹에 넘어가게 된다. 하지만 1930년대 농촌의 경제난은 '전통'의 패러다임에 속해 있던 시골소녀들을 도시공장, '근대'의 세계로 이끄는 통로이기도 하였다. 이들은 대도시공장에서 25~30원 상당의 거금을 벌어, 집안을 돕고 시집갈 자금을 모아 집으로 돌아오는 꿈에 부풀었다. 그런데 당시 소녀들의 공장으로의 이동은 농촌의 경제적인 문제가 가장 일차적인 것이었지만 그것만이 유일한 동기는 아니었다. 거기에는 도시에서의 삶에 대한 동경과 환상,[8] 교육을 통한 계층적 상승 등과 같은 근대적 체험에 대한 욕망이 자리하고 있었다.[9] 도시 거리를 활보하는 모던걸의 화려한 치마와 저고리 감이 될 비단을 짜는 여공들은 평생 자신들이 짠 비단옷을 입어볼 기회도 없었지만, 채만식의 「童話」에서와 같이 "비단을 입어보지 못하는 촌 계집아이로, 가령 입지는 못할망정 비단을 제 손으로 짠다는 것, 그것 한 가지만 해도 업순이한테는 우선 즐거운 꿈이 아닐 수 없던 것이다"[10] 여공 모집원으로 부터 선불로 받은 20원으로 산 '인조항라 께끼적삼'[11]을 산뜻하게 다려 입고 고향집을 나서는 업순이의 모습은 당시 시골에서 도시의 백일몽을 좇아 가족과 삶의 터전을 떠나는 십대 소녀의 한 이미지를 보여준다.

---

8 한인택, 「적은 여공」, 『비판』, 1932. 4(안승현 편, 『한국노동소설 전집』 2, 보고사, 1995, 294면).
9 함대훈, 「호반」, 『조광』 1937. 1(안승현 편, 『한국노동소설 전집』 3, 보고사, 1995, 453~454면).
10 채만식, 「童話」, 『채만식전집』 7, 창작과 비평사, 1989, 248면.
11 채만식, 위의 글, 254면.

이러한 농촌의 미혼여성들의 도시이동은 조선의 국경을 넘어 제국의 메트로폴리스에까지 이르기도 한다. 당시 신문에는 일본의 방적공장으로 이동한 시골처녀들의 기사가 1920년대부터 확인된다.[12] 이미 1911년경에 일본공장에 조선여성이 진출한 기록이 있으며, 1922년 12월 도항渡航 '자유화' 이후, 더 많은 조선인 여성들이 일본 공장으로 건너가게 되는데, 일본공장의 입장에서는 값싼 노동력인 조선의 가난한 농촌여성들을 데려오면, 임금비용을 절약하고 언어 문제로 동맹파업의 가능성도 염려할 필요가 없기 때문에 부리기 쉬운 현실적 이득이 있었다.[13] 당시 신문에는 일부 모집원들이 총독부 허가 없이 비공식적이고 불법적인 방식으로 조선의 미혼여성들을 유인하여 일본으로 이동시킨 흔적들이 드러난다.[14]

그런데 시골집을 떠났던 모든 소녀들이 무사히 도시공장으로 입성한 것은 아니었다. 전통적 가족과 같은 보호장치로 부터 벗어나는 순간부터 이들의 몸은 위험에 노출되고, 예측하지 못한 위기의 상황에 처하기도 하였다. 채만식의 「팔려간 몸」(『신가정』 1933.8)은 혼수자금을 마련하기 위해 시골에 연인을 두고 도시공장으로 떠난 직녀라는 여성이 모집원의 농간으로 유곽에 팔려간 이야기를 담고 있다. 실제로 식

12 「海外工女募集과 定州普校生動搖, 학업을 중지하고 녀공으로 해외에」, 『동아일보』 1924.5.19.

13 당시 총독부도 조선인 여성의 일본으로의 이동을 장려하였는데, 여공모집을 자유경쟁체제로 모집원에게 위탁하자 많은 부정과 문제가 생기게 된다. 이에 1918년 이후 총독부는 「조선노동자모집취체규칙」을 제도화하여, 각사의 노동자 모집에 대해 일정한 통제를 가한다. 이에 대한 논의는 박정의, 앞의 글, 122~128면 참조.

14 「女工募集이라고 良家 女子 九名을 일본으로 다리고 가다가 잡혀, 안심할수 업는 소위 여공모집」, 『동아일보』, 1925.9.20; 「女工에 너허준다고 十餘處女 誘引, 감언리설로 처녀를 꼬여내, 犯人 二名은 警察에 被捉」, 『동아일보』, 1927.5.8; 「十四歲未滿 朝鮮女工募去, 일본으로 가랴는 것을 억류, 釜山에서 畢竟抑留」, 『동아일보』, 1929.11.26.

민지 당대 여공모집이라는 감언이설에 대도시 유곽으로 팔려간 농촌 처녀들에 대한 기사가 빈번히 등장한다.[15] 또한 일본공장의 여공모집을 빙자하여 조선의 여성들을 유인하여 일본 유곽으로 넘기는 사례[16]와 더불어, 만주의 요리점(유곽)으로 팔려간 조선여성에 관한 이야기에서도 '여공모집'이라는 미끼가 등장한다.[17] 농촌에서 가사 · 길쌈 · 농사의 부수적인 노동에 동원되었던 소녀들, 시골의 보통학교 여학생들에게 도시에서 '여공'이 된다는 것은 경제적 보상과 자립, 도시에서의 새로운 삶의 형식을 부여하는 매혹적인 기획이었다. 하지만 자본의 흐름을 따라 도시로, '내지'로 떠났던 식민지 조선의 농촌소녀들은 '여성들에게 가능성의 공간이면서 동시에 위험의 장소'[18]였던 근대 도시 속으로 모험을 감행한 무모한 여행자들이었다.

3. 누가 여공을 '재현'하는가?

1920년대 초 신문과 대중매체에서 제사공장, 연초공장, 고무공장 등에서 일하는 공장 직공은 근대산업사회가 여성들에게 열어놓은 새로운 직업 중의 하나로 분류된다. 『동아일보』(1923.4.29)의 「조선 一의 제

15 「處女와 女工을 誘引 人肉鐵窓에 賣却, 전과자들과 녀자공모로, 大邱署에 誘引魔」, 『동아일보』, 1927.12.12.

16 「日本의 婦女密密團 朝鮮女工 誘引, 조선녀공을 유인해다가 팔아먹는 일이 발각되야」, 『동아일보』, 1927.8.30.

17 李貞子, 「만주에 팔리여가는 여자」, 『新滿蒙』, 1932.8(『일제시기 잡지-여성관련기사』 자료 2-11, 국사편찬위원회 국내수집자료, 2002, 82~83면).

18 Judith R. Walkowitz, *City of Dreadful Delight-Narratives of Sexual danger in Late-Victorian London*, Chicago Press, 1992, p.80.

사공장, 경성 제사주식회사의 근황, 삼백명 직공의 민활한 활동」이라는 기사는 동대문 밖 조선제사공장을 다음과 같이 소개한다.

> 여직공 중에는 자기집에 다니는 사람도 있으나, 대개는 그 회사의 기숙사에서 침식을 하는대, 밥은 따로히 지어 여러사람이 식당에서 먹게 하고, 여름에는 날마다 다른 때에는 하로 걸너서 목욕을 하게 하는대, 목욕물도 전기를 응용하야 데우기 때문에, 겨우 팔분만에 찬물을 목욕할 만큼 데운다 하며, 그 직공의 인격을 향상하기 위하야 저녁먹은 후에 두시간식, 보통학교 과정을 가르치고, 때때로 교회의 여자음악대의 활동사진을 청하야 위안을 식히고, 회사 뒤로 잇는 산에 조그만 공원을 만들어 때때로 산보를 하게하야, 모든 설비가 신선하고 질서가 정연하며 모든 여직공의 수입은 한달에 최고 삼십원으로부터 어린 아해들은 칠원 이하라 한다.[19]

이러한 제사공장에 취업한 여성은 청결한 노동환경에서 의식주에 고민하지 않고 공부와 여가를 즐기며 돈을 벌 수 있는 선망의 대상으로 기술되고 있는데, 환경이 좋은 제사공장의 경우, 최소한 문맹은 면할 정도여야 했으며, 경쟁이 치열한 곳은 보통학교 졸업자를 자격으로 내걸었다고 한다. 『동아일보』(1926.2.20)의 「여성과 직업」이라는 기사에서도 공장 내 편의시설과 정기 영화회를 즐기고, 최신식의 기숙사에서 생활하는 여공을 "근대공업문명에서 생긴 대표적 여자직업"으로 소

---

19 윤정란, 앞의 글, 40면에서 재인용. 윤정란은 1920년대 제사여공들의 자질과 사회적 위상이 낮지 않았으며, 작업장에서 공동생활을 통한 정보교환, 경제적 자립을 통해 근대적 자아의식을 키웠으며, 이것이 여공들의 1920~30년대 노동쟁의 활동의 기반이 되었다고 보았다(위의 글, 40~57면).

개하고 있다. 여공을 많이 고용했던 면방직 공장의 경우, 경성·부산·인천·광주 등 대도시에 밀집된 것을 특징으로 하는데, 1920년대 초부터 신문과 대중매체에 소개되는 당시 경성과 인천, 경기권에 자리한 대규모의 공장은 외적으로 볼 때, 상당히 근대화된 형태의 조직과 설비를 갖춘 것으로 보인다.[20]

하지만 1930년대에 들어오면서 신문, 잡지나 소설 속에서 여공은 공장의 비인간적 노동 조건 속에서 고통 받는 도시 프롤레타리아의 전형으로 묘사된다.[21] 『동아일보』에 실린 「女工生活記」를 보면, 남녀직공을 2천 명 정도 수용하는 대규모의 공장의 기숙사는 마치 감옥에 수감된 것처럼 생활의 자유가 없고, 음식 또한 "조잡한 밥 한 그릇"에 "된장국 한 보세기"가 전부로 하루 종일 고된 노동에 시달린 여성 노동자로 당대 여공의 이미지를 전형화하고 있다.[22] 1930년대 신문이나 잡지, 소설에 표상되는 여공은 열악한 노동 조건 속에 병들어가는 불행한 여성 노동자로 자리잡는다. 다음은 우순옥禹順玉이라는 어느 제사공장 여공의 일기이다.

---

20 1930년대는 한국이 일본 방적 자본을 위한 원료공급지이자, 식민지 초과이윤을 보장해 줄 수 있는 자본 수출 대상지로서의 역할로 부상하면서 1935년을 기점으로 일본의 독점대자본이 진출하게 되는데, 1941년 당시 방직공업 전체에서 1,000명 이상 되는 기업은 총 9개소였으며, 그 중 6개소가 면방대기업으로 조선방직 부산공장, 경성방직 주식회사, 동양방적 인천공장, 경성공장, 종연방적 전남공장, 경성공장 등이 있었다(강이수, 앞의 글, 7~44면).

21 특히 1930년대 면방대기업은 대량의 여성과 아동노동을 집중적으로 고용하는 추세였는데, '직업부인'으로서의 여공은 성년공의 경우, 오전 6시 반에서 오후 7시까지 하루 12~13시간의 노동을 하고, 평균 월수입이 경우 9~17원 정도로 열악한 노동조건 속에 있었다. 식민지 당대 민족적·성별적 이중의 억압과 착취의 대상이었던 여공의 입지에 대해서는 강이수, 위의 글, 3면 참조.

22 「女工生活記」, 『동아일보』, 1934.1.2.

8월 7일 목요일 晴

오늘은 무척 더웁다. 수근거리는 말이 工場內는 105도라고 한다. 아침에는 긔운이 좀 싱싱하드니 차차 오금이 자즈러오고 아모리 마음을 가다듬어도 어제 저녁에 물 것 때문에 잠못잔 탓인지 못 견듸게 눈이 덥힌다. 감독은 벌서 알어치리고 내 압흘 여러번 단니며 소래를 지른다. 조으는 사람에게는 뜨거운 물을 끼언젓다고 — 듯기에도 끔직스러워서 솔음이 끼치엇다. 順伊는 오늘도 罰點이 나왓다. 죽도록 일하고 도리혀 벌금을 처어넛케 되엿다. 감독은 법석이 낫다 (…중략…) 감독은 소리를 지르며 따리며 니러서라고 한다. 하로에 열세시간을 죽도록 로동하고 그에 밧는 報酬가 이 참혹한 매와 형벌이다.[23]

위 글에서 100도가 넘는 공장 안 열기와 감독의 살벌한 감시 하에서 열세 시간 계속되는 노동은 '참혹한 매와 형벌'로 묘사된다. 유진오의 단편소설 「여직공」에서 여름날 새벽부터 가마 속 같이 끓는 제사공장은 3백 명의 젊은 여자의 땀내와 고치냄새와 뒤섞여 '산지옥'과 같다고 묘사된다.[24] 이기영의 「고향」에서도 "이렇게 하루를 시달리고 나면 두 손이 홍당무처럼 익고 눈은 아물아물하고 귀에서는 전봇대 우는 소리가 나고 목에는 침이 마르고 등허리는 부러지는 것같이 아프다. 수족은 장작같이 뻣뻣해서 도무지 자유를 듣지 않았다. 손등은 마른 논 터지듯 터졌다. 이것은 참으로 노동지옥이 아닌가! 농촌에는 이와 같은

---

23 禹順玉, 「어느 製絲會社 女工日記」, 『별건곤』 27, 1930.3.1.

24 유진오,「여직공」, 『조선일보』, 1931.3.1~3.24(안승현 편, 『한국노동소설전집』 3, 보고사, 1995, 152~153면).

노동이 없는 대신에 거기는 기아가 대신하고 있다. 노동과 기아! 그 어느 편을 낫다 할 것이냐?"[25]라고 하여 '기아'를 면하기 위해 들어간 공장은 '노동 지옥'으로 묘사된다.

그런데 1930년대 사회주의 지식인들이 주도한 공장과 여공의 재현에 대해 "누가 여공을 표상하는가?"라는 질문을 제기할 만하다. 왜냐하면 여공을 '대표'하는 재현 주체의 시선에 따라 여공을 표상하는 초점이 달라지며, 지식인들의 이념적 호명 속에 불린 여공의 목소리와 역사 속의 다양한 여공들의 목소리 사이에 간극이 자리하기 때문이다.[26] 가령, 채만식의 경우 사회주의 지식인들의 작품에 비해 이념적 지향성이 약화되는 반면, 풍속에 대한 관찰적 거리에서 여공의 일상과 내적 욕망이 다각적으로 포착된다. 한편, 이기영이나 강경애 등 1930년대 사회주의 작가들의 여공의 재현 속에서도 이념적 틀에 포섭되지 않는 여공의 또 다른 리얼리티의 파편들이 발견된다. 이기영의 「고향」에서 고향 마을의 공장에 여공으로 들어갔다가 오랜만에 휴가를 받아 집에 돌아온 인순이에 대한 묘사를 보면, 시골의 쓰러져가는 자신의 초가집에 비해 새로 지은 공장은 기와로 만든 근대식 건물이며, 여공들이 호강할 정도는 아니었지만, 최소한 재강죽(술찌끼로 만든 죽)은 먹지 않고 쌀밥은 먹을 정도라 기술되고 있다. 1930년대 빈한한 농촌보다 도시공

25 이기영, 『고향－이기영선집』 1, 풀빛, 1991, 80면.

26 「하위주체는 말할 수 있는가?」에서 가야트리 스피박은 재현의 이중적 의미, 즉 지식인들이 하위주체를 '재현re-present'하는 과정에서 그들을 '대표speak for'하면서 자신들을 투명한transparent 존재로 나타내는" 과정을 문제 삼고, 소농계급에 대한 맑스의 관점을 재해석하는 과정에서 이념적 담론 속에서 존재하는 역사적 주체와 본질적 '계급(주체)' 사이의 괴리를 제기한 바 있다(Gayatri C. Spivak, "Can the Subaltern Speak?" *Marxism and the Interpretation of Culture*, eds. Cary Nelson and Lawrence, Macmillan, 1988, p.275).

장의 환경은 상대적으로 나았던 것이다.[27] 당시 시골을 돌며 여공을 모집하던 모집원들은 한 달에 40원 정도의 월급을 받는다고 시골의 부모와 소녀들을 유혹하였지만, 실제로 그들의 임금은 10~20원 선이었다.[28] 하지만 그들이 벌게 되는 임금은 그나마 가계에 적지 않은 보탬이 되었던 것으로 기술된다.[29] 이기영의 『고향』에서 딸 인순이가 보통학교를 졸업하고 제사공장에 들어간 것에 대해 그녀의 아버지는 "인순이가 마치 진사급제나 한 것처럼" 동네 사람들의 부러움을 산다.[30]

저임금·장시간 노동의 열악한 조건 속에 있었던 여공의 현실에도 불구하고 당시 공장의 취업경쟁률은 매우 높았던 것이 당대의 실정이었다. 1930년대 초, 정주·군산·평양·영흥과 같은 지방 도시공장에서 여공의 취업응시율을 보면, 25명 모집에 800명(정주), 10명 모집에 270명(평양), 60명 모집에 200여명(영흥)이 몰려, 각각 1 : 32, 1 : 27, 1 : 3의 경쟁률을 보이고 있다.[31] 또한 대규모의 건물에다 기숙사, 식당 등 근대적 설비를 갖춘 서울 경기권 일대의 큰 공장들은 어린 농촌소녀들에게 새로운 삶의 장이 아닐 수 없었다. 강경애의 소설 「인간문제」에서 선비, 간난이, 인숙이 등 시골 소녀들은 공장 안 거대한 기계와 백여 칸이 넘는 기숙사 등이 내뿜는 근대적 스펙터클에 압도되는 장면이 나

27 이기영, 앞의 책, 77~78면.

28 채만식, 「보리방아」, 『채만식전집』 7, 창작과비평사, 1989, 100면.

29 "막내네 집 딸 복동이가 서울서 가끔 보내주는 십 원이니 오원이니 하는 돈은 온 마을이 부러워하고 있는 판이다." (채만식, 위의 책, 99~100면)

30 이기영, 앞의 책, 83면.

31 「女工卄五名募集에 八百餘名이 應募 정주군시제사공장의 두통 農村窮困의 一面相」, 『동아일보』, 1931.3.28; 「三十女工募集에 應募無慮 四百餘, 작업도 언제 할지 모르는 일터 女職業 戰線에 異狀(群山)」, 『동아일보』, 1932.5.5; 「十名募集에 志願二百餘 평양에서 이러난 취직전 女工求職의 戰線도 混亂」, 『동아일보』, 1933.7.30; 「六十名募集에 應募二百餘名, 片倉會社 養蠶女工 募集에(永興)」, 『동아일보』, 1934.6.5.

온다.[32] 한편, 1930년대에 여공과 공장의 부정적 이미지를 재현하는 비판적 기사와 달리, 각종 근대적 기제를 갖춘 공장을 일종의 근대적 학교로 비유하고, 여공을 흰색 제복을 입은 재기발랄한 여학생으로 묘사하는 기사들이 확인된다. 잡지 『삼천리』가 게재한 '연초공장'에 대한 기사는 "制服制帽의 처녀 칠백명. 나히로도 17, 8세. 봄동산에 아릿다웁게 피는 꼿봉오리와 갓흔 아가씨들"라는 제목으로 1930년대 공장과 여공에 대한 다른 이미지를 제시한다.

> 어느 학교 교실보다도 더 훌융하고 깻끗하게 설비된 장소에 가르가르 열을 지여 노흔 이자에 걸터 안저 일하는 그들은 다른 공장직공들과 갓치 피곤한 빗츨 띄지 안코 씩씩하게 일하는 것이 이날의 나로 하여곰 특이한 감회를 주엇다. 맛치 병원에 간호부들 모양으로 샛하얀 보고지 모자에다가 회색의 작업복을 밧처입고 질서정연하게 안저 일하는 것이 사람으로서의 무슨 의무와 책임을 다 — 하는 듯. 한달에 몃십원식 홋터쓰며 하이깔나학교 단니는 여자들보다도 이 연초여학교 학생들의게 존경을 표하고 십헛다.[33]

1935년 당시 경기도 의주통에 자리한 연초(담배)공장에는 700여 명의 여공들이 일하고 있었는데, 아침 8시에서 저녁 8시까지 하루 노동 10시간에 월수입은 8원 7전에서 42원 9전까지 성과별로 지급된 것으로 기술된다. 공장 내부 편의와 여가 시설에는 목욕탕, 세탁소, 옥상 뼈

32 강경애, 「인간문제」, 『강경애전집』(이상경 편), 소명출판, 2002, 253면.
33 「거리의 女學校를 차저서(其二), 담바구타령하는 煙草女學校」, 『삼천리』 7-11, 1935.12.1, 160면.

-비 골프장 등이 포함되고, 옥상은 마치 공원처럼 설비되어 남녀 천 명이 넘는 직공들이 라디오에 맞추어 이곳에서 아침체조를 하였다고 전한다. 또한 '문화적으로 된 식당과 강당', '신문잡지 가득한 도서실'이 있었으며, 직공들의 편의를 도모하기 위해 강화회, 직공위안회가 개최되고 영화를 상영하며 명사를 초청하기도 하였다. 대부분 직공들이 보통학교를 졸업하였지만, 이 가운데 보통학교를 졸업 못한 사람은 보통학교 정도의 교육프로그램이 마련되어 있으며, 의무실 외에 순직금, 치료금, 산부금, 질명금, 사망금, 재해금, 탈퇴금, 근속금 등 각종 직공복지프로그램이 제시되고 있다.

『삼천리』(1936. 2. 1)에 실린 영등포 방적회사 탐방기사[34]에서도 공장은 효율성과 합리성을 기반으로 하는 근대적 노동시스템으로서 노동자들의 각종 편의를 제공하는 이상적인 노동공간으로 재현되고 있어 여타의 '노동지옥'으로 재현하는 공장 관련 비판적 기사들과는 차이를 보인다.[35] 『삼천리』(1935.12)에 실린 경기도 의주 연초공장의 이정순이라는 여공의 인터뷰에서, 일하기가 괴롭지 않냐는 질문에 "별로 괴로운 줄 모르고 그럭저럭 지나간다고" 하고, 언제가 제일 즐거우냐는 질문에 대해서는 "일하다가 약간 피곤할 때 屋上에 올나가 뻐-비 골푸장에서 골푸하는 때가 캐롭구요. 저녁 변도(도시락)를 끼고 집으로 돌아가는 때가 깃겁지요. 봄이면, 인천으로 비구닉구를 가는 바 그날 하로

34 「거리의 여학교를 차저서, 섬섬옥수로 짜내는 방적여학교」, 『삼천리』 8-2, 1936.2.1, 140~144면.

35 강경애의 「인간문제」에서는 이러한 공장이 제공하는 각종 근대적 프로그램이 공장주의 교묘한 착취의 기제로 기술된다(강경애, 앞의 책, 361면). 하지만 이러한 착취의 틀을 넘어 여공들을 일상 속에서 그들의 몸과 삶의 형식을 변형시킨 근대 공장의 다층적 메커니즘을 좀 더 세밀하게 살펴볼 필요가 있다.

가 참으로 깃겁지요. 가을에 공장 전체가 경성 구라운드에서 대운동회를 여는 바 그날이 또한 깃겁지요"[36]라고 대답한다. 『삼천리』라는 잡지가 가지는 상업적 대중지로서의 성격[37]과 공장 경영진의 입장을 여과 없이 기술하고 있는 위 기사들의 시각은 일차적으로 비판적 검토의 대상이 된다. 하지만, 이러한 여공과 공장의 표상 속에서 1930년대 대도시공장이 노동자들을 자본주의 노동 시스템 속으로 끌어들이기 위한 갖가지 현혹적인 장치들을 얼마나 정교하게 배치하였는지를 확인할 수 있다. 또한, 이러한 도시공장의 상이한 표상들 속에는 쉬는 시간에 옥상에서 베비 골프를 치고, 활동사진과 피크닉을 즐기는 여공과 '산 지옥'에서 장시간 노동으로 고통 받는 여공의 양립 불가능한 이미지, 즉 도시 프롤레타리아 계급 내부의 이질적 주체들이 등장한다.[38]

---

36 「거리의 女學校를 차저서(其二), 담바구타령하는 煙草女學校」, 『삼천리』 7-11, 1935.12.1, 163면.

37 사회주의에 기반한 잡지 『신계단』은 『삼천리』를 『별건곤』의 뒤를 이은 "저급취미경향"의 잡지로서 "事大思想", "과대망상"을 특징으로 하는 잡지라 비판한다(素虹生, 「雜誌總評」, 『신계단』, 1932.10, 33~34면).

38 일본에서 여공에 대한 표상은 1890년 제사업의 발전 속에서 자본주의에 일방적으로 착취당하고 억압당한 불행한 여공 이미지라 할 수 있는데, 이러한 여공의 부정적 표상은 1925년 7월 일본 改造社에서 발간된 『여공애사』에 의해 형성되었다. 그런데 『여공애사』의 표상의 틀을 넘어서 근대 초기 일본여공의 또 다른 이미지를 추적한 연구가 시도되었는데, 이 논문에서는 제사공장에서 일한 경험이 있는 여공 32인을 대상으로 한 구술조사 및 증언기록 자료를 통해 메이지 후기에서 쇼와 초기까지 제사공장 여공의 체험을 재구성하고 있다. 여기서, 공장노동을 통해 경제적 자립을 이룬 점("백엔공녀"), 소비생활의 실천(당대 유행한 금니해넣기, 반지, 시계, 옷 등의 구입), 공장 음식(쌀밥)을 무제한 먹을 수 있었던 점, 매일 밤 욕조에 목욕할 수 있었던 점, 노동이 끝난 후의 자유시간, 오락시간(가부키, 영화관람), 휴일날 외출의 즐거움 등을 통해 '착취된 노동자' 이미지에 한정되지 않는 여공들의 체험을 복원한다. 또한, 『여공애사』의 비참한 상황은 메이지 초기에 한정되며, 다이쇼 초기와 쇼와 초기로 가면서 점차 약화되어 갔다고 논의하고 있다(シャール·サントラSandra Schaal). "〈女工哀史〉言說を超えて ― 戰前日本における女性製糸業勞動者の生活世界", 『ソシオロジ』 48-2, 2003, 3~18면). 이 연구는 구술사적 접근에서 기억행위가 지니는 자료적 한계, 조선과는 다른 일본의 사회 역사적 맥락 등으로 인해 조선의 여공과 직접 연관시키기 어려운 지점이 있지만, 여공의 지배적(이데올로기적) '표상'을 넘어 말해지지 않은 목소리를 추적하였다는 점에서 주목할 만하다.

4. 도시공장의 안과 밖–그들만의 근대

공장 안 어둡고 후미진 곳은 늘 여공들의 섹슈얼리티가 훼손당할 수 있는 사각지대였으며, 공장의 직공감독은 여공들이 가장 경계해야 할 대상이었다. 당시 신문기사나 소설에는 직공감독에 의한 여공의 유린에 관련된 내용이 빈번하게 확인된다.[39] 이러한 상황에서 공장 내 직공감독의 권력과 돈을 매개로 한 감독의 유혹에 굴복하거나 그것을 생존의 도구로 삼는 여공들도 생겨나게 된다.[40] 또한, 도시의 뒷골목, 공장 주변에 도사린 위험들도 만만치 않았다.[41] 하지만 공장 안팎은 여공들로 하여금 자유연애, 도시문화의 향유, 소비 행위와 같은 새로운 체험의 장이기도 하였다. 여공들의 연애는 흔히 볼 수 있는 공장 내 풍경이었던 것으로 보인다.

> 사람 사는 곳에 연애 문제는 떠나지 아니한다. 여공들의 연애 생활이야 말로 열정적일 것이다. 이성에 눈뜬 여공–공장에 같이 일하는 남공들과 작업하는 순간에 시선이 부다쳐 무언중에 사랑의 줄을 맺고 만다. 그러고 회사에서 연애문제를 발각만한다면, 불문곡직하고 축출이다. '스트라익'을 하다가는 무조리 축출당하니, 생명을 연장하기 위하야 모든 학대, 굴곡, 빈

39 「監督의 地位利用 女工의 貞操를 蹂躪 부산 서촌 양말 공장 감독이 五十餘群衆發見惹鬧」, 『동아일보』, 1936.7.24; 송계월, 「공장소식」, 『신여성』, 1931.12(안승현 편, 『한국노동소설 전집』 2, 보고사, 1995, 275면; 雪友學人, 「직업부인 언파레–트–고무 工女의 생활이면」, 『실생활』, 1931.9, 28~29면; 강경애, 앞의 책, 360면.

40 無名, 「짓밟힌 정미여직공의 속임없는 자백과 호소」, 『별건곤』, 1931.4; 안승현 편, 앞의 책, 204면.

41 「大途上에서 연료제조공장의 女工을 戱弄한 者, 朴斗燮은 구류, 못된 풍습의 류행」, 『동아일보』, 1921.10.21; 「本報記事로 浮浪靑年消滅 그러나 栗山工女 憤慨」, 『동아일보』, 1926.6.4.

곤, 질병 등에 또는 축출이란 큰 권능을 공장주가 자의대로 행세하니 밥자리에서 기어난 어린 여자의 두군거리는 마음이야 말로, 돈업고 지위업는 자들의 공통된 서름이지마는, 그래도 여공보다 더한 비애는 일반사람으로는 맛보지 못할 것이다.[42]

공장 내 남직공과의 연애행위를 '스트라익'이라는 속어로 표현하는 위 기사에서 여공들은 공장 밖으로의 '축출'당하는 위험을 무릅쓰고 열정적인 연애생활을 했다고 기술하고 있다. 봄철에 여공들의 공장 이탈이 이러한 사춘기 소녀들의 연애충동에 의한 것이라 보는 신문기사도 확인된다.[43] 한설야의 「교차선」(『조선일보』 1933.4.27～5.2)에서 묘사되는 공장 안의 남녀 직공들은 '봄을 맞은 물 넘은 처녀총각들'이다. 공장 내 작업 현장에 일할 때뿐 아니라 쉬는 시간에 '손테니스'를 함께 즐기고, 공장 앞 바닷가 모래톱에서 씨름도 하고 친목회 활동과 독서회와 같은 모임, 공장 내 정기운동회 등으로 함께 어울리는 그들에게 연애는 너무나 자연스러운 현상이었다고 볼 수 있다.

한편, 당시 대도시공장들은 근대적 형식의 각종 위락시설을 갖춤과 동시에 공장 내 직공위안프로그램을 1920년대 초부터 지속적으로 시행했던 것으로 보인다. 당시 신문기사에는 휴일을 맞아 공장 외부활동으로 여공들의 '원거리 원족' 행사를 시행하여, 서울 시내(남산공원이나 시가), 인천 월미도, 수원 등지로 이동한 기사들이 확인된다.[44] 강경애

42 「女工生活記」, 『동아일보』, 1934.1.2. 이러한 공장 내 연애 풍경은 강경애의 소설 「인간문제」에서도 확인된다(강경애, 앞의 책, 403～404면).

43 「亂舞의 봄; 봄의 苦惱! 女工들이 越墻, 夜間에 脫走, 寄宿舍에 숨여든 春風(咸興)」, 『동아일보』, 1935.4.5.

의 「인간문제」에는 방적공장 여공들이 일제히 검정치마에 흰 저고리, 검정구두까지 맞춰 신고, 남산 신궁으로 행렬을 지어 갈 때, 거리의 사람들이 수백 명의 여직공을 여학생 행렬로 오인하는 장면이 나온다.[45] 또한, 중추절과 같은 명절의 위안회 행사나 여직공들을 위한 연주회, 가극회 등의 문화 행사에 참여하면서 여공들은 이전과는 다른 근대적 문화감각에 눈뜨게 된다.[46] 평양의 공장지대 중 양말공장 내, 남녀 직공들의 문예모임을 묘사하고 있는 김남천의 「문예구락부」에는 당시 공장 에서 이루어진 하위문화의 형성 속에서 계급의식뿐 아니라, 문학적·예술적 감수성과 교양을 확보하는 여공의 이미지가 제시된다. 이 작품에는 야간작업을 하면서 유성기 음반의 유행가를 즐겨듣고, 「장화홍련전」이나 「숙영낭자전」과는 다른 세계인 신소설 「추월색」을 읽으며, 유행하는 극단의 연극을 취미삼아 보는 등 도시의 최첨단 문화를 좇는 여공들이 제시되고, 잡지 『신여성』을 즐겨보는 "연전 하이카라"라는 별명을 가진 여공도 등장한다.[47]

또한, 장시간의 힘든 노동과 공장의 규율, 감시체계, 저임금 등의 한

---

44 「恩賜授産 京城機業場女工消暢」, 『동아일보』, 1920.4.23; 「朝鮮製絲株式會社社員女工來仁川觀覽」,『동아일보』, 1921.4.26.

45 강경애, 앞의 책, 365~366면.

46 「製絲女工慰安會」,『동아일보』, 1933.9.30, 「一萬女工慰安코지 本社永登浦支局서 오게 招請本報愛讀者도 優待」,『동아일보』, 1940.7.14. 1920년대 초부터 1930년대 이후까지 직공들을 위로한다는 명목하에 시행된 온정주의적 행사는 1920년대 중반기 이후로 계급의식의 각성 속에 결성된 노동조합 내부에서 주체적인 문화 활동으로 전이되는데, 노동조합의 정기대회나 창립기념식 등은 조합원 위안회, 음악회 등을 겸하여 다채롭게 채워졌으며, 조합원들 사이의 결속과 친목·단결력을 다지기 위한 것으로, 위안회를 겸하여 원족회, 야유회, 운동회 등이 정기적으로 열리게 된다(김경일,『일제하 노동운동사』, 창작과비평사, 1992, 441~446면).

47 김남천의 「문예구락부」, 『조선중앙일보』, 1934.1.25~2.2(안승현 편, 한국노동소설 전집』 3, 보고사, 1995, 93~95면).

계에도 불구하고, 여공들 역시 공장 밖으로 나와 도시공간에서 근대적 문화소비에 눈뜨는 여성 군으로 합류한다.

> 8월 8일 금요일 晴
>
> 오늘은 휴일이다. 한달에 잇흘 쉬이는 날! 이달에는 처음으로 노는 나의 명절이다. 그 말성만흔 외출권을 타가지고 오래간만에 외출을 하엿다. 나리 쪼이는 볏에 눈이 시여서 거를 수가 업섯다. 매암이 나래가티 차린 녀자들이 딴 세계사람처럼 우리를 처다보고 지내간다. 근본을 들추면 다가치 쪼둘니는 그들이고 우리언만 반지 빠르게 차리고 갸륵한 듯이 지내간다. 그 여자들도 우리 女工도 다가치 불상한 조선이 여성이다.[48]

위 일기문에서 한 달에 두 번의 휴가를 틈타 공장 밖으로 나온 여공은 오랜만에 쪼이는 볕에 눈이 시려 걸을 수 없을 정도이다. 또한 그녀가 도시 거리에서 만나는 여성들은 여학생이나 화려한 양장을 한 모던걸, 유한부인들이었으며, "매암이 나래가티 차린 녀자들이 딴 세계사람처럼 우리를 처다보고 지내간다"라고 하여 계급적 이질감을 드러내기도 한다. 하지만 여공들 역시 도시거리의 또 다른 산보자들이기도 하였다. 한 여공의 고백에 의하면, 자신들의 유일한 즐거움은 일요일에 동무들과 손을 잡고, 여공만의 독특한 화장을 하고 같은 모양의 옷을 입고, 자유롭게 거리를 돌아다니는 것이었다고 한다.[49] 한 달에 한두 번 정도의 외출이었지만, 이들은 최첨단 도시문화를 향유하는 군중

48 禹順玉, 「어느 製絲會社 女工日記」, 『별건곤』, 1930.3.
49 「女工生活記」, 『동아일보』, 1934.1.2.

의 일부로 거리에 나섰으며,[50] 일부 여공들은 공장 내부나 주변의 카페, 도시거리의 유흥문화에 빠져들기도 한다.[51]

10~20원 남짓한 저임금을 받는 노동자였던 그들은 절약하여 저축한 돈을 부모에게 보내고 나머지는 자신을 위한 소비를 즐겼는데, 당시 여공들의 분에 넘는 사치가 공식적으로 문제시되기도 하였다. 『동아일보』의 「女工들의 奢侈, 各家庭에 一言함(上)」에서, 현 인천 동일방직의 전신이었던 동양방적을 위시한 여러 공장의 수천 명의 여공들 가운데에는 유행옷감과 구두를 가지지 않은 이가 없으며, 처음 고향을 떠나올 때 가져온 동백기름병을 도시에 도착하자마자 내던져버리고 '포마드'나 '크림'과 같은 근대적 화장품으로 바꿔버리는 등, 도시문화에 빠른 속도로 흡수되는 여공들의 행태가 지적된다.[52] 식민지 당대(대)도시의 공장은 미혼 여성들에게 가혹한 노동현장이면서 한편으로

50 식민지 시대 '경성방직'을 연구한 카터 에커트에 의하면, 여공들에게 휴일은 회사의 통제에서 벗어날 귀중한 자유의 기회였으며, 시골 초가집에서 자란 여공들에게 이러한 자유는 색다른 도시 청년과 데이트를 하거나 매력적인 대도시를 구경할 기회를 제공하였다고 한다. 또한, 여공들은 고궁, 공원, 포장도로, 자동차, 거대한 석조 빌딩, 다방, 영화관, 박흥식의 유명한 화신백화점을 비롯한 백화점, 조선호텔이나 다른 큰 호텔들을 드나드는 최신 도쿄식 패션 차림을 한 사람들의 모습을 즐길 수 있었는데, 회사의 관점에서 그러한 호기심과 개인적 자유는 잠재적으로 생산능률을 위협하는 요소임으로 경계하였다고 논의된다(카터 J. 에커트, 주익종 역, 『제국의 후예-고창 김씨가와 한국 자본주의 식민지 기원 1876~1945』, 푸른역사, 2008, 289~290면).

51 1930년대 '경성 트로이카'라는 공산주의 비밀결사를 조직한 이재유는 "자본가와 지주층의 막다른 경제적 행동의 반영에 의해 비관적인 염세사상과 순간적인 향락생활이 전조선의 도시를 지배하고 있다. 모든 예술적 유형은 자멸적이고 타락적인 것이며, 공장 근처의 카페 등에서 유행하는 음악은 현재 세상을 저주하는 것들이고, 다른 것이 있다면 '죽을 때까지 싸워보자'는 정도의 전투적인 음악이다"라고 '공장근처 카페' 음악의 향락성을 비판하고 있다(이재유, 신주백 편역, 「조선에 있어서 공산주의 운동의 특수성 및 그 발전의 능부」, 『1930년대 민족해방운동론연구』 Ⅰ, 새길출판사, 1989, 79면; 윤정란, 앞의 글, 70면).

52 仁川一記者, 「地方論壇-女工들의 奢侈, 各家庭에 一言함(上)」, 『동아일보』, 1936.6.2.

이전과는 다른 형태의 삶의 체험공간이기도 하였다. 규율과 감시를 틈타 개인적 연애나 도시 소비문화에 눈뜨고, 그들만의 하위문화를 구축하였던 공장은 '전근대 농촌소녀'가 '근대 도시공간의 여공'으로 전이된 지점에서 또 다른 삶의 풍경을 열어놓는다.

5. 과잉된 또는 미달된 계급성—'서발턴'으로서의 여공

여공들이 공장생활을 통해 이르게 되는 또 다른 근대적 체험은 계급과 젠더의식의 획득을 통해 액티비스트로 변신하는 것이었다. 일차적으로 여공의 섹슈얼리티를 위협하는 노동환경의 젠더적 취약성에 의해 많은 여공들이 훼손을 겪지만, 일부 여공들은 자신들이 처한 현실의 모순에 대해 자각하기 시작한다. 당시 사회주의 작가의 소설들에서 도시 프롤레타리아트로 계급적, 젠더적 모순을 자각하는 여공의 이미지가 하나의 전형을 이룬다. 유진오의 「여직공」에 나오는 제사공장 여공 옥순이는 빈한한 가정형편의 틈을 노린 공장 감독의 10원의 유혹에 넘어가며, 이후 감독으로부터 지속적인 시달림을 받는다. 하지만 우연히 동료 여공, 근주의 집에서 독서모임에 참가하면서 차츰 사회현실에 눈뜨게 된다. 노동자로서의 자의식을 가지게 된 옥순은 노동자들을 착취함으로써 이익을 창출하는 자본주의 자체에 대한 모순을 인식하기 시작한다.[53] 이러한 옥순의 자각은 채만식의 「童話」에서 비단을 짜는

53 "모든 것이 옳은 말이었다. 사실 비단실을 만드는 것은 자기네들이다. 또 그 비단실을 켜는 고치를 맨든 것도 시골 여인네들이 농삿바라지 틈을 타서 봄부터 공을 들인 것이다.

것만으로도 설렘을 느끼며, 도시공장으로 뛰어든 순진무구한 업순이와는 다른 의식의 차원이다. 옥순이는 그러한 와중에도 감독의 회유에 넘어가 동무들의 비밀을 고자질하게 되며 결국에는 공장에서 쫓겨난다. 자신의 행위에 대한 크나큰 모순을 직시한 옥순은 여성으로서의 취약성이 끊임없이 이용될 수밖에 없는 공장 내 권력구도에 저항하고, 프롤레타리아 노동자로서 자본가와 싸워야 할 자신의 운명을 적극적으로 체득하는 단계에 이른다.

여공들의 의식의 각성은 당시 공장 내 야학교육이나 각종 친목회 활동,[54] 사회운동가 지식인 계층과의 만남과 의식화 교육과정을 통해 보다 정교하게 이루어진다. 송영의 「오수향吳水香」(『조선일보』 1931.3.1~26)이라는 단편소설에는 기생 출신인 오수향이 부인운동가들과 만나면서 사회의식에 눈떠 원산의 공장 여공으로 위장취업을 하게 되고, 제사공장의 보통학교 출신의 여공 영자와 사회주의 지식인들이 모임을 만들어, 『자본주의의 기교』, 『여공애사』[55], 『부인론』, 『어떻게 싸울까?』 등의 사회서적을 탐독하면서 계급의식을 획득하게 되는 과정이 묘사된다.[56] 이러한 수향과 영자의 의식적 각성은 공장 내 기숙사와

그렇건만 자기네들은 그 비단실 값의 몇십 분지 일 밖에는 손에 쥐지 못하고 나머지는 회사에서 몽땅 먹어버리는 것이다." — 유진오, 「여직공」(안승현 편, 『한국노동소설 전집』 2, 보고사, 1995, 167면).

54 공장 안의 친목계가 직공들의 소통과 더불어 파업과 같은 정치적 활동을 매개하는 과정을 그리고 있는 작품으로 김남천, 「공우회」, 『조선지광』, 1932.1-2(안승현 편, 위의 책, 277~286면).

55 『여공애사』는 일본에서 1925년 7월에 발행되었는데, 이는 총독부의 일제의 풍속통제를 위한 출판검열 정책에서 '치안방해'와 '풍속괴란' 두 항목 모두에 적용되어 발매가 금지된 책이다(권명아, 「풍속 통제와 일상에 대한 국가 관리」, 『민족문학사연구』 33, 민족문학사학회, 2007, 391면). 하지만 1931년에 발표된 송영의 「오수향」에 『여공애사』가 등장하고 있는데, 이를 근거로 1930년 전후에 일본으로부터 『여공애사』가 유입되어 조선의 사회주의 지식인들과 공장 노동자들 사이에 공공연히 유통된 것으로 추정할 수 있다.

화장실 등에서 은밀하게 연락을 취해 조직을 형성하고 동맹파업을 주도하는 역할로 이어지는데, 이렇게 자각한 여공의 이미지는 재현적 허구가 아니라 실제의 차원에서도 확인된다. 1923년 이후, 신문에는 공장 내 여공 노동조합의 결성[57]과 더불어 여공의 파업관련 기사들이 빈번히 등장한다.[58]

그런데 여공의 액티비즘은 사회주의 지식인 작가들의 재현 속에 설정되는 계급성을 넘어서 과잉 실현되는 지점 또한 확인된다. 『청년조선』(1928.7.31)에 실린 「근우회전국대회를 보고」라는 기사는 경성방적회사에 소속된 한 여공이 도시거리를 거닐다가 우연히 천도교 기념당에서 열린 '근우회전국대회'에 참가한 내용을 담고 있다. 이 글에서 여공은 신여성들이 주도하는 '근우회전국대회'에서 '지배계급에 대한 투쟁'과 '일천만 여성을 위해 싸울 전술전략'이 부재한 것을 발견하고, 의장선거에 갑론을박 4시간을 낭비하는 것에 크게 실망한다. 또한, 남성들의 '야지', '조롱'으로 인해 대회가 유희장으로 변한 것에 대해, "우리 일천만 여성의 절대수치이며 지배계급에 대한 무력을 보여 준 것"이라

---

56 宋影, 「吳水香」, 『조선일보』, 1931.1.1~1.26(안승현 편, 『한국노동소설 전집』 2, 보고사, 1995, 112~151면).

57 「安州工女組合금지」, 『동아일보』, 1926.11.9; 「安州工女조합창립」, 『동아일보』, 1926.11.19; 「안주공녀조합발회식 대성황」, 『동아일보』, 1926.12.1; 「여성강연 주최 安州工女組에서」, 『중외일보』, 1927.5.26.

58 『동아일보』에 1923년부터 1934년까지 전국에 걸쳐 약 28건의 여공 파업관련 기사가 등장한다. 윤정란에 의하면, 1920년대 제사공업 노동자들의 투쟁건수와 참가인원은 1922년 4건 302명, 1923년 1건 1700명, 1924년 1건 250명, 1926년 8건 437명, 1927년 6건 1090명, 1928년 4건 241명, 1929년 11건 930명 등으로 후반기에 거의 3배로 증가하였으며, 1930년대 제사여공의 파업건수는 1920년대에 비해 거의 2배 이상 증가하였으며, 투쟁성이 더욱 강화되었다고 한다. 파업반발의 원인은 일본인 감독과 교사 태도개선 및 해고, 작업시간 단축, 대우개선, 체불임금 반대, 강제저축 폐지, 단오・음력설에 휴업할 것 등 무리한 노동조건 개선이었으며, 파업결과에서는 노동조건 개선과 관련된 파업이 높은 성공률을 이루었다(윤정란, 앞의 글, 57~60면).

평한다. 근우회가 전투적 노동부인을 참석시키지 않고서는 하나의 구락부에 불과하다고 선언하는 위 여공은 근우회 여성운동가들을 향해 "그 燦爛한 복장을 벗고 香油瓶을 깨트리고 金時計를 끌러 놓고 노동부인들의 층으로 들어가라"고 외치며, 함께 '여성해방운동'과 '민족해방운동'의 선두대가 되자고 외친다.

위 글은 1927년 당시 사회주의 진영과 민족주의 진영 간의 협동전선의 흐름 속에서 다양한 분파의 여성운동가들이 결집했지만, 그 내부에 계급적·이념적 갈등이 산재했던 근우회[59]의 풍경을 한 여공의 눈을 통해 기술하고 있다는 점에서 흥미롭다. 여기에는 "분 냄새 향수 냄새 나는", "燦爛한 服裝을 입은 油頭粉面의 여성"과 "노동복 입고 땀 냄새 나는", "전투적 노동부인"이라는 대립 항을 통해 젠더 내부의 계급적 간극이 드러나기도 한다. 하지만 위 여공은 '노동부인'으로서의 자신의 정체성을 '여성해방'과 '민족해방' 운동의 선두대로 위치시키면서, 근우회 일원과의 계급적 간극을 넘어서게 된다. 이러한 여공이 획득하고 있는 젠더적·계급적·민족적 정체성은 전근대 농촌공동체의 가족구성원의 주변부로 존재하였던 시골소녀들의 근대적인 자기구성을 극적으로 보여준다.[60]

---

59 남화숙, 「1920년대 여성운동에서의 협동전선론과 근우회」, 『한국사론』 25, 서울대학교 국사학과, 1991, 247면; 케네스 웰즈, 「합법성의 대가—여성과 근우회운동, 1927~1931」, 신기욱·마이클 로빈슨 편, 도면회 역, 『한국의 식민지 근대성』, 삼인, 2006, 302~318면.

60 기생출신의 사회주의 여성운동가로서 근우회 지도부로 활동하면서 노동자 계급에 기반한 운동을 추진했던 정칠성은 이러한 여공들의 계급적·젠더적 자각을 뒷받침한다. 「앞날을 바라보는 부인로동자」(『동광』, 1932.1)에서 그녀는 사회주의적 전망 아래, 연초·제사·방직공장 여공들을 진정한 '신여성'으로 정의하고, 여공을 진정한 '프롤레타리아 혁명 부인', 젠더·민족의 이념을 구현하는 진정한 대리자로 위치시킨다(정칠성, 「앞날을 바라보는 부인로동자」, 『동광』, 1932.1, 70면).

하지만 투명한 이념성으로 스스로를 재구성하는 여공의 정체성은 식민지 서발턴으로서의 다기한 여공 표상 속에 만나게 되는 복수적 주체 효과의 하나이다.[61] 관념적 주체로서의 여공이 아닌, 복수의 역사적 주체들 속에서 계급적·젠더적 의식에 미달되는 무수한 여공들, 근대 프롤레타리아 노동자 계급으로 온전히 편입되지 못한 여공들이 '불안정한 가장자리slippery margins'[62]를 형성하고 있었기 때문이다. 여공 최옥순의 수기[63]에는 자신이 다니던 공장의 600명 여직공 중에서 200명이 병들어 있다고 기술되고 있다. 당시 대다수의 여공들은 12시간의 노동 속에서 만성적 과로와 수면부족, 소화기병, 이비인 후병, 눈병, 영양실조, 발육부진, 불임[64] 등으로 고통을 받았는데, 그 중에서 가장 치명적 질병은 폐결핵이었으며,[65] 공장주가 모집원을 통해 거금을 들여 공장으로 데려온 여공들을 계약(주로 3년)과 상관없이 귀가시키는 유일한 경우가 바로 그들이 폐병에 걸릴 때였다. 1930년대 잡지에는 폐병에 걸린 여공에 대한 기사가 빈번히 발견되는데, 채만식의 「軍中에서」[66]에서, 영등포 제사공장에서 일하다가 결핵에 걸려 집으로 가는

61 스피박은 기존의 반식민 민족해방, 페미니즘, 마르크스주의에서 사람들을 동원해 온 정치적 주의의 견지에서 이상들을 실제로 대표할 '진짜 노동자', '진짜 여성', '진짜 프롤레타리아'의 '진짜'의 예가 존재하지 않으며, 노동자·여성 등 지배단어들이 문자 그대로의 어떤 지시대상도 갖지 않다고 암시한다는 점에서, 해체는 하나의 정치적 안전장치라 보았다(스티븐 모튼Stephen Morton, 이운경 역, 『스피박넘기 Gayatri Chakravorty Spivak』, 앨피, 2005, 69~70면).

62 Denise Riley, *Am I That Name?: Feminism and the Category of 'Women' in History*, University of Minnesota Minneapolis, 1988, p.2.

63 최옥순, 「十二時間勞動을 하고-병상에서 신음하는 폐병환자 여공의 하소연」, 『시대공론』, 1931.9.

64 「日本女工의 不姙症, 조선 녀직공들은 과연 엇더한가」,『동아일보』, 1924.3.19.

65 송계월, 「공장소식」, 『신여성』, 1931.12; 최옥순, 앞의 글; 송영, 「솜틀거리에서 나온 소식」, 앞의 책.

66 채만식, 「軍中에서」, 『체신문화』, 1961.3(『채만식전집』 8, 창작과비평사, 1989). 「軍中에

어린 여공과, 「병이 낫거든」에서 폐병으로 공장생활 1년 반 만에 귀가 조치되는 업순이도 그러한 예이다.

선병질로 도시공장의 환경에 적응하지 못한 채 병에 걸린 업순이는 '4백원 저축의 삼개년 계획'을 허망하게 포기한 채, 그동안 일한 값으로 공장으로부터 73원 80전을 받는다. 그런데 업순이는 밥값을 제한 후 남은 돈을 가지고 불현듯 공장 매점으로 달려간다. 어머니와 아버지, 제 몫의 옷감 10원치를 끊고, 다시 어머니에게 줄 6원 20전짜리 우단 목도리와 아버지를 위해 5원 40전짜리 샤스를 산 후 도망치듯 매점을 나와 버린다. 하지만 업순이의 머릿속에는 '그렇게도 사고 싶었던' 매점의 각종 물건들로 가득하다.[67] 털싸스, 크림, 비누, 긴양말, 빗, 반지, 머리핀, 가방 등이 진열되어 있는 공장매점은 여공들에게 소비욕망을 부추기는 도회의 백화점과 다를 바 없었으며, 휘황찬란한 상품들로 빛나는 판타스마고리아(환등상)[68]의 장소였다. 업순이는 아까 사지 못한 인조 가죽 '가방'이 눈에 자꾸만 밟히고 차마 걸음이 걸어지질 않아 결국, 다시 매점으로 가서 '그 굉장한 가방'을 9원 20전의 대금을 주고 구매한다. 그동안 억눌린 소비욕구가 폭발한 업순이는 이미 한도를 넘은, 하지만 통제할 수 없는 자신의 소비행위 속에서 죄의식과 순간적 쾌락을 동시에 느낀다. 매점을 들어서는 순간 '상품으로부터 소외된 노동자'(맑스)로서의 업순이의 계급적 정체성은 '물신성에 사로잡힌 소비자'(벤야민)로 전이하는 혼성성을 드러낸다. 총 30원이 넘는 돈을 물

서」는 채만식의 遺稿임.

67 채만식, 「병이 낫거든」, 『채만식전집』 8, 창작과비평사, 1989, 136면.

68 발터 벤야민, 조형준 역, 『아케이드 프로젝트』, 새물결, 2005, 66면.

건 사는 데 지출한 업순이는 "그 주체스런 사십 원 미만의 돈과 눈속임의 트렁크 하나와, 메리야쓰 윗도리 한 벌과 무명 빌로도 목도리 하나와, 인조견 등속의 옷감 몇 벌"과 함께 "미련과 낙망으로 통곡이라도 하고 싶게 안타깝고 어둔 마음"[69]을 안고서 병든 몸으로 귀향을 한다. 자신의 몸을 지불한 대가로 받은 돈을 오롯이 물건으로 바꾼 채 귀향하는 업순이는 도시 프로레타리아트의 허약한 계급적 토대와 더불어 자본주의적 삶의 형식에 잠식당하는 '제3세계' 서발턴 내부의 균열을 상징적으로 보여준다. 또한 이러한 식민지 조선의 여공은 '과잉된' 또는 '미달된' 계급성을 가로지르며, "재현 밑으로 미끄러지거나 멀어지는"[70] 서발턴의 불안정한 주체성을 문제제기한다.

6. 맺음말 – 모더니티의 타자, 여공의 귀환

이기영의 『고향』에서 지식인 청년 김희준은 대도시(동경)에서 사회주의에 기반 한 유토피아적 전망을 안고 돌아온다. 그에게 있어 '고향'(농촌)은 계몽과 개조의 공간이자 미래의 혁명을 실현시킬 가능성과 희망에 찬 약속의 공간으로 표상된다.[71] 하지만 채만식의 「군중에서」, 「병이 낫거든」에서와 같이, 도시공장에서 근대를 몸으로 경험한 병든 여공들이 귀환하는 '고향'은 당대 사회주의 지식인들이 꿈꾸었던 이념적 시

69 채만식, 「병이 낫거든」, 앞의 책, 139면.

70 Gayatri C. Spivak, "Can the Subaltern Speak?", p.284.

71 김철, 「프로레타리아 소설과 노스탤지어의 시공」, 『'고향'의 창조와 재발견』, 동국대학교 문화학술원 한국문학연구소 편, 역락, 2007, 177~179면.

공간과 전혀 다른 것이었다. 자본주의적 모순, 근대에 대한 자각을 통해 재발견되는 '고향'(시골)은 계급적으로, 젠더적으로 상이한 존재성이 교차하는 불균질적 성격을 띤다. 1930년대 소설 속에 재현되는 식민지 조선의 '시골'은 농민계층의 자각을 통해 사회주의 혁명을 꿈꾸었던 지식인의 갈망과 자본주의의 물질성에 이미 훼손된 몸으로 고향에 돌아온 여공들의 좌절된 욕망이 '겹쳐지면서 어긋나는' 모순의 공간이다.

아직 귀향하지 못한, 또는 귀향을 거부한 채 도시에 머무는 여공들은 공장 안에서 사회주의적 전망 속에 혁명의 전사로 재탄생하기도 하고, 도시 시민의 일원으로서 새로운 삶의 형식을 꿈꾸기도 하였다. 하지만 모던걸을 선망하고 모방하여 공장을 이탈한 많은 여공들은 도시의 시민이 되기 위해 자신의 몸을 상품으로 팔아야 하는 도시의 주변부적 존재로 전락한다. 또한, 병든 몸으로 도시 노동자로서의 자격을 박탈당한 여공들은 농촌과 도시, 그 어디에서도 거주할 공간을 찾을 수 없는 텅 빈 귀환의 비극적 주인공이 된다. 농촌과 도시를 가로지르는 이러한 여공의 비균질적 존재성은 자신들의 지워진 목소리, 계급으로 환원되지 않는 흔적들을 품고 있는 식민지 '서발턴' 내부의 이질성을 제기한다. 단일한 계급적 주체, 젠더 범주 속에 포섭되지 않는 1930년대 여공의 타자성은 20세기 초 식민지 조선의 서발턴의 역사적 존재양식을 제기하는 동시에, 이념적 틀 속에 온전히 복원되지 않는 '차이의 기호'로서의 '서발터니티subalternity'[72]를 사유케 하는 지표라 할 수 있다.

72 김택현, 「다시, 서발턴은 누구 / 무엇인가?」, 『역사학보』 200, 역사학회, 2008, 648면.

카프 전후 소설의 어휘 사용 양상

계량적 방법을 중심으로

김일환 · 문한별

1. 문제제기

문학은 언어로 구현된 텍스트를 창조하는 데에 주된 목적이 있는 데 비해 어학은 언어 자체에 관심이 있다. 따라서 문학과 어학은 그 학문적 성격에 있어 '언어'를 기본적인 토대로 하고 있지만 그 목표에 있어서는 뚜렷이 구분된다. 문학 연구에서는 이 같은 속성 때문에 텍스트에 구현된 어휘의 의미를 분석하거나 개별 작가들의 어휘 조직 양상에 의미를 부여하는 데에 집중하고 있는 것이다. 그러나 문학과 어학이 '언어'를 중심으로 이루어지는 학문이라는 점은 의심의 여지가 없다. 개별 작가들의 작품에 구현되는 '언어'는 궁극적으로 작가가 텍스트를 창조하기 위해 사유하고 고민하는 자국어의 토대 위에 존재할 수밖에 없으며, 더 나아가 소통을 위한 방법론으로서의 '문자'의 기반 위에서 실현되기 때문이다.

이 같은 이유로 문학 연구의 방법에서 언어학적 방법을 활용하는 것은 문학 텍스트의 분석, 비평 등에 의미 있는 방법론을 제공해 줄 수 있다는 점에서 그 유용성을 심각하게 고려해 볼 필요가 있다. 특히 지금까지 문학 텍스트의 분석과 비평이 주로 연구자의 직관과 내성에 의존하여 왔기 때문에 텍스트에서 실제 사용되는 언어의 사용 양상을 객관적이고 실증적으로 검토하는 작업은 거의 이루어지지 못해 왔기 때문이다.

따라서 본고에서는 1930년대 카프 해체 전후 소설들의 어휘 사용 양상을 계량적 방법을 통해 살펴봄으로써 문학 연구에 있어서 언어학적 연구 방법론의 도입의 의의를 구명해 보려 한다. 특히 카프 전후 소설들이 보이는 언어 사용 양상은 대개 개념적, 직관적으로 그 사용 양상을 대체로 추정해 볼 수 있지만, 실제 텍스트에서 어떠한 어휘가 어떠한 빈도로 얼마나 폭넓게 사용되는지 등에 대해서는 거의 논의가 이루어지지 못해 왔다고 할 수 있다. 이는 실제 텍스트의 언어 사용 양상을 밝히기 위한 방법론이 문학에서는 마련되기 어려운 측면도 있다. 본 연구의 결과를 토대로 문학 텍스트 분석에서 계량적 방법의 의의가 밝혀질 수 있다면 앞으로 유사한 주제의 연구들을 기획하는 데 좋은 단서가 될 수 있을 것으로 기대한다.

한국 근대소설사에 있어서 1920년대부터 해방 전까지의 시기는 몇 가지 특징적인 사건을 언급하지 않고서는 설명되기 어렵다. 초기 계몽문학의 시기였던 1910년대를 지나 본격적인 근대 소설이 등장하기 시작한 1920년대는 1919년에 있었던 3·1운동 후 문화정치의 영향 아래에서 전개되었고, 1925년 카프의 결성으로 새로운 전기를 맞이하였다.

한국 근대소설사에서 가장 중요한 전환점이라 할 수 있는 카프의 등장은 계몽주의나 자연주의에 몰두하고 있었던 소설 창작의 흐름을 리얼리즘이라는 기준을 통하여 재편하도록 만들었던 것이다. 그렇기에 이 시기 이후의 소설은 크게 두 흐름으로 나뉘어져 전개되었다. 그 하나는 사회주의적 리얼리즘 계열의 소설이며, 다른 하나는 여기에 일정한 거리를 둔 다양한 흐름의 총 합에 해당하는 소설들이다.

카프 소속 작가들에 의해 주도되었던 사회주의적 리얼리즘 계열의 작품들은 동반자 작가의 작품들과 함께 비판적 사실주의의 흐름을 이끌어 나가다가 1930년대에 접어들면서 변화의 시기를 거친다. 그것은 1931년 제1차 검거 사건과 1934년 제2차 검거 사건을 통한 카프의 해체이다. 카프 및 동반자 작가 계열에 속하던 작가들은 이 두 번의 사건을 겪으며, 체제에 순응하는 '전향'의 길을 요구받았으며, 이 같은 흐름은 그들의 문학 세계 전반과 작품 전체의 방향성을 수정하게 만들었던 것이다.[1]

카프의 등장 이후 비판적 사실주의와는 일정한 거리를 두고 있었던 작가들 역시 1930년대 중반을 전후로 하여 새로운 흐름에 영향을 받고 있었다. 식민지 체제 아래에서의 본격적인 근대화라 부를 수 있는 이 흐름은, 근대라는 문명과 사회의 울타리 내에서 순응할 수밖에 없는 지식인들에게 개인적인 차원의 영역 속으로 침잠할 수밖에 없도록 하였던 것이다.

그러나 여기서 분명한 것은 식민지 문학 공간의 동일한 자장 안에서

---

1 김인옥, 「1930년대 후기 한국 전향소설 연구」, 숙명여대 박사논문, 1997.
김재용, 「전향과 변절의 역사 환상에서 환멸로」, 『역사비평』 가을호, 1993.
이기인, 「카프방향전환론의 재검토」, 『한국언어문학』 52, 한국언어문학회, 2004.6.

두 부류의 작가들 모두가 직·간접적으로 영향을 받고 있었다는 점이다. 단순히 카프 작가들이 해체라는 아픔을 겪으며 그들의 방향성을 '전향'하게 되었던 것뿐만 아니라, 이 흐름에 일정한 거리를 두었던 작가들 역시 그 변화의 '영향' 속에서 존재하였기 때문이다.

이 같은 특징적인 사건들을 기준으로 1925년부터 1934년 카프 해체기까지의 작품들과 1935년 이후부터 해방 전까지의 작품들을 살펴보는 것은 문학사적으로도 의미가 충분할 뿐만 아니라 개별 작가의 변모 양상을 확인할 수 있다는 점에서도 의미가 있다. 기존의 연구들이 문학사의 특정한 사건들을 중심으로 개별 작가의 작품들을 사적 흐름 속에서 해명하려고 했던 이유는 이 때문일 것이다.[2]

그러나 이 모든 전제 조건들은 명확한 사실 명제인 것처럼 받아들여지면서도 분명한 논리적 한계가 존재한다. 소설이 완결된 한 작품을 유기적으로 이해해야 하는 대상이기는 하지만, 그 아우른 내용이나 주제의식만을 가지고, '전환'이나 '전향' 혹은 '영향'을 증명할 수 없기 때문이다. 오히려 이 같은 전환과 변화의 흐름은 매우 실증적이며 구체적인 부분의 총체적 합을 통해서만 증명될 수 있는 것이며, 이를 기반으로 한 씨줄과 날줄이 일치하였을 때 우리는 이 작품들이 속해 있는 문학사의 실제적인 변화를 체감할 수 있기 때문이다.

본 연구에서 주목하고 있는 어휘를 통한 계량적 비교 연구는 이 같은 문학사의 흐름을 확인할 수 있는 구체적 방법론이라 할 수 있다. 기

2 유문선, 「동반자 작가 전향에 관한 시론」, 『관악어문연구』, 1983.
정희모, 「1930년대 창작방법 논쟁과 카프 문학의 미학」, 『한국비평문학』 13, 1999.7.
진영복, 「1930년대 한국 근대소설의 사적 성격 연구」, 연세대 박사논문, 2003.

존 연구에서 전제하고 있는 사적 변화가 실제로 작품 내에서 구현되었는가를 확인할 수 있는 기회가 될 수 있으며, 이를 통하여 동일한 시기의 작품들이 동일한 문학적 자장 안에서 함께 추동하고 있었는가를 증명할 수 있는 가능성이 열릴 수 있기 때문이다. 또한 더 나아가 변화의 시기를 관통하여 작품을 창작한 개별 작가들의 작품들이 보이는 구체적 변모 양상을 살필 수 있는 첫 번째 시도가 될 수 있을 것이다.

2. 방법론

1) 대상 작품

1934년 카프의 해체를 전후로 한 소설들의 어휘 사용 양상을 살피기 위해서는 어휘 추출과 비교 충분히 하기 위한 작품 텍스트의 선정이 필수적이다. 본 연구에서는 분석 대상을 확보하기 위하여 먼저 1925년부터 1944년까지 20년에 걸쳐 작품을 발표한 22명의 작가를 선정하였다.[3] 이들 작가들의 작품 발표 현황과 대상 작품의 전체 수량은 아래와 같다.[4]

3 작가 선정의 기준은 다음과 같다. 첫째, 1920년대부터 1940년대까지가 주된 작품 발표 시기인 작가, 둘째, 1934년 카프 해체기를 전후로 등장한 작가, 셋째, 1925~1934년・1934~1944년 사이에 등장하여 각 시기에 중점적으로 작품 활동을 진행한 작가이다. 세부 작품 목록은 부록을 참조.

4 분석 대상 작품을 선정하는 것은 문학사적 시각을 통한 일정한 기준 선정이 우선되어야 한다. 그래야만 분석 대상 작품 선정의 임의성을 피할 수 있기 때문이다. 그럼에도 불구하고 한국근현대소설 가운데 20년이라는 비교적 장기간에 발표된 작품들을 모두 섭렵하고, 이를 전자화하는 것은 어려운 일임에 틀림이 없다. 전자화되지 않은 소설의 작품 수가 전자화된 작품에 비하여 현저히 적은 상태이고, 이를 전자 텍스트로 문서화하는 것은 입력 작업 자체가 지난한 일이기 때문이다. 이 같은 이유 때문에 본 연구에서는 분석 대상을 선

▸ 1934년 이전 : 70편, 265,006 어절, 작가 수 19인

▸ 1934년 이후 : 67편, 283,555 어절, 작가 수 14인

이와 같이 선정된 22명(중복 제외)의 작가 137편의 작품은 1925년부터 1944년까지 대상 선본에 수록된 단편소설들이다. 본 연구에서 단편소설만을 대상 작품으로 한정한 이유는 양식적으로 구분되는 장편과 단편의 분량 차이가 어휘의 사용 양상에 있어서도 분명한 차이를 보일 것이라고 가정할 수 있기 때문이며, 분석 후의 데이터 산출에 있어서도 서로 다른 의미를 만들어 낼 수 있기 때문이다. 또한 1934년을 전후로 한 작품 가운데에는 동일한 작가의 작품이 다수 포함되어 있다. 이는 단순히 두 시대의 소설 텍스트가 보이는 어휘 사용 양상의 차이가 단순히 작가의 차이에서 비롯된 것이라는 오해 가능성을 최소화하기 위한 목적 때문이다.

2) 처리 방법

먼저 분석의 대상이 되는 소설 작품 137편을 전산 입력하여 소설 워시 말뭉치를 구축하였다. 본격적인 말뭉치로 활용되기 위해서는 다양

정하기 위하여 이미 여러 전문가들에 의해 선본으로 선정된 작품집을 활용하기로 하였다. 전문가들의 감수를 거친 선본의 경우 편집과 선정 과정에서 일정한 문학사적 평가가 반영되었을 것으로 기대할 수 있기 때문이다. 본 연구를 위한 기본 입력 대상 선본으로는 한국 근현대소설 작품을 망라하고 있는 동아출판사 판 『한국소설문학대계』를 선정하였고, 작품은 직접 입력을 통하여 출판본과 동일한 표기 및 교정을 준수하도록 하였다.

한 헤더header와 마크업markup이 필수적이지만 본고의 목적을 위해서 이러한 과정은 매우 간략화해서 처리하였다.

전산 입력된 소설 원시 말뭉치에서 단어의 구체적인 사용 양상을 확인하기 위해서는 단어의 형태소 분석 과정이 필수적이다. 특히 전체 어절이 50만을 넘는 규모의 말뭉치이므로 이를 일일이 사람이 형태 분석하기는 불가능하므로 형태소 분석기를 활용하였다. 본고에서 형태소 분석을 위해 사용된 도구는 이도길(「한국어 형태소 분석과 품사 부착을 한 확률 모형」, 고려대 박사논문, 2005)의 KOMA 태거tagger로, 이 태거의[5] 전반적인 분석 성공률은 95%를 상회하는 것으로 보고되고 있다. 그러나 이 연구의 대상이 되는 텍스트가 주로 1930년대라는 점, 다양한 방언과 축약형 등이 사용되고 있다는 점을 고려할 때 이 분석 성공률은 다소 낮아질 것으로 예상된다.

따라서 잘못 분석된 결과를 후처리하는 과정이 필수적으로 수반되었으며 이 과정은 주로 수동적인 방법으로 이루어졌다. 잘못된 분석 결과를 수정하고 원어절의 출전 정보를 확인할 수 있는 표시를 하는 등의 작업을 한 결과 다음과 같은 소설 텍스트 말뭉치를 구축하였다.

5 태거tagger는 대상 어절의 형태소를 분석한 후 가장 적합한 형태소 분석 결과를 부착해 주는 도구를 말한다. 실제 어절은 다양한 형태소로 분석될 수 있으며 이러한 형태소 가운데 문맥 등을 참조하여 올바른 하나의 분석을 부착해 주는 것이다. 예컨대, '감기는'이라는 어절은 '감기_일반명사+는_조사'로 분석되거나 '감기_동사+는_관형사형 어미'로도 분석될 수 있으므로 이러한 중의성을 해소하기 위해서는 태거가 필수적이다.

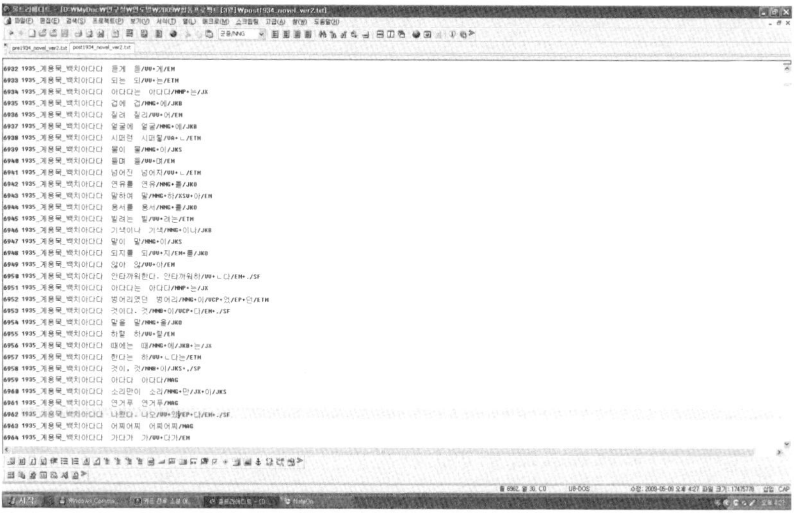

〈그림 1〉 KOMA를 이용한 소설 코퍼스 예

〈그림 1〉은 전산 입력된 소설 텍스트를 KOMA 태거를 이용하여 형태소 분석하고 그 결과를 원어절에 부착한 모습을 보인 것이다. 이 그림에서 가장 왼쪽 칼럼은 해당 텍스트의 출처를 표시한 것으로 위 텍스트는 원전이 계용묵의 '백치 아다다'임을 나타내 주고 있어 해당 단어의 출전을 쉽게 확인할 수 있도록 처리하였다. 또한 위의 분석 결과 가운데 본 연구에서 주로 관심을 가지는 단어인 일반명사는 NNG로 표시되어 있음을 볼 수 있다

한편 분석 오류를 수정하고[6] 최종적인 소설 말뭉치가 완성된 후 본고에서 주로 다룰 어휘인 명사의 통계 정보를 추출하였다. 이러한 과

6 특히 일반명사의 분석에서 많은 오류가 발견되었는데, 이 오류에는 주로 고유명사가 많이 포함되어 있었다. 이 시대의 소설에 등장하는 '건성이, 음전이' 등의 인명은 최근에는 거의 사용되지 않을 뿐 아니라 일반명사로도 분석이 가능한 중의성을 내포하고 있어 자동 분석에서 오류가 많이 포함된 것으로 보인다.

정을 간략히 도식화해서 보이면 다음과 같다.

한편 도출된 통계 정보를 해석하는 과정이 필요하다. 특정한 어휘의 빈도만을 단순히 비교하는 것은 객관적인 엄밀성을 결여하기 쉽기 때문이다.

이와 같은 방법론을 활용하여 본 연구에서는 먼저 두 시대에서 쓰인 명사 가운데 사용 빈도의 차이가 10 이상인 명사들을 우선 추출하였다. 추출된 명사들은 비록 빈도에서 10회 이상의 차이를 보이기는 하지만 이러한 빈도상의 차이가 모두 의미 있는 것인지는 보다 면밀한 고찰이 요구된다. 특정한 어휘의 사용 빈도에 변화가 생기는 것을 단순히 카프의 해체 여부와 관련지어 해석하기는 어려운 데다가 어휘의 변화는 문법 요소의 변화보다 시대에 따른 변화의 폭이 매우 넓고 다양하기 때문이다.

그러므로 본고에서는 두 어휘의 단순한 빈도 차이뿐 아니라 텍스트 전체에서 얼마나 고르게 분포하는지, 그리고 평균적인 사용 양상과 그 편차는 어떠한지의 여부도 검토할 것이다. 이들은 해당 어휘의 분산과 표준편차를 계산하고 이 값을 비교함으로써 객관적인 비교가 가능하다.

결과적으로 사용 빈도의 차이, 분산 그리고 표준편차 등을 모두 고려함으로써 카프 해체를 전후로 한 소설 작품에서 나타나는 어휘 사용 양상을 보다 객관적으로 구명할 수 있는 것이다.

3) 주요 어휘의 사용 양상

이 연구에서는 카프 해체 전후의 소설 텍스트를 비교 분석하기 위해 일반명사를 주된 대상으로 삼았다. 소설 텍스트의 비교를 위해서는 동사, 형용사, 관형사, 그리고 부사 등도 대상이 될 수 있겠으나 어휘가 차지하는 전반적인 비중을 고려할 때 일반명사를 우선적인 관심으로 삼을 필요가 있다. 일반명사가 텍스트에서 차지하는 높은 비중은 다음의 표에서 보이듯이 동사, 형용사와 비교해 볼 때에도 크게 유형과 빈도에서 크게 높음을 알 수 있다.

〈표 1〉 주요 어휘의 어휘 사용 양상 비교

	1934년 이전			1934년 이후		
	유형	빈도	사용 비율	유형	빈도	사용 비율
일반명사	12,058	99,221	37.441	12,779	103,069	35.872
동사	2,578	72,336	27.296	2,858	77,681	27.037
형용사	1,353	16,326	6.160	1,594	18,172	6.325

위 표에서 확인할 수 있듯이 일반명사는 동사, 형용사와 비교할 때 빈도뿐 아니라 유형에서 압도적인 우위를 보이며 사용된다. 이는 다른 품사 범주와는 구별되는 일반명사가 가지는 높은 어휘적 성격을 잘 보여주는 것이다. 따라서 텍스트 비교에 있어서 일반명사는 우선적인 검토의 대상이 되는 것이 마땅하다.

3. 시기별 어휘 변모 양상

1) 어휘 사용 양상과 관련한 가설

카프의 등장을 전후로 하여 한국 현대소설의 흐름은 크게 두 갈래로 나뉜다. 계급의식을 바탕으로 한 비판적 리얼리즘 계열에 속하는 작품들의 등장과 이에 대별되는 비 비판적 리얼리즘 계열의 작품들의 존재이다. 먼저 1925년부터 1934년까지 비판적 사실주의 계열에 속하는 작가들은 본 연구의 분석 대상 작가 19명 가운데 11명이며, 김기진, 김남천, 박영희 박태원, 이기영, 조명희, 박화성, 최서해, 이효석, 유진오, 엄흥섭, 주요섭 등이며, 동일한 시기 비 비판적 리얼리즘 계열에 해당하는 작가들은 계용묵, 김동인, 나도향, 박태원, 신채호, 전영택, 이태준, 현진건 등 8인이다.

이들 작가들의 작품 70편을 대상으로 본 연구에서 주목한 가설은 아래와 같다. 우선 위에 언급한 바와 같이 작가들을 카프 소속을 중심으로 이분화 하였을 때, 두 대상 작가들이 작품 속에서 드러내는 어휘의 사용 양상은 차이가 있는가의 여부이다. 이는 한국 현대문학사에 있어서 지금까지 정설로 되어 있는 카프 문학이 지닌 계급성이 실제 작품에 단어로서 투영되고 구현되었는가를 살펴볼 수 있는 전제가 된다. 만일 계급성을 드러내는 단어들이 비판적 사실주의 계열의 작가들 작품에서만 집중적으로 드러나고, 비 비판적 사실주의 계열의 작품에서는 현격한 차이를 두고 적게 사용되었다면 기존의 문학사에서 지적하고 있는 전제는 타당한 것이라 할 수 있을 것이며, 총체적으로만 언급되었던 작품 성향의 구체적인 증거로서 특정한 어휘가 활용되었을 뿐만 아니라 작품의 성향을 좌우하는 데에 영향을 주고 있음을 확인할 수 있을 것이다.

이에 비하여 만일 비판적 사실주의 계열의 작품들과 비 비판적 사실주의 계열의 작품들이 유사하거나 동일한 어휘를 비슷하게 사용하고 있다면, 이는 카프라는 단체의 소속 여부와는 무관하게 그 당대의 시대적 흐름을 반영하는 특정한 어휘가 있었다고 판단할 수 있을 것이다.

한편 1935년 이후의 분석 대상 작품은 작가 14명에 전체 작품 67편이다. 1934년 카프 해체 이전 비판적 사실주의 작가군에 속하는 작가 8명,[7] 비 비판적 사실주의 계열의 작가 6명[8]이 분석 대상 작품의 작가이며, 이들의 작품을 분석 대상으로 하여 전제할 수 있는 가설은 다음과 같다.

만일 이들 작가들 가운데 1934년 이전 비판적 사실주의 계열의 작가들이 계급성을 드러내는 특정한 어휘를 사용하지 않는다면, 이들의 작품 성향은 카프 해체 이후 분명하게 변화[9]하였다고 할 수 있으며, 여전히 사용하고 있다면 이는 카프의 해체와는 무관하다는 점. 둘째 비판적 사실주의 계열에 속했던 작가나 비 비판적 사실주의 계열의 작가나 동일하거나 유사한 어휘 사용 양상을 보인다면 이는 카프 해체가 문학사의 흐름에 있어서 사회적 · 역사적 흐름이 작품에도 분명한 영향을 미치고 있었다는 점이다.

---

7 김남천, 이효석, 유진오, 박화성, 엄흥섭, 주요섭, (이근영, 강경애) 등 8명. 이 가운데 괄호 내의 작가들은 1930년대 이후 등장한 비판적 사실주의 성향의 작가들이다.

8 계용묵, 김동인, 박태원, 이광수, 이태준, (지하련) 등 6명. 이 가운데 괄호 내의 작가는 1930년대 이후 등장한 비 비판적 사실주의 성향의 작가이다.

9 1931년과 1934년에 걸친 카프의 1, 2차 해체 이후 비판적 사실주의 계열의 작가들이 '전향'이라는 방법을 통하여 작품의 성향을 바꾼 것을 의미한다.

본 연구에서는 이와 같은 가설을 중심으로 하여 작품 속에 가장 많이 사용되고 있는 명사들을 분류 · 비교 하였다. 먼저 위에 전제한 가설과 명사의 사용 양상이 실제로 일치하는가의 여부, 둘째로 시기별 조건별로 명사의 사용 양상이 어떠한 차이를 드러내고 있는가의 여부에 주목하였다.

2) 명사의 사용 양상

작품 속에 활용된 어휘는 기본적으로 단어 자체가 가지고 있는 의미와 사용 문맥에 따라 의미가 변화하거나 한정되는 경우로 나누어 생각해 볼 수 있다. 이 가운데 본 연구에서는 어휘의 빈출 정도에 먼저 주목하기로 하였으며, 사용 어휘의 문맥적 의미는 특징적인 경우에만 비교하도록 한다.[10] 우선 빈출 명사 가운데 1935년을 기점으로 하여 현격한 출현 빈도차를 보이는 상위 30개 어휘를 표로 정리하여 제시한다.

10 어떠한 어휘가 특정한 의미를 만들어내는 것은 첫째, 그 단어가 가지고 있는 사전적 의미의 특수성과 둘째, 어휘의 활용 조건 즉 문맥에 따라 기존의 의미를 넘어서서 특수화되는 경우로 구분지어 생각할 수 있다. 작품 속에 사용된 어휘의 분명한 의미를 확인하기 위해서는 궁극적으로 그 어휘의 '연어 정보'를 확인하고 분석하여야 하지만, 본고의 경우 방법론적 시론이라는 점에서 이 같은 연구는 추후 과제로 남기기로 하였다.

〈표 2〉 높은 빈도차를 보이는 상위 30개 일반명사 목록

빈도 차 순위	일반 명사	1934년 이전	1935년 이후	빈도 차	1934년 이전 평균 빈도	1935년 이후 평균 빈도	1934년 이전 표준 편차	1935년 이후 표준 편차
1	사람	2,162	1,714	448	31.42	25.97	27.04	18.45
2	일	1,107	974	133	15.81	14.54	14.17	14.20
3	소리	1,026	863	163	14.66	12.88	11.23	9.36
4	마음	491	825	−334	7.01	12.31	8.55	13.13
5	어머니	450	686	−236	6.43	10.24	10.82	26.41
6	아내	368	565	−197	5.26	8.43	9.66	18.03
7	몸	338	475	−137	4.83	7.09	4.62	9.07
8	방	335	505	−170	4.76	7.54	5.54	11.05
9	서방	334	153	181	4.77	2.28	15.71	10.33
10	주사	295	57	238	4.21	0.85	21.70	3.90
11	까닭	286	182	104	4.09	2.72	7.07	4.58
12	계집	285	121	164	4.07	1.81	11.60	3.49
13	밥	228	104	124	3.26	1.55	4.60	2.18
14	노인	167	56	111	2.39	0.84	14.34	3.72
15	생활	153	207	−54	2.19	3.09	3.35	6.34
16	공장	145	25	120	2.07	0.37	8.48	1.06
17	상제	122	3	119	1.74	0.04	14.16	0.21
18	감독	117	9	108	1.67	0.13	11.13	0.49
19	가난	117	46	71	1.67	0.69	3.57	1.21
20	남편	108	212	−104	1.54	3.16	2.54	7.03
21	노동자	101	3	98	1.44	0.04	4.59	0.21
22	꿈	99	140	−41	1.41	2.09	2.32	3.27
23	영감	95	287	−192	1.36	4.28	3.04	14.30
24	양반	81	24	57	1.16	0.39	4.95	1.07
25	민중	70	3	67	1.00	0.04	8.01	0.21
26	책	61	168	−107	0.87	2.51	2.45	5.21
27	고향	57	122	−65	0.81	1.82	1.81	6.64
28	파업	49	3	46	0.70	0.04	3.54	0.37
29	지주	48	11	37	0.69	0.16	2.83	0.93
30	연애	40	114	−74	0.57	1.70	1.57	8.65

〈표 2〉는 1934년 카프 해체기를 기점으로 하여 출현 빈도의 현격한 차이를 보이는 명사들의 양상이다. 본 연구에서는 최초 대상 텍스트 어휘의 전체 수량을 일정 비율로 맞춤으로써 비교 대상 사이의 격차에 따른 어휘의 증감을 최소화하려 하였음을 전제한 바 있다. 비슷한 작품 수와 어휘 수를 비교하였을 때만이 정확한 분석 데이터를 산출할 수 있기 때문이다.

이 표에서 주목할 부분은 우선 빈도 차이를 보이는 상위 빈출 어휘 가운데 뚜렷하게 보이는 양상의 차이이다. 먼저 대부분의 작품에서 일상적으로 사용되고 있는 어휘들, 예를 들어 '사람', '일', '소리', '마음'과 같은 어휘의 경우는 그 의미의 일반성이 당대적 시대성을 담보할 수 없기 때문에 제외하고 보았을 때, 일제강점기라는 역사적 특수성과 문학사적 특징을 바탕으로 특수한 의미를 지니고 있는 어휘를 추출할 수 있다.

우선 그 기본 의미에 있어서 계급성과 관련성을 유추할 수 있는 명사들에는 '노동자', '양반', '민중', '파업', '지주' 등이 있다. 위의 표를 기준으로 하여 이 명사들의 수치적 특징을 살펴보면, '노동자'의 경우 1934년 이전 작품에는 101회나 등장하였으나 1935년 이후에는 불과 3회만 사용되었음을 확인할 수 있다. 이 단어가 전체 137 작품에서 만일 골고루 분포되어 출현한다면 평균 빈도는 1934년 이전에는 1.44회, 1935년 이후에는 0.04회가 확인될 것이다. 또한 표준편차와 분산을 통하여 확인할 경우 이 명사는 1934년 이전에는 분산 값 21.06을, 1935년 이후에는 분산 값 0.04를 지닌다. 분산 값은 평균값과의 분포 차이를 설명하는 것이므로, 이 명사가 1934년 이전이 1935년 이후보다 분산 값이 크기 때문에 표준 빈도 값에서 골고루 퍼져 있을 가능성이 존재하는 것이다. 즉 분산 값이 크게 나타나는 어휘의 경우 1935년에 비하여 비교적 넓게 분포되어 있을 수 있는 것이다[11].

그렇다면 이 같은 판단이 실제 작품과 작가별로 일치하고 있는가를 확인해보도록 한다.

〈표 3〉 명사 '노동자'의 전체 대상 작품 내 출현 양상

1934년 이전 출현 작품 수	1935년 이후 출현 작품 수	1934년 이전 활용 작가 수	1935년 이전 활용 작가 수
32 / 137	3 / 137	12 / 22	3 / 22
23.36%	2.19%	54.55%	13.63%

〈표 3〉을 통하여 확인할 수 있듯, '노동자'라는 명사는 분산 값을 통하여 유추한 바와 동일하게 1934년 이전에는 1935년 이후에 비하여 비교적 많은 작가의 다양한 작품에서 사용되고 있었음을 알 수 있다. 즉 카프 해체 이전의 작품에서 이 명사는 그 이후보다 분명한 시대성을 반영하여 사용되고 있었던 것이다. 동일한 방식으로 '양반'이라는 명사를 확인할 경우, 1934년 이전에는 11작가(50%), 17작품(12.41%)에서 출현하며, 1935년 이후에는 6작가(27.27%), 11작품(8.03%)에 등장함을 알 수 있다. 또한 '파업'의 경우, 1934년 이전에는 3작가(13.64%), 5작품(3.65%)에서, 1935년 이후에는 1작가(4.55%), 1작품(0.73%)에서 발견할 수 있다.

이와 같은 양상 가운데, '노동자'라는 명사를 활용하고 있는 작가들

11 분산 값을 해석함에 있어서 유의할 점은 단순히 수치가 높게 나타났다고 해서 모든 텍스트에 골고루 분포되어있다고 일반화할 수는 없다는 점이다. 왜냐하면 평균과 큰 수치 차이를 보이는 하나의 텍스트가 평균값에서 멀리 떨어졌기 때문에 생겨나는 결과일 수 있기 때문이다.

12명에는 9명이 비판적 사실주의 계열에 속해 있다. 즉 나도향과 이태준, 박태원을 제외한 나머지 작가들은 카프에 가담한 작가들로 볼 수 있는 것이다. 이들이 작품 가운데 '노동자'라는 명사를 사용한 횟수는 전체 76회에 달한다. 이에 비하여 비 비판적 사실주의 계열의 작가 3인이 동일한 명사를 사용한 경우는 25회이다. 그렇다면 각기 다른 계열의 작가들 작품 속에 출현하는 '노동자'라는 명사는 어떠한 의미를 구현하기 위해 추동하고 있는 것인가. 이를 확인하기 위하여 실제 작품 속에서 이 단어가 사용된 용례를 계열별로 나누어 살펴보도록 하자. 비교를 위하여 작품 속에서 '노동자'라는 명사를 가장 많이 사용한 3명의 작품을 계열 대비하여 제시한다.

㉠ 그것은 철원에 수리조합이 생기며 그 개간공사로 **노동자**를 사용하는 까닭도 있지만 금강산金剛山 전기철도가 놓이며 철원은 무서운 속력으로 발전을 하는 데 따라서 다소간의 금융이 윤택하여지며 멀리서 듣는 불쌍한 사람들의 마음들을 충동이어 '나도 철원, 나도 평강平康' 하고 덤비게 된 것이다.

노동자가 모이어 주막이 늘고 창기가 늘었다.

자본 있는 자들은 **노동자**가 많이 모여들수록 임금을 낮춰서 얼마든지 그들의 기름을 짜내었다. 그러나 그렇게 기름을 짜낸 돈은 또 주막과 창기가 짜내었다. 남은 것은 언제든지 빈주먹이었다. (나도향, 「지형근」, 『한국소설문학대계』22, 동아출판사, 1995, 201면)

㉡ 그러나 그들은 효자효녀가 아니었다. 그들은 다만 **노동자**에 불과한 것이다. 예전의 효자는 지금의 **노동자**다! 효자가 가난한 집에서 태어나듯이

노동자도 가난한 집에서만 나온다!

건성이도 훌륭한 **노동자**가 되어 나왔다.

그는 칠 년 동안의 노동생활을 회상해 보았다. 처음에 방적공장에 들어갔을 때 감독의 학대와 공장주의 무리한 ××로 쉴새없이 노동하는 수천 명 직공의 참담한 생활을! 기숙사에서 마치 ××와 같이 갇혀서 햇빛을 못 보는 여직공들의 얼굴! 폐병 들린 그들의 기침과 각혈! 그런데 음침한 공장 속에서는 악마 같은 기계가 쉴새없이 돌아갔다. 그러는 대로 그들은 산 기계와 같이 수족을 놀린다. 그러다가 까딱하면 금시에 멀쩡하던 사람이 송장으로 떼 메어 나오지 않는가? (이기영, 「홍수」, 『한국소설문학대계』 10, 동아출판사, 1995, 501면)

ⓒ 삼백 명의 **노동자**들이 동맹파업을 단행하고 이처럼 격분하여 경찰서에 쇄도하게까지 된 하수도 공사의 내막은 이러하였다.

실업失業 **노동자**들을 구제하기로 목적한 하수도 공사가 근년에 유행과 같이 각처에서 일어났다.

목포부에서도 실업 구제의 하수도 공사를 시작하게 되어, 중정이라는 자와 칠만 팔천 원의 경비로 육 개월 안으로 공사를 준공시키기로 청부계약이 성립되었다. (박화성, 「하수도 공사」, 『한국소설문학대계』 21, 동아출판사, 1995, 338면. 이상 강조는 필자의 강조임)

㉠~ⓒ까지의 세 편의 인용문은 '노동자'라는 명사가 가장 많이 등장하는 상위 3편의 작품들이다. 이 가운데 ㉠에 해당하는 작품은 문학사에서 비 비판적 사실주의 작가로 알려져 있는 나도향의 1926년 작

「지형근」이며, 이 작품에 '노동자'라는 어휘는 16회 출현한다. ㉡은 대표적인 비판적 사실주의 작가로 알려져 있는 이기영의 1930년 작「홍수」이며, 여기에는 '노동자'라는 명사가 15회 사용되었다. ㉢은 비판적 사실주의 계열 성향의 작가인 박화성의 1932년 작「하수도 공사」의 일부이며, 이 작품에는 32회의 '노동자'라는 단어가 사용되었다.

먼저 비판적 사실주의 계열의 작가라 할 수 있는 이기영의 작품 속에서 '노동자'라는 명사는 "효자는 가난한 집에서 태어나듯이 노동자도 가난한 집에서만 나온"다며 '노동자'의 계급적 출신을 언급하는데 사용되고 있다. 특히 이후의 문장에서 "감독의 학대", "공장주의 무리한~직공의 참담한 생활" 등의 서술을 확인할 수 있기 때문에, 이 명사는 철저하게 '노동자'라는 단어의 '계급'적 의미를 구현하기 위하여 사용되었음을 알 수 있다. 박화성의 작품 인용문 ㉢역시 동일하다. "삼백명의 노동자들이 동맹파업을 단행하고" 등에서 확인할 수 있는 것처럼, '노동자'∽'파업과 투쟁'이라는 계급 갈등을 전제로 '노동자'라는 단어가 사용된 것이다.

특이한 점은 비 비판적 사실주의 작가로 알려진 ㉠의 나도향 역시 동일한 맥락으로 '노동자'라는 명사를 활용하였다는 점이다. "자본 있는 자들은 노동자가 많이 모여들수록 임금을 낮춰서 얼마든지 그들의 기름을 짜내었"다고 서술하고 있는 것처럼 '노동자'를 대상으로 한 자본가의 착취 상황을 설명하는 데에 이 단어를 사용하고 있는 것이다.

> 얼마 안 있어 사람들은 따뜻한 저녁을 먹고 그리고 유카타 바람으로 이곳을 찾아올 게다. 입에들 담배를 물고(…중략…) 진수는 벤치에서 일어났

다. 그러한 사람들에게 저 잠자고 있는 노동자와 함께 자기의 초라한 행색을 보일 용기가 그에게는 없었다. 진수는 기운 없는 뱃속에다 줄 힘도 없이, 허청허청한 다리를 이끌어 공원을 나왔다. 어디로 가나. 물론 주인집으로밖에 갈 곳을 그는 갖지 못한다. 혹 누가 그 동안에 찾아오지나 않았을까. (박태원, 「딱한 사람들」, 『한국소설문학대계』19, 1995, 225면)

나도향이 보인 이 같은 비판적 사실주의 성향의 명사 사용은 또 다른 비 비판적 사실주의 작가인 박태원의 경우와 비교할 때 차이가 분명해 진다.[12] 위의 인용문은 1934년 박태원 작 「딱한 사람들」의 일부인데, 이 작품에서 '노동자'라는 명사는 "초라한 행색"이 유사한 비교 대상으로 사용되고 있기 때문에 계급성은 반영되어 있지 않다.

이에 비하여 1935년 이후에 더 많은 출현 빈도를 보이는 명사들은 계급적 관계나 속성을 드러내는 어휘들과는 큰 차이를 보인다. '어머니', '아내', '몸', '방', '생활', '남편', '꿈', '영감', '책', '고향', '연애' 등이 그것들이다. 1934년 이전에 자주 출현하였던 어휘들의 특수한 의미성에 비하여 이들 명사들은 일반적이며 시대성이 드러나지 않는다는 특징이 보이는 것이다.

오히려 '어머니', '아내', '영감' 등에서 유추할 수 있는 것처럼, 이 시기의 소설 작품 속에는 주로 가족이나 호칭을 나타내는 명사들이 많이 사용되고 있는데, 이는 이전 시기와는 전혀 다른 단어 사용 양상이라

12 이는 나도향이라는 작가가 초기 낭만주의적 성향의 작품을 발표하다가 빈부와 계급과 관련한 사회 구조에 관심을 드러냈다는 사실을 증명하는 것이라고 유추할 수 있는 근거가 될 수 있다.

할 수 있다. 가족 관계를 나타내는 명사인 '어머니'와 '아내', '남편' 같은 단어들이 현격하게 많이 등장하고 있다든지, '영감', '아저씨' 등과 같이 호칭과 인간관계에서 사용되는 말들이 늘어나고 있다는 점은 이와 같은 판단을 가능케 한다.

그렇다면 이 명사들 가운데 가족 관계성을 대표적으로 드러내는 '아내'라는 어휘의 분포 양상을 살펴보도록 하자.

〈표 4〉 명사 '아내'의 비교군 내 출현 양상

1934년 이전 출현 작품 수	1935년 이후 출현 작품 수	1934년 이전 활용 작가 수	1935년 이전 활용 작가 수
30 / 70	39 / 67	15 / 22	14 / 14
42.86%	57.21%	68.18%	100%

〈표 4〉를 통하여 확인할 수 있는 것은 1935년 이후의 작품들에서 '아내'라는 명사가 그 이전에 비하여 비교적 폭넓게 분산되어 등장한다는 점이다. 특히 1934년 이전에 이 명사를 활용한 작가가 68.18%인 15명에 불과한 것에 비하여 1935년 이후에는 14명 전원(100%)으로 늘어났다는 사실은 의미심장하다. 카프 존치기의 작가들이 해체 이후에는 기존의 관심사를 보다 확장했을 가능성이 존재하는 것이다.

그렇기 때문에 기존의 문학사에서 지적한 것처럼 카프 해체 이후에 등장한 작품들이 개인의 심경이나 삶, 가족과 일상적인 생활에 초점을 맞추고 있다는 설명은 이로서 타당성이 충분해진다. 또한 상위 10개 이외에도 1935년 이후의 작품에서 최소 10개 이상 차이가 나며 많이 사용된 '가족' 관련 어휘에는 '아버지', '엄마', '결혼', '오라비', '가정', '할머니', '어미', '부인', '할멈', '형', '외삼촌', '신랑' 등이 있으며, 개인의 '심리'와 '심경'을 의미하는 명사로 '정신', '눈치', '근심', '감동', '고독', '불만', '미안', '심경', '감각', '기분', '우울', '냉정' 등이 빈번하게 사용되었다는 점은 이 같은 설명을 충분히 뒷받침할 수 있는 근거인 것이다.

그렇다면 이 같은 어휘 가운데 '심경'을 드러내는 명사인 '마음'이 사용된 용례를 1934년 이전 비판적 사실주의 작가의 예와 비 비판적 사실주의 작가의 예를 통하여 살펴보도록 하자.

> ㉠ 남수는 측은한 마음이 생겼다. 아내의 괴로움이 남수 자신의 뼈에 사무치는 것 같아서 아내가 불쌍해졌다.
>
> 뭘. 자기는 그만 것을 이해하고 용서해 줄 만한 포용성과 관대한 마음은 가지고 있건만―이렇게 생각하고 그는 아랫방으로 내려가서 아내의 등을 뚜덕뚜덕 두드려 주며 그를 위로해 주고 싶은 충동을 느낀다. (김남천, 「처를 때리고」, 『한국소설문학대계』13, 동아출판사, 1995, 346면)

> ㉡ 현의 아내는 이날도 보송보송해 잠들지 못하는 남편더러 집을 팔고 시골로 가자 하였다. 시골 중에도 관청에서 동뜬 두메로 들어가 자농自農이라도 하면서 하루라도 마음 편하고 배불리 살다 죽자 하였다. 그런 생각은 아내가 꼬드기기 전에 현도 미리부터 궁리하던 것이나, 지금 외국으로는 나갈 수 없고 어디고 일본 하늘 밑인 바에야 그야말로 민불견리民不見吏, 야불구폐夜不狗吠의 요순堯舜 때 농촌이 어느 구석에 남아 있을 것인가? (이태준, 「돌다리」, 『한국소설문학대계』12, 동아출판사, 268면)

카프 해체 이전 대표적인 비판적 사실주의 작가인 김남천의 작품인

1937년 작 「처를 때리고」을 살펴보면 '마음'이라는 개인의 심리를 드러내는 명사는 '아내'라는 가족관계를 드러내는 명사와 함께 쓰이고 있음을 알 수 있다. 특이한 점은 비 비판적 사실주의 작가인 이태준 역시 그의 작품 「돌다리」(1943)에서 '마음'이라는 명사를 '아내', '남편' 등의 가족 관계를 드러내는 명사와 함께 사용하고 있다는 점이다.

물론 수많은 사용 예시에서 이 같은 비슷한 용례에서만 이 명사들이 사용되는 것은 아닐 것이다. 그러나 빈출 어휘상으로 살펴보았을 때 개인의 심리를 드러내는 명사와 가족 관계를 나타내는 명사가 동일한 비중으로 이전보다 자주 등장하고 그 차이가 현격하다는 사실은, 이 두 성향의 단어들이 비슷한 조건 속에서 조우하고 조합될 수 있음을 유추하게 해준다.

뿐만 아니라 1935년 이후의 작품들에서는 작가의 성향이 1934년 이전 비판적 사실주의 계열이었든 아니었든 간에 '생활'과 관련한 어휘들이 자주 사용되고 있다는 점이다. 예를 들어 빈도 차이가 두드러지는 명사들 가운데 '은행', '삶', '사무', '소학교', '양장', '하숙', '호텔', '의사', '산보', '직업', '찻집', '식당', '빨래', '양복' 등, 일상적인 생활과 관련한 단어들이 자주 등장한다는 것은 분명한 의미가 있다. 이는 작가의 성향과 무관하게 1935년 이후의 작품이 개인의 삶과 일상을 집중적으로 다루고 있음을 보여주는 것이기 때문이다.

그러므로 본 연구에서 최초 가설로 제시하였던 것 가운데, 1934년 카프 해체기를 전후로 하여 한국 현대소설 작가들의 작품들이 그 성향과 성격을 달리하고 있다는 점은 비교적 분명하게 확인될 수 있다. 그 변모의 양상은 1934년 이전의 작품들은 작가의 이데올로기적 성향에 따라 계급성을 드러내는 명사를 집중적으로 사용하고 있었다는 점이며, 1935년 이후의 작품들은 작가의 기존 성향과는 무관하게 '개인'과 '생활'의 문제에 침잠하고 있었다는 점이다.

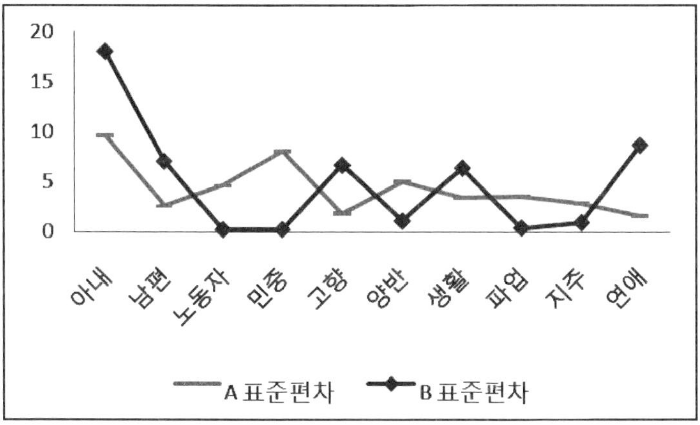

〈그림 2〉 카프 해체 전후 비교군의 빈출 어휘 표준편차 양상

위의 그래프는 카프 해체를 전후로 한 빈출 어휘 가운데 본고에서 중점적으로 설명한 명사들의 표준편차 양상이다. 'A표준편차'와 'B표준편차'의 차이는 특정한 명사가 1934년 카프 해체기를 전후로 하여 얼마나 빈출하고 분산되었는가를 보여주는 것이다. 그래프의 첫 번째 항목인 '아내'의 경우 1934년 이전 현황인 'A표준편차'가 'B표준편차'에 비하여 낮게 형성되어 있기 때문에 1934년보다 그 이후에 자주 사용되었다는 의미이며, 이에 비하여 '노동자', '민중', '양반', '파업', '지주' 등은 'A표준편차'의 수치가 높게 나타났으므로 카프 존치기에 중점적으로 사용되었음을 의미하는 것이다.

4. 결론

문학 연구에 있어서 작품의 맥락을 파악하고 이를 문학사적 위치에서 재평가 하는 것은 중요한 일이다. 그럼에도 불구하고 문학 연구가 지닌 일정한 한계는 분석 대상을 미시적으로 좁히기 어렵다는 데에 있다. 비록 문학 작품이 유기적으로 하나의 의미를 형성하기 때문에 미시적 분석이 의미가 없을 수 있다는 의견을 견지한다 하더라도, 궁극적으로 문학 텍스트 역시 단위 어휘의 조합으로 이루어졌기 때문이다. 그렇기 때문에 본 연구가 착안한 방법은 텍스트를 전자화하고 이를 대상으로 어휘를 분할한 후 이를 계량적으로 분석하는 방식이었다. 어학적 방법론으로 문학을 연구하는 방식은 지금까지 직관적으로 판단되어온 연구 결과들을 보다 정밀한 데이터를 통하여 논증할 수 있다는 점에서 이 같은 한계를 극복하는 대체적 방법론으로서 가능할 것이라 판단된다.

이를 위해서 본 연구에서는 1925년부터 1944년까지 20년에 걸친 한국 근현대 소설의 대표 단편소설을 대상으로 작품을 구성하는 어휘를 계량적 방법론으로 접근하여 의미화를 시도하였다. 그 결과 지금까지 단순히 특정한 역사적 사건이나 문학사적 이슈로 판단되던 카프 전후의 변화 양상이 어휘에서부터 시작되었다는 사실을 일정 정도 확인할 수 있었다. 1925년부터 1934년 카프 해체 이전까지의 작품에서는 계급성을 드러내는 명사들이 그 이후에 비하여 자주 출현하였으며, 이는 단순히 카프에 속한 작가들만의 특성은 아니라는 점이었다. 이는 향후 추가 연구를 통하여 모든 품사들을 분석 대상으로 확장하였을 때 보다 그 의미가 분명해지겠지만, 카프 중심의 비판적 사실주의는 당시의 시대상 속에서 주도적인 대표성을 지니고 있다고 유추할 수 있는 근거가 될 수 있었다. 또한 카프 해체 이후 전향을 통하여 비판적 사실주의 작가들이 방향성을 전환하고, 비 비판적 작가들 역시 이에 영향을 받았음을 확인할 수 있었다. 가족 관계와 개인의 심리를 드러내는 명사들이 카프 해체 이전 시기에 비하여 폭넓게 사용되고 있다는 점에서 이 같은 판단이 가능하였다.

추후 본 연구는 이 같은 어학과 문학의 연구 방법론의 교류를 통하여 문학사적 흐름에 대한 실증, 개별 작가의 문체 변모 양상 등을 전개할 예정이다. 단순히 특정한 어휘의 사용 양상을 분석하고 의미화 하는 것뿐만 아니라, 연어 정보를 해석함으로써 어휘 사용의 맥락까지도 파악하는 데에 이 방법론이 유용할 것으로 예상되기 때문이다.

[부록] 카프 해체 전후기 소설 작품 목록

작가	제목	출판년도	어절 수	작가	제목	출판년도	어절 수
김기진	붉은쥐	1924	3,860	강경애	원고지 이백원	1935	2,067
최서해	탈출기	1925	2,160	계용묵	백치아다다	1935	3,500
이기영	가난한사람들	1925	7,009	박태원	길은어둡고	1935	3,350
김동인	감자	1925	1,556	엄흥섭	번견탈출기	1935	3,841
나도향	꿈	1925	3,645	엄흥섭	숭어	1935	5,370
나도향	물레방아	1925	3,159	유진오	김강사와T교수	1935	4,357
이기영	민촌	1925	8,318	이효석	성수부	1935	1,122
나도향	벙어리삼룡이	1925	2,936	이효석	성화	1935	7,971
현진건	불	1925	1,725	주요섭	사랑손님과 어머니	1935	4,760
나도향	뽕	1925	3,698	강경애	지하촌	1936	8,443
박영희	사냥개	1925	1,786	계용묵	병풍에그린닭이	1936	2,661
주요섭	인력거꾼	1925	3,232	계용묵	장벽	1936	3,184
박영희	전투	1925	4,697	박태원	비량	1936	3,891
김기진	젊은이상주의자의사	1925	3,563	박태원	성군	1936	4,093
전영택	화수분	1925	2,061	박태원	진통	1936	973
현진건	B사감과러브레터	1925	1,332	박화성	고향없는사람들	1936	3,725
현진건	고향	1926	1,322	이태준	까마귀	1936	3,238
이기영	농부정도룡	1926	8,856	이태준	장마	1936	4,275
조명희	저기압	1926	1,387	이효석	분녀	1936	5,382
김기진	지옥순례	1926	2,095	이효석	들	1936	3,305
나도향	지형근	1926	8,744	이효석	모밀꽃필무렵	1936	2,007
박영희	철야	1926	1,697	주요섭	북소리두둥둥	1936	2,917
주요섭	개밥	1927	2,649	주요섭	아네모네의마담	1936	2,612
조명희	낙동강	1927	3,188	주요섭	추물	1936	3,871
조명희	농촌사람들	1927	3,696	계용묵	유앵기	1937	4,773
계용묵	최서방	1927	2,749	김남천	남매	1937	4,287
최서해	홍염	1927	3,814	김남천	처를때리고	1937	5,167
유진오	도시와유령	1928	2,995	박태원	성탄제	1937	2,181
신채호	용과용의대격전	1928	4,037	엄홍섭	길	1937	2,231
계용묵	인두지주	1928	1,633	이태준	복덕방	1937	2,990

이태준	그림자	1929	3,438	이효석	장미병들다	1937	4,507
이태준	산월이	1929	1,407	계용묵	청춘도	1938	3,095
김동인	광염소나타	1930	4,509	유진오	어떤부부	1938	2,922
김동인	광화사	1930	3,849	유진오	창랑정기	1938	4,027
이효석	약령기	1930	4,556	유진오	치정	1938	2,977
박태원	수염	1930	1,698	이태준	패강냉	1938	2,048
박태원	적멸	1930	10,981	계용묵	마부	1939	2,555
이기영	홍수	1930	6,948	계용묵	캉가루의조상이	1939	3,522
엄흥섭	흘러간마을	1930	2,259	김동인	김연실전	1939	8,796
김남천	공장신문	1931	2,541	박태원	골목안	1939	12,100
이효석	노령근해	1931	1,623	박태원	윤초시의상경	1939	4,787
유진오	밤중에거니는자	1931	2,409	박태원	이상의비련	1939	1,237
유진오	여직공	1931	6,883	유진오	가을	1939	5,644
유진오	오월의구직자	1931	6,129	유진오	나비	1939	6,173
이효석	독백	1932	1,027	유진오	봄	1939	6,184
김동인	발가락이닮았다	1932	2,498	이광수	육장기	1939	7,743
이태준	불우선생	1932	1,874	이태준	농군	1939	3,325
김동인	붉은산	1932	1,274	이태준	영월영감	1939	2,548
이효석	오리온과임금	1932	1,793	이효석	해바라기	1939	3,469
박화성	하수도공사	1932	7,296	계용묵	신기루	1940	2,810
이태준	꽃나무는 심어놓고	1933	2,121	김남천	경영	1940	9,133
박태원	낙조	1933	8,954	이광수	난제오	1940	3,262
이태준	달밤	1933	1,845	이태준	밤길	1940	2,089
이효석	돈	1933	1,173	지하련	결별	1940	4,390
김남천	물	1933	2,004	김남천	맥	1941	10,275
박화성	비탈	1933	9,138	박태원	채가	1941	9,238
박태원	사흘굶은봄달	1933	1,416	박태원	투도	1941	7,187
이기영	서화	1933	11,175	유진오	산울림	1941	2,673
이효석	수탉	1933	930	이태준	토끼이야기	1941	2,809
박태원	옆집색시	1933	1,518	지하련	가을	1941	3,806
박태원	피로	1933	1,929	김남천	등불	1942	4,948
박화성	논갈때	1934	1,685	유진오	신경	1942	4,832
박태원	딱한사람들	1934	3,811	이근영	고향사람들	1942	4,705

박태원	소설가구보씨의일일	1934	12,261	이태준	무연	1942	2,276
엄흥섭	안개속의춘삼이	1934	2,813	이태준	사냥	1942	2,343
박태원	애욕	1934	5,783	이태준	석양	1942	4,585
이태준	촌뜨기	1934	2,070	이태준	돌다리	1943	1,991
박화성	한귀	1934	3,555				
유진오	행로	1934	7,661				
박화성	홍수전후	1934	4,573				
합계			265,006	합계			283,555

한국산업은행원의 식민지 기억과 탈식민

『産友』(1954~1971)를 중심으로

정병욱

1. 기억 행위와 집단

한국산업은행은 일제강점기 때 설립된 조선식산은행을 모체로 1954년 4월 창립되었다. 은행의 중역을 비롯하여 은행원 다수가 해방 이전에 入行한 조선식산은행원이었다.[1] 이들은 '인력개발론(맨파워성장)', 즉 식민지 시기에도 한국인이 성장했으며 해방 이후 경제성장의 기반이 되었다는 주장의 대표적인 예로 거론되는 집단이다.[2] 이들 중 일부는 은행

1 조선식산은행은 1906년부터 설립된 여러 농공은행을 통합하여 1918년 설립되었으며, 해방 이후 1950년 4월 은행명을 '한국식산은행'으로 바꾸었다. 한국산업은행은 식산은행의 직원과 지점, 동산과 부동산을 이어받아 설립되었다. 한국산업은행 설립 당시 총재를 제외한 모든 중역이 해방 이전 조선식산은행에 입행한 자였다(韓國産業銀行十年史編纂委員會, 『韓國産業銀行十年史』, 1964, 57면 ; 韓國産業銀行, 『韓國産業銀行四十年史』, 1994, 37~40면).

2 Karl Moskowitz, "The Employees of Japanese Banks in Colonial Korea", Harvard University Ph.D. Thesis, 1979; Carter J. Eckert, "Total War, Industrialization, and social change in late

의 社報『産友』(1954~1971)에 식민지 시절을 회고하는 말이나 글을 남겼다. 이러한 식민지 기억이 이 글의 분석 대상이다.

필자는 『산우』 이전의 행우회 잡지인 『無窮』(1946~1953)에 나타난 식민지 기억을 세 가지 경향으로 나누어 살펴본 적이 있다.[3] 해방 직후 '자기반성'의 기억이 대두되었으나, 단독정부 수립과 반민족행위특별위원회의 와해를 계기로 '부일협력 변호'가 등장하였다. 한국전쟁 발발 이후 복구 과정에서 산업은행 설립의 명분으로 식민지 시기 산업금융의 경험을 부각시키는 '전통 강조'가 식민지 기억의 주류가 되었다. 이는 1960년대 이후 간행된 社史의 다음과 같은 역사관으로 이어진다. '前史로서 식민지 시기는 가급적 언급하지 않는다. 불가피한 경우 일본제국주의 일반은 비판하되 그 정책금융기관이었던 조선식산은행과 연결시키지 않는다. 계승은 기능적 측면(산업금융)을 강조한다.'[4]

『산우』에 나타난 식민지 기억도 기본적으로 위와 같은 흐름에서 벗어나지 않으며, 시기적으로도 『무궁』과 社史를 매개하는 측면이 있다.

---

colonial Korea", *The Japanese Wartime Empire, 1931~1945(Peter Duus, Ramon H. Myers · Mark R. Peattie, eds.)*, Princeton, N.J. : Princeton Univ. Press, 1996. [카터 에커트, 「식민지 말기 조선의 총력전 · 공업화 · 사회변화」, 『해방전후사의 재인식』 1(박지향 외 편), 책세상, 2006.] 인력개발론에 대한 비판은 정병욱, 「경제성장론의 '인력개발' 인식 비판」, 『일본의 식민지 지배와 식민지적 근대』, 동북아역사재단, 2009 참조.

3 정병욱, 「해방이후 식산은행원의 식민지 기억과 선택적 인식 – 행우회 잡지 『무궁(無窮)』(1946~1953)을 중심으로」, 『역사와 현실』 48, 2003.6, (정병욱, 『한국근대금융연구 – 조선식산은행과 식민지 경제』(역사비평사, 2004.)의 제4부 제3장에 수록).

4 1964년에 간행된 은행 10년사를 보면 "産銀은 殖産銀行의 發展的 解散을 통하여 역사적인 창설" "實로 半世紀에 걸쳐 連延하여 온 産業金融의 바톤을 한국산업은행이 引繼"란 표현이 나온다. 이러한 유구한 역사에 비해 社史에서 식민지시기에 할당된 지면은 극히 적으며 그 내용도 잘라내기, 감추기 / 드러내기로 일관한다. 1994년에 간행된 40년사에서 처음으로 짧게 조선식산은행이 일제의 식민통치 수단이었으며, 식민지 경영전략에 편승하여 성장했음을 밝혔다(韓國産業銀行十年史編纂委員會, 앞의 책, 23~24, 31~32, 57면; 韓國産業銀行, 앞의 책, 37~40면).

이 글도 식민지 기억을 쫓는다는 점에서 앞의 글과 유사하지만, 기억의 내용과 함께 기억 행위의 효과에 대해서도 주의를 기울이겠다. 여기서 말하는 식민지 기억은 개인이나 민족이 아니라 조선식산은행원이란 집단의 기억이고 그 내용도 주로 은행과 은행원에 관한 것이다. 집단 기억은 집단의 통합 및 정체성 형성과 관련이 깊다. '전통 강조'의 기억은 그러한 기능을 잘 수행했는지 따져보는 것이 이 글의 첫 번째 과제다.

결론부터 말하자면 절반은 성공이고 절반은 실패였다. 실패를 반영하는 것이 주류 기억과 다른 대항 기억의 존재다. 주로 은행의 문제점을 지적하면서 그 유래나 기원을 식민지 시기에서 찾는 방식으로 나타나며, 식민 잔재의 청산 요구로 이어진다. 이는 현재까지도 지속되는 '탈식민'을 지향하는 식민지 기억의 전형적인 방식이라 할 수 있다. 대항 기억을 실마리로 삼아 은행과 은행원에게 '탈식민'의 길은 무엇인지, 왜 식민 잔재는 좀체 사라지지 않는지 생각해보는 것이 이 글의 두 번째 과제이다.

분석에 들어가기에 앞서 『산우』란 자료에 대해서 잠깐 언급해 두겠다. 1954년 6월에 창간되어 1971년 12월 폐간 될 때까지 대략 계간으로 총 47호가 간행되었다.[5] 『무궁』과 마찬가지로 (기획)조사부에서 주로 은행원들의 원고를 수합하여 발행하였는데, 논설 · 시 · 소설 · 콩트 · 수필 등이 실렸다. 우선 회사의 기관지란 매체의 특성상 회사의 정책에 반하거나 직원의 화합을 헤치는 글은 실리기 힘들었을 것이다. 또

5 『産友』는 한국산업은행과 국립중앙도서관 등에 소장되어 있다. 필자는 4~5호를 제외한 1954년 6월 창간호부터 1971년 12월 47호까지를 열람하였다. 이후 폐간 되었다가 1987년 8월 『산은 소식』으로 부활하였는데, 이전에 비해 사외 홍보에 중점을 두었다.

한 은행이 국책기관이었기 때문에 정세의 변화가 주는 영향도 컸다. 계간임에도 중대사가 일어난 1960년과 1961년은 연말에 한 호를 간행하는데 그쳤다. 국가비상사태가 선포되는 1971년 12월에 폐간되었다가 민주화가 진행된 1987년 8월에 『산은 소식』으로 부활한 점도 인상적이다. 그렇지만 사내외의 통제란 한계에도 불구하고 개인의 회고록과 달리 여럿의 다양한 기억을 시간적 추이에 따라 살펴 볼 수 있다는 점에서 집단의 기억을 검토하는데 장점이 있다.

2. 주류 기억과 망각

1) 좋은 대우와 업무의 연관성

1954년 4월 한국산업은행(이하 '산은'으로 줄임) 창립식에서 초대 총재 구용서가 한 式辭는 은행(원)의 전형적이고 공식적인 식민지 기억 방식을 보여준다. 은행 설립의 필요성을 얘기할 땐 "일제가 남긴 파행적 경제체제"를 말하면서, 은행의 책임과 전도를 얘기할 땐 "다년간 전통 깊은 殖銀(조선식산은행－인용자)에서 그 造詣와 知能을 練馬하신 熟練의 名手"라고 은행원을 치켜세운다. 일제와 조선식산은행(이하 '식은'으로 줄)의 관계는 언급하지 않았다.[6] 전주지점의 개업 축하 행사를 전하는 글에도 "다년간 우리나라 산업발전에 기여하여온 식산은행"이란 표현과 함께 "삼십육년간의 倭植民政策으로 인하여 그네들의 원료공급지에

6 具鎔書, 「式辭」, 『産友』 창간호, 1954.6, 8~10면. 구용서는 조선은행・한국은행 출신이다.

불과하였으며, 따라서 민족자본은 미미하기 한이 없으며 충분한 산업혁명을 이루지 못하고 있는 형편"이란 말이 나온다. 물론 앞의 "다년간"이 해방 이후를 말하는 것으로 본다 하더라도 여기서도 일본의 식민정책과 식은은 무관하다.[7]

이런 집단의 주류 기억을 바탕으로 1950~60년대 『산우』에 가장 많이, 끊이지 않고 나오는 얘기가 식민지 시절이 살기 더 좋았다는 기억이다.

> 사회(金振雄, 조사국 조사역) : 국장님은 현재 간부생활을 하시는 것 보다 殖銀 행원시대가 더 좋았다고 할 수 있겠습니다.
>
> 金국장(金源來, 第一영업국장) : 물론 식은 때가 훨씬 살기 좋았지요(강조는 인용자. 이하 동일함).
>
> 申(編輯室) : 두 분(김국장과 아래 유대리—인용자)께서는 그만큼 滋味를 우리 후진에게도 어디 맛이나 좀 보도록 해주셔야 되겠습니다.
>
> 柳대리(서무국장대리) : 시대가 좋았으니까.
>
> 吳(吳貞鉉, 調査局) : 그때에도 그랬지만 그 후 또 불로소득이 있지 않았습니까? 8.15 해방, 6.25 사변을 겪으실 때 말씀이야요. 즉 歷史的 膳物요.[8]

『산우』에서 은행원의 생활을 말하는 지면에는 으레 위와 같이 일제 시기에 대우가 좋았다는 얘기가 나온다. 얼마나 좋았던가. 1929년 입행한 김원래는 "다른 은행보다 월급도 많았지만 심적으로 평등한 기분을 가질 수 있었기 때문에 식은"을 택했다며 한국인으로서 제일 좋은

---

7 金載龍, 「感激의 날」, 『產友』 창간호, 1954.6, 81면.
8 編輯室, 「銀行生活의 昔今」, 『產友』 13, 1957.4, 31면.

취직 자리였다고 한다.[9] 물론 입행 이후 시간이 지나면 일본인이 먼저 진급하고, 자연히 그들의 봉급이 더 많아졌다. 한국인 행원은 잘해야 2,3류 지점의 지점장 정도가 오를 수 있는 최고 지위였지만, 다른 직장에 비해 봉급이 많았다. 10여 명의 가족이 있더라도 중급 이상의 생활을 할 수 있었고, 퇴직금으로는 100석의 지주가 될 수 있었다.[10] 분명 생활의 안정이란 점에 최상의 직장이었고, 해방 이후 인플레와 전쟁 피해에 따른 생활고는 더욱 식민지 시절을 생각나게 했을 거다.

봉급과 함께 은행 배지(마크)의 위력도 자주 언급되었다. 배지로 술집 외상이 가능했다. 아니 술집에선 외상이라도 술을 마셔주길 바랬다.[11] 배지만 보면 대접이 달라졌다. 일제말기 은행의 용원이었던 윤주봉은 처갓집을 가느라고 기차를 탔는데, 어떤 일본인이 모자와 마크를 보더니 "식산은행에 계십니까" 하면서 잘 대해주었단다.[12] 1939년 입행한 박두영은 웅기지점에 부임하러 기차타고 가던 중 헌병의 검문을 받았다. 신분증이 없어 배지를 보여주자 헌병은 인사를 건네며 거수경례까지 하였다. 자신이 대단한 곳에 취직했음을 알았다. 이후 기차 안에선 "일면식도 없는 신사나 유학생, 예쁜 여자까지도 동석을 자청해왔다"고 한다. 그가 "이 분은 나와 동행입니다"라며 배지를 보이면

---

9 위의 글, 28면.

10 위의 글, 30, 32면; 朴斗榮 외, 「〈生活放談〉銀行員生活안팎」『産友』 24, 1959.11, 51면. 박두영은 20년 근무일 때 퇴직금을 만원으로 가정했는데, 적게 추산된 것 같다. 농공은행 시절부터 34년 근무하고 1943년 퇴직한 전규석의 퇴직금은 3만 3,810원이었다. 1927년에 취직한 왕창업은 55세까지 근속하여 시골 지점장으로 퇴직하면 5만 5천원의 퇴직금을 받으리라 생각하고, 5백석의 지주와 구미여행을 꿈꿨다(정병욱, 「조선식산은행원, 식민지를 살다」, 『역사비평』 78, 2007.2, 339~340, 345~346면).

11 위의 글, 30면.

12 민영주 외, 「〈좌담회〉 잊혀진 지역을 말한다—庶務局各分室의 인간사리 이야기」, 『産友』 17, 1958.2, 49면.

검문이 생략되었다.[13]

봉급이나 사회적 지위에 대한 여러 자랑을 읽다보면 자연스럽게 무슨 일을 했는지 궁금해진다. 『산우』에는 '한 은행인의 인생편력', '나의 入行 前後' 등의 欄에 고참 은행원들의 경험담이 실렸다. 신입 은행원이 지점에 부임하면 우선 헌 돈 정리부터 했다. 다음으로 각종장부의 숫자를 맞췄다. 그리고 예금을 모집하고 채권을 팔거나 어음을 추심하러 돌아다녔다. 좀 더 지나면 대출 업무도 다뤘고, 농업학교 출신은 담보물을 감정하였다. 더 이상의 일은 없다. 고학력자일수록 하는 일의 소소함에 자존심 상했고, 상관은 상관대로 그들에게 상업학교 출신보다 못한다고 핀잔을 주었다. 은행의 방침은 학력에 상관없이 모든 행원들에게 밑바닥부터 실무를 체험하게 하는 것이었다. 해방 이후 책임자의 지위에 오른 몇몇은 이런 실무 경험이 도움이 되었다고 한다.[14] 그런데 해방되지 않았더라면? 그들은 일제시기 지방 지점을 전전하는 선배들의 실의・권태를 측은하게 여겼으나, 해방되지 않았더라면 그들의 미래도 별반 다르지 않았을 거다.

전체적으로 『산우』는 『무궁』에 비해 봉급과 배지에 대한 자랑은 늘었으나 자신들의 직장인 식은이 어떤 일을 했으며, 조선의 경제와 한국인에 무슨 영향을 주었는지는 언급을 회피했다. 『무궁』에는 한편에선 식은을 식민지정책 금융기관, "조선농민의 고혈을 착취하는 기관"이라며 그에 속했던 자신들의 반성을 촉구했고, 다른 편에선 그에 맞

13 박두영(서무부차장), 「웅기지점 근무를 명함」, 『産友』38, 1967.8, 62~63면.

14 정병욱, 「한국인의 식민지 경험과 근대주체 형성－조선식산은행원을 중심으로」, 『역사문제연구』 11, 2003.12, 112면.

서 부일협력을 변호했다. 한국전쟁 이후에 논의는 잦아들었지만 간헐적으로 착취의 수족 노릇 한 은행원의 과거를 비판했다. 『산우』에서는 1943년 입행했던 이춘우나 해방 이후 입행한 듯한 필명 '雨林'의 다음과 같은 발언이 있을 뿐이다. 『무궁』에 비해 표현이 간접적이다.

> (李春雨) 사실상 日帝時 입행했던 사람은 殖銀이 36년간의 간악한 일제 식민통치사에서 어떤 역할을 해 왔는가를 잘 알고 있었기 때문에 조선식산은행이, 해방 후 한국식산은행이라는 명칭이 주는 좋지 못한 어감 때문에 적당한 시기에 새로운 명칭을 가진 새로운 내용의 은행으로 개편되기를 속심으로 원하였던 것[15]
>
> (雨林) 그 때 우리들의 선배들이 자기를 속이고 민족을 속인 행적을 회상한다는 것은 가장 슬픈 기억입니다.[16]

봉급이 많은 이유가 업무와 연결되지 않고 학력이나 성적과 연결되어 애기되었다. 위에 인용한 좌담회에서 "월급을 많이 주었다니까 학교성적도 우수해야만 들어 올 수 있었겠지요"라는 질문에 고참 행원들은 "학교성적이 1등이어야 한다." "절대로 1등이라야지 2등까지는 몰라도 3등은 곤란"했다고 한다.[17] 결국 학교 성적이 운명을 좌우했다고 말한다.[18] 이런 인식은 고참이건 신참이건 별다른 이의 없이 받아들였다. 은행원들은 학력주의를 내면화했으며,[19] 은행 지도부의 고학력층

15 李春雨(업무부차장), 「특집 산은탄생야화—지점에서 맞은 창립의 환희」, 『產友』 32, 1964.5, 87면.
16 雨林, 「戰中派의 提言」, 『產友』 13, 1957.4, 85~86면.
17 編輯室, 앞의 글, 29면.
18 朴斗榮 외, 앞의 글, 49~50면.

에 대한 동화정책은 주효했다.[20] 해방 전후 학력주의의 연속과 강화라는 추세 속에서 '고학력, 1등 = 고임금'은 무슨 업무를 했던 간에 당연시되었다.

2) 저항과 부일협력 사이

상대적으로 대우가 좋았지만 한국인과 일본인은 차이가 있었다. 진급도 그렇고 시기와 곳에 따라선 분위기도 그랬다. 1942년 입행한 이병언은 "당시 식산은행은 조선은행에 비하여 한인 직원을 일인과 차별하지 않는 점에서 외부적 인기가 있었으나 사실 내부적으로는 눈에 보일 정도로 싸늘한 차별이 있었"다고 한다.[21] 앞에서 좋은 대우를 자랑했던 김원래나 김안재도 해방 직후에는 "노예은행생활" "동물적 기계" 운운했다.[22] 일제시기에 취직했건 해방 이후 취직했건 회고담에는 대

---

19 은행원은 주로 학력이란 문화자본을 지렛대로 계층 상승이나 유지를 꾀하는 중간층으로 학력주의를 내면화하였다. 일본은 서구에 비해 업적본위의 선발이 빠르게 정착하고 결국 기업과 학교가 강하게 결합하는데, 그 요인의 하나로 메이지 유신에 따른 지배층의 비연속성-구성이나 문화 양면에서-이 지적된다[天野郁夫, 『教育と選抜』, 東京 : 第一法規出版, 1982, 91면(석태종・차갑부 역, 『교육과 선발』, 良書院, 1992)]. 지배층의 비연속성이나 신분제의 해체 정도로 말하자면 식민지, 해방, 한국전쟁을 겪은 대한민국이 일본보다 못하지 않았을 것이다. 일제시기 식은의 행원 채용은 자유경쟁이 아니었다. 민족별로 학교별로 할당되었다. 한국인의 경우 학교의 추천권을 얻기 위한 내부 경쟁이 치열했다. 해방 이후 학교별 할당이 유지되다가 1960년경에는 은행에서 치르는 성적만으로 채용이 결정되었다. 경쟁의 격화는 학교 추천을 무화시켰다. 식은・산은의 대학졸업생 경쟁률은 1949년 1.7 : 1에서 1955년 5.3 : 1, 1960년 15.5 : 1로 가파르게 상승했다(정병욱, 「조선식산은행원・한국산업은행의 직원 채용과 변화」, 역사문제연구소・경제사학회 공동학술대회 '해방 전후 한국의 기업과 경제변동' 2008.10 발표문 참조).

20 정병욱, 앞의 글 참조. 일제말기 입행하여 여수지점에서 근무했던 변재영은 은행이 학교 수석자를 뽑아 차별 없이 대우했다며 "다 식민지 정책, 동화의 방법"이라 했다(2008.2.2. 인터뷰).

21 李秉彦(紡協전무이사 전 조사부장), 「情熱과 浪漫의 二十年」, 『産友』 32, 1964.5, 130면.

부분 학병, 징용 등의 고생담이 나온다.

이런 가운데 태업도 있었다. 이춘우는 대구지점에 근무할 때 학병모집이 졸업생까지 확대되면서 자신에게도 권유가 들어왔는데, "일인들이 권유하는 것은 이해가 가지만 태산같이 믿었던 韓人 책임자가 권유하는 데는 불쾌하고 화가 나" 반대하고 그날로 피신했다. 은행이 인원부족으로 학병지원을 그다지 권유하지 않을 방침이라는 소식을 듣고 다시 출근하였다. 일본인 거래처를 상대로 한 어음 추심에 자존심이 상해 딴청을 피우다 은행 자전거를 잃어버린 적도 있었다. 외국방송을 통해 '포츠담선언'으로 한국독립이 확약되었으며 일본 본토 상륙도 멀지 않았다는 소식이 속속 들어오자, 한국인 직원들은 모이기만 하면 戰局 이야기로 꽃을 피웠고 광복의 그 날을 손꼽아 기다렸다. 태업과 소극적이지만 나름의 "레지스탕스"를 꾀하였다. 술을 먹으며 "이상한 기염"을 토하기도 했고, 때로는 한국인들 중 과도하게 친일하는 사람을 때려주기도 했으며, 방공연습 때는 슬쩍 빠져 나가 중국집에서 한인들과 막걸리를 먹었다.[23] 1941년 입행하여 여수지점에 근무한 하창주는 지점장이 국민복을 강요해도 신사복 그대로 입었고, 단발을 강요해도 머리 그대로 기름을 더 발랐다.[24]

『산우』에서 발견한 가장 큰 저항은 행원도 고원도 아니라 용원에서 나왔다.[25] 윤주봉은 중학교에 다니다가 "광주학생사건 때 실수해서,

22 金源來, 「나의 所感」, 『無窮』 21-1, 1947.4, 53면; 金安在, 「所感 몇마디」, 『無窮』 1-4, 1946.6, 38면.
23 李春雨,(외국차관부장), 「情熱・反抗・虛脫・挫折感으로 점철되었던 시절」, 『産友』 36, 1966.7, 128~129면.
24 河昌柱, 「나의 신입행원 시절」, 『産友』 37, 1966.12, 122면.
25 은행의 종업원은 행원, 고원, 용원으로 나뉘며, 필요 학력은 각각 최소 중등학교, 을졸상업학교, 보통학교 / 소학교 졸업이었다. 세층은 엄격하게 구분되었으며 그들 사이에는

그야말로 부화뇌동해서 퇴학을 당해" 6년간 전국을 방랑했다. 20세 때 성혼 후 조선은행에 취직했다가 1940년부터 식은의 임시인부가 되었다. 그는 "성질이 괴팍하고 망해서" 파란이 많았단다. "왜놈이 싱가포르에 쳐들어갔을 때 실언을 해서" 쓸데없는 주목을 받았고, 결국 거래처 일본인의 한국인 비하 발언을 참지 못해 "한대 갈겨" 주고 은행에서 쫓겨났다. 해방 후 복직되었고 1958년 현재 퇴직이 2년 남았는데 살림이 막연해 정년을 연장할 수 있는 고원으로 승격되길 바랐다.[26] 독립운동을 했다고 자랑도 할 만한데, 하급직이래서 그런지 그의 말은 다소 자기를 비하하는 투다.

위의 회고에도 나오지만 한국인 은행원 중에는 부일협력이 심한 경우도 있었을 것이다. 그러나 『산우』에서 자신의 부일협력을 인정한 경우는 아직 못 봤다.[27] 식민지 시절을 회고하는 글을 보면 대부분 戰時期에 저축을 권유하고 채권을 판매했다. 식산적금을 권유하면 권유수수료가 나오는데 그 돈을 모아 놀러 다녔다는 얘기가 많다.[28] 그러나 저축 권유가 결국은 일본의 전쟁 비용 마련과 관련되었다는 점은 누구도 언급하지 않았다.

기억은 망각을 수반한다. 산업금융의 전통을 강조하는 주류 기억이 은행과 일본제국주의의 관계를 은폐하듯이, 은행원은 식민지 시절의 좋았던 대우를 자주 얘기하지만 그들이 한 업무와 맥락에 대해서 말하는 경우는 드물다. 간간히 태업과 저항의 무용담을 꺼내지만 부일협력

수직적 위계질서가 있었다.

26 민영주 외, 앞의 글, 48, 57, 93면.

27 『無窮』에도 김경진이 유일하다(정병욱, 앞의 책, 432면).

28 河昌柱, 앞의 글, 123면; 박두영(서무부차장), 앞의 글, 65면.

은 거의 언급하지 않는다. 기억의 의미는 그렇게 기억됨으로써 망각된 부분까지를 시야에 넣을 때 온전히 파악될 수 있다. 산업은행원의 식민지 기억은 단편적이며 그래서 탈정치적인 듯이 보이지만, 망각된 부분까지 고려하면 오히려 고도로 정치적이다.

3. 대항 기억과 식민 잔재

1) 1950년대 후반 – 가족주의

『산우』에는 '전통 강조'라는 주류 기억을 바탕으로 식민지 시절이 좋았다는 회고가 이어지는 가운데, 언뜻 일제시기 은행의 역할이나 은행원이 한 일에 관한 기억이 떠오를 때가 있다. 이러한 기억의 균열은 주로 내외 정세의 변화에 따라 은행 안의 갈등이 증폭된 시기에 나타난다. 갈등은 기억 투쟁으로 비화되고, 주류 기억에 대한 공격, 대항 기억의 형성으로 나아간다. 기억 투쟁은 시기별로 1950년대 후반과 4・19에 집중적으로, 5・16 이후에 간헐적으로 나타났다. 주제별로는 크게 가족주의, 권력 종속의 문제로 나눌 수 있다.

이미 균열의 조짐은 창간호에도 보인다. 초대 총재를 인터뷰하는 자리에서 한 調査役은 다른 은행에 비해 산은이 정체되었다며 다음과 같이 말한다.

> 일제시대의 박물관 같은 감이 없지 않아요 (…중략…) 특히 서열 같은 것

> 을 따질 때는 기가 막히도록 복잡한데는 놀랐습니다. 해방 후부터 오늘날까지 자기탈피를 하지 못한 까닭일 겁니다. 일제시대에는 입행시험이 어려워서 자부심이 많았는지는 모릅니다만 그러나 해방 후부터의 정체적 분위기 속에서 오늘날 그러한 '할루시네이션'은 객관적으로 아마 무너졌다고 봅니다. 온실에서의 과도한 정신적 보급금 지출은 오히려 진보를 가로 막지 않겠습니까.[29]

후배 은행원이 은행의 현실에 불만을 가지고 비판의 화살을 일제시기부터 은행원이었던 선배 그룹에 겨누고 있다. 이럴 경우 선후배 간에 기억 투쟁이 발생할 가능성이 높다. 선후배간의 갈등은 초기부터 발견된다. 1954년 초 한국식산은행을 청산하면서 지급된 퇴직금이 너무 "상후하박"하여 하급 행원들 사이에서 노조설립이 얘기되었다.[30] 2장 앞부분에 인용한 좌담회를 잘 보면 고참 간부의 자랑에 대한 후배들의 야유가 담겨 있다. "불로소득"이란 단어도 그렇지만 "역사적 선물"이란 무엇인가. 8・15해방으로 일본인이 대거 철수함에 따라 생긴 인력 공백이 없었더라면, 한국전쟁 때 납북, 실종, 그리고 은행 내 부역자 숙청에 따른 인력 부족이 없었더라면 선배들은 지금의 지위에 오를 수 없었다는 소리다.[31]

본격적인 기억 투쟁은 앞의 좌담회가 실린 1957년 4월호의 「戰中派

29 編輯室, 「總裁縱橫談」, 『產友』 창간호, 1954.6, 64~65면. 발언자는 "安調査役"인데, 당시 조사역으로서 성이 '安'인 사람은 安霦뱀이다(韓國產業銀行, 『職員名簿』, 1954, 29면). 뒤에 나오는 필자 '雨林'도 동일인물로, 이름 '霦'을 破字한 것 같다.

30 로오리트, 「駱駄의 잠꼬데」, 『產友』 18, 1958.4, 70~72면.

31 編輯室, 앞의 글, 31면.

의 提言」이란 글에서 찾아볼 수 있다. '雨林'이란 필명의 30대 '戰中派'가 40대 이상의 '戰前派'를 비판하는 글이다. 자신이 속한 전중파를 제2차 세계대전 때 成人이 된 30대로 "아무런 목적의식도 없이 침략전쟁에 (…중략…) 끌려 다닌" 비참한 세대, "파쇼세력과 민주세력과의 저 치열한 對戰기간에 식민지의 우울한 하늘 밑에서 청춘을 허송한 과도적 존재"로 보았다. 그러면서 선배들의 "자기를 속이고 민족을 속인 행적"을 슬프게 기억한다며 포문을 연 뒤 '戰前派'를 신랄하게 비판했다. 조금 길지만 들어보자.

40대 이상의 우리들의 선배들 가운데는 일어통역정치로부터 시작하여 최근의 영어통역정치에 이르는 광범한 史的 經驗을 겪어왔습니다. 일언으로 말한다면 서양의 선진자본국들이 동양의 식민지화를 완료한 시대에 세상에 태어나기 시작하였고 뒤를 이어 일본의 중진자본이 동양을 지배한 압제하에서 생활하여온 세대들입니다 (…중략…) 간결한 규정을 내린다면 日帝가 우리의 자본주의적 발전을 강압한 봉건사회에서 피식민지적 생활논리를 발견한 세대들입니다. 관습이 성격화한다는 말은 경시할 수 없을 것 같습니다. 그 때의 생활관습이 활성화하여 오늘까지 내려왔다면 이 얼마나 놀랠일이 아니겠습니까. 그러나 실제로 주권을 회복하였다 치더라도 경제의 자립이 없는 곳에서는 생활논리를 一期에 바꿀 수 없다는 것이 사실입니다. (…중략…)

그래서 대단히 거북하지만 戰前派의 선배들에게 제언하는 초점으로서 피식민지적 생활논리를 단적으로 분석하여 보자는 것입니다. 그것은 일반적으로 「긴 것에는 감기우라」는 나쁜 무저항주의라기 보담도 오히려 패배주의입니다. 권력에 대한 타부—입니다. 그러나 이 말은 결코 권력에의 절연을 의미하는 것이 아닙니다. 첫째로 압도적인 권력에의 무조건 항복과 寄食을 의미하는 것입니다. 정치라기 보담도 정략을 상품으로 하여 직업으로 삼는 인구층이 번식하는 것은 바로 그 때문입니다. 둘째로 가족주의 내지 문벌위주의 극히 개인주의적인 生活防衛體를 형성하였다는 것을 의미하는 것입니다. (…중략…)

이 권력에의 屈伏寄食과 가족중심의 개인주의는 우리들의 선배들의 생활논리였습니다. 이 폐풍이 해방된 오늘날에도 이어왔다는 것을 부정할 사람은 없을 것입니다. 선배들에게 바라는 것은 과거 10년간에 조성된 세계사의 물리적인 역관계의 변천을 재인식하고 새로운 생활논리의 방향을 제도나 기풍으로서 가르켜 달라는 것입니다. 우리의 주관적인 조건을 말하면 그것은 권력에 쏠리는 惰性이나 가족적인 써—클주의에 있는 것이 아니라 능력에 따라서 일하고 먹을 수 있는 개방된 사회생활을 중시하여 달라는 것입니다. (…중략…)

오늘날 우리의 지상과제는 말할 것 없이 통일민주국가와 자립경제확립에 있습니다. 그러면서도 선배들의 대부분은 개인적으로는 관망과 체념과 허무에 잠기고 있는 형편입니다 (…중략…)

우리들의 선배들이 早老하다는 것은 결코 우연한 사실이 아닙니다 장년이 넘으면 벌서 一家然하여 자기의 껍질 속에 숨어 들어가는 것이 보통입니다. 이것은 모다 과거의 그러한 사회제도에 지친 탓입니다. 일제의 통치기간을 통하여 많은 선배들이 술이나 마시고 세월 보낸 사실을 우리는 잘 알고 있습니다. 이 空間을 메꾸기 위하여서는 초인적 노력이 필요함에도 불구하고 오늘날에도 小成에 충족하여 偸安에 잠기고 잇는 것 같습니다. 가령 일본같은 동양의 선진국에 있어서도 1945년의 패전에 이르기까지의 약 10년간의 공간을 메꾸기 위하여 중견노장층이 얼마나 분투하고 있지 않습니까. 좀 더 젊어지고 자신을 가질 것을 거듭 요청하지 않을 수 없습니다.[32]

필자 역시 식산은행원의 식민지 경험 중 가족주의와 권력 의존성에 주목한 적이 있다.[33] 권력 관계는 4·19 이후에도 언급되므로 뒤에서 다루고 우선 가족주의를 살펴보겠다. 식은은 일본의 경영가족주의[34]를 도입하여 한국인 행원의 호응을 이끌었다. 물론 민족의 차이로 정서적 욕구까지 충족할 수 없었더라도 생활의 안정은 꾀할 수 있었다. 해방 이후 이러한 가족주의는 은행의 전통으로 호명되어 "산은정신"으로 자리 잡았다. 은행은 하나의 가족이었고 식구인 은행원을 보호했다. 5·16때 "인기투표"로 탈락한 간부들에게 직장(주로 거래처)을 알선해 주었고 일정 기간이 지난 후 복직시켰다.[35] 군복무 미필로 퇴직한

---

32 雨林, 「戰中派의 提言」, 『産友』 13, 1957.4, 85~88면. 은행원의 술 마시기에 관해서는 정병욱, 앞의 글, 340~341면 참조.

33 정병욱, 앞의 글, 116~121면.

34 하자마 히로시[間宏]는 열악한 노동조건에도 불구하고 높은 노동의욕을 이끌어냈던 경영가족주의를 일본자본주의 발전의 기초로 파악한다. 경영가족주의는 ① 경영사회질서에서 신분제 혹은 연공제 ② 고용관계에서 종신고용제 ③ 임금제도에서 연공형 임금 ④ 생활보장으로서 기업 내 복리후생제도 ⑤ 노사관계에서 가족주의이데올로기, '노사일체론'을 특징으로 한다. 그에 의하면 노동의욕의 원천으로서 경영가족주의가 종업원에게 부여한 심리적 효과는 다음 네 가지이다. ① 종신고용, 노후보장 등에 의한 생활안정의 욕구만족, ② 승급과 지위 상승에 따른 위신, 명예 등 사회적 욕구의 만족 ③ 일상의 忠勤행위에 대한 반대급부로 경제적 욕구 충족 ④ 내셔널리즘과 결합하여 애국심과 같은 정서적 욕구 만족(『日本勞務管理史研究－經營家族主義の形成と展開』, 東京 : ダイヤモンド社, 1964, 19~23, 39~41면).

35 洪升喜, 「産銀精神」, 『産業銀行三十年史』, 1984, 466~467면. 그는 같은 곳에서 산은정신을 다음과 같이 정의한다. " 산은인은 산은을 직장으로서만 생각하지 않고 자기의 인

자들을 복직시키기 위해 두세 번 신체검사를 주선했으며, 심적 타격을 위로하기 위해 1년 공백의 복직본봉까지 책정하였다.[36] 심지어는 범죄자를 감옥에서 빼내기까지 했다.[37] 일제시기 살인을 저지른 한국인 행원의 선처를 부탁했다는 일본인 은행장 아루가[有賀光豊]의 전설이 떠오른다.[38]

이렇게 가족주의가 극성한 데는 나름의 이유가 있다. 식민지, 해방, 한국 전쟁의 격동기에 가족, 확대된 가족으로서 기업은 그야말로 "생활방위체"로서 유효했다. 한국전쟁 때 지도자가 안심하라며 도망가는 판에, 주방에서 일하는 용역과 그 가족까지 챙겨서 부산까지 피난시켜 줬는데 어찌 "感泣"하지 않을 수 있겠는가.[39] 식민지배의 유산도 나름의 토양이 있기 때문에 온존한다. 그러나 회사 내적으로는 합리성, 유효성을 갖는지 모르겠지만, 사회적으로 국가적으로 그렇지 않은 경우가 많다. 특히 산은은 정부가 전액 출자한, 즉 국민의 세금으로 만든 은행이다. 은행의 공공성이 끊임없이 의심 받는 이유 중 하나가 경영가족주의에 있다.

생의 전부라고 생각한다. (…중략…) 한평생을 최선을 다하며 산은과 더불어 사는 것이 우리 대부분 산은인의 소원이고 생활관이다. 산은에서는 상하가 엄격하고 선후배가 유별하다. 또 질서가 존중되고 은행비밀이 유지되며 인화단결이 가장 잘 된 곳이다. 따라서 상사에 대하여는 절대 순종하고 또 상사는 부하를 믿는다. 인정이 있고 서로가 상호 부조하며 慶事나 喪事가 있으면 모두 축하하고 조력한다."

36 玄浩澤, 「괴로웠던 인사부 근무시절」, 『産友』 36, 1966.7, 133~135면.

37 일제시기 입행하여 1960년대 산은 이사를 지냈던 A는 필자에게 직원을 가족으로서 끝까지 지켜야 한다면 교통사고로 사람을 죽인 운전기사 얘기를 했다. 그는 선처를 호소하기 위해 중앙정보부를 이용하여 판사, 검사와 식사를 했으며, 결국 계속 설득해 감옥에서 빼냈다. 주변에서 은행의 가족주의를 안 좋게 보기도 한다고 하자, "바깥은 어떻든 우리는 가족주의, 직원을 아껴야"한다고 했다(2008.2.2. 인터뷰).

38 정병욱, 앞의 글, 329면.

39 민영주 외, 앞의 글, 55면.

또한 가족주의에 내포된 온정주의는 노조설립을 방해했다. 4·19를 회고하는 자리에서 다들 은행의 가족주의 전통이 은행의 근대화를 막았다고 성토하다가도 한 사람이 노조 설립이 필요한 것이 아닌가 묻자, 노소 구분 없이 이구동성으로 반대했다. "상부의 이에 대한 충분한 이해와 아량에 맡기자", "자연발생적으로 필요성에 의해서 조직되어야지 사회풍조에 따라서 조직 운위한다면 졸렬하다", "우리 은행에서는 필요성이 없다", "처분만 바랄뿐입니다", 처음 문제를 제기한 사람은 "게마인샤프트에서는 조직 자체가 곤란하겠죠"라며 물러섰다.[40] 1960년은 "무기력의 표본"처럼 알려진 일반 은행원들이 처음으로 노조를 결성했던 해이다.[41] 1960년 8월 6일 전국은행노동조합연합회의 총회가 열렸다. 그러나 산업은행은 1974년에 노조가 생겼으며, 노조원이 집행부를 직접 선출했던 것은 1986년이었다.[42]

'전중파'의 제언에 대해 '전전파'는 어떤 반응을 보였을까. 당시 조사부장으로 『산우』 발행의 책임자였던 권장혁은 다음호 권두언에 '반성'이란 제목으로 은행의 보수성, 질서 등을 존중하면서도 거래처의 입장이나 국가적 견지에서 우리의 업무를 반성해보자며 타협을 모색했다.[43] 그 다음호에는 이사 김수환이 직접 나서 '우리는 전진하고 있다'는 권두언을 썼다. 너무 부정적으로 보지 말자, 대한민국은 정치 사회 경제 문화 모든 면에서 전진하고 있고 우리는 기여하고 있다, 비관과

---

40 金安在 외, 「〈送年座談〉 曲折많은 1960년과 우리 銀行-自主와 民主가 우리의 참자랑되게 産業役軍에로 앞장서자」, 『產友』 25, 1960.12, 77~79면.

41 Y 生, 「1960년과 노조활동-'정신노동자의 노조결성'이 이해의 수확이다」, 『產友』 25, 1960.12, 86~89면.

42 韓國産業銀行, 앞의 책, 216~217면.

43 權長赫, 「反省」, 『產友』 14, 1957.6, 1면.

위기의식은 자기포기이며 낙후를 결과하기 쉽다고 했다.[44] 은행 내 비판은 4·19를 기다려야 했다.

2) 4·19와 5·16 이후─권력과 자율

1960년과 1961년은 1년에 4차례 간행되던 『산우』가 연말에 한 번만 간행되었다. 그만큼 진통이 컸을 텐데, 두 호는 기조나 분위기가 사뭇 달랐다. 먼저 1960년 12월호를 보자. 4·19 이후 산업은행의 중역진은 전원 교체되었다. 주지하다시피 은행이 이승만 정권의 정치자금 조성에 관여했기 때문이다. 언론에는 산은 폐지론이 심심치 않게 나오고 있던 때이다. 새로 임명된 총재 서병수는 권두언에 다음과 같은 말을 남겼다.

> 우리민족의 귀중한 하나의 체험인 4월 혁명을 계기로 하여 우리는 생활태도를 反省해야 할 것이다. 그날 희생당한 청소년들의 뒤를 따를만한 용기는 없다고 하드라도 그들의 정신을 배반하여 그들에게 銃뿌리를 대는 것과 같은 생활을 해서는 아니 될 것이다. (…중략…) 그것은 자기 혼자만을 위한 이기적인 생활태도를 지양하는 길일 것이다. 자기나 또는 자기의 가족 등에게는 좋고 유리한 일이나 그것이 타인이나 또는 사회에 해를 끼치는 것이라면 이를 그만 두어야 한다.[45]

---

44 金脩桓, 「우리는 전진하고 있다」, 『産友』 15, 1957.9, 1면.
45 徐丙秀(總裁), 「〈卷頭言〉 1960년을 보내면서」, 『産友』 25, 1960.12, 5면.

잡지의 대략 1/4에 해당하는 50면 가량이 4·19를 기념하는 특집 '1960년을 기억하다'에 할당되었다. 그 중 한 행원은 4월 혁명의 의미를 다음과 같이 정리했다. "이조말의 농민전쟁이 봉건사회의 붕괴를 촉진하였으되 봉건적 지배질서의 전면적 거부를 의미하지 않았으며 일제시의 민족적 투쟁이 자유와 독립을 요구하였으되 개인-인간이 아닌 민족의 그것이었다는 점을 상기할 때 이번 4월 혁명이야말로 한국에서 최초로 있었던 진정한 의미의 자유민주주의적 혁명"이다.[46] 특집에 빈번하게 나오는 말이 자유와 민주다. 이번에도 신구세대가 모여 좌담회를 열었는데, 앞에서 보았듯이 가족주의, 노동조합의 문제도 다루었지만 초미의 관심사는 은행의 자율성 문제였다. '銀行은 舊態를 벗어나 自律性을 기를 歷史的 轉換의 해'라는 중간 제목 아래 다음과 같이 좌담했다.

> 崔明鎭(문서부부장) : 식은 말기로부터 계속해 온 부당한 정치적 압력으로 말미암아 우리가 내포하고 있던 독소가 4·19를 계기로 백일하에 폭로되었다고 볼 수 있습니다. 중역진의 전원 퇴진을 가져왔고 그 후 임원이 새로 임명되었던 것입니다. (…중략…) 경영면에 있어서는 경제적인 입장에서 융자결정을 내릴 수 있는 각오가 있어야 할 줄로 생각합니다. 은행의 자금이라고 하는 것이 국민의 위탁을 받은 돈을 가지고 움직이고 있는 만큼 우리 자신이 외부의 압력을 배제해야겠다는 굳은 각오가 있어야 될 줄로 생각합니다.

---

46 李鳳遠, 「내가 본 4月革命－韓國最初의 自由民主革命」, 『産友』 25, 1960.12, 85면.

金安在(영업부부장) : 우선 政局安定이 급선무라고 생각……

韓完洙(사회) : 우리가 이제는 외부의 압력에 맹종치 말고 자율성을 찾아야……

金榮玉(조사부) : 은행의 융자결정권이 자율적으로 운영할 수 없었기 때문에 은행이 집권당의 의도에 따라 움직여 온 것이 사실……

韓完洙(사회) : 은행 업무를 자율적으로 운영토록 하는 데는 선배님들의 많은 노력을 필요로 할 줄 믿습니다.

金安在(영업부부장) : 자주적이란 단어는 참으로 반갑고 희구해 왔던 말입니다. 그러나 은행사무란 終局의 결정권이라는 것이 우리에게 있는 것이 아니거든요.

崔明鎭(문서부부장) : 저는 다른 異見 (…중략…) 산은법에 의하면 결의는 理事會가 하기로 되어 있다는 면만을 본다면 김부장 말씀이 옳습니다. (…중략…) 자기한테 오는 일은 자기 책임하에 해 보겠다고 하는 이러한 기풍이 은행에는 많이 결여 (…중략…) 그 원인은 국책은행이라고 해서 審計院의 감사, 재무부의 위촉감사 또 국정감사를 받고 해서 (…중략…) 그러나 각오만은 자기한테 온 것은 자기 책임하에 해 보겠다고 하는 각오라도 가져야 할 것입니다.

高興民(영업부) : 우리들 삼십 전후의 행원들은 일제 때부터 오늘날까지 불우한 세대에서만 살아왔다고 생각합니다. 다행히도 4・19 혁명으로 독재정권이 무너지고 신생공화국에서 살게 되었으니 우리 스스로 정신을 가다듬어 최부장님 말씀대로 제 할 일은 제가 책임지고 열심히 해나가야 하겠다고 생각합니다.[47]

확실한 '戰前派' 김안재를 제외하면 모두 '권력으로부터 자율'을 외치고 각오했다. 그러나 구체적인 방안이나 제도적 장치는 제시되지 않았다. 좌담회 자리에서 "4·19를 계기로 어떤 변모"가 있었냐는 질문에 젊은 행원은 "일선에서 볼 때 별로 변모가 없다" "쇄신된 점 또한 별로 없다"고 했다.

5·16 이후 1961년 12월호에는 새 총재 나익진의 권두언이 실렸다. 해방 16년을 "荊棘의 역정"이라 하며 "'우리도 남들처럼 좀 잘 살아 볼 수는 없을까' 하는 국민의 기대와는 달리 빈곤의 악순환은 날이 갈수록 더욱 격화되었으며 자립정신의 해이, 사치와 태만, 절망과 패배주의, 공포분위기 등 절박한 우리의 제 사정은 급기야 辛丑 5·16을 기하여 군사혁명을 분연 궐기하게 한 원인이 되었다"고 했다.[48] '잘 살아 보세'가 대세였다. 잡지에서 자유나 민주, 자율성 문제는 거의 거론되지 않았다. 이에 비해 도덕 재무장, 생활 실천 등이 강조되었다. '범국민운동 요강', '국민운동 지도원'이 나왔다. 지도원이었던 은행원은 "해방 후 근 20년을 자유인지 방종인지도 모르게 방만하게 생활하였다"고 한다.[49] 4·19를 배반하는데 1년이면 충분했다.

다만 자율성 문제는 이후 간헐적으로 논란거리가 되었다. 1962년 은행 총재는 거래처 대표와 좌담하는 자리에서 "당행은 과거의 자유당 집정 당시의 정치적 압력 등으로 개발은행으로서의 역할이 미진한 점이

47 金安在 외, 「〈送年座談〉 曲折많은 1960년과 우리 銀行-自主와 民主가 우리의 참자랑되게 産業役軍에로 앞장서자」, 『産友』 25, 1960.12, 68~72면.

48 羅翼鎭(총재), 「1961년을 보내면서」, 『産友』 26, 1961.12, 4면.

49 玄浩澤(인사부), 「나는 국민운동이 지도원-懸河 웅변이나 정연한 이론보다 하나하나의 실행실천이」, 『産友』 26, 1961.12, 56면.

없지 않았으나 5·16 혁명 후 대내적으로 많은 혁신을 가져왔다"고 했다.[50] 그러나 1965년 이춘우(당시 외국차관부장)는 은행이 국민의 지탄을 받는 이유로 "극히 어려운 문제입니다만 중립성이 결여되었던 면"을 첫째로 꼽았다.[51] 권력으로부터 자율은 좀처럼 풀리지 않는 문제였다.[52]

그런데 해방 이후 입행하여 조사부에 있다가 대학교로 자리를 옮긴 김진웅은 1967년 은행의 한 좌담회에서 은행원의 사회적 지위가 낮아지는 이유의 하나로 일제시기보다 해방 이후 은행의 자주성이 더 떨어졌기 때문이라고 했다.[53] 직접적으로 자주성과 관련된 것은 아니지만 4·19 때 한 행원은 "식은 종말까지는 분위기가 좋았는데 산은으로 발족된 이후 180도 달라"졌다, "4, 5년 동안에 은행의 긍지를 깨트렸다"고 했다. 어떤 기업체의 정리방안을 제의하면 서류가 돌아다니다가 특명이 내려와 중단되는 일이 비일비재했는데, 이는 필연적으로 간부급과 인연관계가 있었기 때문이라 했다.[54]

일제시기 식은도 결코 자율적이었다고 할 수 없으며, 산은 이전에도 상부 압력이 없었던 것은 아니다. 그러나 위의 두 사람처럼 생각할 근거가 전혀 없는 것도 아니다. 식은이 일반주식을 공모하여 설립된 주식회사라면 산은은 정부가 전액 출자한 법인이었다. 한국전쟁이 막 끝난 시점에서 재정 상황이 여의치 않았을 때인데도 금융장악을 통해 경제

50 최상록 외, 「當行去來處代表와 役員과의 連席座談會報告」, 『產友』 27, 1962.7, 31~32면.
51 李鳳遠(산우편집실) 외, 「산은의 어제 오늘 내일을 말한다—해방 20주년에 즈음하여」, 『產友』 35, 1965.12, 43면.
52 박정희 시대에도 산은은 자유당 시절처럼 금고역할을 하였다. 1960년대에 이사였던 A는 돈이 없는데도 정부가 자꾸 융사를 요구해 시중은행에서 빌려 제공한 적도 있다고 했다(2008.2.2. 인터뷰).
53 김진웅 외, 「은행원의 사회적 지위」, 『產友』 39, 1967.12, 47~49면.
54 金安在 외, 앞의 글, 1960.12, 72면.

성장을 꾀하려는 국가의 강력한 의지가 작용한 것이다. 은행원도 '한국산업은행법' 제1조에 식은이나 일본개발은행에도 없는 戰時風의 "國策에 順應하여"란 조항을 넣어 화답했다. 식산은행(원)은 해방으로 조선총독부의 비호와 일본자금 유입이 중단된 상황에서 조선은행(원)에 뒤쳐졌으며 일반은행(원)과 다를 바 없게 되었다. 다시 한 번 "식은 왕국"의 영광을 되찾기 위해 필사적으로 산업은행 설립에 매달렸다.[55] 은행을 들어 국가에 바치고 옛날과 같은 신분, 적어도 한국은행(원)과 동격의 지위와 처우를 바랐다. 그 과정에서 권력유착은 필수였다.[56] 식은이 조선총독부의 "입의 혀"였다면 산은은 정부와 여당의 금고였다.

현실은 위와 같이 전개되었지만 그 현실을 비판하는 근거도 정부가 전액 출자한 은행이라는 점에서 나왔다. 식은·산은에서 근무했던 황병준은 1960년대 중반 산은의 정치자금 공급을 비판하면서 다음과 같이 말했다.

> 정부출자나 일반재정자금은 요컨대 국민의 혈세로써 이루어진 것이며 산업금융채권은 국민의 모진「인플레」부담 하에서 조달되었다. 또한 대충자금은 실은 산은을 위한 자금이 아니라 한국국민 전체를 위한 미국의 원조자금인 것이다. (…중략…) 산은은 그야말로 모든 국민을 위한 다시 말하면

55 강순형(인사부장) 외, 「창립 15주년에 즈음한 산은의 어제와 오늘」, 『産友』 42, 1969.8, 36면.
56 이 과정에 대해선 정병욱, 「한국산업은행법 제정의 내적 요인과 역사적 기원」, 고려사학회 2008년 봄 학술대회 발표문의 3장 참조. "국책의 순응하여"의 본질을 말해주는 예가 있다. 1952년 2월 15일자 중역회의록을 보면 "對勝利公社 공동융자 건-본건에 대하야서는 불참가키로 결정하였든 바 심사부장의 보고에 의하면 당행이 불참하면 타행 전부 불참가 한다함으로 **국책에 순응한다**는 의미 하에서 3억원 정도만 가담키로 함"으로 되어 있다(한국식산은행비서실, 『重役會議錄』 3, 1951.10~1952.3). 같은 해 승리공사는 고철 수출 외환으로 불요불급한 소비재를 수입하여 말썽을 빚었다(『부산일보』 1952년 8월 13일자).

전체적인 국민경제를 위한 은행이 되어야 할 것은 너무나 명백한 일[57]

4. 봉합과 탈식민

한국산업은행이 발행한 사보 『産友』(1954~1971)를 보면, 식민지 기억의 주류는 '전통 강조' — 식민지 경험 중 산업금융의 기술만을 강조하여 은행 설립의 명분으로 삼는 기억 경향 — 이었고, 이를 바탕으로 식민지 시절이 좋았다는 회고가 이어졌으며, 가끔 태업과 저항의 무용담도 나왔다. 이러한 기억은 대체로 은행과 일본 제국주의의 관계, 당시 은행원이 한 업무와 그 맥락, 부일협력에 대한 망각을 동반하였다. 기억의 내용은 주로 단편적 일상이고 젊은 날에 대한 향수인 경우가 많다. 그러나 기억함으로써 망각시키려는 부분을 고려한다면, 은행원의 식민지 기억은 과거의 불편한 부분을 은폐하고 현재를 정당화하려는 고도의 정치행위라 할 수 있다.

4·19를 전후한 격변기에 주류 기억에 대항하는 기억이 나타났다. 대항 기억의 발화자는 주로 은행의 신세대나 개혁세력이었고, 그 내용은 주류 기억이 은폐하고 있는 식민지 시기 은행의 역할과 은행원이 한 일이며, 목적은 대체로 은행의 상층부나 구세대에 대한 비판과 은행 개혁이었다. 정세 변화에 따라 간헐적으로 등장하는 대항 기억의 존재는 주류 기억이 은행원 집단의 통합에 이르지 못하고 봉합에 머물

57 黃炳晙, 「산은의 활동과 앞으로의 과제」, 『産友』 32, 1964.5, 199면.

렸음을 의미한다. 한 은행의 사례지만 이런 대항 기억은 '탈식민'을 지향하는 식민지 기억의 전형적인 모습을 보여준다. 기억 방식과 그 내용, 등장 상황은 해방이후 현재까지 한국사회에서 자주 발견된다. 갈등이 고조될 때마다 봉합의 실밥은 터졌다.

대항 기억은 식민 잔재로 가족주의와 권력 종속을 지적하며, 그 청산을 '탈식민'의 길로 제시했다. 은행원이 식민지 시기부터 내면화하였던 학력주의까지 포함하면,[58] 이 세 가지는 해방 이후에도 은행에서 지속 또는 강화되었다고 할 수 있다. 왜 식민 잔재는 잘 청산되지 않을까. 세 가지는 적어도 구한말 이래 식민, 분단을 겪으며 집단적 해결에 좌절한 한국사회의 구성원이 택한 생존과 상승 전략이라 할 수 있다. 식민지배의 유산이란 것도 나름의 토양이 있기 때문에 존재하는 것이다. 그 토양이 변화되지 않는 한 계속 남을 것이다.

58 일제시기 학력주의의 제도화에 대해서는 정병욱, 「3·1운동과 학력주의의 제도화」, 『1919년 3월 1일에 묻다』(박헌호·류준필 편), 성균관대 출판부, 2009 참조.

3부
소통과 연관의 장

구한말 선교사 호머 헐버트Homer B. Hulbert의 한국시가 인식

김승우

1. 들어가며

본고는, 구한말 국내에서 교육과 선교 사업을 펼쳤던 미국인 선교사 호머 헐버트Homer Bezaleel Hulbert(訖法, 轄甫, 1863~1949)의 한국문학 관련 논의, 특히 詩歌 관련 논의들을 발굴・검토하는 데 목적을 둔다.[1]

---

1 이 논문은 한국시가학회 제59차 정기학술발표회에서 발표한 「구한말 서양 선교사들의 한국시가 연구의 소개」를 보충・게재하여 『한국시가연구』 31집, 한국시가학회, 2011에 수록한 글이다. 당시 발표에서는 제임스 게일J. S. Gale과 호머 헐버트H. B. Hulbert의 한국문학, 특히 시가 관련 저작들을 견주어서 논의하였는데, 이 가운데 게일을 다룬 앞부분은, 오페르트E. J. Oppert와 그리피스W. E. Griffis 등 게일 이전에 한국문학을 고찰했던 서양인들의 글에 대한 검토를 보충하여 별도의 논문으로 게재하였다-「한국시가에 대한 구한말 서양인들의 고찰과 인식-James Scarth Gale을 중심으로」, 『어문논집』 64호, 민족어문학회, 2011, 5~41면. 본고에 수록하는 내용은 발표문의 뒷부분, 즉 헐버트를 다룬 부분으로서 발표회 토론 과정에서 제기된 사항들을 반영하여 서술을 수정 및 보충하였다. 발표 당시 논고를 면밀히 검토하시고 중요한 논점과 자료를 언급해 주셨던 서울대 국어교육과 로버트 파우저Robert J. Fouser 교수님께 깊은 감사를 드린다.

19세기 중반 이전까지 이루어진 한국에 관한 서양인들의 기록은 분량 자체도 소략하거니와 서술된 내용 역시 대개 중국·일본 등지에서 전해들은 견문들이 주종을 이루는 데 반해, 1880년대 이후에는 한국의 문화와 역사, 당대의 현황 등을 비교적 종합적으로 다루려는 시도들이 연속적으로 나타나며, 로스John Ross, 오페르트Ernst J. Oppert, 그리피스William E. Griffis 등의 저술이 그 대표적인 성과물로 거론될 만하다.[2] 이어 1883년 조미수호통상조약이 체결된 이후에는 미국과 영국은 물론 오스트레일리아의 개신교 선교회에서도 조선에서의 선교활동을 공식화하면서, 1890년대에 들어서면 한국어를 거의 완벽한 수준으로 학습한 영미권 선교사들이 한국에 관한 훨씬 밀도 높은 저술을 내놓게 되는데,[3] 이 시기의 선교사들 가운데 특히 한국의 언어와 문화에 대한 연구 분야에서는 제임스 게일James Scarth Gale(奇一, 1863~1937)의 활동이 단연 부각된다. 게일은 1888년부터 1927년까지 40년간 한국에 체류하는 동안 한영·영한사전 편찬, 한국 고소설의 영역, 한국문학에 대한 논평 등에 이르기까지 한국문화 전반에 걸쳐 박물학적 연구 활동을 펼

---

2 John Ross, *History of Corea*, Paisley : J & R. Parlane, 1880; Ernst J. Oppert, *Ein Verschlossenens Land : Reisen nach Korea*, Leipzig : Brockhaus, 1880; *A Forbidden Land : Voyages to the Corea*, London : Gilbert & Rivingston, 1880; William E. Griffis, *Corea, the Hermit Nation*, London : W. H. Allen & Co., 1882. 이들의 기록 가운데 오페르트와 그리피스가 한국의 가악과 문학에 관해 고찰했던 내용들은 김승우, 앞의 논문, 9~16면에서 검토된 바 있다. 한편, 본고에서는 특별히 조선왕조를 가리켜야 할 경우가 아니라면 대한제국 이전 시기도 '한국'으로 통일하여 지칭한다.

3 당시 입국했던 선교사들 가운데 중요한 활동을 보인 초기 인사로는 알렌Horace N. Allen, 언더우드Horace G. Underwood, 아펜젤러Henry G. Appenzeller 등이 있으며, 이들이 의료선교와 교육 사업에서 각종 활동을 펼침으로써 고종을 비롯한 당시 왕실의 전격적인 신뢰를 획득하였던 사실은 널리 알려진 바이다. 이들 미국인 선교사들의 활동에 대해서는 이미 여러 연구가 진행되었으며, 근래에 류대영, 『초기 미국 선교사 연구 1884~1010－선교사들의 중산층적 성격을 중심으로』(한국기독교역사연구소, 2001); 『개화기 조선과 미국 선교사』(한국기독교역사연구소, 2004)에서 종합적인 연구가 다시 이루어졌다.

친 선교사로서, 한국학자Koreanologist로서의 그의 업적에 대한 정리와 검토 역시 근간에 들어 보다 본격화되고 있는 상황이다.[4]

한편, 제임스 게일만큼 오랫동안 한국에서 활동하지는 못했으나, 한국문화 연구에서 여러 모로 게일과 대비해 볼 수 있는 이 시기의 또 다른 서양 선교사가 바로 호머 헐버트이다. 뉴햄프셔주의 다트머스대학Dartmouth College을 졸업하던 1886년에 고종의 요청을 받아 육영공원育英公院의 영어 교사로 한국에 온 헐버트는 교육과 출판 사업에 주력하면서도 을미사변 때에는 고종을 지척에서 시위하였고 일본의 침략상을 대외에 알리기 위해서도 힘을 쏟았다.[5] 특히 헐버트의 여러 활동 가운데 가장 널리 알려진 것은 을사조약 이후 한국의 독립을 유지하기 위해 동분서주하던 행적으로서, 고종의 밀서를 가지고 미국에 들어가 국무장관 및 대통령과의 면담을 시도하는가 하면, 제2차 만국평화회의(1907)가 열리기 전 헤이그에 도착하여 한국대표단의 호소문을 현지 언론에 싣고 이상설·이준 등의 회의장 입장을 허가하도록 촉구하기도 하였다. 이 때문에 헐버트는 선교사들의 정치 간여를 금지했던 당시 루즈벨트T. Roosevelt 행정부로부터도, 한국을 사실상 강점하여 행정권을 장악하고 있던 일제 당국으로부터도 모두 비판을 받아 한국으로

---

4 게일에 대한 연구는 비교적 이른 시기부터 신학, 사학, 국어학 등의 부문에서 꾸준히 진행되어 왔고, 문학 관련 부문에서도 게일이 출간했던 고소설 번역서, 특히 「구운몽九雲夢」의 영역본을 고찰한 연구가 수편 제출된 바 있다. 최근 이상현, 「제임스 게일James Scarth Gale의 한국학 연구와 고전서사의 번역－게일 한국학 단행본 출판의 변모와 필기, 야담, 고소설의 번역」(성균관대 박사논문, 2009)에서 게일의 문학 활동에 대한 보다 종합적인 검토가 이루어졌다.

5 헐버트의 생애에 대한 가장 자세한 기록은 Clarence N. Weems, "Editor's Profile of Hulbert", *Hulbert's History of Korea*, vol.1, Ed. Clarence N. Weems, London : Routledge & Kegan Paul, 1962, pp.23～62에서 이루어졌다. 본고에서도 헐버트의 전반적인 생애와 활동에 대해서는 이 글에서 많은 부분을 참고하였다.

의 입국이 거부된 채 헤이그에서 곧장 미국으로 향하게 된다. 이렇듯 한국에 우호적·헌신적이었던 그의 행적 때문에 헐버트는 구한말에 한국에서 활동했던 서양인들 가운데 베델Bethel(裵說, 1872~1909)과 더불어 가장 두드러진 인사로 기억되곤 한다.

그러나 실상 헐버트의 활동이 이러한 정치적인 측면에만 국한되는 것은 아니다. 오히려 을사조약과 관련된 그의 역할이 너무 강렬하게 각인되어 있는 탓에 한국문화에 대한 헐버트의 연구와 저작들이 상대적으로 그간 제대로 조명을 받지 못해 왔던 측면도 없지 않다.[6] 그는 교육자이자 선교사였고, 또한 한국의 역사와 문화 전반에 걸쳐 다수의 논저를 발표했던 당시의 유력한 한국학자 가운데 한 사람이기도 했다. 본고에서 주안을 두는 한국의 가악歌樂이나 문학과 관련된 것들만을 추려도 적지 않은 글들이 발견될 뿐만 아니라, 특히 헐버트는 한국문학에 대한 고찰을 단지 피상적으로 갈무리하는 정도에 그치지 않고 직접 자료를 수집·채록·검토한 후 그 의미를 해석하는 수준으로까지 나아가고 있어서, 한국문학에 대한 초기 서양 연구자들의 이해도를 가늠하는 데 그의 논의는 큰 도움이 될 수 있다. 또 한편으로, 그가 한국문학에 관해 논평을 했던 시점이나 계기를 되짚어 보면 대부분 게일의 연구에 대한 보충, 문제제기, 때로 반론의 필요성을 느꼈음직한 경우

6 헐버트의 한국문학 연구 내지 논평을 본격적으로 다룬 논문은 송민규, 「19세기 서양 선교사가 본 한국시 - *The Korean Repository*의 기사 "Korean Poetry"를 중심으로」(고려대 석사논문, 2008) 이외에는 아직 없는 듯하다. 이 글에서 송민규는 헐버트가 1896년 『한국휘보』에 제출했던 "Korean Poetry"라는 단일 에세이를 분석하여 그의 한국문학관을 점검하였는데, 가치 있는 성과로 평가되지만 헐버트의 활동은 게일과의 관계를 떠나서는 온전히 조명되기 어려울 뿐만 아니라 그의 저작들 역시 보다 종합적인 구도에서 검토되어야 할 필요성이 있다.

들이 많아서 두 연구자 사이의 입장차를 살피는 것도 흥미로운 접근법이 될 것이다.

본고에서는 바로 이와 같은 견지에서, 호머 헐버트의 한국문학 관련 논의, 특히 한국시가와 관련된 논의들을 찾아 검토하는 한편, 게일과 헐버트 사이에 벌어졌던 지상誌上 논쟁을 재구하여 그 시대적 의미를 분석해 내고자 한다.

2. 한국시가에 대한 호머 헐버트H. B. Hulbert의 인식과 논평

1886년 한국에 들어온 이래, 1890년 무렵 언더우드를 도와 『한영ᄌ뎐(韓英字典, *A Concise Dictionary of the Korean Language*)』(1890)의 제2부 영한英韓 대역 부분을 편수한 것 이외에는 한동안 본연의 교육 사업과 한국어 학습에 매진해 왔던 헐버트가 한국문학에 관해 본격적으로 글을 발표하기 시작한 시점은 1896년인 것으로 파악된다.[7] 1896년 2월호 『한국휘보*The Korean Repository*』에 실은 「한국의 성악聲樂, Korean Vocal Music」이 그 첫 에세이로서 한국어에 어느 정도 익숙해지고 한국의 문화적 요소들을 치밀하게 관찰하면서 견해를 정리하는 데 약 10년의 시간이 경과한 셈이다. 흥미롭게도 이 글이 실리기 석 달 전 제임스 게일 역시 같은 잡

7 언더우드의 『한영ᄌ뎐』(1890)은 1부인 한영부와 2부인 영한부로 나뉘어 있으며, 제임스 게일과 호머 헐버트가 각각 제1, 2부를 편수하는 데 도움을 준 것으로 언더우드는 기록하였다. Horace G. Underwood, "Preface," *A Concise Dictionary of the Korean Language* : 한영ᄌ뎐, vol.1, Ed. Horace G. Underwood, Yokohama : Kelly & Walsh, 1890, p.11.

지에 한국문학 일반에 관한 논평을 발표하였거니와,[8] 여기에서 게일은 한국인의 문학적 감수성을 설명하고 그러한 특성들을 서양인의 것과 비교하면서 한국인은 말해야 할 내용을 모두 말하지 않을 뿐 아니라 사소하게 느껴지는 소재 하나만으로도 다양한 의미를 파생시킨다는 점을 지적한 바 있다.[9] 때문에 혹 헐버트가 「한국의 성악」을 통해 게일의 글에 대한 보충 논리를 개진하려 한 것은 아닌지 추정되기도 하는데, 실제로 그는 약 10면 분량의 길지 않은 이 글의 초두에서 한국의 가창歌唱 문화 전반을 일면 게일과 유사한 방식으로 분석해 낸다.

Homer B. Hulber 1863~1949)

해마다 여름이 되면 귓전에 들려오는 소리들이 우리에게는 생소함에도 불구하고 한국의 음악은 신비롭게만 여겨지지는 않는다. 우리는 한국인들이 무엇을 표현하려 하는지 알거나 느끼지 못할 뿐 아니라, 한국인의 감수성과 습속을 감안하지 않은 채 보다 인공화 된artificial 서구인의 귀로 한국의 음악을 들으려 하기 때문에 그 소리는 괴상하고도 만족스럽지 못하다. 우리 서구인들은 한국의 음률이 박자time에 맞지 않는다고 말하거니와, 이러한 지적은 셰익스피어의 시구가 운율에 맞지 않는다고 말하는 것과 다

---

8 James S. Gale, "A Few Words on Literature," *The Korean Repository*, Seoul : Trilingual Press, Nov. 1895, pp.423~425. 한편, 당시 'literature'라는 어휘는 오늘날의 '문학' 개념보다 포괄적인 것이었으며, 때로 '글 혹은 문헌, 저술 일반'의 의미를 내포하기도 하였다. 당시 'literature'의 개념 및 '文學'과의 대응관계에 대해서는 이상현, 앞의 논문, 66~67, 70~71면; 김소정, 「근대중국의 '新文學' 형성과 정전화 과정」, 『고전, 고전번역, 문화번역』(부산대 HK 고전번역+비교문화학 연구단 편), 미다스북스, 2010, 278~281면에서 검토된 바 있다.

9 게일의 이 글에 대한 분석은 김승우, 앞의 글, 22~24면 참조.

를 바가 없다. (하지만) 한국의 음악이 꼭 박자에 맞아야만 되는 필연적인 이유라도 있단 말인가? 자연계에서조차 그처럼 박자에 정확히 들어맞는 현상이란 찾아볼 수 없다. 티티새의 지저귐도 박자에 맞지 않고, 한국의 들판에서 재롱을 떠는 종달새 역시 소절小節이나 점음표點音標와 같은 (복잡한 음악적) 구조를 전혀 고려하지 않은 채 자유롭게 지저귄다. 음악은 순수한 감정을 실어 전달하므로, 시가 운율에 제약을 받는 것만큼 음악이 박자에 제약을 받지는 않는 것이다. 물론 박자와 운율 모두가 꼭 필요한 부수물로 쓰여야 하는 때가 있기는 하다. 이에 나는 한국의 몇몇 음악 역시도 서구인들이 '박자'라고 부르는 율동적인 연속성을 갖추고 있다는 점을 보여주려 한다.

우리가 한국의 음악을 즐기지 않는 것처럼 한국인들도 서구 음악을 즐기지 않는다. 그러한 이유 때문에 한국인들은 서구 음악의 의미를 알지 못한다. 그 같은 난점은 (심지어) 서구인이 서구 음악을 들을 때에도 흔히 직면하게 된다. 청중들이 조성調聲을 제대로 이해하지 못한다면 하이든Joseph Haydn이 〈천지창조Creation〉에서 영혼의 몰락을 묘사한 부분의 의미 또한 알 수 없게 되는 것이다. 그러므로 나는 독자들이 한국 음악을 제대로 들을 수 있을 때까지, 말하자면 독자들이 한국인의 귀를 갖게 되기 전까지는 한국의 음악에 대해 이러쿵저러쿵 속단하지 말 것을 권고한다.[10]

한국문학의 암시적인suggestive 특성이 서구의 문학과는 큰 차이를

---

10 Homer B. Hulbert, "Korean Vocal Music," *The Korean Repository*, Seoul : Trilingual Press, Feb. 1896, p.45. 괄호 안의 문구는 필자가 인용문을 번역하는 과정에서 문맥을 명확히 하기 위해 보충한 어휘들이다(이하 동일).

보인다고 논술했던 게일과 마찬가지로,[11] 헐버트 역시 한국의 성악이 서구인의 것과 근본적으로 다르다는 점을 언급하는 데에서부터 논의를 시작한다. 그러나 게일과는 달리 헐버트는 양자 사이의 차이를 인정할 뿐 발달과 미발달의 이분법적 잣대를 적용하지는 않는다. 그는 한국의 성악을 서양인이 도저히 알아듣기 어렵고 성악의 가사들이 뚜렷이 분절되어 있지도 않다는 점을 지적하였지만, 그러한 특성이야말로 한국인의 취향에 부합하는 것이며, 서양인이 한국의 성악을 이해하지 못하는 것과 마찬가지로 한국인도 서양의 것에 취미를 두지 않는다는 상호적인 시각을 제시하였던 것이다. 이와 같은 견해는 한국의 음악에 대해서는 물론 문학, 더 나아가 한국문화 전반에 대한 헐버트의 기본적인 관점을 대변하는 것으로 분석되는데, 그처럼 헐버트는 한국의 문화적 요소들을 긍정하는 한편, 가급적 한국문화의 독자적 성격도 도출해 보고자 시도하게 된다. 그가 한국의 문화적 자산을 미시적・분석적 관점에서 연구하였던 것 역시 그러한 의도를 반영하며, 같은 글의 이어지는 부분에서도 이 점이 확인된다.

> 한국의 성악은 세 가지 부류로 구분된다. 고전적인 형식이라고 할 만한 '시조*Si Jo*'와 대중적인 형식인 '하치*Ha Ch'i*', 그리고 그 중간 등급이 있는데, 중간 등급은 '응접실 형식the drawing-room style'이라 불릴 만하다. (물론) 실제로 '응접실'이 있는 것은 아니다. 먼저 고전적인 형식인 시조부터 보도록

11 James S. Gale, op. cit., p.423. " We are given to realistic painting. Our pictures must say exactly what we mean, nothing more, nothing less. The Korean is not so, the presence of a flower or sea-gull will suggest numberless thoughts many *li* distant from the object itself."

하자. 시조는 매우 느리고 심하게 음이 떨리는*extremely andante and tremuloso* 성악곡인데, 북 장단에 맞추어 부른다.[12]

헐버트는 당대 한국의 가악을 세 가지 층위로 나누어 제시한다. 이러한 그의 분류가 실상에 얼마나 부합하는지는 차치하고서라도 우선 그 같은 분류를 시도할 수 있었다는 것 자체만으로도 그가 이 문제에 관해서 상당한 정도의 고찰을 거쳤다는 사실을 시사한다. 물론, 헐버트가 다루었던 성악의 범위는 한정되어 있었다. 그는 당대 성악의 첫째 자리에 시조時調를 위치시켰으나, 일단 궁중악을 논외로 한다 해도,[13] 시조창보다 수준 높고 '고전적인' 형식으로 가곡창歌曲唱이 존재하고 있었다. 헐버트 시대의 연행현장에서는 이미 시조창이 가곡창을 압도하고 있었기에 그가 가곡창을 들어본 경험이 없었을 수도 있고, 또는 가곡창이든 시조창이든 그 발성법이나 속도가 서양인인 헐버트에게는 유사하게 느껴진 탓에 양자를 구분하지 못했을 가능성도 있겠으나, 어찌되었든 헐버트의 이 글은 '시조'라는 명칭을 특화하여 언급한 매우 이른 시기의 글임에 분명하다.

한편, 헐버트가 대중적인 형식이라고 설명했던 '하치'와 중간 등급이라고 했던 '응접실 형식'은 무엇을 말하는지 자세히 알 수 없지만, 우선 '하치'의 경우는 프랑스 선교사들에 의해 제작된 『한불ᄌᆞ뎐(韓佛字典,

12 Homer B. Hulbert, op. cit., pp.45~46.

13 고종의 신임을 받아 수시로 궁을 드나들었던 헐버트가 궁중악의 존재를 몰랐을 가능성은 적어 보이는데, 아마도 그는 한국의 궁중악이 중국의 것과 크게 차별화되지 않는다는 생각을 가지고 있었던 것은 아닌가 짐작된다. 게일과는 극명히 다르게 헐버트는 중국의 영향을 짙게 받은 한국의 문물은 엄밀한 의미에서 한국의 문화로 포섭되기 어려운 것이라 여겼기 때문이다.

Dictionnaire Coréen-Français)』(1880)의 표제어를 참고해 보면, 격이 낮은 것을 뜻하는 '하치[下—]'라는 단어에서 온 것이 아닌가 짐작된다.[14] 헐버트는 이 글을 쓰면서 특정한 서적을 보았던 것이 아니라, 자신이 직접 연행 현장을 돌아다니면서 가사를 채록하고 정리하여 글의 재료로 삼았기 때문에 사람들이 민요를 통칭하여 흔히 '하치'라 부르던 것을 헐버트가 특정 성악의 장르로 오해하여 옮겨놓은 듯하다. 그렇다면 중간등급이란 가곡창이나 시조창보다는 저급하되 세련된 가창법과 레퍼토리로 당시 시정에서 큰 인기를 누리고 있었던 잡가류를 일컫는 것으로 생각된다. '잡가雜歌'라는 개념은 근래에 들어서야 제안된 용어이기 때문에 이들 부류를 묶기 위해 헐버트는 당대 서구문학의 개념을 원용하여 '응접실 형식'이라는 새로운 용어를 도입했으리라는 것이다.[15]

이처럼 헐버트는 한국 성악의 일차적인 특성, 즉 음악적 형식과 위계에 대해 언급하였으나, 보다 주목되는 것은 그가 성악의 노랫말을 명확히 한국의 시로 규정하면서 그 의미를 분석하는 데까지 나아갔다는 점이다. 예컨대 그가 연행현장에서 채록하여 풀이한 시조의 예를 보이면 다음과 같다.

---

14 『한불즈뎐』에서는 '하치'라는 표제어에 대해 'HA-TCHI'라 병기하고 '下品'과 '최하 품질, 낮은 품질De dernière qualité, de mauvaise qualité'로 뜻풀이를 하였다. (Missions étrangères de Paris, *Dictionnaire Coréen-Français* : 한불즈뎐, Yokohama : C. Lévy, 1880, p.81.) 3만 여 단어 규모의 소사전인 『한불즈뎐』에 이 어휘가 등재된 것을 보면, '하치'가 당시 널리 쓰이던 단어였음을 짐작할 수 있다.

15 헐버트가 '응접실 형식'의 사례로 경기 신민요 〈군밤타령〉을 제시한 점에서도 이러한 추정이 설득력을 얻는다. (Homer B. Hulbert, op. cit., p.52.) 한편, '응접실 형식the drawing-room style'이라는 말은 '응접실 희극the drawing-room comedy'을 원용한 용어로 보이는데, '응접실 희극'은 중간계급이 주요 등장인물로 나오는 가벼운 희극을 지칭한다. 서구의 중간계급이 응접실을 주생활무대로 활동했던 데에서 이 용어가 유래한다. "문학예술용어소사전," 한국문화예술위원회, 2011.9.19, 〈http://www .kcaf.or.kr/zine/artspaper89_11/19891119.htm〉

(음악적으로 볼 때) 시조는 고전적인 것이어서 내가 (쉽게) 다루어볼 수 있는 형식이 아니다. 하지만 시조 가락에 올려 부르는 가사는 내가 이해할 수 있는데, 그 가사는 가락과 어울려 나름의 역할을 수행함에 틀림없다. 이 등급에 속하는 다른 많은 노래들과 마찬가지로 시조도 세 단락으로 구성되며, 그 각각을 초장, 중장, 종장이라 부른다. 바꾸어 말하면 시조는 3막으로 구성된 연극과도 같다. 한국어 가사는 다음과 같다.

청산아 무러 보자 고금ᄉᆞ를 네 알니라
영웅호걸들이 몃몃치 지나더냐
일후에 뭇ᄂᆞ니 잇거든 나도 함께.

내가 이 노래의 가사를 제대로 채록하고 그 노래의 본체까지도 제대로 이해하였다면, 이 노래가 한국인들의 마음에 전달하는 의미는 서구인들에게는 다음과 같은 의미로 전달될 수 있을 것이다.

오 청산이여,
그대 나의 예언자여. 구름을 막아섰도다.
오랜 세월에도 그대 지치지 않고 기억의 눈도 흐리지 않았구나.
전설이 서린 그대의 산정山頂에서
과거, 현재, 미래는 영원한 왕좌를 찾은 듯하다. 오 청산이여,
그대 나의 예인자여.

오 청산이여,

그대 이야기를 전해다오. 당장 내게 말해다오, 그의 이름을,
그가 아이이든 어른이든 성인聖人이든, 가장 훌륭한 그의 이름을.
그대의 머리 아래에서 내일을 찬양하며
오늘과 분투하며 어제의 기억을 더듬던 그의 이름을.
그대 이야기를 전해다오.

오 청산이여,
그대 나의 기념비여. 오랜 세월이 흘러
어느 풋내기 청년이 다시금 그대의 속내를 알고자 할 때,
그대의 칭송을 받아 마땅한 이름들 속에
내 이름도 끼어 있기를 기원하노라.
그대 나의 기념비여.

O mountain blue,
Be thou my oracle. Thou stumbling-block to clouds.
Years have not marred thee nor thine eye of memory dimmed.
Past, present, future seem to find eternal throne
Upon thy legend-haunted crest. O mountain blue,
Be thou my oracle.

O mountain blue,
Deliver up thy lore. Tell me, this hour, the name
Of him, most worthy be he child, or man, or sage
Who'neath thy summit, hailed to-morrow, wrestled with

To-day or reached out memory's hands toward yesterday.
Deliver up thy lore.

O mountain blue,
Be thou my cenotaph; and when, long ages hence,
Some youth, presumptuous, shall again thy secret guess,
Thy lips unseal, among the names of them who claim
The guerdon of thy praise, I pray let mine appear.
Be thou my cenotaph.

여기에서 우리는 장차 과거를 보기 위해 길을 떠나는 한 젊은이의 모습-하나의 순수한 한국인의 모습을 보게 된다. 그는 한국의 어느 거대한 산기슭에 머물러 쉬면서, 명예와 성공을 추구하기 위해 그와 똑같은 길을 걸었을 모든 사람들을 생각한다. 울퉁불퉁한 거석을 올려다보며 시상이 떠오르자 젊은이는 만고에 누가 그처럼 성공적인 인물이었느냐고 묻는다. 2행과 3행 사이에서 우리는 잠이 든 젊은이의 모습과 그에게 영화로운 인물들에 관해 꿈속에서 긴 이야기를 전해주는 산의 모습을 상상해 볼 수 있다. 꿈에서 깨어나 다시 짐을 챙기다가 젊은이는 문득 뒤돌아보며 그가 꿈속에서 전해들은 이름들 속에 자신의 이름도 끼워 달라고 부탁한다. 산신山神(the genius of the mountain)에게 자신을 비호하고 성공을 가져다주도록 기원하는 방식으로써 이보다 더 섬세하고 은미한 수사는 없을 것이다. (젊은이가 바라는 것처럼) 그의 이름이 영화로운 인물들의 명부에 오르게 되면, 젊은이가 그 이름값을 할 수 있도록 산신도 마땅히 그를 보살펴주어야만 하기

때문이다.[16]

이 부분에서 헐버트는 시조의 노랫말에 대한 논의로 고찰의 범위를 좁혀간다. 그는 우선 시조의 전반적인 특성에 관해 언급하면서 삼장三章 구조를 거론한다. 삼장 구조 자체는 오장 형태의 가곡창이 시조창으로 바뀌는 과정에서 정립된 음악적 특성이기는 하지만, 여기에서 더욱 주목되는 사실은 헐버트가 시조의 각 장을 마치 연극의 막(act)에 대응되는 것으로 논의하였다는 점이다. 그는 시조의 삼장에 연극의 3막 안에 표현될 만한 구조와 내용이 모두 포괄된다고 보았던 듯한데, 이 때문에 헐버트는 시조를 직역하기보다는 그 안에서 간취될 수 있을 만한 내용을 나름대로 추론하여 보충함으로써 원작보다 훨씬 긴 의역을 제시하게 된다. 이와 같은 형식이 한국의 시를 서구인들에게 보다 효과적으로 이해시킬 수 있는 방법이라 여겼기 때문이다. 게일이 한국시의 특성으로 압축성과 알레고리 등을 지적하면서 한국시의 내용을 쉽게 간취해 내기 어렵다고 지적하였던 데에 비하면, 헐버트는 한국의 시가 무척 짧다는 점을 부인하지는 않으면서도, 작품 안에 작자가 말하고자 하는 내용이 모두 들어있으며 한국인들은 그 짧은 '연극'을 즐긴다고 생각했던 것이다.

가령 헐버트가 번역해 놓은 시조는 그러한 '연극'을 서구인의 시각에 맞게 재구성해 놓은 사례이다. 번역의 대본으로 제시한 텍스트는 『가곡원류』와 『협률대성協律大成』, 『화원악보花源樂譜』 등 여러 가집에서 발

16 Homer B. Hulbert, op. cit., pp.47~48. 시조 원문은 헐버트가 이 글에 제시한 표기 그대로 인용한 것이다.

견되는데, 대개 조선후기 문신 김상옥金相玉(1683~1739)을 작자로 기록하고 있다.[17] 그밖에 작품의 창작배경이나 내용과 관련된 어떠한 설명도 가집에는 수록되어 있지 않으나, 헐버트는 오직 작품의 문면에 의거하여 과거를 보러 가는 한 청년의 의기를 표출해 놓은 내용이라고 이 작품의 의미를 해석하였던 것이다.

헐버트가 이와 같은 의역 방식을 택한 것이 어떠한 계기 때문인지는 분명치 않지만, 19세기 후반기의 유럽 문단에서 그 전례를 찾아보는 것은 어려운 일이 아니다. 특히 헐버트의 번역 방식에 영향을 미쳤을 만한 가장 유력한 선례로는 루바이야트Rubaiyat 번역을 지적할 수 있을 듯하다. 당시 서구인들에게 알려져 있던 동양시 양식 가운데 가장 친숙했던 것은 페르시아의 4행 정형시 양식인 루바이야트로, 영국의 번역가 에드워드 피츠제럴드Edward FitzGerald(1809~1883)가 1859년에 오마르 카이얌Omar Khayyam(1040?~1123?)의 작품을 번역·출판함으로써 서구 시단에 큰 반향을 불러일으킨 바 있다.[18] 피츠제럴드는 오마르 카이얌의 루바이Rubai들에서 몇몇 시행을 발췌하여 부분적으로 새로운 루바이를 만들고 원래는 개별 작품이었던 것들까지 재배치함으로써, 마치 하루 동안 벌어진 일에 대한 작자의 허무주의적 감상과 회환이

---

17 "靑山이 말 무러보쟈 古今을 네 알니라 / 萬古英雄이 몃몃치 지ᄂᆞ더냐 / 이後에 뭇너 니 잇거든 날도 함끠 닐너라." 『가곡원류(국악원본)』 #198; "靑山아 말 무러 보ᄌᆞ 古今에 네 알니라 / 萬古英雄이 몃몃치 지ᄂᆞ더냐 / 이後에 뭇너 니 잇거든 날도 함끠 일너라." 『협률대성』 #188 등.

18 19세기 중반까지도 서구인들에게 동양의 시, 또는 동양시의 이미지라고 하면 대부분 랠프 에머슨Ralph W(Emerson, 1803~1882)의 시에 묘사된 인도의 이미지나 오마르 카이얌의 루바이야트 정도를 떠올렸을 뿐, 동양시의 범주에서 중국의 한시나 일본의 와카는 거의 논의되지 않았다. Earl Miner, *The Japanese Tradition in British and American Literature*, Princeton : Princeton Univ. Press, 1958, pp. 17~18. 한편, '루바이야트Rubaiyat'는 '루바이Rubai'의 복수형으로 '루바이'가 두 작품 이상 묶인 형태를 뜻한다.

애초에 75편의 연작시 형태로 창작되었던 것처럼 출판하였다.[19] 실제로 오마르 카이얌은 약 40년간에 걸쳐 계기적으로 한두 편씩 루바이를 창작하였을 뿐인데, 번역자에 의해 그것이 서구인들에게 익숙한 서사적 스토리를 지닌 작품으로 재창작되었던 것이다.[20] 물론, 이 과정에서 작품 본연의 형식에 대한 고려는 반감될 수밖에 없으며, 번역문을 보고 원시의 형태를 재구해내기는 어려워지게 마련이다. 더 나아가 원시의 본래 의미마저 호도되는 경우가 발생할 수도 있는데, 이 점은 시조를 서사적 구성물로 의역해 놓은 헐버트의 경우도 예외는 아니다. 같은 글에서 헐버트가 번역해 놓은 또 다른 시조 작품을 보면 그 같은 사정이 잘 드러난다.

> 한국의 고전 음악의 한 부류 중에는 술이나 한잔 얼근히 마시고 부르는 것이 있다. 좀 역설적인 이야기가 될지 모르지만, 호가스Hogarth의 그림을 고전적인 그림이라 한다면 연회의 노래도 고전 음악이라고 말할 수 있을 것이다. 여기에 무작위로 뽑은 노래 하나가 있는데, 연회노래임에도 불구하고 이 작품은 내가 들어본 것 중에 가장 슬프다.

> 술 먹지 마자 ᄒᆞ고 밍세롤 지엇더니

19 이상옥, 「루바이야트」, E. 피츠제럴드, 이상옥 역, 『루바이야트』, 민음사, 1975, 151~152면.

20 아울러 파운드Ezra Pound(1885~1972)도 1920년대에 『시경詩經』을 번역하면서 자구 하나하나의 의미에 얽매이기보다는 개별 작품에 대한 자신의 감상과 해석을 자유롭게 섞어 의역하였는데, 이는 웨일리Arthur D. Waley(1889~1966)가 직역 원칙에 따라 『시경』을 번역한 것과 큰 차이를 보인다. 두 사람의 『시경』 번역에 대해서는 Eugene Chen Eoyang, "The Many "Worlds" in World Literature-Pound and Waley as Translators of Chinese," *Reading World Literature : Theory, History, Practice*, Ed. Sarah Lawall, Austin : Univ. of Texas Press, 1994, pp.241~266에서 자세히 검토된 바 있다.

술 보고 안주 보니 ᄆᆡᆼ세가 허ᄉᆞ로다
ᄋᆞ희야 쳥념이 어ᄃᆡ미니 저 건너 ᄒᆡᆼ화촌

I

오래 전 김랑金娘, Kim과 나
손잡고 맹세했네.
입술이 마르고 마음이 슬플 때면
아무리 향기로운 술일지라도
슬픔과 목마름을 풀지 못했나니
모두가 흘러간 옛 일이로다.

'Twas years ago that Kim and I
Struck hands and swore, however dry
The lip might be, or sad the heart,
The merry wine should have no part
In mitigating sorrow's blow
Or quenching thirst. Twas long ago.

II

이제 내 삶의 밀물이 다하여
썰물이 시작되니,
내 어두운 여생조차 소멸해 가도다.
술의 조수潮水만은 쇠퇴를 모르나니,

영원히 들이키리라,
내 젊은 날의 맹서가 스러진
저 더럽혀진 사원을 애도하며.

And now I've reached the flood-tide mark
Of life; the ebb begins, and dark
The future lowers. The tide of wine
Will never ebb. 'Twill aye be mine
To mourn the desecrated fane
Where that lost pledge of youth lies slain.

III

아니지, 아니지, 잊어버리자!
이 즐거운 술잔은 또 다시 영혼을 일깨우리.
어떠한가, 친구여, 잔을 잡으라!
술을 파는 곳이 어디오?
아니지, 저 복숭아나무 너머가 아니오? 저기?
잘 있게 그대, 나는 저곳으로 가려네.

Nay, nay, begone! The jocund bowl
Again shall bolster up my soul
Against itself. What, good-man, hold!
Canst tell me where red wine is sold?

Nay, just beyond yon peach-tree? There?

Good luck be thine; I'll thither fare.

우리는 여기에서 우선 젊은이의 잃어버린 꿈을 생각하게 되며 오늘날의 사회적인 예속성과, 더 나아가서는 오래지 않아 잊게 될 것을 얻기 위해 미친 듯이 날뛰는 인생의 무상함을 보게 된다. 이러한 모습은 물론 한국에서만 볼 수 있는 것은 아니다.[21]

'고전음악'이라 칭한 시조 안에서 헐버트가 다시 특화한 항목 가운데 하나는 '연회노래', 또는 '술노래'이다. 한국인이 술과 담배를 지나치리만큼 즐긴다는 사실은 당대 선교사들 사이에 폭넓게 목격되어 왔던 바이거니와, 한국의 노래 중에도 술을 소재로 하였거나 술자리에서 연행된 것들이 많았기 때문에 헐버트 역시 술노래를 따로 범주화한 것으로 보인다. 술노래가 고전적 형식이 될 수 있겠느냐는 예상되는 반문에 헐버트는 영국의 풍자화가이자 만화작가로 이름이 높았던 호가스Hogarth(1697~1764)를 끌어와 답변한다. 비록 겉모양이 가벼워 보일지라도 매우 깊이 있는 주제를 지닌 작품이 나올 수 있다는 의미로 읽힌다.

헐버트가 인용한 시조는 현전 가집에서는 자구까지 일치하는 작품을 찾아볼 수 없고 유사한 작품만을 몇 개 확인할 수 있을 뿐이다.[22] 그

21 Homer B. Hulbert, op. cit., p.49. 시조 원문은 헐버트가 이 글에 제시한 표기 그대로 인용한 것이다

22 이는 그가 연행현장에서 작품을 직접 채록하였기 때문으로 보인다. 어구까지 정확히 일치하지는 않으나 이와 유사한 작품은 여러 가집에서 확인된다-"술 먹지 마쟈 ᄒᆞ니 술이 라셔 제 ᄯᆞ론다 / 먹ᄂᆞᆫ 내 왼가 ᄯᆞ로ᄂᆞᆫ 술이 왼가 / 盞 잡고 둘ᄃᆞ려 問ᄂᆞ니 뉘야 왼고 ᄒᆞ노라. (『청구영언(진본)』 #448); 술 먹지 마쟈 ᄒᆞ고 큰 盟誓ᄒᆞ엿더니 / 盞 잡고 구버보니 선

러나 어구가 다소 다르다고는 해도 이 시조는 술을 자제하기로 일전에 결심한 애주가가 흥취에 못 이겨 또 다시 술을 찾게 된다는 취흥의 주조를 뚜렷이 포함하고 있다. 헐버트는 그 같은 내용의 시조를 번역하면서 작품의 의미를 완전히 오독하였는데, 이는 물론 헐버트 자신의 개인적인 감상이 개입된 결과이다. 그는 젊은 날의 사랑을 성취하지 못한 어느 장년기 남성의 울분과 회한이 이 작품 속에 담겨 있다고 보았으며, 사랑이 이루어지지 못한 이유는 사회적인 예속성, 가령 신분의 격차에 따른 결별 정도로 파악하였다. 그에 따라 남자는 술에 의존하게 되고, 작품의 문면 역시 매우 슬픈 정조를 띠게 되었다고 풀이하였던 것이다.

이처럼 헐버트가 작품의 내용이나 의미가 변개될 위험을 무릅쓰면서까지 시조 작품을 서사적 맥락 속에 담아 마치 서구의 시와 같은 형식으로 의역한 근저에는, 한국의 시에 대한 종래 서구인들의 부정적 인식을 무너뜨리기 위한 그의 의도가 깔려 있는 것으로 짐작된다. 실제로 단형인 한국의 시는 서구인의 시각에는 낯설게 느껴지기도 할뿐더러 문학의 발달 국면으로 보면 민요 수준의 저급한 단계에 머물러 있는 시라고 흔히 치부되기도 하였다.[23] 헐버트는 그러한 시각을 무마하기 위해 시조의 행간에 감추어져 있다고 여겼던 내용들을 나름의 해석방식에 의거하여 재구함으로써 한국의 시에서는 서사적 맥락을 발

우음 절노 나닉 / 아희아 盞 ᄀ득 부어라 盟誓푸리 ᄒᆞ오리라. (『근화악부』 #212); 술 먹고 비틀거름칠 제 술 먹지 말자 盟誓ᄒᆞ엿더니 / 술 보고 안쥬 보니 밍세도 허ᄉᆞ로다 / 아희야 술 갓득 부어라 밍세푸리 ᄒᆞ자. (『교방가요초』) 등.

23 한국문학에 대한 서구인들의 이 같은 폄하적 시선은 헐버트에 앞서 한국에 관한 논저를 출간하였던 오페르트나 그리피스의 글에서 뚜렷이 발견된다. 이들의 한국문학관에 대한 고찰은 김승우, 앞의 글, 9~16면 참조.

견하기 어렵다는 서구인들의 인식을 뒤바꾸어 보고자 하였던 것이다.

다른 한편으로 헐버트는 같은 해에 발표한 또 다른 글 「한국의 시 Korean Poetry」에서 한국의 시가 단순한 형태를 띨 수밖에 없는 필연적 이유를 분석해 내기도 하였다.

> 한국의 시는 모두 서정적인 특성을 지니고 있으며, (서구의) 서사시에 대응되는 것은 존재하지 않는다. 종달새에게 교향곡 전곡全曲을 노래해 달라고 요구할 수 없는 것처럼, 아시아인들에게 역사적이거나 서사적인 이야기를 시구에 담아 표현해 주기를 기대할 수는 없다. 그들의 언어 자체가 그와 같은 표현 형식에 적합하지 않다. 한국의 시는 자연음을 위주로 한 것이어서 순수하고도 단조롭다. 모두가 정열적이고 감정적이며 또한 정서적이다. 개인적이거나 가정적家庭的인 것, 때로 사소한 문제들을 다루기 때문에 한국의 시는 그 범위가 좁다고 할 수 있다. 그러나 우리는 한국인들의 삶의 지평이 좁고 그들이 바라볼 수 있는 시야 역시도 한정되어 있다는 사실을 잊어서는 안 된다. 이러한 사정은 왜 한국인이 그처럼 사소한 일에 열정을 쏟는지 그 이유를 부분적으로나마 설명해 준다. 그들의 좁은 생활권 안에서는 그 같은 작은 일들이 상대적으로 크게 느껴지게 마련이다. 버들가지의 흔들림, 나비의 호들갑스러운 날개짓, 꽃잎의 떨어짐, 날아가는 벌의 붕붕대는 소리는 생활권이 넓은 사람들에게보다는 한국인에게 더 많은 의미를 전달해 주는 것이다.[24]

24 Homer B. Hulbert, "Korean Poetry", *The Korean Repository*, Seoul : Trilingual Press, May 1896, p.206.

헐버트가 언급한 이유는 크게 두 가지로 정리된다. 먼저 표현형식적 측면으로, 한국의 시가 자연음을 위주로 구성된다는 것이다. 이는 아마도 한국의 시가 음악과 분리될 수 없는 특성, 즉 가창의 형식과 분리되기 어려운 측면을 적시하는 언급인 듯하다. 가창에 시간적 제약이 따를 뿐더러, 특히 한국의 가창 형식은 매우 느리게 진행되기도 하기 때문에 장황한 플롯을 지니는 서사시 양식이 한국에서는 발달되기 어려웠다는 뜻으로 풀이된다. 두 번째 이유로 든 것은 한국인의 좁은 생활권이다. 한국인은 국경을 넘거나 바다로 진출하기보다는 주로 폐쇄된 공간 속에 살아왔던 탓에 좁은 생활권에서 벌어지는 현상들을 찬찬히 관찰할 기회가 많았고, 때문에 일견 사소한 듯 보이는 소재 하나만으로도 매우 서정적인 시를 산출해 낼 수 있는 기반이 자연스레 만들어지게 되었다는 인식이다. 비록 한국시가 전반에 대한 고찰을 바탕으로 이루어진 서술은 아니지만, 서정시가 대다수인 한국시가의 현상을 설명하는 데 상당한 정도의 타당성을 지니는 견해임에는 분명하다.

이와 같이 헐버트는 언어표현상의 특성과 작품 산출의 기반을 고려하면서 한국의 시를 평가하였기 때문에 서구적 잣대를 일률적으로 적용하여 한국문학의 발달 정도를 가늠하였던 종래 관찰자들의 시각이 그에게서는 발견되지 않는다. 오히려 그는 서구의 문학적 성취도에 한국의 문학이 매우 근접하였다는 점을 빈번하게 강조한다. 같은 글에 예시된 작품과 그에 대한 논평을 보면 이 점이 더욱 잘 드러난다.

> 이제 어부가 고기잡이를 마치고 밤길에 돌아오면서 부르는 노래를 들어보기로 하자.

석양이 내리비치면
어슴푸레한 호수를 가로지르며
마지못해 낚싯줄 거두고
집으로 배를 돌리네.
물보라 치는 파도 따라 저 멀리
담뿍 젖은 요정들이 여행을 떠나니,
갈매기들도 피로한 나래를 접고
오르락내리락만 하네.
은빛 아가미에 꿴 버들가지
나의 수확물을 자랑삼아 들어 올린 채
저 주막을 속히 찾아가 (한잔 들이키고는)
천천히 발길 돌려 집으로 향하리.

As darts the sun his setting rays
Athwart the shimmering mere,
My fishing-line reluctantly
I furl and homeward steer.
Far out along the foam-tipped waves
The shower-fairies trip,
Where sea-gulls, folding weary wing,
Alternate rise and dip.
A willow withe through silver gills,
My trophies I display.
To yonder wine-shop first I'll hie;
Then homeward wend my way.

> 이 작품에서 우리는 다시 익숙한 선율을 느끼게 된다. 이 작품은 〈오! 넓고 넓은 황야에 오막살이 한 채*O far a Lodge in Some Vast ilderness*〉의 한국적인 배경인 것이다. (…중략…) 이 작품을 보면, 한국인들은 상상력이 부족해서 탈이 아니라 때때로 상상력이 너무 넘쳐서 탈인 것처럼 보인다.[25]

본래 작품의 원문을 제시하지 않아 무엇을 번역한 것인지 확실치는 않으나, 앞선 글에서 이루어진 작업으로부터 유추해 보면, 위 번역시 역시 헐버트가 가창 공간에서 채록한 어부가류 시조를 나름대로 보충하여 의역해 놓은 것으로 추정된다.[26] 그는 이 작품에 대해 매우 호평하면서 18세기 영국 문단에서 서정적인 표현력으로 명성이 높았던 윌리엄 쿠퍼William Cowper(1731~1800)의 시 한 편을 그에 비견될 만한 작품으로 제시한다. 배경만이 한국으로 옮겨간 것일 뿐, 예시한 시조 작품의 성취도는 바닷가 마을의 서정적 정경을 4연에 담아 표현한 쿠퍼의 시와 견주어도 전혀 손색이 없다는 평가를 내렸던 것이다.[27]

---

25 Ibid., p.207.

26 다음의 시조가 그 유력한 대상이리라 짐작된다–"漁村의 落照ᄒᆞ고 江天이 一色인 제 / 小艇에 그물 싯고 十里沙汀 ᄂᆞ려가니 滿江芦荻에 鷺鴦은 섯거 놀고 桃水流水에 鱖魚는 술젓는ᄃᆡ 柳橋邊에 ᄇᆡ를 ᄆᆡ고 고기 주고 술을 바다 酩酊케 醉ᄒᆞᆫ 後에 欸乃聲 부르면셔 ᄃᆞᆯ을 ᄯᅴ고 도라오니 / 아마도 江湖至樂은 이ᄲᅮᆫ인가 ᄒᆞ노라." (『병와가곡집』 #911)

27 인용문에 생략한 쿠퍼 시의 원문은 다음과 같다–"Weary of the ceaseless clamour, / Of the false smile and the glamour / Of the place they call the world; / Like the sailor home returning, / For the wave no longer yearning, / I my sail of life have furled. // Deep within this mountain fastness, / Minified by nature's vastness, / Hermit-wise a lodge I'll build. / Clouds shall form the frescoed ceiling, / Heaven's blue depths but half revealing; / Sunbeam raftered, starlight filled. // In this lakelet deep I'll fetter / Yon fair moon. Oh, who could better / Nature's self incarcerate? / Though, for ransom, worlds be offered, / I will scorn the riches proffered, / Keep her still and laugh at fate. // And when Autumn's hand shall scatter, / Leaves upon my floor, what matter, / Since I have the wind for broom? / Cleaning house mere play I'll reckon. / Only to the storm-sprites beckon. / With their

3. 제임스 게일J. S. Gale과의 지상誌上 논쟁

한국시가와 문학에 대한 헐버트의 이 같은 견해는 게일의 한국문학관과는 판연하게 대립되는 것이었다. 게일은 한국의 저작에 대한 연구를 진행해 갈수록 한국문학이 중국적 소재와 인물로 가득 차 있으며, 그렇듯 중국의 전범을 잘 간직하고 있다는 부면에서 오히려 한국문학의 특장이 발견될 수 있다는 시각을 굳히게 된다. 1900년에 개설된 영국 왕립 아시아학회 서울지부The Royal Asiatic Society Korea Branch가 이해 10월 개최한 학술발표회에서 게일은 「한국에 끼친 중국의 영향The Influence of China upon Korea」이라는 논문을 발표하면서 그 같은 견해를 극명하게 드러내는데,[28] 이 논문은 지부 학술지 창간호에 권두 논문으로 실릴 정도로 그 비중을 인정받는다. 제목에서도 간취되듯이, 게일의 논문은 한국의 문화가 모든 측면에서 중국의 영향을 받아 형성되었다는 골자를 지니고 있었다.

James S. Gale (1863~1937)

흥미로운 사실은 헐버트가 이 글에 대한 반박 논문을 같은 학회지에 곧바로 발표하면서 왕립 아시아학회 서울지부의 창립 벽두부터 한국 문화를 바라보는 올바른 시각이 무엇인지를 두고 두 회원 사이에 첨예한 논쟁이 벌어졌다는 점이다. 헐버트의 반박논문 「한국의 유풍遺風

---

floods they'll cleanse each room."

28 James S. Gale, "The Influence of China upon Korea," *Transactions of the Korea Branch of the Royal Asiatic Society*, vol.1, Seoul : Royal Asiatic Society Korea Branch, 1901, pp.1~24. 게일의 이 글에 대한 검토는 김승우, 앞의 글, 28~31면 참조.

Korean urvivals」은 게일의 논문 바로 뒤에 실려 전하기 때문에 당시 두 사람의 논쟁을 생생하게 되살려 볼 수 있다. 헐버트는 논문의 서두에서부터 게일의 견해에 대한 반대 입장을 분명히 밝힌다.

> 우리는 게일 목사가 "한국에 끼친 중국의 영향"이라는 주제로 행한 뛰어난 발표를 듣고서 짧은 시간이나마 큰 기쁨을 누릴 수 있었습니다. 중국의 영향이 존재하였다는 게일 목사의 주장을 반박하기 위해 (그가 제시한 자료들보다) 더욱 완벽한 반증을 모아 나열하는 것은 불가능하지는 않더라도 어려운 일이 될 것입니다. 하지만 게일 목사의 논문은 한국 사회에는 온통 중국적 사유에 의해 지배받는 것밖에는 없다는 인상을 남깁니다. 만일 그것이 사실이라 해도, 한국은 고유한 요소를 가지고 있다는 점을 인정해야 합니다. 한국은 1,200만이 넘는 인구가 2천년 이상 독특한 생활양식을 보존해 온 나라이기 때문입니다. 그런데도 이 한반도에 고유하고 독특한 한국적 요소가 없다고 한다면 그것이야말로 이상하게 들립니다. 만약 (게일 목사의 주장대로) 한국이 당나라 시대에 중국적 사유에 완전히 종속되었고 그러한 사정이 지금까지 계속되고 있다면, 1,500년이 지난 지금에는 자국의 유래와 유풍을 당당하게 지적하고 나서는 사람이 이 나라에는 아무도 없어야 할 것입니다.[29]

이어지는 부분에서 헐버트는 역사, 풍속, 사상, 언어, 문학 등 각종 분야에 걸쳐 게일의 논의에 배치되는 사례들을 열거한다. 그의 기본

29 Homer B. Hulbert, "Korean Survivals," *Transactions of the Korea Branch of the Royal Asiatic Society*, vol.1, Seoul : Royal Asiatic Society Korea Branch, 1901, p.25.

전제는, 영국이 유럽대륙의 문화를 끊임없이 받아들이면서도 그것을 재래의 영국적 요소들과 결합시켜 고유한 문화를 산출해 낸 것과 마찬가지로 한국도 중국의 문화적 영향력에 복속되기보다는 단지 중국의 문물을 차용 또는 참고해 온 데 지나지 않는다는 것이었다. 특히 문학에 관한 부분에서 헐버트의 이러한 논조는 매우 구체적으로 전개된다.

> 한국이 문학의 전범을 중국으로부터 차용해 왔다는 점을 저는 시인합니다. 하지만 서사시 · 교훈시*didactic* · 서정시이든, 송시*ode* · 소네트 · 엘러지 · 발라드이든 이들 시 형식 가운데 어느 것 하나 영국 제도諸島에서 창안된 것이 있습니까? 이는 단지 형식의 문제이지 본질의 문제는 아닌 것입니다. (…중략…) 한국인들이 2천년 이상 중국의 종주권을 인정해 왔다는 사실을 저는 시인합니다. 그것은, 영국인들이 수세기 동안 교황청에 베드로헌금*Peter's Pence*(앵글로 색슨족이 9세기 이래 교황청의 재정을 보조하기 위해 납부해 오던 헌금 — 필자)을 납부해 왔으면서도 그러한 복종이 단지 형식적이었던 사정과 같습니다. 한국이 중국문학의 명성에 압도당했던 것 역시 영국이 교황제教皇制에 위압을 느꼈던 것과 비교할 수 있습니다. 하지만 영국인들이 교황 개인의 인격보다는 교황의 권위에 대한 추상적인 존경심에 의해서 교황제에 경도되었던 것과 마찬가지로, 한국인들 또한 중국을 정치적 지배자로서보다는 지적 문명을 전해주는 고마운 원천으로 인식하여 관계를 맺어 왔던 것입니다.[30]

30 Ibid., p.41.

중국으로부터 이야기story가 차용되면, 어떠한 것이든 한국의 토착적 소재source와 속담proverb이라는 두 가지 요소와 경쟁을 벌이게 되는데, 이들 두 가지는 놀라울 만큼 한국적인 것들입니다. 이야기가 차용되더라도 그것은 이내 한국적인 것으로 바뀌어 버립니다. 마치 저 위대한 영국 시인(셰익스피어 — 인용자)이 자신의 비역사극非歷史劇의 플롯을 대부분 유럽대륙의 원형에서 차용해 왔던 것과도 같습니다. 한국에서와 같이 읽고 쓰는 것을 배우는 일이 복잡한 나라에서는 민간전승*folk-lore*이 사람들에게 큰 영향을 끼칩니다. 한국의 민간전승이 피상적인 규준 이외에는 중국의 것과 닮은 구석이 없다는 점은 중국문학이 한국인을 그다지 사로잡지 못했다는 사실을 보여주는 것입니다.[31]

헐버트는 우선 한국인이 규준으로 삼는 문학의 전범이 모두 중국에 기원을 두고 있다는 게일의 논의를 인정한다. 게일은 특히 한문학의 사례를 중심으로 논평하면서 한국이 어떠한 독자적인 문학 양식도 만들어 내지 못하고 모두 중국 재래의 양식을 가져와 답습하는 수준에 머물렀다고 주장하였는데, 이에 대해 헐버트는 영문학의 경우에도 영시의 제형식은 모두 유럽대륙에서 기원한 것이라는 논리를 들어 문학 형식만을 가지고 특정 국가의 문학 전반을 가늠할 수는 없다고 반박한다. 또한 한국인이 중국문학에 위압되었던 이유는 한국이 중국에 정치적으로 복속되었거나 강압적인 문화이식 과정이 있었기 때문이 아니라, 중국문학의 높은 성취 수준을 인정한 한국인들이 그 지적 자산을 자신

31 Ibid., p.45.

들의 문학에도 활용해 보고자한 욕구가 있었기 때문이라고 주장하였다. 그것은 곧 자발적인 문화수용 현상에 다름 아니라는 논지이다.

첫 번째 인용이 단지 게일의 논리에 대한 반박의 성격을 띤다면, 두 번째 인용 부분에서는 논의의 층위를 아예 달리하여 한국문학의 독자성을 논증하고자 한 헐버트의 의도가 발견된다. 이 문맥에서 헐버트가 끌어온 재료는 민간전승*folk-lore*이다. 게일이 한문학을 비롯한 상층계급의 문학을 위주로 한국문학이 중국에 종속되어 있었다는 점을 밝히려 했던 데 비해 헐버트는 그 정반대의 부면에서 한국의 민간전승이 중국의 것으로부터 뚜렷한 독자성을 유지하고 있다는 논리로 맞섰던 것이다. 헐버트의 견해에 따르면, 한문 위주의 문자생활이 고착되어 읽고 쓰는 것을 배우는 일이 무척 어려웠던 한국에서는 민간전승야말로 문학을 향유하고픈 사람들의 욕구를 충족시켜주는 주요 방편이었고 문학행위의 중심이기도 했다. 만일 게일이 주장하는 것처럼 한국에 끼친 중국의 영향력이 그토록 전면적이고도 지속적이었다면 민간에 전승되어 내려오는 구비문학 자료들 역시도 뚜렷이 중국화되었어야 하지만 실상은 민담이나 속담 등 한국의 민간전승이 고유의 원형을 그대로 간직하고 있다는 것이다. 결국 헐버트는 식자층에서 주로 향유된 한문학보다는 한글이나 구비전승을 바탕으로 영위되었던 하층 계급의 문학을 한국문학의 본체로 보고자 하였음을 알 수 있다.[32]

이처럼, 당대 서구인들 사이에서 한국문화 연구를 이끌고 있었던 두 사람의 대립은 이후에도 지속된다. 특히 게일은 헐버트의 위 반박 논문

32 그가 한국 고유의 시 형식을 찾기 위해 시조 가창 현장을 직접 찾아다녔던 것도 바로 이와 같은 이유에서였을 것이다.

을 또 다시 공박하는 성격의 토론문을 같은 학회지 같은 호에 연속하여 실음으로써 자신의 입장을 수정할 의사가 전혀 없음을 분명히 하였기 때문에,[33] 그들의 논쟁은 언제든 다시 불거질 여지가 있었으며, 실제로 얼마 지나지 않아 그 같은 지상誌上 논쟁은 반복된다. 그 직접적인 단초는 중국 상하이에서 발행되던 유력 영문 주간지 *The North China Herald* 1902년 6월 11일자에 게일이 「한국의 문학Corean Literature」이라는 에세이를 발표하면서 마련된다.[34] 이 글에서 게일은 한국은 소설이 성장할 수 없는 문화를 지녔으며 그 주요한 이유는 소설을 역사나 시에 비해 지극히 천시했던 중국문학의 전범에 한국이 완전히 종속되어 있었기 때문이라는 논의를 펼쳤고 한국문학이 수백 년간 정체되어 있었다는 취지로 결론을 내린 바 있다. 헐버트는 바로 다음 달에 이를 조목조목 반박하는 논문을 발표한다.

> 몇 주 전 상하이에서 발행되는 유명 간행물에 한국문학에 관한 논문이 실렸는데, 그 첫 문장이 "한국은 소설novel이 없는 나라이다"였고, 논문을

---

33 James S. Gale and Geroge H. Jones, "Discussion", *Transactions of the Korea Branch of the Royal Asiatic Society*, vol.1, Seoul : Royal Asiatic Society Korea Branch, 1901, pp.42~50.

34 Esson Third, "Corean Literature", *The North China Herald and Supreme Court and Consular Gazette*, 11 Jun. 1902. 게일의 이 글에 대한 구체적인 검토는 김승우, 앞의 글, 31~33면 참조. 한편, *The North China Herald* (한어명 '北華捷報')는 호당 50면정도 분량에 1만부 가까이를 발행하면서 중국은 물론 동아시아 전역의 소식을 전하던 영문 주간지로서 당시 이 신문의 영향력은 동사이아에 거주하던 서구인들 사이에서 독보적이었던 것으로 알려져 있다. ("About The North China Herald," *The North China Herald*, 19 Sep. 2011, 〈http://northchinaherald.com/〉) 게일은 한국에 대한 이해도를 인정받아 1899년부터 이 신문의 통신저자로 위촉된 후 'Esson Third'라는 필명으로 여러 편의 글을 발표한다. 'Esson Third'는 게일의 조모의 처녀 때 이름이었다고 한다. (Richard Rutt, "A Biography of James Scarth Gale," *James Scarth Gale and his History of the Korean People*, 2nd ed. Ed. Richard Rutt, Seoul : the Royal Asiatic Society Korea Branch, 1983, p.54)

더 읽어가다 보면 지난 천년 동안 한국에는 정규적인 소설가novelist가 전혀 존재하지 않았다고도 하였다. 이러한 언술이 과연 정확한지를 따지는 것은 우리의 목적이 아니지만, 그 같은 지적은 한국인들에게 무척이나 불공평하게 느껴질 수 있는 오해를 유발할 만하다. 이를 수정하지 않는다면 한국에는 소설의 기법the art of fiction이 알려져 있지 않았다는, 실상과는 거의 부합하지 않는 인상을 필연적으로 전달하게 될 것이다.

소설의 창작을 필생의 직업으로 삼고 또 그 위에 자신의 문학적 평가의 기초를 둔 사람만을 소설가라고 지칭한다면, 한국에는 위대한 소설가가 없다고 말하는 것이 옳다. 그러나 만약 중요한 문학 생활을 하는 가운데에서 훌륭한 소설의 창작으로 전향한 사람들도 소설가라고 지칭한다면 한국에는 소설가의 수가 엄청나게도 많다. 만약 '소설novel'이라는 어휘를 극히 세분화된 분야에서 발전된 창작물에만 국한시켜서 최소한 몇 페이지 이상의 것들만을 뜻하도록 규정한다면 한국에는 소설이 많지 않다. 그러나 예컨대 디킨스Charles Dickens(1812~870)의 〈크리스마스 캐럴*Christmas Carol*〉을 소설novel이라고 부를 수 있다면 한국에는 수천 권의 소설이 있다고 말할 수 있다.

한문으로 쓰인 소설novel 이외에 한글로 된 소설fiction도 또한 많이 있다. 겉으로 보기에는 한글 소설이 전 인구의 소수를 이루고 있는 식자층으로부터 폄하를 받는 듯이 보이지만 실제로 그러한 소설의 내용을 완전히 외면하는 사람은 식자층 중에서도 극소수이다. 한글 소설은 전국의 모든 서점에서 판매되고 있으며, 서울에서만도 한문소설이나 순한글 소설을 수백 권씩 갖추고 있는 대출도서관이 최소 일곱 군데가 있다.[35]

헐버트는 게일의 주장을 논파하기 위해 '소설novel'과 '소설가novelist'라는 서구적 개념에 대한 재검토를 실시한다. 그는 우선 '소설가'를 직업적 작가를 지칭하는 의미로만 국한하여 사용하는 것이 옳지 않다는 전제를 세운다. 또한 19세기 후반 저널리즘의 발달에 부응하여 서구 문학계에 새로운 소설의 형태로 떠오른 단편소설short story의 존재를 상기시키면서, 한국에도 그 이상의 길이와 플롯을 지닌 저작은 최치원의 『계원필경桂苑筆耕』에 소재한 서사적 이야기로부터 조선시대의 『홍길동전洪吉童傳』·『임경업전林慶業傳』·『창선감의록彰善感義錄』·『구운몽九雲夢』 등에 이르기까지 수없이 발견될 수 있다고 보았다.[36] 헐버트는 당시 한국에서 소설이 대중적인 인기를 누리고 있던 점에 대해서도 설명을 덧붙이는데, 특히 서울의 세책가貰冊家들이 수백 권의 소설을 쌓아놓고 성업중이었던 사정을 지적함으로써 한국에는 소설이 없다는 게일의 주장을 직접 반박하고 나선다. 구체적인 작품이나 작가 고증에 있어서는 몇 군데 오류가 발견되기는 하지만,[37] 이 글을 쓰기 위해 헐버트가 한국소설의 서지와 유통 과정에 대해 상당한 조사 과정을 거쳤다는 사실을 짐작케 하는 대목이다.

한국의 소설이 서구에 비견될 만큼 발달되어 있었다는 헐버트의 이 같은 논지는, 한국문학의 위상을 서구인들에게 각인하는 데 매우 중요

---

35 Homer B. Hulbert, "Korean Fiction," *The Korea Review*, Seoul : Methodist Publishing House, Jul.1902, pp.289~291.

36 Ibid., p.291.

37 헐버트가 이 글에서 열거한 소설 작품의 제목이나 작가 가운데에는 의문시되는 부분이 여럿 발견된다. 예컨대 최치원이 지었다는 「곤륜산기崑崙山記*Kon-yun-san-keui*」나 김부식이 지었다는 「북장성北長城*Puk-chang-sung*」은 어떤 작품인지 알 수 없고, 「홍길동전」의 작자 허균을 승려a monk로 적어놓은 이유도 명확하지 않다.

한 발판이 될 만한 것이었다. 소설 장르는 흔히 근대사회의 산물로 인식되었기 때문에 특정 지역의 문학에 소설이 존재하느냐의 여부는 그 지역 문학의 발달 정도를 가늠케 하는 주요 지표로서 받아들여지곤 했기 때문이다. 메이지시기 일본 국학자들이 모노가타리 작품군을 완연히 서구의 소설에 대당하는 장르로 규정한 후 특히 11세기에 창작된 「겐지모노가타리」를 "The Tale of Genji"라는 제목으로 영역하여 이를 세계 최초의 소설로 홍보하였던 것도 일본문학이 일찍부터 매우 높은 수준에 도달해 있었다는 인상을 전달하기 위해서였다.[38] 한국소설의 전통이 신라시대부터 면면히 이어져 내려온다는 헐버트의 주장 역시 그 의도야 어찌되었든 이들 메이지 지식인들의 논리와 매우 유사한 측면이 있다.

> 한국에는 인쇄문화보다 선행하는 구전口傳문화가 강하게 남아 있다. 만약 부유한 사대부gentlemen가 소설novel을 '읽고' 싶지만 책방에 가지 못하거나 책을 구할 수 없을 경우에는 '광대*Kwang-dă*', 즉 직업적인 이야기꾼을 불러들인다. 그는 수행원과 북을 동반하여 와서 소설을 암송하는데, 보통은 하루 종일, 때때로 이틀이 걸리는 경우도 있다. 이것이 소설이 아니고 무엇인가? 이러한 연행 방식과 소설 사이에 어떤 근본적인 차이라도 존재한단 말인가? 실상 이러한 연행문화는 단지 예술 작품으로서만 존재하는 우리

---

38 하루오 시라네, 왕숙영 역, 「창조된 고전－일본문학의 정전 형성과 근대 그리고 젠더」, 『창조된 고전－일본문학의 정전 형성과 근대 그리고 젠더』(하루오 시라네・스즈키 토미 편), 소명출판, 2002, 28～29면. 아울러 루쉰魯迅이 중국 전래의 전기傳奇까지도 모두 '소설'로 포괄하여 『중국소설사략中國小說史略』(1924)을 저술하였던 것도 일정정도는 중국문학사에 소설의 연원이 매우 오래 되었다는 사실을 보여주기 위한 목적 때문으로 해석될 수 있을 것이다.

의 소설보다 훨씬 우수하다. 소설을 읽기만 할 때에는 전혀 만끽할 수 없는 연극적 요소를 광대는 숙련된 몸짓과 억양으로써 보충해 주는 것이다. 한국에서는 이와 같은 연행방식이 연극의 자리를 대신한다. 이상스럽게 여겨질지 모르지만, 일본과 중국에서 극예술을 발전시켜 온 것과 달리 한국에서는 극에 대해 별다른 흥미를 느끼지 않았기 때문이다.[39]

한편, 같은 논문의 뒷부분에서 헐버트는 한국에서만 발견할 수 있는 소설의 향유 방식에 대해 언급하는데, 여기에 한국의 극에 관한 논평도 덧붙인다. 헐버트가 주목한 '소설의 구연자'는 전후 설명으로 보아 판소리 광대인 것이 분명하다. 오늘날의 관점에서 엄밀히 말한다면, 문자화된 소설 텍스트를 구연하는 직업군으로는 판소리 광대보다는 전기수傳奇叟를 지적하는 것이 보다 적확하지만, 판소리 사설과 판소리계 소설과의 차이를 아직 명확하게 파악하지 못했던 헐버트의 입장에서는 판소리 광대가 마치 소설 텍스트를 모두 암송하면서 연극적 요소까지 가미하는 것처럼 생각했던 듯하다.

어찌 되었든 읽는 방식은 물론 듣고 보는 방식으로도 향유되는 한국의 소설에 헐버트는 무척 흥미를 느꼈을 뿐 아니라, 이를 서구보다도 더욱 발달된 향유 방식이라며 매우 적극적인 평가를 내리기도 한다. 아울러 그는 이러한 소설 구연자가 극에 대한 한국인들의 욕구를 충족시켜 준다고 함으로써 한국에 극이 없다는 점을 들어 한국문학의 발달 상태가 서구는 물론, 중국과 일본에 비해서도 크게 뒤쳐져 있다고 했

39 Homer B. Hulbert, op. cit., p.292.

던 종래 서구인들의 인식을 무마하고자 하였다. 뚜렷한 극 양식이 상대적으로 발달되지 못한 것은 사실이지만, 본래 한국인들은 극에 그다지 흥미를 느끼지 못할 뿐 아니라 대신 '소설 구연'이라는 뛰어난 한국적 극문학을 잘 활용하고 있었다는 것이다.

이처럼 한국의 가창 텍스트에 대한 관심에서 촉발된 헐버트의 한국문학 연구는 소설에 대한 관찰로 이어지고, 극에 대한 논평으로 귀결되는 양상을 보인다. 이로써 그는 서구문학의 삼분 장르 구도, 즉 시·소설·극이라는 서구문학의 장르가 한국문학에 빠짐없이 존재하며, 그 수준 또한 서구의 것에 필적하거나 때로 그것을 넘어서기도 한다는 논의의 발판을 모두 마련하게 되었던 것이다.

4. 나가며

이상에서 살핀 바와 같이, 한국문학에 대한 헐버트의 시각은 여러 측면에서 게일과 대비되기 때문에, 게일과의 관계를 고려하면서 살필 때에만 헐버트의 견해 역시 그 배경과 의미가 보다 분명하게 드러날 수 있다. 우선 헐버트는 한국문학의 본질적 영역을 좁게 설정하였다. 한문저작을 위주로 연구했던 게일과는 달리 헐버트는 한문문헌들에 대해 일단 부정적인 견해를 지니고 있었는데, 한문문헌의 성취도를 높게 평가하지 않았다기보다는 문헌의 성취도는 물론 그 존재 자체에 관해서조차 별반 관심을 두지 않았다고 표현하는 편이 실상에 가까울 것이다. 그 이유에 대해 헐버트의 한문 해독력이 게일에 비해 크게 뒤떨어졌기 때문이라거나,[40] 한문의 무용함과 한글문헌의 우수성을 강조하고자 했던 헐버트의 의도가 작용한 결과 때문이라는[41] 등 의견이 엇갈리기는 하지만, 헐버트의 저술에 『동국통감東國通鑑』·『문헌비고文獻備考』와 같은 한적의 구절이 적지 않게 인용될 뿐 아니라 그가 이두吏讀에 관한 첫 학술 에세이까지 발표한 것을 보면,[42] 단지 한문 해독력의 부족 때문이라고 보기에는 무리가 있을 듯하다. 헐버트는 한글로 쓰이거나 향유되는 작품들만을 온전한 의미의 한국문학으로 보았으며, 한글작품이 위주가 되는 한국문학의 구도를 구성하기 위해 게일과의 의견 대립도 불사하였던 것이다.

'소설novel / fiction'이라 불릴 수 있을 만한 한문산문 몇 편을 거론한 것은 그 가운데 예외적이라 할 수 있겠으나, 한시에 대해서 헐버트는 거의 관심을 두지 않았고, 오히려 구비설화나 한글소설, 판소리, 그리고 연행현장에서 직접 채록할 수 있는 시가작품을 바탕으로 한국문학의 특질을 논의하였다.[43] 때문에 헐버트의 연구방법은 필드워크에 크

---

40 Richard Rutt, op. cit., p.84.

41 Clarence N. Weems, op. cit., p.26.

42 Homer B. Hulbert, "The Itu," *The Korean Repository*, Seoul : Trilingual Press, Feb. 1898, pp.47~54. 헐버트는 이 글에서 한국인들이 한자의 음과 뜻을 적절히 조합하여 이두 표기체계를 개발함으로써 일찍부터 고유어 어미를 기록하게 되었다는 점을 지적한다. 고유문자가 없던 시대에도 한국인들이 중국문자를 주체적으로 활용하여 슬기롭게 문자생활을 영위하였다는 점에 주목하였던 것이다. 반면, 게일은 한국의 고유문자인 한글조차 중국의 성리학적 체계에 고착되어 있다는 견해를 내세운다. 게일은 후일 『훈민정음』을 분석하면서 훈민정음의 제자 원리가 중국적 사유에 시종하고 있다는 점을 반복적으로 강조하였던 것이다. (James S. Gale, "The Korean Alphabet," *Transactions of the Korea Branch of the Royal Asiatic Society*, vol.4, part I, Seoul : Royal Asiatic Society Korea Branch, 1912, pp.13~61.) 이렇듯 한국어의 표기체계에 대한 학술연구에서조차 두 사람의 입장차는 판연히 드러난다.

43 그러한 헐버트의 연구방법이 한국의 구비문학에 적용된 사례로서 「한국의 민간설화Korean Folk-Tales」는 또 하나의 중요한 논문이라 할 만하다–Homer B. Hulbert, "Korean Folk-Tales," *Transactions of the Korea Branch of the Royal Asiatic Society*, vol.2, part II, Seoul :

게 의존할 수밖에 없었다. 게일이 문헌해독과 번역에 집중했던 반면, 헐버트는 현장을 직접 찾아 나서서 작품을 발굴해 내고 해당 작품군의 연행양상과 향유방식까지도 관심 있게 관찰·분석하였던 것이다. 조사 결과물에 부정확하거나 근거를 알 수 없는 내용들이 종종 포함되어 있기는 하나, 이러한 그의 연구방법론은 한국문학의 현장성을 포착하는 데 매우 유효한 측면이 있었다. 물론 헐버트가 행했던 필드워크는 또 한편으로 한국문학의 자료적 편재偏在를 극복해 보기 위한 일종의 고식적 선택이기도 했다. 한문문헌이 압도적이었던 상황에서 부족한 한글문헌과 구비자료를 어떻게든 발굴해 내는 작업이 무엇보다도 필요했던 것이다.

이러한 난점이 겹치면서 당시 헐버트의 연구는 한 단계 진전된 수준으로 나아가기가 어려웠다. 그가 모아 분석한 한글 작품들 대부분은 작자와 창작연대가 뚜렷이 밝혀지지 않거나 구비적 성격이 강한 것들이었기 때문에 이들을 체계화하여 역사적 서술 맥락을 드러내기에는 본연적인 한계가 있었다. 당시로서는 몇 편 밝혀져 있지 않았던 한글 자료만을 가지고 한국문학의 전체상을 보여주기는 무리였던 것이다. 한국문학에 대한 그의 서술이 대개 계기적이고 단편적인 단계에 머물렀던 것도 이 때문으로 보인다.

헐버트의 연구에서 또 한 가지 주목되는 사항은, 그가 한국문학을 중국, 일본은 물론 서구의 문학에도 못지않는다고 강조하였던 점이다. 당시로서는 엄연히 가창 텍스트로 존재했던 시조를 한국시의 주요 부

Royal Asiatic Society Korea Branch, 1902, pp.45~79.

분으로 포섭했던 것이나 국문소설을 서구적 개념의 소설에 부합하는 것으로 보았던 점, 판소리를 극의 대용물로 부각하였던 점, 한국의 세책가를 서구의 저널리즘에 대응될 수 있는 시스템으로 논의한 점 등은 모두 그와 같은 시각 속에서 이루어진 작업이었다. 특히 시의 경우, 헐버트는 작품 본연의 형식과 의미를 살려 소개하기보다는 행간의 내용을 보충하고 서사적 맥락을 상술하는 의역 형태를 선택함으로써 한국의 시를 마치 영시와 같은 모습으로 만들어 보였다. 한국문학이 중국문학의 전범을 그대로 따르고 있었다는 점을 게일이 증명하려 했다면, 헐버트는 한국문학이 영문학을 비롯한 서구의 문학과 본질적으로 다를 바 없다는 인상을 전달하고자 하였던 것이다. 이러한 그의 태도는 엄밀한 연구자적 시각에서 일탈되어 감성적·주관적 논의구도로 귀결될 개연성을 애초부터 지니고 있었거니와, 한국문학에 대한 헐버트의 그 같은 우호적 태도가 당시 서구인들에게 한국문학을 소개하는 데 과연 긍정적인 효과만을 산출하였는지에 대해서도 확신하기 어렵다.

헐버트의 논의가 서구 사회에 널리 알려지게 되었던 첫 계기는 이사벨라 비숍Isabella B. Bishop(1832~1904) 여사에 의해 마련된다. 그가 『한국휘보』에 한창 한국의 시와 가악에 대한 글을 발표하고 있을 무렵인 1896년에 한국을 여행하고 있었던 비숍 여사는 헐버트를 만나 그의 글을 선사받게 되는데, 이때 접한 헐버트의 논의는 『한국과 그 이웃나라들*Korea and Her Neighbours*』(1897)에 그 골자가 그대로 수록된다. 한국어를 할 줄 몰랐던 비숍 여사는 헐버트의 시조 번역을 전재하여 한국의 시 형태를 예시하는가 하면, 영국인이 한국의 시를 이해하기 위해서는 『한국휘보』에 실린 글들을 참고하는 것이 좋다고 조언한다.[44] 특히 그녀는 헐버트가 의역의 형태로 번역해 놓은 시 구절을 들어 엘리자베스 시대 영국 시인의 작품에 못지않는 감수성을 지니고 있다며 감탄하기도 하였는데,[45] 한국시에 대한 이 같은 인상은 헐버트의 글을 읽는 영국 독자들이라면 누구나 가질 수 있을 만한 것이었다. 헐버트는 한국문학이 서구의 문학과 같은 것으로 인식되기를 원했고 그러한 방향으로 글을 써 내려갔기 때문이다. 『한국과 그 이웃나라들』이 발간 하루 만에 런던 서점가에서 2천 부가 팔려 나갈 정도로 대단한 인기를 끌었고 미국에서도 역시 그에 상당하는 정도의 판매고를 기록했던 사실을 감안할 때,[46] 한국의 이미지가 서구인들 사이에 조성되는 데 이 책이 끼친 영향은 지대하다고 할 수 있겠는데, 그 내용 가운데 한국의 시와 노래를 다룬 부분은 거의 대부분 헐버트의 의역 형태로 서구인들에게 소개되었던 것이다.[47]

그러나 헐버트의 서술을 따라가다 보면 한국시의 특징은 오히려 사장되는 결과를 낳고 만다. 헐버트의 논리 속에서 한국시는 소재만 한국의 것으로 바뀐 영시의 등가물이었다. 이미지즘이 영미문단을 풍미

44 Isabella B. Bishop, *Korea and Her Neighbors*, New York : Fleming H. Revell Company, 1897, p.168.

45 Ibid.

46 Anna M. Stoddart, *The Life of Isabella Bird*, London : John Murray, 1906, p.342. 저자는 당시 이 책이 그처럼 인기 있었던 이유가 청일전쟁을 전후하여 동아시아 지역에 대한 서구인들의 관심이 높아졌기 때문으로 분석한다. (Ibid., p.343.)

47 더불어 헐버트 자신도 한국문학에 관해 그간 발표했던 글들을 일부 개고하여 1906년에 뉴욕에서 간행한 『대한제국멸망사*The Passing of Korea*』에 수록한다. 이 책의 제21~25장에 걸쳐 한국의 유물, 한국어, 한국문학, 한국의 음악과 시, 한국예술에 관한 글들이 수록되어 있다. Homer B. Hulbert, *The Passing of Korea*, New York : Doubleday, 1906, pp.281~334. 물론, 한국문화의 특유한 성격을 밝히려 했던 헐버트의 이 같은 노력이 당대 서구인들 사이에 주목할 만한 반향을 일으켰다고 판단하기는 어려우며, 한국문화가 중국의 영향권 아래 종속되어 있었다는 서구인들의 종래 인식을 바꾸는 데에도 뚜렷한 성과를 거두지는 못했던 것으로 보인다.

하던 20세기 초반 서구 문인들이 한시와 하이쿠에 그토록 관심을 보였던 이유가 이들 단형의 동아시아 시가에 내재된 비약, 함축, 집중화된 이미지 때문이었다는 점을 상기해 보면, 헐버트에 의해 '영시화'된 채 서사적 스토리를 지닌 형식으로 소개된 한국시는 비록 서구인들에게 그 존재가 알려진다 해도 관심권에 들기는 어려운 것이었다. 그가 삼장구조의 시조를 한국시의 대표 형식으로 규정한 점은 선구적이라 할 만하지만 이를 있는 그대로 되살려 볼 생각은 가지지 못했고, 그 결과는 오히려 부정적이었다. 결국 한국문학을 서구에 소개하고자 했던 헐버트의 활동은 그 방법론적 측면에서 공과를 동시에 지니고 있었던 셈이다.

그럼에도 불구하고 헐버트의 논의는 한국문학에 대한 학술적 연구가 본격화되기 이전인 구한말에 이미 상당한 수준의 자료 조사와 해석을 거쳐 이루어졌다는 점에서 그 의의가 적지 않다. 한국문학에 대한 본격적인 연구의 시점을 흔히 1920, 30년대 국학파나 경성제국대학京城帝國大學 법문학부法文學部 소속 일인 학자들의 논저로부터 잡아 내려왔던 관행을 되짚어 보아야 하는 이유가 여기에 있다. 헐버트나 게일 등 초기 서구인들의 논의가 이후의 한국문학 연구에 어떠한 방식으로 활용되거나 영향을 미쳤는지 면밀히 검토하는 작업이 뒤따라야 할 것이다. 이는 추후의 과제로 남긴다.

'결단으로서의 내셔널리즘'과 '방법으로서의 아시아'

근대일본의 자연주의적 국가관 비판과 아시아

김항

혼돈에 대한 도취도, 질서 속의 안주도 아닌, 혼돈으로부터의 질서형성의 사고를! 밑바닥까지 간 혼돈으로부터 끊임없이 솟구쳐 오르지 않으면 질서는 정체할 수밖에 없다. 하지만 질서를 형성하는 힘을 결여한 혼돈은 사회의 한면 귀퉁이에서 '이단 취미'로 응집할 뿐, 실제로는 정체적 질서와 평화롭게 공존한다.

— 마루야마 마사오

일본에서 학자가 되기를 원한다면, 모든 것을 회의의 대상으로 삼아도 되지만 최후의 물음까지 회의의 대상으로 삼아서는 안 된다. 만약 그것까지 회의해버린다면 그는 학자가 될 수 없다. 문학가는 인간을 벌거벗기더라도 마지막 한 장의 옷은 남겨두어야 했다. 만약 그것까지 벗기면 인간은 사라지고 말테니까. 즉 원래 인간은 존재하지 않았으니까.

— 다케우치 요시미

1. '중국 / 아시아'라는 '적' 이하의 과소성

만주 소재 쇼와제철소[昭和製鐵所] 조사부 근무, 소련군의 공격에 의한 소속 부대의 전멸, 그리고 1948년까지의 만주 억류 등의 경험을 바탕으로, 고미카와 준페이[五味川純平] 이른바 15년 전쟁 시기 일본인의 자기기만을 비판한 『인간의 조건』(1955)으로 일약 유명 작가가 된다. 전시 일본 최대의 싱크탱크인 남만주철도회사 조사부를 무대로 한 이 소설에서, 미국과 일본 사이의 엄청난 힘의 차이를 객관적으로 인식하고 있었던 주인공은 패전을 기정사실화하여 전쟁 중 시니컬한 태도로 일관한다. 그러나 전쟁 말기 징집되어 소련군에 의한 대규모 작전으로 소속부대가 전멸하는 상황 속에서 주인공은 가까스로 살아남아 이 전쟁의 의미를 되묻기 시작한다. 그 과정에서 고미카와는 당시 일본 지식인들이 태평양전쟁에 대한 진정한 물음을 제기하지 못했음을 비판하고, 그러한 정신의 공황상태가 황국일본에 광란했던 이들뿐만 아니라, 전쟁에 대해 회의적이고 비판적인 지식인들 사이에서도 지배적이었음을 폭로했다. 즉 광신도들이 지성 없는 신들림에 사로잡혀 있었다면, 지식인들은 열정 없는 냉소로 일관했던 것이다.

그런데 그가 보기에 전시뿐 아니라 전후에도 이런 태도는 지속되었다. 태평양전쟁을 단순히 '무모한 전쟁'이었다고 정리하는 분위기가 1950년 이후 팽배해져갔기 때문이다. '불의의 전쟁'이라기보다는, '질 것이 뻔한' 전쟁이었기에 반성해야 한다는 논리가 힘을 얻고 있었던 것이다. 이런 가운데 태평양전쟁으로 귀결된 15년 전쟁, 더 나아가 아시아 침략으로 가능했던 근대일본의 발걸음은 반성의 대상이 되기보다는 망각의 대상이 되어 가고 있다는 것이 고미카와의 비판이었다. 그는 전후까지 이어지는 이런 인식 태도를 다음과 같이 지적했다.

> 중국은 '적'조차 되지 못했다. (…중략…) 우리 국민의 압도적인 대다수는 1942년 12월8일에야 비로소 전쟁을 실감한 것 아니었을까? 그 이전에 전쟁은 없었던 것이다. 1931년 만주침략으로부터 10년 동안이나 지속된 중국과의 전쟁은 전쟁으로서 자각되지 못했다. 즉 이 전쟁은 겨우 '만주사변', 혹은 '시나(支那)지나지 않았던 것이다.
>
> 대규모의, 사실로서의 대외전쟁을 수행하면서 마치 일종의 국내전인 양, 기껏해야 극동 일각에서 벌어진 국지적인 분쟁에 지나지 않는다는 태도로 사태에 임했던 것이다.[1]

1931년 유조호柳條湖 사건, 1932년 스팀슨 독트린 발표 및 리튼 조사단 파견과 만주국 건국, 1933년 일본의 국제연맹 탈퇴 표명(승인은 935년), 1937년 노구교蘆溝橋 사건 및 중일 전면전쟁 발발 등으로 이어지는 일련의 과정 속에서 일본 정부는 대륙에서 일어난 무력충돌을 '사변'[2]으로 자리매김했다. 이는 1928년 파리조약Pact of Paris, ellogg-Briand Pact으로 규정된 "국제분쟁의 해결수단으로서의 전쟁 포기"를 일본이 군사

1 五味川純平,「精神の癌」,『現代の發見 1 : 私と戰爭』, 春秋社, 1959, 16~17면.

2 근대일본에서 '사변事變'의 법적 용례는 '전시戰時'와의 대비 속에서 이해될 수 있다. 예컨대 1882년 제정된 일본의 '계엄령' 제1조는 다음과 같이 규정하고 있다. "계엄령은 전시 혹은 사변 발발시 군비 / 병력을 통해 전국 혹은 한 지방을 경계하는 법이다(戒嚴令ハ戰時若クハ事変ニ際シ兵備ヲ以テ全國若クハ一地方ヲ警戒スルノ法トス)." 여기서 보듯이 사변은 대외전쟁 발발 이후를 지칭하는 '전시'와 대비되어 국내 소요 등에 해당하는 사태임을 알 수 있다.

행동이 위반하지 않았다는 정부 입장의 반영이었다. 즉 대내적으로도 대외적으로도 일본은 중국 동북부에서의 군사행동을 전쟁으로 자리매김하지 않았던 셈이다.

물론 이러한 조치는 당시의 국제정세 속에서 일본 정부가 취한 외교적 술책이었다. 하지만 이를 역사적으로 형성된 인식 태도라는 측면에서 보면, 그 바탕에는 고미카와가 지적하고 있듯이 뿌리 깊은 근대일본의 중국 멸시가 깔려 있었다.[3] 아편전쟁 이후 일본에서 대두된 중국에 대한 지배적 인식은 중국을 이빨 빠진 호랑이로 인식하면서 과거의 인습과 낡은 질서관에 사로잡힌 반문명 국가로 낙인찍는 것이었다.[4] 이후 흥아론興亞論이든 탈아론脫亞論이든, 중국을 필두로 한 아시아를 서양과 대비하여 낙후된 존재로 표상하는 데에는 차이가 없었고, 청일전쟁 이후 이런 인식은 결정적으로 고착되었다. 따라서 실제사태(전쟁)와 인식태도(사변) 사이의 간격은 국제법 해석상의 궁여지책이기도 했지만, 역사적으로 형성된 중국/아시아 표상이 표면으로 드러난 결과이기도 했던 셈이다.

이러한 고미카와의 진단은 매우 익숙한 서사처럼 보인다. 서양과 동양의 대비를 통해 근대 일본의 자기정체성이 형성되었고, 거기에 내포된 식민주의의 논리가 '대동아공영권'이라는 허울 좋은 슬로건으로 귀결되고 말았다는 서사 말이다. 각각의 논증 경로는 다르다 하더라도, 이는 패전 이전 일본의 아시아론을 다루는 논의들에서 자주 볼 수 있는 것이라 할 수 있다.[5] 하지만 여기서의 관심은 지금까지 수없이 논의

3 五味川純平, 앞의 글, 22~23면.

4 李廷江, 「アジア主義について」, 亞細亞大學 『アジア研究所紀要』 17, 1990, 97~101면 참조.

되어온 근대일본의 '자기 오리엔탈리즘'[6]이나 침략의 논리가 아니다. 여기서 중요한 것은 고미카와의 "중국은 '적'조차 될 수 없었다"는 언명이 이런 서사와 다른 인식으로 사유를 이끌 수 있는 가능성을 가지고 있다는 점이다. 그것은 '적'이라는 말이 갖는 두께를 최대한으로 해석했을 때 열릴 수 있는 가능성이라 할 수 있다. 그렇다면 단순히 멸시나 배제, 그리고 침략 대상으로서의 중국이 아니라, '적'이 될 수 없는 과소성으로 호명된 중국, 바꿔 말하자면 자기 오리엔탈리즘의 내부적 타자인 중국 / 아시아가 아니라, '적' 이하의 중국 / 아시아라는 표상이 갖는 함의란 무엇일까?

2. 적과 정치, 그리고 '아시아'라는 사상적 계기

칼 슈미트Carl Schmitt는 17세기 이래 유럽의 국제질서를 규정해온 유럽공법jus publicum europae의 의의를 전쟁의 주권국가로의 한정으로 해석하면서, '적'을 "다른 동류의 총체와 대립하여 항쟁하고 있는 인간의

5 한국어 문헌으로는 다음과 같은 것들이 있다. 최원식, 「동양학의 르네상스를 위하여」, 정문길 외 편, 『동아시아, 문제와 시각』, 문학과지성사, 1995, 16~17면; 임성모, 「동아협동체론과 '신질서'의 임계」, 백영서 편, 『동아시아의 지역질서 – 제국을 넘어 동아시아공동체로』, 창작과비평사, 2005, 167~206면; 김경일, 「대동아공영권의 '이념'과 아시아의 정체성」, 백영서 편, 위의 책, 207~262면; 박승우, 「동아시아 지역주의 담론과 오리엔탈리즘」, 『東亞硏究』 54호, 2008, 17~20면.

6 이는 비서구 사회에서 서양과 대비하여 자기표상을 만들어내는 앎의 양식을 뜻한다. 예컨대, 오카쿠라 텐신[岡倉天心]의 『동양의 이상 *The Ideals of The East*』(1903)은 동양(아시아)을 철저히 서양과의 비교 하에 정의하고 있다는 점에서, 그리고 동양에서 일본의 지도적 지위를 설파했다는 점에서 전형적인 근대일본의 자기 오리엔탈리즘 언설이라 할 수 있다.

총체"[7]로 정의했다. 또한 에도 막부 말기 메이지 유신을 주도한 초슈번[長州蕃] 개화파의 사상적 지도자인 요시다 쇼인[吉田松陰]은 만국공법을 해석하면서, '적국敵國'을 필적匹敵을 의미하는 '적체敵體'의 예를 다해 교류하는 국가로 정의했다.[8] 칼 슈미트와 요시다 쇼인 사이에 가로 놓인 시공간적 거리에도 불구하고, 'Feind'이든 '敵國'이든 '적'이 '적'으로서 성립하기 위해서는 '동등성'이 전제되어야 한다는 사실에서 두 사람이 일치하고 있음을 알 수 있다. 특히 두 사람의 주장이 만국공법, 즉 유럽 국제법에 대한 해석에서 도출된 것이라는 점을 생각해볼 때, '적'에 대한 정의에 관한 한 두 사람의 거리는 그리 멀지 않다고 할 수 있다. 그리고 이 인접성은 '힘의 정치 Machtpolitik'라는 장으로 사유를 이끈다.

주지하다시피 슈미트는 '정치적인 것'의 구성개념으로 '적'을 언급한다. 그에게 '정치적인 것'을 가능케 하는 조건이란 '적과 동지'의 구분에 기초한 물리적 말살의 "실제적 가능성 die reale Möglichkeit"이며, 국가란 "인간의 육체적 생명 das physische Leben 을 지배하는 권력체"이다.[9] 국가는 정치적인 것의 가능성 위에서 존립 가능한 권력의 총체인 것이다. 이러한 슈미트의 국가-정치관은 홉스 이래의 유럽 주권국가 체제를 모델로 한 것이다. 여기서 주권국가는 대외적으로 서로 동등한 권리를 갖는 자연 상태 속에 존재하며, 그 존립은 국내적으로 자연상태를 극복함으로써 가능해진다. 즉 개개인의 육체적 생명을 한 손에 틀어쥐어, 국제관계라는 동등한 권리주체 사이의 자연상태에서 존속

---

7 Carl Schmitt, *Der Begriff des Politischen*, Duncker・Humblot, 1932 / 1965, p.29.

8 桐原健眞, 「吉田松陰における對外觀－「万國公法」以前の國際秩序認識」, 『文芸研究』 152, 2001 참조.

9 Carl Schmitt, 앞의 책, 48면・55～56면.

을 꾀하는 것이 주권국가인 셈이다. 초슈번의 병법兵法 전수자 요시다 쇼인이 19세기에 본 만국공법 체제는 바로 이러한 세계였다. 그는 서양에서 연원한 만국공법이 도의의 체계라기보다는 약육강식의 자연 상태에 기반한 것이라 인식했고, 이에 맞서기 위해서는 온 국민이 목숨을 걸고 천황 중심으로 집결할 필요가 있음을 설파했다. 요시다 쇼인에게도 국가란 소속민의 생명을 한 손에 틀어쥐고 그 명운을 결정하는 정치적 단위였던 셈이다.[10]

따라서 '적'이란 이러한 '정치'에 대한 인식을 내포하는 용어라고 할 수 있다. 이를 단순히 약육강식이나 우승열패를 설파하는 사회진화론으로 해석해서는 안 된다. 여기서 중요한 점은 '적'-'정치'의 코롤라리corollary가 '국가'를 사유하기 위해서 반드시 필요하다는 점이다. "국가란 정치적인 것의 개념을 전제"[11]하고 있기 때문이다. 그러므로 "중국은 '적'조차 될 수 없었다"는 언명은 중국에 대한 단순한 멸시나 배제를 넘어 보다 넓은 외연을 갖는 것으로 해석될 수 있다. 그것은 근대일본의 '국가' 인식과 연동되는 문제를 제기하기 때문이다. 다소 성급하게 결론적으로 말하자면, 고미카와의 말대로 사실상의 교전국 중국을 '적'으로 인식하지 않았던 한에서, 근대일본은 스스로를 '국가'로 인식하지 못했다고 할 수 있다. 물론 중국 대신 미국이나 영국을 '적'으로 삼았던 것 아니냐는 반론이 제기될 수 있다. 그러나 전시 일본의 미국과 영국에 대한 표상은 '정치적인 것'의 기초로서의 '적'이라기보다는, '귀축영미鬼畜英米'라는 문구에서 알 수 있듯이 어디까지나 '도의'의 틀 속에서

10 高橋文博, 『吉田松蔭』, 淸水書院, 1998 참조.
11 Carl Schmitt, 앞의 책, 20면.

구성되었다. 미국과 영국은 "다른 동류의 총체와 대립하여 항쟁하고 있는 인간의 총체"라기보다는, 아시아를 침략하고자 하는 악의 무리로써 표상되었던 것이다. 그런 한에서 미국과 영국은 '적'이 아니었다. "적이란 (…중략…) 반감을 갖고 증오하는 사적인 상대가 아니"기 때문이다.[12]

이렇듯 '적'의 부재 속에서 근대일본은 '국가'로서의 자기인식을 상실했다. "공동체적인 국가상 속에 기구Apparat로서의 국가가 전적으로 매몰되어 있었다"[13]는 마루야마 마사오의 말은 이런 맥락에서 이해되어야 한다. 그를 일약 논단의 스타로 만든 「초국가주의의 논리와 심리」(1946)에서 마루야마는 군국주의와 천황제 파시즘의 논리를 "윤리와 권력의 상호이입"으로 규정한 뒤, "정치적 권력이 그 기초를 궁극의 윤리적 실체에 두고 있는 한, 정치가 내포하는 악마적 성격은 그 자체로서 솔직하게 승인될 수 없다"[14]고 설파했다. 근대일본을 파국으로 이끈 것은 정치가 기초하고 있는 자연 상태, 즉 '적과 동지의 구분'에 대한 준엄한 인식의 결여였다는 것이 마루야마의 비판이었던 셈이다. 따라서 위에서 인용한 고미카와의 언명은 이러한 마루야마의 비판과 근대일본의 아시아 인식 사이를 연결해주는 고리가 된다. 근대일본의 아시아 인식은 자기 오리엔탈리즘과 침략 논리를 제공했음과 동시에, 스스로를 '주권국가'라는 권력정치의 총체로서 인식하는 것을 저해하는 요인이었던 것이다.

---

12 위의 책, 29면.

13 丸山眞男(1960), 「忠誠と反逆」, 『忠誠と反逆』, ちくま學芸文庫, 1992, 134면.

14 丸山眞男(1946), 「超國家主義の論理と心理」, 『增補版 現代政治の思想と行動』, 未來社, 1964, 19면.

또한 마루야마가 "두 사람은 사실 똑같은 메달을 양면에서 공략했던 것"[15]이라고 회상한 다케우치 요시미의 아시아주의 또한 이런 맥락에서 이해되어야 한다. "(아시아의 연대가 실현되기 위해서는—인용자) 다시 한 번 격렬한 비참함이 반복되리라"는 "가혹함에서 눈을 떼어서는 안 된다"[16]고 설파한 다케우치는 전후에 발흥한 '아시아 내셔널리즘'의 유토피아적 전망을 넘어 어디까지나 '정치'의 잔인함을 사유의 출발로 삼았기 때문이다. 이런 맥락에서 다케우치는 근대초극론이나 대동아공영권 이념에 내포된 아시아주의를 망각하는 일을 "욕조 물을 버리려다 아기까지 버리는 일"이라는 마르크스의 말을 인용하면서 비판했다. 그는 근대일본 사상사 속에 이어져 내려오는 아시아주의의 계보에 내재한 '정치'적 사유를 적극적으로 계승하려 했던 것이다. 하지만 그의 아시아주의는 아시아를 그 어떠한 형식으로든 실체화하는 것은 아니었다. 그에게 아시아란 '자기'가 '자기'로서 존재하기 위해 '적'에 대해 저항해야 하는 '방법'을 뜻했기 때문이다.[17]

물론 이는 마루야마의 '근대'와 대척점에 있는 듯 보일지 모른다. 하지만 동등한 '적'의 승인을 근대일본의 고질적 병리에 대한 치유 방식으로 보았다는 점에서, 두 사람의 인식 태도는 일치한다고 할 수 있다. 그리고 이 때 두 사람의 인식태도를 중첩시키는 계기는 다름 아닌 '아시아'이다. '적'–'정치'–'국가'의 코롤라리를 성립불가능하게 했던 것이 서양과

---

15 丸山眞男(1978), 「好さんとのつきあい」, 『丸山眞男集 10』, 岩波書店, 1996, 360면.

16 竹内好(1951), 「アジアのナショナリズムについて」, 『日本とアジア』, ちくま學芸文庫, 1993, 115면.

17 竹内好(1948) 및 (1961), 「中國の近代と日本の近代」·「方法としてのアジア」, 위의 책, 참조. 이에 대해서는 뒤에서 상세하게 다룰 예정이다.

동양 사이에서 스스로의 자기표상을 만들어냈던 근대일본의 인식 태도라면, 한 편에서 마루야마는 '아시아'라는 '적' 이하의 과소성을 해소함으로써, 다른 한 편에서 다케우치는 '아시아'를 '저항'의 다른 이름으로 삼음으로써, 근대국가 일본의 진정한 독립을 쟁취하려 했던 것이다.

이러한 이들의 언설이 갖고 있는 의의와 한계를 되짚어 보는 것은 동아시아론이 여전히 식지 않은 인기를 구가하고 있는 현 상황에서 의미 있는 일일 것이다. 왜냐하면 현재의 동아시아론은 패전 전 일본의 아시아론이나 아시아주의를 곧바로 현재의 동아시아적 상황과 연관시킴으로써, 이 시기에 주조된 동아시아에 대한 표상을 '실체화'하고, 그 틀 안에서 논의를 진행시키는 경향을 보여 왔기 때문이다. 즉 현재의 '동아시아'란 패전 전 일본에서 논의되면서 탄생한 심상지리적 상상력을 고스란히 계승하고 있는 셈이다.[18] 그러나 마루야마와 다케우치의 비판은 그러한 심상지리적 표상 자체를 문제삼는 것이었다는 점에서, 패전 전 일본에서 주조된 '아시아'에 대한 표상을 해소하는 방향으로 나아가고 있다. 따라서 이에 대한 검토를 통해 현재의 논의들이 놓치고 있는 부분을 드러내줄 수 있으며, 이들의 비판을 넘어서 어떤 과제가 제기될 수 있는지를 제시할 수 있으리라 생각된다.[19]

---

18 이에 대해서는 강상중, 「사라지지 않는 '아시아'의 심상지리를 넘어서」, 강상중 외 편, 이강민 역, 『공간—아시아를 묻는다』, 한울, 2007, 83~121면 참조. 여기서 강상중은 일본의 조선관을 중심으로 '아시아'라는 심상지리적 상상력을 문제 삼고 있는데, 문제는 끝나지 않는 일본의 식민주의라기보다는, 그 식민주의에 의해 가능해진 지역 표상인 '동아시아'에 대해 아무리 내용적으로 비판적인 언술이라 하더라도, 그 틀을 고스란히 계승하고 있다는 점이다.

19 이하의 논의는 마루야마와 다케우치의 근대일본 비판 중 자연주의적 국가관에 대한 것에 한정된 것이다. 특히 이들이 '아시아'를 지역적 실체로 보지 않고, 근대의 정치질서를 비판하기 위한 사상적 계기로 삼았다는 점에 논의의 초점을 맞출 계획이다.

이러한 과제를 수행하기 위해서는 무엇보다도 먼저 1945년 패전 직후의 이른바 '복구담론'을 검토해야만 한다. 이들이 비판의 대상으로 삼은 것은 표면적으로는 전시의 천황제 파시즘이었지만, 비판의 동시대적 화살은 다른 곳을 향해 있었기 때문이다. 그것은 근대일본의 병리를 저지하지 못했을 뿐 아니라, 뿌리 깊은 곳에서 그것을 만들어낸 이들이 복구담론을 주도하는 상황이었다. 이 때 복구담론을 주도한 이들은 다이쇼[大正] 교양주의자들과 교토학파였는데, 마루야마와 다케우치가 보기에 이들의 언설은 근대일본의 병리를 근원에서 문제 삼기보다는, 팔굉일우나 황도 이념을 평화와 문화이념으로 대치하여 그 병리를 고스란히 존속시키는 것이었다. 그리고 이 복구담론에 내재한 문제점은 역시 '아시아' 주변에서 드러난다. 아래에서는 전후의 복구담론 속에서 아시아에 대한 사유를 추출하고, 마루야마와 다케우치의 이에 대한 비판을 검토한 후, 그것이 열어주는 정치적 사유의 지평을 가늠해보기로 한다.

3. 식지 않는 도의道義를 향한 열망
―대동아공영권에서 문화국가로

1941년 12월8일, '개전의 소칙[開戦の詔勅]'이 천황의 이름으로 공표되었다. 그 안에서 히로히토는 다음과 같이 말했다.

> 미영 양국은 (…중략…) 동아의 화란禍亂을 조장하여, 평화의 미명에 숨

어 동양제패東洋制覇의 비망非望을 키워나가려 하고 있다. (…중략…) 황조황종의 신령은 하늘에 계시다. 짐은 그대들 유중有衆의 충성용무忠誠勇武에 신의信倚함으로써 조종의 위업을 회홍恢弘하고, 신속히 화근을 삼제芟除함으로써 동아東亞에 영원한 평화를 확립하고자 하며, 이로써 제국의 광영을 보전하고자 한다.

그로부터 3년 반 남짓 후인 1945년 8월15일, 히로히토는 '종전의 소칙[終戰の詔勅]', 즉 이른바 '옥음玉音방송'을 통해 포츠담 선언 수락을 알리며 아래와 같이 말했다.

짐은 제국과 함께 종시終始 동아 해방에 협력한 제諸 맹방盟邦에 대해 유감의 뜻을 표하지 않을 수 없다. (…중략…) 짐은 여기서 국체를 호지護持하고 충량忠良한 그대들 신민의 적성赤誠에 신기하여 항상 그대들 신민과 함께 있다. 만약 격정으로 함부로 사단을 내거나, 동포끼리 배제排擠하고 시국을 어지럽히고 대도大道를 그르쳐 신의를 세계에서 잃는 일이 생길까, 짐은 이를 가장 경계하는 바이다. 부디 거국擧國하여 일가자손이 서로 손을 잡아 굳게 신주神州의 불멸을 믿고, 맡은바 임무를 다하여 길이 멀다는 사실을 염두에 두고 총력을 다 해 미래 건설에 주력하도록 하라. 또한 도의道義를 두텁게, 지조志操를 굳건히 맹세하여 국체의 정화精華를 발양토록 하라. 이로써 세계 진운進運에 뒤처지는 일이 없도록 하고. 그대들 신민은 짐의 의意를 올바르게 체體하도록 하라.

미영 제국의 동양제패 기도에 맞선 전쟁, 이것이 태평양전쟁의 개전을 알리는 히로히토의 뜻이었다. 이 전쟁의 궁극적 목표는 동아, 즉 아시아에 영원한 평화를 구축하는 것이었으며, 그것이 황조황종으로 상징되는 일본 국체의 정화를 발휘하는 일이었던 셈이다. 그러나 패전으로 이 꿈은 허망하게 무너져 내렸다. 선전포고를 했던 히로히토는 이제 패전을 선포해야만 했다. 여기서 히로히토는 아시아 여러 국가에 유감의 뜻을 표했다. 아시아 해방이라는 뜻을 이루지 못했기 때문이다. 그런 한에서 일본 국체의 정화를 발휘하는 일은 좌절되었다고 할 수 있다. 그럼에도 이 '종전의 소칙'에는 "국체의 정화를 발양토록 하라"는 말이 포함되어 있다. 이미 좌절된 목표를 다시금 되새기고 있는 것이다. 여기서 한 이념의 탈각과 바꿔치기가 생겨났다. '아시아 해방'이라는 이념이 탈각되어, 그것이 '도의'와 '세계 진운'으로 바꿔치기 된 것이다. 아시아의 여러 국가에 대해서는 '유감'이라는 말을 남기고 말이다. 그렇다면 과연 이 '도의'와 '세계 진운'이란 무엇을 뜻하는 것이었을까? 이 탈각과 바꿔치기는 철학자 고오야마 이와오[高山岩男]의 패전 직후 언설에서 극명하게 드러나 있는데, 그것이 어떤 양상이었는지를 알기 위해서는 우선 태평양전쟁 당시의 '세계사의 철학'을 살펴보아야 한다.

주지하다시피 고오야마는 태평양전쟁 당시 이른바 '세계사의 철학'으로 대동아공영권의 철학적 기초를 마련하고자 했던 교토학파의 철학자이다. 물론 전시 교토학파의 언설들은 예를 들어 육군 참모본부의 민간 정보부대라 할 수 있는 『원리일본原理日本』 그룹과 같은 광신도적인 황국주의는 아니었다. 그러나 이들의 철학적 작업이 주권국가 체제와 자본주의 시장경제의 극복을 현대의 과제로 간주하고, 이 과제를 완수하여 서양근대의 '역사적 세계'가 아니라 진정한 '세계사적 세계'를 출현시키는 것을 일본의 사명으로 삼아, '대동아전쟁'을 대아시아 침략 전쟁으로부터 '대동아 건설 = 새로운 세계질서 구축'을 위한 전쟁으로 윤색했다는 점은 부정할 수 없다. 따라서 교토학파의 철학적 과제는 일본의 자기이익에 기반한 아시아 진출을 어떻게 대동아 건설이라는 도의적 사명으로 전환할 논리를 마련하는가였다. 당시 통용되던 국가이성raison d'état에 내재한 에토스Ethos와 크라토스Kratos의 모순적 지양이란 바로 이 과제를 나타내는 철학적 개념이었다. 이들에게 '대동아전쟁'이란 일본의 제국주의적 대아시아 침략(크라토스)을 대동아건설이라는 도의적 힘moralische Energie(에토스)으로 지양시키는 계기였던 것이다.

> 모랄리세 에네르기라고 하면 역시 12월8일입니다. 이 날은 우리 일본 국민들이 자신이 갖고 있는 모랄레세 에네르기를 가장 생생하게 느낀 날이라고 생각합니다. (…중략…) 12월8일, 우리들은 크게 두 가지 심정이었습니다. 드디어 올 것이 왔구나 하고 필연적으로 생각하고 받아들이는 심정과 의외라며 놀라는 감정으로 불가능을 실현했다는 식의 심정이죠. (…중략…) 그럼에도 불구하고 전쟁이 불가피했던 원인은 우리 외부에 있었습니다. 즉 세계에 있었던 거죠. 그 필연은 12월8일에 일본이 우뚝 일어남으로써 비로소 그 의미를 분명케 한 것인데 거기에 모랄리세 에네르기가 있었습니다. 역사를 형성하는 힘인 모랄리세 에네르기가 있다고 봅니다.

> 대동아권 내의 정치적 질서라는 것도 (…중략…) 이제까지 있었던 식민지정책처럼 단순히 정치적 · 경제적인 결합이 아니라, 윤리성을 갖는 결합이어야만 대동아권의 의의가 있는 겁니다. 과거의 질서 관념에서 보면 국

가간의 결합이나 관계는 보통 어그리먼트, 즉 '협조' 아니면 '강제'라는 두 가지 방식이었습니다. 하지만 대동아권의 결합에서는 그런 방식과는 다른 윤리적 결합이 필요합니다.[20]

태평양전쟁 발발 후 대중잡지 〈중앙공론中央公論〉 지상에서 펼쳐진 좌담회는 이렇듯 이 전쟁이 대동아 건설의 윤리적 결합을 위한 도의적 에네르기라는 전제에서 이루어졌다. 태평양전쟁 발발을 통해 중일전쟁의 제국주의적 성격, 나아가 근대일본의 병리 전체를 일소할 수 있는 가능성을 엿본 것은 물론 교토학파만이 아니었다. 일본낭만파[日ロマン派] 가메이 가츠이치로[龜井勝一郎]에게 전쟁은 "'근대화'된 일본의 정신적 병리상태에 대한 저항과 쾌유를 의미"했고, 사상탄압과 전향 이후 비평가들의 집합소라 할만 했던 〈문학계文學界〉의 다카스기 이치로[高杉一郎]는 태평양전쟁 개전으로 침략전쟁에 대한 저항의식을 일거에 벗어던지고 "자기마비에 걸린 듯 (…중략…) 일종의 성전의식에 사로 잡혀 갔다"고 회상하고 있기 때문이다.[21]

또한 교토학파의 철학적 과제는 아카데미즘과 저널리즘에만 국한된 '사변'이 아니었다. 이들은 해군 군령부 조사부의 위탁으로 사상전 수행 논리를 구축하려 했기 때문이다. 이 비밀 회동에서 이루어진 내

---

20 이상의 인용은, 고오야마 이와오 외(1942), 이경훈 외 편역, 「동아공영권의 윤리성과 역사성」, 『태평양전쟁의 사상』, 이매진, 2007, 225~226면 및 292~293면. 물론 이 좌담회 내에서 교토학파 구성원 각각의 입장에는 차이가 있고, 그 차이를 읽어내는 것은 흥미로운 일일 것이다. 하지만 그것은 이 글의 범위를 벗어나는 일이므로, 여기서는 참석자들이 최소한도로 공유하고 있는 공통분모에 초점을 맞춰 개개인의 입장을 고려하지 않고 인용토록 한다.

21 竹內好(1959), 「近代の超克」, 『日本とアジア』, 187~190면 참조. 1942년 열린 「근대의 초극」 좌담회가 이런 분위기의 정점에 위치한다는 것은 익히 알려져 있는 사실이다.

용을 보면, 위 인용문의 번지르한 미사여구 이면에 어떤 현실적 문제가 놓여 있었는지 가늠할 수 있다.

이들의 회합에서 문제가 된 것은 우선 '공영권'이라는 말이다. "우선 공영권이라는 말의 시비是非, 적부적適不適을 서로 검토했는데, 이 말이 유래한 '공존공영'이라는 말이 갖는 사상 내용은 경제적 이익관념에 일면적으로 편향된 감이 있어 도의성이 부족하고, 또한 앵글로색슨적 데모크라시의 세계관과 통하는 면이 있으며, 어감으로도 물질적 번영을 주로한 안일easy-going감을 주기 때문에 사용을 피해야 한다는 의견일치를 보았다"(1942년 2월17일 회합).[22] 물론 이 이후에 이들이 공영권이라는 말을 완전히 사용하지 않은 것은 아니지만, 여기서 중요한 것은 교토학파가 대동아공영권을 일본의 경제적 이익을 넘어선 '도의성' 차원에서 정식화하려 했다는 점이다.

"동공권東共圈을 gestalten 하는 Kern 은 무엇이냐면 일본의 국력이다. 반드시 일본이어야 한다는 사실에 역사성이 있다.(스즈키 시케타카) 아니다 국력이라면 역사적이 될 수 없다.(니시타니 케이지)"[23] 대동아 건설의 '핵 Kern'이 '국력', 즉 '힘'이라고 말하면 사태는 쉬워진다. 하지만 교토학파의 과제는 여기에 '아니'라고 대답하는 일이었다. 대동아공영권은 일본의 힘에 기초한 억압적이고 위계적인 지역질서가 아니라, 아시아

22 大橋良介, 『京都學派と日本海軍 : 新資料「大島メモ」をめぐって』, PHP新書, 2001, 176면. 교토학파와 해군 사이의 회합에 관한 자료는 전후 50년 넘게 입소문으로만 그 존재가 알려져 왔다. 그런 와중에 1940년대 교토제국대학 철학부 부수副手였던 오오시마 야스마사[大島康正]의 자택에서 당시 메모가 발견되었다. 오오시마는 회합의 내용을 정리하여 해군 측에 전달하는 임무를 맡았던 인물이었다. 이 자료의 발간으로 특별히 새로운 사실이 밝혀진 것은 아니지만, 다시 교토학파의 언설이 어떤 현실적 과제 속에서 도출되었는지 보다 그로테스크한 언어로 알 수 있게 되었다.

23 위의 책, 218면.

의 윤리적이고 세계사적 사명임을 교토학파는 논증해야만 했던 것이다. 따라서 '아시아'란 교토학파에게 근대라는 역사적 세계의 초극을 가능케 하는 계기였다. 특히 국가를 인륜공동체로 정식화하면서 역사의 완성을 설파한 헤겔에 맞서, 여러 민족Volk이 국가Staat로 지양되는 일을 진정한 역사의 완성이라 보지 않고, '국가'라는 질서를 넘어서는 포스트 헤겔적 역사철학을 구상하던 고오야마에게 '대동아' 건설, 즉 새로운 아시아의 지역질서 구축이란 서양의 패권질서가 지배하던 세계를 진정한 보편적 세계로 탈바꿈시키는 실천 그 자체였다.[24] 바꿔 말하면 그의 논리에서 아시아가 빠지면, '세계사적 세계'나 '보편적 세계'의 구축이라는 현대의 역사적 과제는 수행될 수 없는 것이었다. 아시아 없이는 포스트 헤겔적인 역사의 완성이 불가능했던 셈이다. 이런 그의 철학적 입장은 패전 직후에도 변함이 없었다. 1946년 1월, 고오야마는 패전이 전국민의 '도덕적 퇴폐'에 기인하는 것이라며, 다음과 같이 말했다.

> 메이지 유신 이래 근대국가로서의 후진성에서 비롯된 거리를 조급하게 단축시키려 해왔다. 이런 노력에 수반된 부자연스런 기형성과, 만주사변 전후부터의 정치 및 교학의 오류가 이것(일본민족의 도덕적 퇴폐－인용자)을 강화했다는 사정이 결합되어, 오늘날 일본민족의 문화적 도덕적 약점 및 결함을 산출했다. (…중략…) 확실히 근대국가로서 현저한 후진성을 면치 못했던 오늘날 우리 일본의 과제는 근대화라는 것으로 만사해결을 볼 수 있는 듯 여겨질지 모른다. (…중략…) 하지만 세계는 근대세계로부터 근

24 이에 대해서는, 高山岩男, 『世界史の哲學』, こぶし文庫, 1942 / 2001 참조.

대 질서를 넘어선 세계로, 즉 초근대세계로 추이하고 있는 추세 속에 있다. (…중략…) 여기서 우리 일본은 말하자면 추세에 역행하는 근대화와 추세에 따르는 초근대화를 동시에 수행해야 한다는 매우 어려운 상황에 놓여 있다는 사실을 깨달아야만 한다.[25]

고오야마는 패전에도 아랑곳없이 스스로의 철학적 테제를 고수하고 있다. 물론 패전으로 인해 '추세에 역행하는 근대화'라는 과제를 언급하고는 있지만, 문제는 어디까지나 '초근대', 즉 헤겔적인 역사의 완성을 넘어서는 세계질서 구축에 있다. 그러나 이 철학적 과제의 고수에도 불구하고, 전시에 그것을 가능케 했던 '아시아'라는 계기는 자취를 감추고 만다. 그 대신 들어서는 것은 바로 '문화국가'라는 계기이다.

내 소견에 따르면 세계사는 이번 대전을 통해 큰 전환을 이루고 있으며, 국제세계의 구조에는 큰 이변이 생기고 있다. 이 전환・변이 속에는 훌륭한 문화국가건설의 현실적 추세가 내포되어 있다. 아니, 오늘날 역사적 추세가 나아가는 방향이 국가란 모두 문화국가여야 한다는 정세를 나타내고 있는 것이다. 그리고 이러한 문화국가 성립의 역사적 단계에서는, 더 이상 권력국가 대 문화국가의 대립관념도 의의를 상실할 것이며, 문화국가는 국가라는 제한을 한 걸음 넘어서는 데까지 나아갈 것이라 생각된다. 바꿔 말하면 국가라는 관념 자체에 근본적인 변혁이 요청되고 있는 것이다.[26]

---

25 高山岩男, 『文化國家の理念』, 秋田屋, 1946, 2~3면.
26 위의 책, 4~5면.

전시 교토학파의 철학적 과제, 즉 도의와 힘 사이의 지양이 여기서도 반복되고 있다. '권력국가 대 문화국가의 대립'이라는 식으로 말이다. 문제는 전시에 이 도의와 힘 사이를 매개하던 대동아 건설, 즉 '아시아'라는 계기에 대해 여기서는 아무런 언급이 없다는 점이다. 또한 '대동아전쟁'이 이 철학적이고 도의적 과제의 실천적 계기였던 데 반해, 이제 그 계기는 '국민 윤리'로 탈바꿈된다. "문화국가의 건설이 목표인 이상, 그것을 지탱하는 국민윤리의 수립이 필요하다는 것은 새삼 말할 필요도 없다. 국민윤리 없이는 문화국가는 있을 수 없다."[27] 이렇게 고오야마의 언설은 탈바꿈했다. 그것도 전시의 철학적 테제를 변경하는 일 없이, 다만 그 '계기'만을 바꿔치기한 채 말이다. 패전이라는 전대미문의 카타스트로프를 거치면서, 세계사의 철학을 가능케 했던 '아시아'는 쥐도 새도 모르게 자취를 감추고 만 것이다. 그러나 문제는 '아시아'라는 계기가 사라졌다는 사실 자체가 아니라, 마루야마나 다케우치가 지적한 근대일본의 근원적 병리, 즉 '국가'로서의 냉엄한 자기인식의 결여가 패전을 겪었음에도 여전히 치유되지 않았다는 점에 있다. 이는 전후 복구담론의 실질적인 주류를 형성했던 다이쇼 교양주의의 논객들에게서도 확인되는 사실이다.

> 일군만민의 우리 국체는 국민 각각이 확고하고 강하고 올바르고 높은 인간이 되어, 오오미고코로[大御心](천황의 마음—인용자)를 체현하고 실현해 나가야만 유지될 수 있다. 즉 오오미고코로가 국민 각자의 마음속에 살아

---

27 위의 책, 101면.

숨쉬고, 국민이 마음으로부터 폐하의 백성이 되어, 폐하가 진정 우리의 군주가 됨으로써, 존중받는 천황이 동시에 우리의 친근한 아버지가 되어 주실 수 있도록 노력해야만 한다.[28]

다이쇼 교양주의의 논객들이란 1900년대 초에 제국대학에서 교육을 받은 세대로, 의회정치의 본격화와 교양주의의 세례를 받은 이들이다. 경성제대 철학과 교수를 역임했고, 전후 초대 문부성 장관을 지낸 아베 요시시게는 이 세대의 대표자 중 한 사람이다.[29] 그는 위와 같이 말하면서, 전후 복구를 위해 천황의 마음, 즉 오오미고코로를 국민 개개인의 마음속에 살아 숨쉬게 하는 일이 필요하다고 역설했다. 민족의 상징인 천황을 개개인의 마음속에 자리하게 하는 것은 새삼스런 주장이 아니었다. 존황심尊皇心을 잣대로 1910년대의 민주적 개혁을 차단하려던 보수파에게 이들 세대의 주요 철학자 중 한 사람인 와츠지 데츠로和辻哲郎는 다음과 같이 반박했다. "최근 목소리를 높여 국체 옹호, 국민도덕 진흥을 외치는 사람이 있다. 그들은 국체가 위험에 처해 국민의 도덕사상이 퇴폐했다고 인정하는 듯하다. 하지만 우리가 보기에 우리 국체는 전혀 위험하지 않다. (…중략…) 우리는 태어나면서 존황사상을 갖고 있다기보다는 존황본능을 갖고 있기 때문이다."[30] 이 와츠지의 주장은 당시의 맥락에서 보자면 매우 급진적인 것이었다. 왜냐하

28 安倍能成, 「年少學徒に告ぐ」, 『戰中戰後』, 白日書院, 1946, 83~84면.

29 이 세대의 대표자들을 거론하자면 끝이 없지만, 현재도 일본의 대표적 종합지로 통하는 이와나미 서점의 『세카이』는 아베 요시시게와 이와나미 시게오(이와나미서점의 창업주)가 주도하여 동세대인들을 모아 패전 직후 창간된 잡지이다. 여기에 모인 논객들을 중심으로 이른바 '전후 리버럴'의 언설이 주조되었다고 할 수 있다.

30 和辻哲郎(1919), 「危險思想を排す」, 『和辻哲郎全集 第二十卷』, 岩波書店, 1963, 355면.

면 천황 숭배를 외부로 드러내어 의례화하고 엄숙화하려는 세력과 달리, 와츠지는 그것을 외부의 압력이 필요 없는 마음의 영역으로 자리매김했기 때문이다. 이는 내면consciousness의 자유라는 근대적 원리가 근대일본의 맥락 속에서 변주된 것이라 할 수 있을 것이다.

이러한 이들의 주장이 바로 전후 복구담론의 주류를 형성했다. 이들은 민주주의 이념의 핵심인 개인의 자율성을 '존황심'과 연결시킴으로써, 개인이 국가 공동체를 형성하는 것이 아니라, 천황을 중심으로 이미 존재하는 국가 공동체 속에서 개인이 존재할 수 있음을 역설한 것이다. 여기서 중요한 사실은 전후 일본의 이러한 국가 공동체에 대한 상상이 철저히 '아시아'에 대한 망각으로 가능했다는 점이다.

> 일본국가 권위의 최고의 표현, 일본국민 통합의 상징으로서의 천황제는 (…중략…) 군민일체의 일본민족 공동체 자체의 불변의 본질입니다. 외지 이종족外地異種族이 떨어져 나가 순수 일본으로 되돌아온 지금, 이것을 상실한다면 일본 민족의 역사적 개성과 정신의 독립은 소멸할 것입니다.[31]

이렇게 말한 이는 패전 후 초대 도쿄대학 총장을 역임했고, 헌법과 더불어 이른바 '전후체제'의 이념적 지주였던 '교육기본법'의 내용을 실질적으로 만들어낸 난바라 시게루[南原繁]이다. 난바라 역시 다이쇼 교양주의에 속하는 세대로, 전쟁 말기 화족華族과 도쿄대 교수를 중심으로 '종전공작'을 꾀한 인물이다.[32] 그는 전후 복구를 위해서 일본인

31 南原繁(1946),「天長節：記念祝典における演述」,『南原繁著作集 7』, 岩波書店, 1977, 58면.
32 난바라는 함석헌의 스승 우치무라 칸조[內村鑑三]의 제자였고, 마루야마 마사오의 스승

이 "스스로의 정신과 영혼을 가진 인간"이 되어야 한다고 역설하면서, "그러한 인간과 이상이야말로 조국을 부흥케 하고, 나라의 이름을 높여 진정하게 세계적이고 인류적인 것으로 만들 수 있으며, 보편적인 인류문화와 세계평화에 공헌할 수 있으리라"고 주장했다.[33] 여기서 알 수 있듯이 그의 복구담론은 보편적 인류와 세계라는 칸트적인 이상을 토대로 하고 있다. 그리고 난바라는 이러한 칸트적인 이상의 실현이 피히테적인 민족 개념을 통해서만 가능하다고 주장했다. 즉 보편적 인류란 땅에서 유리된 추상적 존재가 아니라, 스스로가 태어나고 자란 자연 공동체 속에서 민족으로서의 자기의식을 획득한 존재여야 한다는 것이다.

그래서 난바라는 '민족 공동체'의 상징인 '천황'을 복구담론의 중심에 위치시켰다. 그러나 여기서 문제삼고자 하는 것은 '존황심'이라기보다는, 천황을 중심으로 한 일본이라는 민족 공동체의 순수성이 '외지이종족'의 탈각으로 가능하다는 그의 주장이다. 명백히 다민족 국가였던 패전 전 일본의 기억이 여기서는 깡그리 망각되려 하고 있는 것이다. 말할 필요도 없이 여기서 '외지이종족'이란 식민지 조선과 타이완, 나아가 전시에 점령했던 '아시아'를 뜻한다. 즉 다이쇼 교양주의자들이 설파한 전후 복구담론이란 일본과 '아시아'의 관계를 말소하는 일을 토대로 구축되었던 것이다.

그러므로 교토학파와 다이쇼 교양주의 논객들의 복구담론은 결국 일본인으로서의 개개인의 마음을 어떻게 함양할 것인가에 집중되었

이었다.

33 南原繁(1946), 「祖國を興すもの－卒業式における演述」, 『南原繁著作集 7』, 82～83면.

다고 할 수 있다. 그 목표가 '초근대'이든 '근대'이든, 이들에게 전후 일본이란 세계적 도의를 실현함으로써 평화를 주도하는 민족이어야 했던 것이다. 이 과정에서 '아시아'는 아무런 문제도 일으키지 않은 채, 즉 전적으로 사고에서 지워진 채 논의의 도마에 오르지 못했다. 서두에서 언급한 고미카와의 말, 즉 "중국은 '적'조차 될 수 없었다"는 주장은 이러한 상황에 대한 문제제기였던 셈이다. 그리고 전시에 그토록 사상의 과제로 대두되었던 '아시아'가 언제 그랬냐는 듯이 입과 머리 안에서 깨끗이 지워진 이 사태는 단순히 일본의 후안무치를 드러내는 것이 아니다. 중요한 것은 이러한 '아시아'의 축출이 근대일본의 '자기인식' 문제와 연결된다는 점이다. 마루야마 마사오와 다케우치 요시미의 언설은 바로 이 문제에 대한 물음이었다고 할 수 있다. 이를 위해서 두 사람은 '아시아'를 사유의 대상으로 삼아야 했다. 한편에서 마루야마는 묵시默示적으로, 다른 한편에서 다케우치는 현시顯示적으로 말이다. 그리고 이들의 '아시아'를 통한 근대일본의 '자기인식' 물음은 결국 '정치적인 것'으로 사유를 이끌게 된다.

4. '결단으로서의 내셔널리즘'과 '방법으로서의 아시아'

이미 살펴보았듯이 전후 복구담론에서 '아시아'를 탈각시켰다는 점에 다이쇼 교양주의자들과 교토학파의 언설이 갖는 공통성이 있다.[34]

---

34 그렇다고 이 두 그룹의 사상에서 어떤 공통분모를 찾으려 하는 것은 무리이다. 전시의 처신문제도 있지만, 무엇보다도 교토학파의 태두 니시다 기타로西田幾太郎의 철학이

물론 교토학파는 이후에 전쟁협력 혐의로 공직에서 추방되었고, 다이쇼 교양주의자들은 정부 문화 / 교육 정책의 핵심을 차지했다는 차이는 있다. 그렇지만 패전의 충격으로부터 벗어나기 위한 정신적 지도를 자처한 이들의 언설이 사상의 차원에서 '패전 처리'를 담당했던 것만은 의심의 여지가 없는 사실이다. 그 과정에서 '아시아'를 탈각시킨 일은 결국 태평양전쟁에 대한 사상사적 자리매김을 방기했다는 것을 뜻한다. 마루야마 마사오와 다케우치 요시미가 '전쟁 체험의 전승' 문제에 천착한 것은 바로 이러한 이유에서였다. 이들의 '전쟁체험'의 사상사적 전유라는 과제는 1960년에 벌어진 '안보투쟁'에 관한 발언에서 잘 드러난다.

> 우리에게는 이미 1960년의 공통체험이 있다. 이것을 전쟁체험의 결실로 보고 여기서부터 거꾸로 전쟁체험으로 거슬러 올라가는 방법이 가능하지 않을까 싶다. 가능할 뿐 아니라 필요하지 않을까 싶다. (…중략…) 1960년의 체험은 원래 전쟁 중에 있어야 할 것이 15년 늦게 등장했다고 생각해도 무방하다. 그것은 파시즘과 전쟁 시기에 일어났어야 할 저항의 모습이었던 것이다. 이로부터 역으로 일본에서는 이 시기까지 전쟁이 끝나지 않았다, 전쟁체험은 지속되고 있었다고 생각할 수 있다. 그런 사상적 조작은 자연주의의 숙명관을 받아들이지 않는 한에서 가능하며 필요하다. 이를 통해 세대 간의 단절을 매꿀 수 있으며, 거꾸로 자연주의를 극복할 계기를 잡

이 교양주의에 대한 비판으로 성립했기 때문에, 두 그룹 사이에는 본질적인 차이가 있다. 그것은 철학사 내적으로 보자면, 신칸트학파적 문화철학에 대한 헤겔-딜타이-하이데거적 역사철학의 비판이라고 표현할 수 있을 것이다.

아낼 수도 있지 않을까 생각한다.[35]

> 과정의 의미를 무시하고 한 시점에서의 물리적 결과로서 승패만을 '숭배'하는 사상이 선거의 의미해석에서도, 투표행동에서도, '원내'의 채택만능주의에도 얼굴을 내밀고 있는 것은 잘 아시리라 생각합니다. 이렇게 보면 정말 자연적 사실주의의 병원[病原]이 매우 깊다고 할 수밖에 없습니다. (…중략…) 이에 대한 저항은 궁극적으로 보면 사실에 대한 원리의, 권력에 대한 권리의, 존재에 대한 존재이유를 위한, 즉 정신의 독립성을 위한 싸움이라고 할 수 있습니다. 따라서 그것은 동시에 저항자 자신 내부에 여러 가지 형태로 둥지를 틀고 있는 자연적 사실주의와의 싸움이기도 합니다. 이랬을 때 비로소 진정한 의미에서의 '래디컬한' 저항일 수 있다고 봅니다.[36]

1960년에 벌어진 '안보투쟁'이란 1952년 샌프란시스코 강화조약과 함께 체결된 '미일안보조약' 개정에 반대하는 전후 최대 규모의 반정부 운동을 말한다. 다케우치와 마루야마가 이 안보투쟁에 그들의 사상사적 과제, 즉 전쟁체험의 사상사적 전유를 겹쳐 본 것은 우연이 아니다. 미일안보조약이 중국과 소련을 뺀 반면짜리 강화조약의 부산물이었다는 점에서, 안보투쟁은 본질적으로 전후 일본의 전쟁 책임 문제와 연동되는 문제였기 때문이다. 이 강화조약과 안보조약을 통해, 일본은 사회주의 소련에 대한 극동의 방패로서 스스로를 자리매김했다. 그러나 이 글의 맥락에서 보다 중요한 점은 전후 일본이 중국으로 대표되

---

35 竹內好(1961),「戦爭体験の一般化について」,『日本とアジア』, 254면.
36 丸山眞男(1960),「八・一五と五・一九」,『丸山眞男集 8』, 376면.

는 '아시아' 문제를 공식적으로 회피한 채 국제무대에 복귀했다는 점이다. 즉 복구담론과 마찬가지로, '아시아' 문제를 탈각시킨 채 일본은 주권국가로서 회생했던 것이다.[37]

되풀이되는 이야기지만, 이 때 문제는 이 탈각이 갖는 근대일본 사상사 속의 문제점이다. 다케우치와 마루야마의 위의 인용문은 바로 이 지점을 논의의 대상으로 삼은 것이다. 그것은 '저항'을 계기로 하여 '전쟁'을 추체험追體驗하고, 그것을 통해 진정한 의미의 '정치'를 탈환하자는 구상이었다. 마루야마와 다케우치는 이 구상을 서로 다른 방법으로 구체화해 갔다. '결단으로서의 내셔널리즘'과 '방법으로서의 아시아'가 그것이다. 이를 통해 두 사람은 근대일본 사상사의 병폐인 자연주의, 즉 민족이나 국가를 이미 있는 것으로 전제하여, 그것을 변화시키거나 그것에 저항하는 '정치'를 불가능하게 만드는 인식태도를 극복하려 했다. 그리고 이를 위해 두 사람은 '아시아' 문제를 통과해야만 했다.

> 아시아 여러 나라에서의 내셔널리즘의 특징은 (…중략…) 국제사회의 내부로부터, 즉 중세적 보편주의의 해체로부터 여러 국민들 서로가 자기의 일체성을 의식한 것이 아니라, 종래의 국제사회 자체가 하나의 단위로 밖에서 밀려와, 이에 대한 리액션으로 발흥했다는 점이다.[38]

---

37 위에서 언급한 난바라 시게루는 1951년 당시 미영을 중심으로 한 '단독 강화'를 추진하던 요시다 시게루吉田茂를 강력하게 비판했다. 그런 의미에서 교양주의자들의 복구담론을 단순히 전후 일본을 주도한 친미적 외교 / 정치의 흐름과 동일시할 수는 없다. 그런데 난바라 시게루의 요시다 비판은 '아시아' 문제와 관련된 것이 아니었다는 점에서, 대치하던 정부와 교양주의의 복구담론이 동일한 지반 위에서 서 있었다고 평가할 수 있다.

38 『丸山眞男講義錄 2』, 岩波書店, 1998, 212면.

1949년 마루야마의 일본정치사상사 강의는 내셔널리즘을 주제로 한 것이었다. 그는 여기서 내셔널리즘이 철저하게 역사적 산물이라고 정의한 뒤, 아시아에서의 내셔널리즘이 갖는 역사성을 문제 삼았다. 위의 인용문에서 보듯이, 내셔널리즘은 유럽의 새로운 국제질서 속에서 태어났다. 여기서 마루야마의 내셔널리즘 정의는 겔너Ernest Gellner나 앤더슨Benedict Anderson 등의 정의와는 그 발생의 시기나 내적 특질에서 전혀 다른 것이라 할 수 있다. 19세기를 내셔널리즘의 발흥으로 보는 지배적인 시각과 달리, 마루야마는 내셔널리즘을 17세기 유럽의 주권국가 체제에서 발생한 것으로 본다. 따라서 마루야마에게 내셔널리즘이란 개인과 주권국가가 계약관계를 통해 하나의 정치적 단위가 되는 것을 뜻하는 것이다. "국민nation이란 필경 국민이고자 하는 존재"라고 마루야마는 정의하면서, "국민의 국가로의 집결은 어디까지나 하나의 결단적 행위로서 표현되어야 한다"고 말한다. 그것은 거주민들의 "전습적인 생존형태와 모순충돌하더라도 스스로를 형성"해야 하는 결단의식-행위라고 할 수 있다.[39] 따라서 마루야마에게 내셔널리즘은 '상상의 공동체'가 아니다. 그에게 내셔널리즘은 개인의 결단으로 국가라는 단일 정치체가 구성되는 것을 뜻하기 때문이다.

이러한 내셔널리즘이 인류가 도달한 현 단계의 질서체계인 한에서, "내셔널리즘은 인간이 도달한 가장 고귀한 의식, 가장 고도의 정신적이고 이성적인 자기책임, 결단의 공동의식"[40]이라고 마루야마는 주장했다. 마루야마가 아시아에서의 내셔널리즘을 거론하는 것은 이 고도

39 위의 책, 20~24면.
40 위의 책, 31면.

의 정신이 어떻게 유럽 외부에서 추동되었느냐를 추적하기 위해서였다. 그런데 마루야마에 따르면 유럽과 아시아에서의 내셔널리즘은 그 생성의 역사적 조건을 달리한다. 유럽에서는 종교 내전을 종결시키고, 개인의 내면을 그 어떤 강제로부터도 해방시켜 주권국가를 탄생시킴과 동시에, 이 전 과정이 유럽공법 체제라는 국제질서의 형성이었다. 이에 반해 아시아에서는 이 주권국가의 형성과 국제질서가 동시에 이루어진 것이 아니라, 주권국가 체제라는 유럽의 국제질서가 하나의 충격으로 내셔널리즘을 추동했다. 즉 유럽에서 개인-국가의 결합(내셔널리즘)이 국제질서를 형성하는 구성력이 되었다면, 아시아에서는 개인-국가의 결합이 이미 존재하는 국제질서에 맞서서 형성되었다는 것이다. 마루야마는 이 상황에 내재한 패러독스야말로 아시아의 내셔널리즘 형성에서 가장 중요한 문제였다고 설명한다.

> 동양 제국은 모두 낡은 세계를 방위하기 위해서는 낡은 세계를 변혁해야만 했고, 새로운 위협으로부터 탈피하기 위해서는 새로운 세계의 원리를 도입해야만 한다는 패러독스에 처했다.[41]

사태는 이렇다. 아시아에서 근대 주권국가가 개인의 결단에 기초해서 탄생하기 위해서는, 우선 국가로 형성되어야 할 공동체가 그때까지의 스스로를 부정하는 형태로 지속되어야만 했고, 이 지속을 위해서는 외부로부터 위협을 가하는 세력을 적극적으로 받아들여야만 했다는

41 위의 책, 102면.

것이다. 이 때 주의해야 할 점은 국가가 되어야 할 공동체는 과거로부터 면면히 이어져 내려오는, 이미 존재하는 소여의 인간집단이 아니라는 점이다. 이 공동체는 바로 자기부정과 자기개방이라는 이중 상황 속에서만이 출현할 수 있는 것이었기 때문이다. 이 개인의 결단으로 국가가 되는 공동체는 그런 의미에서 실재하는real것이 아니라, 사람의 손으로 만들어졌다는 의미의 픽션fiction이다. 이것은 단순한 상상이라기보다는, 부단한 결단의 연속으로 이해될 수 있다. 즉 마루야마가 아시아의 내셔널리즘 속에서 추출해낸 원리는 '자기'가 되기 위해서 '자기'를 부정하고 개방해야 하는 '결단으로서의 내셔널리즘'이었던 것이다. 마루야마가 '정치'라고 본 것은 바로 이 '자기'가 되는 과정으로서의 결단에 다름 아니었다. 일본이란 이미, 저 먼 옛날에서부터 면면히 이어져 내려온 자연적 공동체가 아니라, 어디까지나 개인의 부단한 결단, 즉 부정과 질서창출의 무한반복을 통해 국가로 집결하는 행위여야 했던 셈이다. 따라서 마루야마에게 국가는 하나의 질서체계, 그것도 언제나 부정될 것을 가능성의 조건으로 삼고 있는 위태로운 체계이다. 이러한 냉정한 인식 없이 '일본'은 '자기'가 될 수 없다는 것이 마루야마의 주장이었던 것이다.

> 나는 언제나 자연상태로부터 생각해본다. 가령 한 사람 한 사람이 자신의 생활이나 행복이라는 것을 자신의 책임 하에 지켜나가야만 한다고 가정해보자. 즉 밖으로부터의 침해에 대해 개개인이 몽둥이든 뭐든 사용해서 스스로 몸을 지켜야 한다는 상태를 상정해보자. 만인에 대한 만인의 투쟁이라는 극한상태가 언제나 생생한 이미지가 되어야 비로소 국가가 폭력을

독점하고 있다는 사실의 의미—이 때 의미란 동시에 한계를 뜻한다—가 냉엄하게 물음의 대상이 될 수 있다. (…중략…) 그런데 일본은 예전부터 자연적・지리적 경계가 동시에 국가였다. 그래서 아무래도 '자연상태'의 이미지가 생겨나지 않았다. 만약 그것 비슷한 것이 있다면 공동체일 터인데, 공동체적 자연상태로는 아무리 해도 폭력의 제도화라는 절실한 필요가 생겨나지 않는다. 그런 일본의 역사적 조건에서 보자면 내가 말하는 무수의 내란상태와 제도라는 이중의 이미지가 널리 퍼져 나가는 것은 절망적으로 어려운 것으로 생각된다.[42]

이 인용문에서 알 수 있듯이, 마루야마의 자기부정이란 교토학파의 기괴하고 추상적인 역사의 원리 따위가 아니다. 마루야마의 자기부정이란 어디까지나 '생명'에 관련된 문제였다. 그래서 마루야마는 '폭력'을 문제 삼고 있는 것이다. 즉 마루야마는 '아시아의 내셔널리즘'을 통해 개인과 국가 사이를 매개하는 '생명'의 거래를 '정치'의 근원인 자연상태의 본질로 본 것이다. '내란상태'와 '제도'라는 이중의 이미지는 여기서 개인의 결단과 국가 사이의 왕래를 가능케 하는 '정치적' 인식태도라고 할 수 있다. 안정적인 제도에 끊임없이 내란상태를 겹쳐 보는 것이 마루야마의 정치였던 셈이다.

이렇듯 다이쇼 교양주의와 교토학파가 탈각시킨 '아시아'라는 계기를 통해 마루야마는 개인과 국가 사이를 매개하는 '정치'를 사상사 속에서 전유하려 했다.[43] 마찬가지로 다케우치 요시미 또한 다른 방법을

42 丸山眞男(1960),「5・19と知識人の軌跡」,『丸山眞男集』16, 32～33면.

43 물론 마루야마가 아시아의 내셔널리즘이 사실적 차원에서 이러한 원리에 바탕하여 전개

통해서이지만 이 '정치'를 일본 사상사 속에서 재탈환하려고 시도한 인물이다. 이 때 다케우치는 마루야마와 마찬가지로 '일본'이라는 '정치적 단위'의 가능성의 조건을 '아시아로서의 자기인식'이라는 패러독스에 가득 찬 원리로 풀어내려 했다.

> 동양에는 원래 유럽을 이해할 능력이 없을 뿐 아니라, 동양을 이해할 능력도 없다. 동양을 이해하고, 동양을 실현시킨 것은 유럽에서 나타난 유럽적인 것이었다. 동양이 가능해진 것은 유럽에서였던 셈이다. 유럽이 유럽에서 가능해졌을 뿐만 아니라, 동양도 유럽에서 가능해진 것이다. 만약 유럽을 이성이라는 개념으로 대표할 수 있다면, 이성이 유럽의 것일 뿐만 아니라, 반이성(자연)도 유럽의 것이다. 모두 유럽의 것인 셈이다.[44]

다케우치의 이 말은 유럽 우월주의, 혹은 아시아의 패배주의가 아니다. 다케우치가 문제 삼고 있는 것은 '동양', 즉 '아시아'가 유럽에서 상상되고, 정의되고, 호명된 한에서 존재해온 한에서, '아시아'의 자기인식은 근원적으로 자기인식이 아니라는 점이다. 바꿔 말하자면, '아시아'라는 이름하에 어떤 고유성originality이나 진정성authenticity을 찾으려

되었다고 주장하는 것은 아니다. 오히려 마루야마는 아시아에서 전개된 역사적인 내셔널리즘 운동에 대해 비판적인 시각을 갖고 있었다. 특히 조선과 중국의 개화파에 대한 평가는 매우 부정적인 것이었다. 마루야마의 '후쿠자와 유키치 평가'는 이런 맥락에서 이해되어야 한다. 일본을 포함해 '실패한' 아시아의 내셔널리즘 역사 안에서 유일하게 개인의 결단과 국가 형성을 '정치'라는 냉엄함 속에서 사유한 이가 후쿠자와라는 것이 마루야마의 설명이다. 이에 대한 평가는 이 글의 범위를 넘어서는 것이어서 상술할 수는 없지만, 마루야마의 전후 국제정세에 관한 판단과 후쿠자와론의 관계를 다룬, 酒井哲哉, 「國際政治論のなかの丸山眞男」(『思想』, 2006)을 참조할 수 있다.

44 竹內好(1948), 「中國の近代と日本の近代」, 『日本とアジア』, 20면.

는 시도는 고스란히 유럽에 대한 종속을 증명하는 역설에 빠지고 만다는 것이다. 따라서 다케우치의 이러한 사유는 '하위주체subaltern은 말할 수 있는가?'라는 질문을 던졌던 스피박G. Spivak과 동일한 것이라 할 수 있다. 스피박과 다케우치에게 공통된 비판적 물음은 유럽 / 비유럽이라는 철저히 유럽적인 분할에 기초한 언어 외에 세계를 전유 가능케 하는 언어를 가질 수 있느냐는 것이었기 때문이다. 따라서 다케우치의 이러한 시도는 비유럽(아시아)의 유럽으로부터의 해방이라기보다는, 유럽 / 비유럽이라는 대당 자체를 해소하는 방향으로, 즉 유럽이라는 자연화 된 고유성까지를 해체하는 작업이었다고 할 수 있다. 이 때 다케우치의 언어는 '실재the real'의 극한에서 구사된다.

> 나에게는 모든 것이 파악 가능하다는 합리주의의 신념이 두렵다. 합리주의의 신념이라기보다는 그 신념을 성립시키는 합리주의 이면에 있는 비합리적인 의지의 압력이 두려운 것이다. 그리고 그것은 내가 볼 때 유럽적인 것이다. (…중략…) 유럽에 있는 동양의 관념(그것은 운동한다)이 투사되었을 때, 유럽과 동양의 차이가 의식에 떠오르게 된다. 이 때 이 차이를 상대방의 진보와 대비하여 스스로의 타락으로 파악하는 자기의식은 성취되지 않는다. 왜냐하면 거기에는 저항이 없기 때문이다. 즉 자기를 보존하고 싶다는 욕구(자기 자체가 없는 셈이다)가 없기 때문이다. 저항이 없는 것은 일본이 동양적이지 않다는 것이며, 동시에 자기보존 욕구가 없다(자기가 없다)는 것은 일본이 유럽적이지 않다는 것이다. 즉 일본은 그 무엇도 될 수 없다. 하지만 동양은 존재할까? 이런 물음을 던지는 일 자체는 일종의 저항으로부터 생겨난다고 할 수 있을 것이다.[45]

아마도 다케우치의 '방법으로서의 아시아'는 이 인용문을 독해하는 일을 통해 포착할 수 있을 것이다. 우선 그의 발상을 추동한 것은 '합리주의'에 대한 두려움이다. 합리주의란 모든 것을 인과관계를 통해 설명할 수 있다는 믿음이다. 그것이 시계열이든 물리적 법칙이든, 세상의 모든 현상에는 이해 가능한 원인과 기원이 있다는 설명이 합리주의인 셈이다. 이런 믿음의 밑바닥에는 실재 세계가 모두 '숫자'로 환원될 수 있다는 비합리적입 믿음이 있다. 훗설이 간파한대로, 물리학으로 대표되는 근대적 세계인식은 실재 세계를 균질적이고 추상적으로 기술 가능하다는 기하학적 신념을 바탕으로 구축되었다.[46] 다케우치는 훗설이 유럽학문의 위기를 감지해낸 곳에서 두려움을 느끼고 있었던 것이다. 이 합리주의야말로 '아시아'를 정의하고 발화 가능케 한 유럽의 비합리적 힘에 다름 아니었기 때문이다. 즉 문제는 유럽의 아시아에 대한 침략이나 폭력이라기보다는, '아시아'라고 호명되어 철저히 유럽적으로 자기 인식을 하게 된, 즉 다른 이의 언어로 자기를 인식할 수 밖에 없게 된 사태 자체이다.

이 때 결국 '아시아'라는 '자기'는 '자기'가 아닌 한에서만 '자기'일 수 있다는 역설에 빠지고 만다. 이 역설에서 빠져 나오는 길, 유럽과 아시아의 근원적 관계를 탈피하는 길, 그 길을 다케우치는 '저항'에서 찾는다. 다케우치에게 저항이란 유럽과 아시아 사이에 가로놓인 근원적 관계, 즉 유럽은 앞서 나가고 아시아는 뒤쳐져 있다는 관계를 철저히 급

45 위의 글, 29~30면.

46 이에 대해서는, Jacques Derrida, John P. Leavy trans., *Edmund Husserl's "Origin of Geometry" : An Introduction*, Univ. of Nebraska Press, 1989; Leonard Lawlor, *Derrida and Husserl : the basic problem of phenomenology*, Indiana Univ. Press, 2002 참조.

진화하는 일이다. 아시아는 이 관계 속에서 유럽의 진보를 따라 잡으려 하는 것이 아니라, 오히려 유럽이 진보하면 진보할수록 스스로는 절대적으로 타락할 수밖에 없다는 냉엄한 인식을 가져야 한다. "상대방의 진보와 대비하여 스스로의 타락"으로 이 차이-관계를 이해해야만 하는 것이다. 바꿔 말하자면, 아시아는 유럽이 되고자 노력하거나 유럽 자체에 대립하는 것이 아니라, 유럽과 아시아를 분할하는 이 관계 자체에 '저항'해야 한다. 따라서 다케우치의 저항은 유럽이라는 실체에 대한 저항이라기보다는, 유럽에서든 아시아에서든 '아시아'가 정의되고 발화되는 '언어' 자체에 대한 저항이라고 할 수 있다. 다케우치는 이러한 저항의 원형을 루쉰에게서 찾는다. "저항이 무엇이냐는 질문을 받았을 때, 루쉰이 가지고 있던 생각에서 알 수 있는 것이라고 대답할 수밖에 없다."[47] 이 때 루쉰이 가지고 있던 저항에 대한 생각은 주인과 노예의 관계 속에서 찾을 수 있다.

> 노예가 노예이기를 거부하고, 동시에 해방의 환상을 거부하는 일, 스스로가 노예라는 자각을 갖고 노예로 존재하는 일, 그것이 '인생에서 가장 고통스러운' 꿈에서 깨어난 상태이다. (…중략…) 그는 자기임을 거부함과 동시에 자기 이외의 존재가 되는 것도 거부한다. 그것이 루쉰의 생각, 루쉰 그 자체를 성립시키는 절망의 의미이다. 절망은 길이 없는 길을 가는 저항에서 드러나며, 저항은 절망의 행동화로서 나타난다. 그것은 상태로 보자면 절망이고, 운동으로 보자면 저항이다. 거기에 휴머니즘이 개입될 여지는 없다.[48]

---

47 竹內好, 앞의 글, 28면.
48 위의 글, 41~42면.

다른 이의 언어 외에 자기에 대해 말할 수 있는 방법이 없을 때, 문제는 이 상태를 급진화 하여 '자기인식'에 도달하는 일이다. 그러나 이는 철저하게 절망적인 상태이다. 왜냐하면 노예는 노예 이외의 그 어떤 것도 될 수 없음과 동시에, 그것을 거부해야만 하기 때문이다. 따라서 노예가 주인이 되는 것은 해방이 아니다. 필요한 것은 이 지배와 억압의 관계를 해방이라는 환상을 통해서가 아니라, 관계 그 자체를 무화시키는 운동, 즉 저항을 통해 해소하는 일이다. 그러나 근대일본에서 이러한 절망과 저항이 싹튼 일은 거의 없었다. 다케우치가 아편전쟁 이후 근대일본의 '아시아주의'의 계보에 천착한 것은 근대일본의 그런 황폐한 전통 속에서 '불복종의 유산'을 찾아내려는 '절망적' 시도였다고 할 수 있다. 왜냐하면 다케우치가 보기에 마르크스주의이든 자유주의이든, 근대일본에서 제국주의적 열망, 즉 유럽을 모방하고 추격하는 욕망에 저항한 것은 철저히 '노예근성'의 산물이었기 때문이다.

> 노예가 노예의 주인이 되는 것은 노예의 해방이 아니다. 하지만 노예의 주관으로 보자면 그것이 해방인 것이다. 이를 일본문화에 적용해보면, 일본문화의 성질을 잘 알 수 있다. 일본은 근대의 전환점에서 유럽에 대해 결정적인 열등의식을 가졌다. 그래서 맹렬하게 유럽을 추격했다. 자신이 유럽이 되는 일, 보다 나은 유럽이 되는 일이 탈각의 길이라고 생각되었다. 즉 자신이 노예의 주인이 되는 일을 통해 노예로부터 탈각하려 했다. 모든 해방의 환상이 그 운동의 방향에서 생겨났다. 그리고 오늘날에는 해방운동 자체가 노예적 성격을 벗어날 수 없을 정도로 노예근성이 뼈 속 깊숙이까지 스며들어 버렸다. 해방운동의 주체는 자신이 노예라는 자각을 가지

지 않고, 자신이 노예가 아니라는 환상 속에서 노예인 열등 인민을 노예로부터 해방시키려 했다. 자신은 각성된 고통 속에 없으면서 상대를 각성시키려 했던 셈이다. 그래서 아무리해도 주체성이 나오지 않았다. 즉 각성할 수 없었던 것이다. 그래서 주어져야 할 '주체성'을 밖에서 찾으러 나갔다.[49]

여기서 다케우치가 지적하고 있듯이, 이미 자신임을 박탈당한 속에서 '자기'가 되었던 것이 근대일본의 근원적 조건이다. 즉 유럽에서 기원한 근대적인 세계질서 속에서 일본은 근원적으로 노예인 것이다. 이는 용어와 서술방식은 다르지만, 마루야마가 인식한 아시아 내셔널리즘의 근원적 문제와 동일한 인식이라 할 수 있다. 그러나 일본이 취한 길은 스스로가 처한 노예상태에 대한 철저한 인식이 아니라, 스스로가 처한 상황에 대한 물음은 괄호 안에 넣어둔 채, 밖에서 주어진 '주체성'을 계속해서 추구하는 일이었다. 즉 노예인 아시아를 벗어나(탈아), 유럽과 동일한 수준(문명국)으로 나아가려 했던 것이라 할 수 있다. 따라서 다케우치가 볼 때 '아시아'는 근대일본의 끝나지 않는 '자기인식'을 위한 '방법'이었다. 이는 마루야마가 말한 '결단으로서의 내셔널리즘', 즉 스스로가 되기 위해서는 끊임없이 스스로를 안정적으로 있게 하는 제도나 질서를 내전상태와 겹쳐서 읽어내는 일과 동일한 방법이라 할 수 있다. 마루야마와 마찬가지로 다케우치는 이러한 끊임없는 자기인식과 갱신을 '정치'의 근원이라고 보았다. 마루야마가 아시아의 내셔널리즘이 처한 상황, 즉 외부로부터의 위협 속에서 스스로를 지켜내는 일에서

49 위의 글, 43~44면.

정치의 근원을 추출했듯이, 다케우치도 아시아라는 존재규정 자체에 내재한 절망적 상황 속에서 정치의 근원적 방법을 끄집어 낸 것이다.

그리고 두 사람에게 이러한 정치의 원리는 단순히 '아시아' 해방 따위를 뜻하는 것이 아니었다. 그것은 "서양을 거꾸로 동양을 통해 껴안기, 서양 자체를 이면에서 변혁하기"[50]였기 때문이다. 즉 두 사람에게 '아시아'란 근대유럽의 '정치적 원리'를 문제 삼을 수 있는 장에 다름 아니었던 것이다. 마루야마는 그것을 끝나지 않는 '근대'의 완성, 즉 무한한 결단의 반복인 '결단으로서의 내셔널리즘'이라 정의했고, 다케우치는 유럽적 근대의 세계에 대한 근원적 관계설정을 '절망'과 '저항'으로 극복하는 '방법으로서의 아시아'라고 정의했다. 이들의 이러한 언설들은 근현대 일본 사상사 속에서, 어떤 때에는 노예적 욕망의 표상으로서 (아시아주의-대동아공영권), 또 어떤 때는 노예적 자기상실의 변명으로서 (순수일본-문화국가) 발화된 '아시아'를 '정치적 원리'의 근원으로 재탈환하려는 시도였다. 이 때 정치란 동등한 '적'과 대치하는 일이라기보다는, 근원적으로 비대칭적인 '적'을 어떻게 동등한 것으로 만들 수 있느냐의 문제였다. 이를 통해 '정치'란 결국 '자기'의 '자기되기'의 문제로 귀결된다고 할 수 있다.[51] 즉 마루야마와 다케우치의 사상은 절대적인 것을 상실한 '근대'의 '자기인식'에 관한 것이었고, 그것을 유럽 바깥, 즉 '아시아'에서 사유 가능케 한 탈-오리엔탈리즘적 정치였던 셈이다.

---

50 竹内好, 「方法としてのアジア」, 『日本とアジア』, 1961, 469면.

51 이에 관해서는 Giorgio Agamben, "Se : Hegel's Absolute and Heidegger's Ereignis", *Potentialities-Collected Essays in Philosophy*, Daniel Heller-Roazen trans.(ed), 1999, pp.116~137, 참조.

5. '아시아'에서 '정치'로—생명과 언어의 재탈환

사카구치 안고[坂口安吾]는 패전 직후 폐허가 된 도쿄 한 복판을 보면서 다음과 같이 말했다.

> 반년 동안에 세상은 변했다. "신의 방패로 나서는 나는, 폐하 곁에서 죽으려 나아가리." 젊은이들은 이렇게 읊으면서 산화했지만, 똑같은 그들이 살아남아 암상인이 되었다. "오래 살기보다는 신의 방패로 나서려 하는 그대와 가약을 맺으리." 이런 심정으로 남자들을 전장으로 내보낸 여인네들도 반년 세월 동안 부군의 위패에 절을 올리는 일도 사무적이 되어, 머지않아 새로운 그이를 가슴 속에 품게 되리라. 인간이 변한 것이 아니다. 인간은 원래 그런 존재며, 변한 것은 세상의 표피일 뿐이다.[52]

교토학파와 다이쇼 교양주의자들의 복구담론 속에서 도덕적 퇴폐가 패전의 원인으로 지목되어 규탄되고 있던 상황에서, 안고는 전사가 암상인이 되고 미망인이 새로운 연정을 품는 일을 '인간' 본연의 모습이라 주장했다. 그러면서 그는 폐허 속에서 살아남는 일은 도덕적 고취가 아니라 철저하게 타락하는 것을 통해서만 가능하다고 설파했다.

> 인간은 가련하고 위약하며 그렇기에 어리석은 존재이지만 끝까지 타락하기에는 너무나 약한 존재이기도 하다. 인간은 결국 처녀를 찌를 수밖에

52 坂口安吾(1946),「墮落論」,『墮落論』, 新潮文庫, 1992, 74면.

> 없고, 무사도를 만들어내야 하며, 천황을 내세울 수밖에 없다. 하지만 타인의 처녀가 아니라 자신의 처녀를 찌르고, 자신의 무사도, 자신의 천황을 만들어내기 위해서는, 사람은 제대로 타락할 길을 따라 끝까지 떨어지는 일이 필요하다. 그리고 사람처럼 일본도 타락해야 한다. 타락할 길을 따라 끝까지 떨어짐으로써 자기 자신을 발견하고 구원되어야 하는 것이다. 정치에 의한 구원 따위는 표피적인 것으로, 아무짝에도 쓸모없는 것이다.[53]

여기서 안고는 패전으로 인한 폐허를 근대일본의 파국이나 비극으로 파악하지 않는다. 그는 오히려 이 폐허야말로 인간이 인간일 수 있는 근원적 조건이라 주장하면서, 지금보다 더 떨어질 것을 주문하고 있다. 그의 이런 생각 밑바탕에는 "타락은 제도의 모태이며, 그 안타까운 인간의 실상을 우리는 무엇보다도 먼저 엄숙하게 직시하는 일이 필요하다"[54]는 관점이 도사리고 있었다. 따라서 그는 인간이 인간일 수 있는 길, 즉 '자기'의 '자기되기'라는 근대적 정치가 '타락'으로 가능하다고 주장한 셈이다. 이는 "혼돈으로부터의 질서형성"(마루야마)과 "최후의 물음까지 회의의 대상으로 삼기"(다케우치)라는 정치적-인식적 원리와 동일한 것이라 할 수 있다.

안고가 이렇게 주장하면서 공습 하 도쿄에서의 '백치', 즉 언어를 상실하고 날 것의 생명을 죽음 앞에 드러낸 존재를 인간, 문명, 질서의 원형으로 제시한 것[55]과 마찬가지로, 마루야마와 다케우치는 생명과 언

---

53 위의 글, 86면.
54 坂口安吾, 「續墮落論」, 위의 책, 1946, 101면.
55 坂口安吾, 「白痴」, 『坂口安吾全集 4』, ちくま文庫, 1990(1946), 7~40면.

어를 정치와 인간존재의 근원으로 제시했다. 이 때 '아시아'란 마루야마와 다케우치에게 그 근원성으로 가는 길을 가능케 하는 계기에 다름 아니었고 말이다. 현재 '동아시아'가 냉전체제와 배타적 내셔널리즘을 넘어서는 새로운 지역질서로 각광을 받고 있다. 하지만 이 담론들이 진정하게 '근대'의 질서와 다른 무엇을 꿈꾸고자 한다면, 우선 무엇보다도 '아시아'라는 것이 정의되고 발화된 맥락 속으로 다시 되돌아가, 그 내부의 복잡한 위상학을 견뎌내야 한다. 즉 아시아를 실체화하고 공학적인 질서 재편 논의를 하기 이전에, '아시아'가 열어젖힌 '생명'과 '언어'의 역설적 위상학을 철저하게 사유하고, 그 길 위에서 근대적 제도와 질서의 임계지점까지 떨어지는 일이 현재 요청되고 있는 것 아닐까? 그런 의미에서 마루야마와 다케우치의 유산은 결국 근현대 일본 사상사가 아니라, 새로운 제도와 질서를 구상하려는 모든 이들이 견뎌야 할 최소한의 사유의 장이라고 할 수 있을 것이다.

국민이라는 노예? 전체주의적 국민국가론에 대한 비판적 고찰

진태원

1. 들어가는 말

이 글은 2000년대 들어서 국내외의 몇몇 필자들이 국민국가라는 주제에 관해 보여주는 이론적 · 정치적 문제점에 대해 몇 가지 비판적 질문들을 던져 보고, 그러한 문제점에 대한 해법을 제안해보려고 한다. 내가 염두에 둔 필자들은 임지현, 권혁범, 김철, 니시카와 나가오 내지 사카이 나오키 같은 학자들이다.[1] 이들은 이론적으로 의미 있는 문제제기와 실천적인 지향으로 인해 국내에서 상당한 공감과 더불어 이론적 영향력을 얻고 있다. 하지만 나는 이들의 작업에 대해 한편으로 공감하면서도 다른 한편으로 적지 않은 불편함과 거리감을 느끼게 된다.

1 이하에서 호칭은 모두 생략한다.

공감하는 이유는, 다른 많은 사람들과 마찬가지로 나 역시도 국내의 뿌리 깊은 종족적 민족주의와 그것이 정치적 · 문화적 · 일상적인 측면에서 미치는 부정적인 영향들에 대해 면밀한 비판과 더불어 대안을 모색할 필요성을 느끼고 있기 때문이다. 특히 마르크스주의를 비롯한 진보 세력에서도 이러한 민족주의적인 지향이 강하게 남아 있다는 점을 감안하면 이러한 비판의 필요성은 더욱 절실하다.

하지만 다른 한편으로 내가 그들의 작업에 대해 거리감을 느끼는 이유는, 민족주의 및 그것과 긴밀하게 결부된 군사독재와 보수주의에 대한 이들의 비판적 성찰이, 결국에는 국민 자체, 국민 국가라는 범주 자체에 대한 전면적인 기각과 부정을 낳기 때문이다. 뒤에서 좀 더 상세히 살펴보겠지만, 이들은 처음에는 민족주의에 대한, 특히 민족주의의 부정적인 측면들(민족적ethnic · 배타적 · 획일적 · 가부장적 측면들)에 대한 비판을 전개하다가 그것을 넘어서 민족 내지 국민과 더불어 국민국가 자체를 문제 삼기에 이른다. 그것은 이들이 단순히 민족주의만이 아니라 **근대 정치의 병리적 측면들 전체가 국민과 국민국가에 뿌리를 두고 있다는 문제의식**을 공유하고 있기 때문이다.

세계화를 맞아 근대의 지배적인 정치형태로서 국민국가가 위기에 처해 있다든가 국민국가가 종언을 맞이했다는 명제는 이제 별다른 반응을 불러일으키지 못할 만큼 자명한 것으로 간주되고 있다.[2] 따라서

2 물론 이것은 그 명제를 자명한 것으로 받아들여야 한다는 뜻이 아니다. 국민이라는 정치공동체 및 국민국가의 진보적 성격을 비가역적인 역사적 성취로 간주하는 정치학자나 사회학자들도 적지 않다. 따라서 그들이 보기에 중요한 것은 국민 내지 국민국가를 새로운 역사적 상황에 맞게 개조하고 재구성하는 것이며, 국민이나 국민국가를 전면적으로 기각하는 것은 오히려 근대의 정치적 성취를 훼손하거나 상실할 위험을 안고 있다. 이런 입장을 잘 보여주는 저작으로는 Rogers Brubaker, "The Manichean Myth-Rethinking the

국민이나 국민국가 그 자체를 비판하거나 거부하는 이들의 논의는 그리 특별한 것이 아닐 수도 있다. 하지만 문제는 국민이나 국민국가라는 개념들이 어떤 점에서 비판을 받거나 거부되어야 하며, 또 그렇다면 그것에 대한 대안은 어떤 것인가를 설득력 있게 보여주는 일이다. 내가 이들의 작업에 거리감이나 불편함을 느낀다면, 그것은 이들의 논의가 그 선명한 주장만큼 충실한 논거를 제시하지 못하고 있으며, 때로는 **자가당착적인** 결론으로 나아가는 것이 아닌가 하는 의문 때문이다. 자가당착이라는 강한 표현을 쓴 이유는, 민족주의와 국가주의 및 그것에 기반을 두고 있는 독재 권력의 문제점을 드러내고 그것들에 대한 좀 더 민주주의적이고 윤리적인 대안을 모색하려는 이들의 실천적인 문제의식에도 불구하고, 그들의 비판이나 그들이 제시하는 논거들 자체가 오히려 그러한 실천적 문제의식의 실현을 가로막고 있는 것은 아닌가 하는 의문을 좀 더 분명하게 표현하기 위해서다.

좀 더 정확히 말하면 이들이 제기하는 국민국가에 대한 비판들은 근대 국민국가가 드러낸 여러 가지 문제점들을 강렬하게 드러내고 있지만, 그와 동시에 근대 국민국가를 가능케 했던 이념적・제도적・운동

Distinction Between 'Civic' and Ethnic' Nationalism'", in Hanspeter Kriesi et al., ed., Nation and National Identity-The European Experience in Perspective, Chur : Rügger, 1999; "In the Name of the Nation-Reflections on Nationalism and Patriotism", Citizenship Studies 8-2, 2004; Dominique Schnapper, Qu'est-ce que la citoyenneté?, Paris : Gallimard, 2000; La Communauté des citoyens , Paris : Gallimard, 2003) 등을 참조. 필자는 이들의 입장에 전적으로 동의하지는 않는데, 그것은 이들의 입장이 자칫 국민이나 국민국가를 초역사적인 정치적 준거(또는 규범적 모델)로 만들 위험이 있기 때문이다. 특히 쉬나페르는 '국민nation'이라는 모델은 포기할 수 없는 보편적 규범의 성격을 지니고 있다고 주장한다. 이와 관련된 좋은 논의로는 에티엔 발리바르, 진태원 역, 『우리, 유럽의 시민들?』, 후마니타스, 2010 중 4장 「공동체 없는 시민권?」 및 에티엔 발리바르, 진태원 역, 『정치체에 대한 권리』, 후마니타스, 2011 중 「민주주의적 시민권인가 인민주권인가」 참조.

적인 기반들에 대한 인식을 불가능하게 만드는 것은 아닌가 생각한다. 왜냐하면 뒤에서 좀 더 자세히 살펴보겠지만, 근대 국민국가에 대한 이들의 비판은 국민국가를 **억압과 배제의 동질적인 권력 메커니즘**으로 제시할 뿐만 아니라 국민국가에 의해 형성된 국민은 오직 복종과 예속만 수행할 뿐인 **철저하게 수동적인** 또는 (이들 중 몇몇 사람들이 자발적인 예속 강조하고 있으므로) 오히려 **예속적인 주체**로 그리고 있기 때문이다. 내가 보기에 이는 근대 국민국가의 복합성과 양가성을 드러내는 좋은 관점이 아닐뿐더러, 그것을 비판하고 넘어서기 위한 실천적 노력에도 별로 도움이 되지 못하는 것 같다. 이처럼 국민국가를 획일화된 국가, 전체주의 국가와 동일한 것으로 간주하는 것은 국민국가에 대해 전면적인 예속이냐 아니면 전면적인 거부냐 하는 이분법적 인식의 차원을 벗어나지 못하는 것이기 때문이다. 그리고 이렇게 되면 국민국가를 내재적으로 비판・개조할 수 있는 길, 또는 국민국가의 내재적 전화를 모색할 수 있는 길을 정확히 인식하는 것은 어려울 수밖에 없으며, 의도와 달리 국민국가를 가공할 만한 위력을 지닌 악마적인 권력체로, 빅브라더의 공간으로 신화화하는 결과를 낳게 되기 때문이다.

이 글은 이러한 관점에서 위에서 언급한 필자들의 국민국가 비판에 대해 검토해보고 그러한 비판들에 대한 한 가지 대안을 모색해보려는 시도다. 이를 위해 우리는 2절에서 먼저 이 글이 비판적으로 다루려고 하는 필자들의 공통적인 문제의식을 추출해볼 것이다. 그 다음 3절에서는 이들의 논의를 네 가지 측면에서 비판적으로 검토해볼 것이다. 마지막 4절에서는 이들의 작업에 대한 대안을 모색하기 위해 필요한 몇 가지 이론적 전제들을 제시해볼 것이다. 이 글은 주로 문헌 해석과 비평의 방법을 채택하고 있다. 그것은 이 글이 제한된 지면에서 다수의 필자들을 다루고 있고 또 그들의 논의를 비판적으로 검토하고 있기 때문에 그들의 논점을 될 수 있는 한 상세히 소개하고 비판적으로 분석하는 이러한 방법이 얼마간 효과적일 수 있다고 생각했기 때문이다. 아울러 이 글은 학제적인 관점에서 일종의 이데올로기 비판을 겨냥하고 있지 대안적인 국민국가론을 제시하거나 논의하는 것을 목표로 삼지 않는다는 점을 미리 밝혀두겠다. 그동안 이들의 작업이 국내의 인문사회과학계에 미친 영향을 고려한다면 이러한 비판적인 작업도 나름대로 의미를 가질 수 있으리라고 생각한다.

2. 국민국가가 왜 문제인가? 전체주의적 국민국가론의 문제의식

내가 이 글에서 비판적으로 다뤄보려는 필자들은 한국과 일본의 비판적 지식인들이다. 그들은 각자의 전공분야와 학문적 · 정치적 입장에 따라 다소의 견해 차이는 보여주지만, 공통적인 출발점을 지니고 있다. 그것은 한국과 일본에서 팽배해 있는 민족주의를 비판적으로 고찰하고 그로부터 벗어나려는 것이다. 한국과 일본은 과거 식민지와 제국의 관계에 있었고, 그에 따라 상이한 역사적 전개 과정을 거쳐 왔음에도 공통적으로 강한 민족주의적 지향을 보여주고 있으며, 탈냉전 이후 세계화가 전개되는 정세에서도 이러한 민족주의적 지향은 수그러들지 않고 있다는 것이 이들의 문제의식이다. 더욱이 이러한 민족주의적 지향은 탈냉전 이후 세계의 유일 초강대국으로 군림한 미국의 동아시아 패권 전략과 결부되어 동아시아의 평화와 안전을 위협하고 한국과 일본의 우경화를 부추긴다는 점에서 더 심각한 문제점을 안고 있다. 따라서 민족주의에 대한 비판은 단순히 학문적이거나 이론적인 문제에 그치는 것이 아니라, 동아시아 사람들의 화해와 평화로운 삶의 영위를 불가능하게 만드는 것이 바로 민족주의에 있다는 지극히 실천적인 문제의식에서 나오는 것이다.

그런데 민족주의는 단순히 추상적인 관념이나 가상적인 허위의식, 따라서 지적인 깨우침을 통해서 손쉽게 빠져나올 수 있는 것이 아니라는 데 문제의 심각성이 있다. 왜냐하면 민족주의는 민족 내지 국민의 존재 그 자체를 생산하거나 '제작'하는 이데올로기 체계이며, 따라서 국민국가가 존속하는 한 민족주의는 사라질 수 없고 지속적으로 재생산될 수밖에 없기 때문이다. 국민국가는 민족주의를 기반으로 하여 자신이 본래적으로 지니고 있는 억압과 배제의 속성을 유지하고 확장해 가며, 역으로 민족주의는 국민국가의 제도들을 통해 끊임없이 개인들을 국민들로 생산하거나 제작하는 것이다. 따라서 이들에 따르면 민족주의에 대한 비판은 필연적으로 국민국가 자체에 대한 거부 및 그것에 대한 대안의 모색으로 나아갈 수밖에 없다. 내가 보기에, 이 글에서 다룰 필자들의 국민국가 비판은 이러한 문제의식을 공유하고 있다.

마르크스주의 및 동유럽의 민족 문제에 관한 전문 연구자에서 출발해서 연구 영역을 점차 확장해온 임지현이 최근 몇몇 글과 저서에서 보여주는 태도는 이러한 국민국가 비판의 전형으로 간주할 수 있다. 그는 『민족주의는 반역이다』라는 저서에서는 민족주의를 "고정 불변의 이데올로기로서가 아니라 역사적 변화에 열려 있으면서 끊임없이 자신을 만들어나가는 '운동'"(임지현 1999, 7면)[3]으로 볼 것을 요구하고 있다. 이는 "궁극적으로 민족에 대한 우리 사회의 정의가 인종적인 것 혹은 종족적인 것으로부터 공공적인 것 혹은 시민적인 것으로, 영어식으로 표현한다면 'ethnic nationalism'에서 'civic nationalism'으로 이동해야 한다고 믿는다"(같은 책, 8면)는 저자의 입장 때문이다. 그는 이러한 입장을 좀 더 부연 설명한다. "그것은 프랑스 혁명을 추동했던 시민적 민족주의 혹은 식민지의 저항 민족주의가 지녔던 혁명적 역동성을 견지하면서, 권력과 같이 짜여진 텍스트로부터 민족주의를 구출해 내는 첫걸음이 아닐까 한다. 민족주의는 더 이상 체제를 옹호하는 권력의 이데올로기가 아니라, 건설을 기약하는 반역의 이데올로기로 재창조되어야 한다는 것이 나의 신념이다."(같은 책, 같은 곳)

그의 입장은 한국 사회의 뿌리 깊은 보수성 및 특히 진보 운동 진영에 내재하는 보수성에 대한 성찰을 거쳐(임지현 1999, 339면 이하) 인민주권론에 대한 (슈미트식의) 해석을 매개로 하여(임지현 2002), 결국 『오만과 편

3 이 글에서 주로 다루는 필자들의 경우 인용의 편의를 위해 각각 다음과 같은 약어를 사용하고, 본문 중에 면수만 표기하기로 하겠다.
강명관, 『국문학과 민족 그리고 근대』, 소명출판사, 2007. ⇒ 강명관 2007.
권혁범, 『국민으로부터의 탈퇴』, 삼인, 2004 ⇒ 권혁범 2004.
김철, 『'국민'이라는 노예-한국문학의 기억과 망각』, 삼인, 2005. ⇒ 김철 2005.
니시카와 나가오, 윤대석 역, 『국민이라는 괴물』, 소명출판, 2001. ⇒ 니시카와 나가오 2001.
사카이 나오키 · 임지현, 『오만과 편견』, 휴머니스트, 2003. ⇒ 사카이 나오키 · 임지현 2003.
임지현, 『민족주의는 반역이다』, 소나무, 1999. ⇒ 임지현 1999.
임지현, 「'전지구적 근대성'과 민족주의」, 『역사문제연구』 제4호, 2000. ⇒ 임지현 2000.
임지현, 「다시, 민족주의는 반역이다」, 『창작과 비평』, 117호, 2002년 가을호. ⇒ 임지현 2002.
임지현, 「'대중독재'의 지형도 그리기」, 『대중독재』 1, 임지현 · 김용우 편, 휴머니스트, 2005. ⇒ 임지현 2005a.
임지현, 「대중독재테제」, 『대중독재』 2, 임지현 · 김용우 편, 휴머니스트, 2005. ⇒ 임지현 2005b.

견』부터는 민족주의는 물론이거니와 국민국가 자체에 대한 전면적 기각이라는 입장으로 바뀌게 된다. 이 책의 한 대목은 그의 문제의식을 선명히 보여준다. "저는 요즘 나치즘이나 파시즘, 혹은 스탈린주의 등을 '대중독재'라는 개념으로 묶을 수 있는지의 여부를 고민하고 있는데요. **'대중독재'가 갖는 뚜렷한 특징은 국민국가적 근대성에서 찾을 수 있지 않을까 합니다.** 잘 짜인 행정기구, 지방의 개별 촌락 단위까지 침투한 동원의 메커니즘, 다양한 커뮤니케이션 장치들을 통해, 대중의 일상적 사고와 생활에 관철되는 **지배 헤게모니는 국민국가의 완성도와 정비례하는 것이 아닐까요?** (…중략…) 대중의 국민화라는 관점에서 본다면, 사실상 영국·미국식의 '대중민주주의'와 독일·이탈리아식의 '대중독재'는 그 형식적 차이에도 불구하고 대중의 자발적이고 적극적인 참여에 의존하는 국가적 동원체제에 뿌리박고 있다는 점에서 사실상 국민국가의 근대 권력이 낳은 쌍생아입니다."(사카이 나오키·임지현 2003, 38~139면-강조는 인용자)[4]

한문학 전공자인 강명관에게서도 이와 유사한 인식을 엿볼 수 있다. 그는 한국 민족주의의 기본 속성을 "순수성과 우월성"으로 규정한 뒤, "다른 컨텍스트를 무시한(채-인용자 추가) 오로지 민족의 우월성이란 코드로만 역사와 문화를 읽어내는 것, 이것이 민족주의의 최대 모순"(강명관 2007, 46면)이라고 지적하면서 한 걸음 더 나아가 이를 국민국가 내지 민족국가 일반에 대한 비판으로 확장한다. "개인은 한국인으로 태어나는 것이 아니다. 개인이 민족주의에 의해 한국인으로 제작된 것

4 이하 별도의 언급이 없는 경우 인용문의 강조 표시는 모두 인용자가 한 것이다.

이다. 모든 국가의 개인은, 태어난 공간을 점유하고 있는 국가 권력에 의해 국민으로 제작된다. 민족주의는 존재하지 않는 동일성을 구성한다. (…중략…) 국가는 이처럼 다양한 기구와 장치를 통해 민족-국민을 제작한다. 민족-국민은 이런 기구의 작동 속에 놓여 있다. 개인의 동의 여부는 물어보지 않는다. 나에게 의견을 말할 기회는 주어지지 않는다. 동의하지 않아도 태어나는 그 순간 이후 민족-국민으로 제작될 뿐이다."(같은 책, 46~47면) 비슷한 시기에 이루어진 한 대담에서도 그는 동일한 논지를 펴고 있다.[5]

국문학자인 김철은 "'국민의', '국민'에 의한, '국민'을 위한, 질서정연한 통사적統辭的-통사적通史的 서사"(김철 2005, 9면)야말로 좌우 갈등을 넘어서 오늘날 한국 사회를 지배하는 권력의 핵심 메커니즘이라는 인식을 보여준다. 그에게 이러한 인식은 오늘날 매우 절실한 비판적 과제인데, 왜냐하면 "박정희 정권에 저항하고 광주의 살육자들(원문 그대로-인용자)과 싸웠던 이른바 진보적 민중주의"(같은 책, 12면) 역시 21세기에 접어든 오늘날에 이르기까지 여전히 이러한 "국민적 정체성의 확립"이라는 이념의 테두리에 갇혀 있기 때문이다.

그는 특히 2002년 한일 월드컵 당시 그를 공포에 사로잡히게 했던 두 가지 경험을 환기한다. 하나는 시청 앞에 운집한 수십만의 군중과 그들이 내뿜는 열기와 함성에 대한 경험으로, 그는 이 광경에서 "수십만 군중이 하나의 '덩어리'로 꿈틀거리는 모습"을 보았으며, "총칼로 무장한 직접적이고도 물리적인 폭력이 횡행하던 시대에서 느끼지 못했

5 강명관, 「'내재적 발전론' 비판…"국문학사는 존재하지 않는 '서구의 근대' 찾기였다」, 『교수신문』, 2007.10.1 참조.

던 공포를 처음으로 느꼈다."(같은 책, 11면) 또 하나는 한국의 이른바 '진보적' 지식인 중 한 사람(유홍준)이 붉은 악마의 응원에 대해 썼던 한 신문 칼럼의 충격이다. "오늘의 젊은이들은 개인주의자들이어서 건강하고 성실한 공동체 의식을 발견하기 어렵고, 전쟁이라도 나면 전쟁터로 뛰어갈 젊은이가 몇이나 될까 걱정하는 이도 있다. 그러나 '붉은 악마'는 그들의 핏속에서 여전히 민족과 국가라는 유전적 인자가 자리잡고 있음을 보여주었다"는 논지의 이 칼럼은 그로 하여금 "'핏속에 흐르는 민족과 국가라는 유전자'를 자랑스럽게 떠벌리는 진보주의자들의 권력 쟁취가 전리품을 놓고 다투는 이전투구의 장으로 전락하지 않을 가능성은 얼마나 될 것인가"(같은 책, 11~12면) 회의하게 만든다.

따라서 김철은 "한국 근대성의 핵심을 반제・반봉건의 '주체적 저항사'로 보는 것"(같은 책, 23면)을 한국 근대사 및 근대문학사의 기본 구도로 파악하면서, 이러한 관점의 한계를 민족과 국가에 대한 반성적 성찰의 결여에서 찾는다. 다시 말하면 제국주의와 독재에 대한 저항이 지닌 도덕적 정당성에 대한 일방적 강조로 인해 "그 저항이 마침내 도달하고자 하는 근대 국가의 유례없는 전체주의적・국가주의적 폭력성"(24면)이 은폐된다는 점이야말로 핵심적인 문제라는 것이다. 따라서 종래의 민족・민중주의적 역사 인식에 담겨 있는 이분법적이고 평면적인 시각, 곧 저항 / 협력, 아 / 비아, 민족 / 반민족, 정통 / 비정통이 선명하게 대립하는 시각을 넘어서 "파시즘이라는 새로운 인식론적 모드를 통해 한국에서의 모더니티를 해명"(25면)해야 할 필요성이 제기된다. 그리고 이러한 관점에 따르면 "**식민지 이래 지금까지** 한반도 주민의 근대적 삶을 지배해온 정치적・사회적・문화적 메커니즘은 바로 그

강력한 파시즘적 국가주의 그 자체였다."(26면)

정치학자인 권혁범의 저작은 다소 거친 논의를 포함하고 있지만, 국민국가 비판의 문제의식을 선명하게 드러내준다는 장점을 지니고 있다. '국민으로부터의 탈퇴'라는 도발적인 제목이 붙은 책에 담긴 그의 국민국가 비판은 크게 세 가지 논점으로 집약된다(권혁범 2004). 첫째, 국가주의 및 민족주의에 대한 비판의 필요성이다. 권혁범 역시 김철과 마찬가지로 그가 학생 시기를 보냈던 유신 독재 시절의 기억을 상기시키고, 2002년 한일 월드컵 대회의 집단적인 거리 응원에서 가감 없이 드러난 '대～한민국'이라는 구호에 대한 불편함을 지적하면서, 21세기에 이르기까지 한국 사회는 획일적인 국가주의, 민족주의에서 벗어나지 못했다고 주장한다. 더욱이 군사 독재에서 벗어난 지금까지 여전히 많은 사람들이 '국익'과 '민족'을 우선시하는 풍조가 사라지지 않는 것은 국가주의나 민족주의의 문제가 단순히 정치적 독재에 한정된 문제가 아니라는 것을 잘 보여준다. 따라서 둘째, 국가주의에 대한 비판은 필연적으로 국민 그 자체에 대한 비판으로 확장된다. 그는 단도직입적으로 말한다. "이제 '국민'이라는 집단 주술에서 벗어날 때가 아닌가 묻는다."(권혁범 2004, 10면) 왜 국민이 집단주술인가? 그것은 "일단 '국가의 구성원'으로서 '국민' 의식이 자리 잡을 때 거기서 개성적이고 독자적인 개인의 삶과 자유가 피어나긴 어려워"(같은 책, 7면)지기 때문이다. 이는 두 가지 이유 때문에 그렇다. 우선 '국민'이라는 표현은 "국가의 일부로서의 강제성, 국가가 부과하는 정체성과 의무를 정당화하면서 사회 속의 개인을 조직화된 집단의 부속물로서 자동적으로 동원하기 때문이다." 또한 "'국민' 속에는 이미 국가라는 선험적 실체가 규정하는 집단 동질적 주체가 스며들어 있기 때문"에, 그것을 수용하는 순간 "이미 복잡한 개별적 차이, 자유, 인권, 다양성은 한 걸음 뒤로 밀려나기 쉽다. 국민주의는 국가를 삶의 주체로 각인시키며 일정한 규범을 모든 개인에게 강제한다."(같은 책, 8면) 따라서 다양한 개인들의 욕구와 권리, 인권이 보장되기 위해서는 국민으로부터 탈퇴해야 한다. 셋째, 국가는 본성상 억압적이고 배타적인 기계이기 때문에 인권 보장 및 개인의 해방은 국가에서 벗어남으로써만 가능하다는 관점이다. 국민이 억압적이고 배타적인 성격을 띠는 이유는, 국민이 속하는 국가 자체가 억압적이고 배타적인 기계이기 때문이다.(210면)

따라서 "'나쁜 국민국가'를 '좋은 국민국가'로, '문제 있는 국민'을 '진정한 국민'으로" 만드는 것, "분단이나 독재가 '정상적인 주권 국민국가'를 방해해 왔기 때문에 이제 '우리'는 '국민'으로서 '대한민국'의 자주권을 회복하고 통일국가를 완성하는 방향으로 나가"(10면)는 것이 문제가 될 수 없다. 문제는 "이제 한국사회에서 '국민'이 아니라 주민, 시민, 혹은 다양한 정체성을 가진 개인들이 '국가'와 일정한 거리를 두고 긴장관계를 유지하면서 한 사회나 국제적 문제를 모색하고 해결하는"(같은) 것이다. 한국의 경우 "근대화는 성공적으로 이룩했지만 보편적 이념으로서의 개인의 해방은 여전히 미완의 과제"이며, "새로운 개인들의 출현 속에서 사회적 의미와 관계망은 재구성될 것이고 그와 함께 탈근대의 전망이 손에 잡힐 것"(190~191면)이다.

3. 국민이라는 괴물? 국민국가 비판의 논점과 그 난점

이러한 문제의식에서 출발한 이들의 국민국가 비판은 각자 상이한 분과학문에서 상이한 측면에 초점을 맞춰 이루어지고 있지만, 기본적으로 다음과 같은 네 가지 논점을 중심으로 전개된다고 볼 수 있다.

1) 예속과 배제의 체계로서 국민국가

이들의 국민국가 비판은 우선 근대 이후의 국민국가를 **예속과 배제의 체계**로 간주한다는 특징을 보여준다. 국민국가에 대한 이러한 성격 규정을 가장 단도직입적으로 드러내는 사람은 권혁범이다. 그는 국가를 다음과 같이 정의한다. "국가란 무엇인가? 그것은 공공재의 창출과 배분을 주도하는 강제 권력으로 기능하면서 법적・제도적 일관성을 위해 '국민'을 하나의 획일적 기준에 정렬시키고, 독점적 폭력의 위협을 통해 사회 구성원들에게 일정한 복종을 강제하는 외생적 메커니즘이다. 따라서 그것은 근본적으로 수많은 개개인의 특성과 사정을 외면할 수밖에 없는 단순한 기계다."(권혁범 2004, 32~33면) 과연 국가라는 것이 이처럼 강제 권력이고, 독점적 폭력의 위협을 통해 복종을 강제하는 외생적 메커니즘이며, "수많은 개개인의 특성과 사정을 외면할 수밖에 없는 단순한 기계"일까? 그것은 너무 환원적인 이해 방식이 아닐까? 다소 과도하다 싶은 이러한 규정은, 개인들 및 시민사회에 대한 상관적인 규정을 통해 완화된다. "그렇기 때문에 근대 국가의 민주화 역사에서 국민국가의 형성과 팽창은 시민사회에 의한 끊임없는 견제와 확장을 동시에 불러일으켰다. (…중략…) 사회 계약의 주체가 없는 거대한 통치 기구로서의 국가의 존재는 그 자체가 반인간적·반개인적이다." (같은 책, 33면) 따라서 권혁범은 국민국가라는 지배의 장치, 단순한 기계에 대립하거나 그와 맞서는 시민사회 및 그것을 구성하는 개인들을 전제하는 셈이다.

그러나 이 경우 이런 의문이 들 수밖에 없다. 만약 개인들 및 시민사회가 국가의 바깥에 있는 것이고 국가와 맞서는 것이라면, **왜 처음부터 개인들은 국가를 형성했을까?** 국가는 단순히 개인들을 예속시키고 강제하고 획일화하는 기계 장치임에도, 왜 굳이 사회계약이라는 번거롭고 모험적인 절차를 거쳐서 국가를 구성했을까? 하지만 권혁범 자신이 언급하듯이 근대 국가는 "민주화의 역사"를 지니고 있다. 곧 근대 국가에는 인권을 비롯한 기본권의 확립과 시민권의 확장이 역사적으로 기입되어 있다. 어떻게 예속과 강제, 획일화의 기계로서 근대 국가, 국민국가 속에 민주화의 역사가 기입될 수 있을까? 그것이 어떻게 논리적으로 가능할까? 그는 "시민사회에 의한 끊임없는 견제와 확장"에 대해 언급한다. 다시 말하면 국가 바깥에 위치한 개인들 및 시민사회가 예속과 강제의 장치로서 국가를 견제한 덕분에 국가는 민주화될 수 있었다는 의미이다. 그러나 그렇다면 굳이 국가를 유지할 필요 없이, 아예 국가에서 벗어나면 어떨까?

이러한 질문에 대해 권혁범은 모호한 입장을 보여준다. 그는 한편으로 서구적 근대 국가 자체에서도 벗어나야 한다고 주장한다. "즉 '우리'가 서구적 근대 국가의 모습이나 근대적인 정체성을 최종적이고 이상적인 목표로 설정하고 그것을 위해 노력한다면 오히려 그것은 폭력, 차별, 억압을 만들어내는 원인이 될 수 있기 때문이다."(같은 책, 58면) 하지만 다른 한편으로는 다음과 같은 위험도 경계한다. "그러나 사실은 지구화가 그 대신 탈국민국가적·친자본적 소비 주체를 '개인'으로서 재생산한다는 비판이 가능하다. 또한 그 과정에서 중심부의 이익 재생산에 유리한 '서구적' 주체를 전세계에 확산시킨다는 비판도 일리가 있다."(같은 책, 58~59면)

여기에서 권혁범은 지구화가 보여주는 또 다른 가능성에 기대는 편을 택한다. "지구화는 단순히 자본 간 혹은 자본–노동 간의 싸움뿐만 아니라 국가 간의 관계를 융합함으로써 비국민국가적·다중적 정체성을 확장하는 과정이기도 하다. 다문화에 대한 노출과 경험을 통해 다양한 타자를 실제적으로 인지함으로써 '차이들의 공존'을 모색할 수 있는 실천적 근거를 제공할 수도 있다. 국제 노동력 이동을 통해 '국민'과 '민족'의 실제적 공간 재배치가 일어나고 운송과 통신 수단의 발달로 가치들 사이의 경쟁이 확대되면서 다중적인 국가 횡단적·탈민족적 주체가 생겨날 수도 있다. 그러한 주체들 속에서 '우리'는 '국민' 혹은 '민족'이 아니라 '여성', '동성애자', '생태주의자', '아시아인', '탈국적 코리안', '주변부 노동자' 혹은 '개인' 등으로 다르게 혹은 중층적으로 규정될 수 있다. '우리'를 넘어서 공동체가 생산해 내는 사회적 주체로서의 '나' 아닌 좀 더 근원적이고 개성적인 '나'로 재탄생할 수도 있다. 그때 질문은 "우리는 누구인가?"에서 "나는 누구인가?"로 바뀌어도 좋을 것이다."(같은 책, 59면)

권혁범의 입장은 그가 자유방임 자본주의를 긍정하든 긍정하지 않든 간에, 국가 바깥의 원초적 개인들을 가정한다는 점에서 고전적인 자유주의적 개인주의 또는 찰스 테일러Charles Taylor가 지칭했던 원자론적 입장에 가깝다고 할 수 있다.[6] 이런 관점에서 국가는 최소화될수록 좋은 것이며, 어떤 의미에서는 아예 사라지는 것이 좋을지 모른다. 하지만 그가 간과하는 것은 1991년 냉전해체 이후 2001년 9·11 이전까지 지구 곳곳에서 벌어진 분쟁으로 인해 360만 명의 인명이 희생당하고 수천 만 명의 이주민이 발생했다는 점이다.[7] 이러한 분쟁의 본질적인 특징은 국가 간 분쟁이라기보다는 국가의 해체에 따른 국가권력의 부재 상황에서 주로 발생했다는 데 있다. 게다가 이들 희생자의 대부분은 여성과 아동 같은 사회적 약자들이었다. 따라서 한 사회의 첨단 엘리트들은 수시로 국경을 넘나들면서 범세계적 노마드로, 세계 시민으로 다중적인 동일성을 지니고 살아갈 수 있겠지만, 대다수의 사회적 약자들에게 국가의 해체는 죽음이나 재앙일 수밖에 없다. 이는 비단 현재의 세계화 국면에만 해당하는 것이 아니라, 이미 1차 세계대전과 2차 세계대전 사이에 수많은 '국가 없는 사람들'이 경험했던 일이기도 하다.

권혁범과 다소 다른 측면에서 사태를 고찰하기는 하지만, 임지현에게서도 유사한 주장을 엿볼 수 있다. 그에게도 국민국가는 기본적으로 억압과 배제의 장치이며, 서구의 국민국가든 동구의 국민국가든 아니면 다른 어떤 곳의 국민국가든 그것은 변함이 없다. "그런데 가령 서유

---

6 Charles Taylor, "Atomism", in *Philosophy and the Human Sciences-Philosophical Papers 2*, Cambridge : Cambridge University Press, 1985.

7 참여연대 국제연대위원회, 『세계분쟁과 평화운동』, 아르케, 2004 참조.

럽이나 미국의 내셔널리즘은 보편주의 · 인권 · 인민주권론에 입각했기 때문에 좋은 내셔널리즘이고, 동유럽이나 주변부의 내셔널리즘은 혈통이나 민족 구성 등 객관적인 것에 기초했기 때문에 배타적인 변종 내셔널리즘이라는, 서구중심적 이분법에 대해서는 경계해야 합니다. 서구의 내셔널리즘이 자유주의 및 인권과 결합된 좋은 내셔널리즘이라는 환상은 이미 반유대주의의 존재 자체에 의해서 여지없이 무너졌습니다. (…중략…) 서유럽의 내셔널리즘 역시 보편주의, 인권, 시민의 권리 등을 확장하는 그러한 개념일 **뿐만 아니라**, 동시에 끊임없이 타자를 배제하고 억압하는 전략에 입각해 있었다는 점을 보여주는 것이 아닌가 생각합니다."(사카이 나오키 · 임지현 2003, 102~103면) 임지현은 "뿐만 아니라"라는 표현에서 볼 수 있듯이 국민국가가 긍정적인 측면을 지닌다는 점을 인정하는 듯 보이지만, 그가 이 책 및 다른 글들에서 지속적으로 주장하는 것은 그러한 긍정성은 국민국가 및 내셔널리즘의 부정적인 측면에 의해 상쇄되며, 더욱이 그러한 긍정성도 이제 세계화를 맞이하여 역사적으로 시효 만료되었다는 점이다. 게다가 그는 첫 번째 문단에서 볼 수 있듯이 '보편주의 · 인권 · 인민주권론'의 긍정성을 서구 중심주의라는 틀에 따라 미리 기각하고 있다.[8]

8 사실 '좋은 내셔널리즘'과 '배타적인 변종 내셔널리즘'을 이분법적으로 설정해놓고 그것을 서구 중심주의라고 비판하는 것은 너무 상투적인 수사법이어서 설득력을 얻기 어렵다. 임지현의 대담자인 사카이 나오키가 이러한 임지현의 수사법에 대해 다음과 같이 문제제기하는 것은 정당하다. "종종 프랑스 사상의 nation과 독일 사상의 Volk로 대비해서 이야기하지만, 이를 두 가지 국민사조의 차이로 이해하기보다는 근대국가의 국민이 표현되는 쌍이라고 이해할 수는 없을까요? 즉 보편주의적 · 인공적인 국민과 특수주의적 · 자연적인 민족은 발리바르가 말하듯이 모든 국민국가에서 공존하고 있다는 것입니다."(사카이 나오키 · 임지현 2003, 112면)

2) 추상적 권력관

두 번째 문제점은 이들의 국민국가 비판이 **추상적 권력** 개념을 함축한다는 점이다. 내가 말하는 추상적 권력 개념은 세 가지 특징을 지니고 있다. 첫째, 이러한 관점은 일종의 초월적인 권력의 주체를 가정하고 있다. 명시적으로 권력의 주체라는 표현이 사용되느냐 여부는 중요하지 않다. 문제는 권력이 어떤 대주체의 의지나 욕망에 따라 작동하는 것으로 간주된다는 점이다. 둘째, 이것은 또한 권력의 동질성을 가정한다. 내가 다루고 있는 필자들 중 누구도 다수의 권력들이 존재한다거나 권력은 자체 내에 애매성이나 양가성을 포함하고 있다고 생각하지 않는다. 그들에게 권력은, 적어도 근대 이후에는 항상 국민국가의 권력이며, 국민국가의 권력은 그것이 복지 자본주의 국가의 권력이든, 나치즘이나 파시즘의 국가 권력이든 아니면 사회주의 국가의 권력이든 또는 주변주 탈식민지 국가의 권력이든 항상 동일하고 동질적인 속성으로, 곧 내부적인 타자들이나 소수자들을 억압하여 획일적인 국민으로 만들고, 대외적인 타자들을 배척하고 그들과 패권을 다투는 힘으로 나타난다. 셋째, 권력의 부정성이다. 이들에게 권력은 예속시키고 억압하고 강제하고 배제하는 힘일 뿐, 권력은 긍정적인 힘으로, 적어도 자연적인 생산의 역량으로 이해되지 않는다. 이들에게 권력의 생산성이 존재한다면, 그것은 '국민을 제작'하거나 개인들 내지 국민들의 자발적인 복종을 유도한다는 점에 있다. 권력이 지니는 유일한 생산성, 긍정성은 좀 더 잘 포획하고 좀 더 잘 규율하고 좀 더 잘 복종시킬 수 있는, 지배의 기술적 생산성이다.

임지현의 다음과 같은 언급은 이러한 추상적 권력 개념을 잘 드러내 준다. “타자를 복종시키는 수단이라는 점에서 권력의 속성은 변하지 않는다. 단지 타자를 복종시키기 위한 매개들이 역사적으로 변할 뿐이다.”(임지현 2002, 186면) 그리고 그는 더 나아가 근대 권력의 특징을 다음과 같이 규정한다. “근대 권력의 역사적 특징은 그것이 마치 지배를 욕망하지 않는 듯한 외양을 띤다는 데 있다. 그것을 가능케 한 사상적 기제는 국가의 절대적이고 영속적인 권력인 주권이 인민에게 있다는 인민주권론이었다.”(같은 글, 같은 곳)

또한 임지현은 사카이 나오키와의 대담에서 여러 차례에 걸쳐 ‘지배의 욕망’이나 ‘권력의 욕망’이라는 표현을 사용하고 있다. 가령 다음과 같은 표현들이 그렇다. “비단 유대인에 대해서뿐만 아니라 독일인 동성연애자나 정신이상자, 선천적 장애인들을 격리시키고 끝내는 처형했던 나치즘의 역사 또한, 국민국가의 형성 과정이 그 경계의 내부에서조차 **근대 권력의 욕망**에 맞지 않는 사람들을 끊임없이 배제하고 타자화하는 역사라는 사실을 잘 드러내줍니다.”(사카이 나오키 · 임지현 2003, 46면) “그리고 그것이야말로 국민국가의 지배 헤게모니가 아무런 마찰이나 갈등 없이, **지배하고자 하는 욕망**을 드러내지 않으면서, 지배하지 않는 듯한 외향(원문 그대로—인용자)을 갖추면서 지배를 내면화하는 좋은 예라고 생각합니다. 그러니까 어떻게 보면 파시즘이라는 것은 **근대를 욕망한 권력**이 대중민주주의와는 또 다른 방식으로 근대를 욕망한 길이라고 얘기할 수 있습니다.”(같은 책, 334면) 이러한 권력에 대한 언급들은 국민국가에 대한 전체주의론적 비판이 추상적 권력관을 전제하고 있음을 잘 보여준다.

3) 복종의 숙명을 짊어진 국민-주체화 없는 예속화

추상적인 권력 개념은 **주체화 없는 예속화**, 곧 복종의 숙명을 짊어진 국민이라는 관점과 긴밀하게 연결되어 있다. 이러한 관점을 가장 첨예하게 드러내는 사람은 아마도 니시카와 나가오일 것이다. 그는 국민국가의 특징을 다섯 가지로 요약한 뒤[9] "사람은 어떻게 국가로 회수 되는가"라는 제목 아래 개인들이 어떻게 국민국가로 포섭되고 예속되는지 신랄하게 지적하고 있다. 그에 따르면 국민국가 내에서 사람들은 문학과 예술, 역사, 가족과 학교, 과학과 학문, 종교, 텔레비전과 신문 및 각종 정보, 스포츠 등을 통해 국가로 회수될 뿐만 아니라 또한 "생활과 노동의 장을 통해 (…중략…) 질병과 범죄를 통해, 혹은 그러한 것에 대한 공포심을 통해 국가로 회수"(니시카와 나가오 2002, 306면)된다. 더 나아가 "사람은 반체제운동을 통해 국가로 회수됩니다. 자발적인 반체제운동 자체가 시간이 흐르면 차차 체제화 되어 갑니다. 모든 반체제운동은 그것이 국가권력의 탈취를 목적으로 삼는 한, 국가권력을 통해 자기의 주장을 실현하려고 하는 한, 즉 또 하나의 국가를 지향하는 한 마지막에는 체제화되어 국가로 회수됩니다. (…중략…) 사람은 여성해방운동과 페미니즘을 통해서조차 국가로 회수됩니다."(니시카와 나가오 2001, 307~312면) 그에게는 국민, 또는 국민을 구성하는 개개인들은 삶과 존재 그 자체 속에서 이미 국가에 회수되고 있고 또 회수될 수밖에

9 그것들은 ① 명확한 국경의 존재 ② 국가주권 ③ 국민 개념의 형성과 국민통합 이데올로기의 지배(내셔널리즘) ④ 이러한 정치적・경제적・문화적 공간을 지배하는 국가장치와 제도 ⑤ 국제관계다.

없는 운명이다. 이러한 운명은 반체제운동을 통해서도, 여성해방운동 같은 인권 운동을 통해서도 벗어날 수 없는 것이다.

그가 다음과 같이 덧붙이는 것은 사실이다. "국민국가는 실로 교묘하게 만들어진 인공적 기계이고 그것의 강제력은 압도적이지만, 우리들은 국가로 회수되는 순간에도 반드시 전면적으로 회수되고 있는 것이 아니라 어떤 위화감과 반발심을 품고 있었던 것은 아닐까요. 그것이 중요한 것이라고 생각합니다"(같은 책, 314면). 그러나 만약 모든 삶만이 아니라 반체제운동을 통해서도, 여성해방운동과 페미니즘을 통해서도 국가로 회수될 수밖에 없다면, "위화감과 반발심을 품"는 일은 어떻게 가능할까? 국민국가론 비판이 좀 더 설득력을 얻기 위해서는 막연히 탈국민국가의 가능성을 추정하거나 전제하기보다는 그것이 국민국가 내에서 어떻게 가능한 것인지 내재적으로 설명할 수 있어야 하지만, 니시카와 나가오의 저서에서는 그것을 찾아보기가 어렵다. 그것은 국민화를 주체화 없는 예속화의 과정으로, 국민국가에 대한 전적인 예속과 포섭('회수')으로 파악하는 관점에서는 사실 불가능한 설명이다.

이러한 문제점은 임지현에게서도 뚜렷이 드러난다. 그는 알튀세르의 호명론을 통해 국민국가는 예속적인 주체들을 호명하고 생산하는 메커니즘이라는 점을 역설한다. "알튀세르를 패러디하면, 민족 / 국민의 담론은 결국 개별화된 시민사회의 성원들을 국민으로 '호명'하는 근대 국민국가의 담론화 전략인 것이다. 그 전략의 목표는 스스로 자신의 행동을 규율하여 자율적으로 국가의 규칙과 통제에 따르는 국민적 주체를 생산하는 데 있다. (…중략…) 일반의지의 이름으로 시민사회의 개개인이 민족 / 국민으로 호명될 때, 그것은 사실상 '생활세계의 식민화'가 시작되는 순간이며 내면화된 규율과 가치를 통해 합의와 자발적 복종을 유도하는 국가권력의 헤게모니가 작동하는 순간이기도 한 것이다."(임지현 2002, 191면) 국민국가의 예속화 메커니즘의 무서움은 그것이 단순히 강제나 억압으로 작동할 뿐만 아니라 더 나아가 국민 개개인이 스스로, 자발적으로 국민국가의 권력에 복종하도록 유도한다는 것이다. 따라서 각각의 개개인이 자유로우면 자유로울수록, 그가 자발적이면 자발적일수록 그는 더욱 더 국민국가의 권력에 속박되며, 국민국가의 권력은 더욱 더 강고해지고 확장된다. 그야말로 악마적인 힘이 아닐 수 없다.

알튀세르의 호명론에 대한 편향적 이해는 차치한다 하더라도,[10] 이러한 주장에 대해서는 다음과 같은 의문을 품지 않을 수 없다. 만약 모

---

10 임지현은 이 대목에서 알튀세르를 원용하여 국민들의 자발적인 복종론을 정당화하고 있는데, 이는 몇 가지 점에서 알튀세르에 대한 오독이고 그릇된 적용이라는 점을 밝혀두고 싶다. 첫째, 임지현이 잘못 이해하고 있는 점은 알튀세르의 호명론은 자발적 예속에 대한 설명이나 심지어 정당화가 아니라, 지배자의 관점에서 본, 이데올로기 내부의 관점에서 본 예속의 메커니즘에 대한 기술記述이라는 점이다.(이 점에 대한 좀 더 자세한 설명은 진태원, 「라깡과 알뛰쎄르-'또는' 알뛰쎄르의 유령들 I」, 김상환 · 홍준기 옮김, 『라깡의 재탄생』, 창비, 2002 중 391~392면 참조) 둘째, 따라서 알튀세르의 이데올로기론은 그가 생각하는 것과 달리 예속의 불가피성 내지 지배의 전일성이라는 결론을 내리지 않는다. 오히려 그는 「이데올로기와 이데올로기 국가장치들」의 「부기」에서 이데올로기론은 계급투쟁의 관점에서, 사회적 적대와 갈등의 관점에서만 이해되고 설명될 수 있다는 점을 명료하게 지적하고 있다. "우리는 다만 계급들의 관점에서만, 다시 말해 계급 투쟁의 관점에서만 하나의 사회구성체에 존재하는 이데올로기들을 설명할 수 있다. (…중략…) 뿐만 아니라 특히 그러한 관점에 입각해서 우리는 AIE들 내에서 구현되고 대립하는 이데올로기들이 어디에서 비롯하는지 이해할 수 있다."(L. Althusser, 『재생산에 대하여』 김웅권 옮김, 동문선, 2007, 410면-강조는 알튀세르) 알튀세르는 단일한 이데올로기가 아니라 복수의 이데올로기들에 대해 말하고 있으며, 이데올로기 국가장치들을 일방적으로 지배 이데올로기들을 전달하고 주입하는 장치들이 아니라 지배 계급의 이데올로기와 피지배 계급의 이데올로기가 투쟁을 벌이는 장소나 쟁점으로 간주한다. 따라서 호명론을 전일적인 지배를 설명하기 위해 활용하는 경우가 많지만 그것은 알튀세르의 이론적 관점과는 어긋난다는 점을 유념해야 한다.

든 개개인이 항상 이미 국민국가에 호명되고 포섭되어 있다면, 그것에 저항하거나 그것으로부터 벗어나는 것은 어떻게 가능한가? 또는 현재 국민국가들이 위기에 처해 있는 게 사실이라면, 어떻게 국민국가는 완벽한 통제와 예속화에도 불구하고 그러한 위기에 봉착하게 되었을까? 특히 자크 아탈리Jacques Attali의 주장처럼 "국민국가들은 사태의 진행 과정에 대한 영향력을 상실했으며, 세계화의 힘들에 대해 세계의 운명 속에서 방향을 정하고 모든 종류의 공포에 맞서 자신을 보호할 수 있는 모든 수단을 넘겨주었"으며 이제 "개인주의가 승승장구하고 있다. 누구도, 또는 거의 누구도 다른 이들의 삶을 변화시키는 것이 그 또는 그녀에게 중요성을 지닌다고 더 이상 믿지 않는다. 누구도 또는 거의 누구도 투표가 그 또는 그녀 자신의 삶의 조건 및 따라서 세계의 조건을 의미 있게 변화시킬 수 있으리라고 믿지 않는다"[11]는 사실을 도대체 어떻게 설명할 수 있을까? 임지현의 주장이 좀 더 설득력을 얻기 위해서는 우선 이러한 사실들을 어떻게 이해할 수 있을지 설명하는 게 필요해 보인다.[12]

11 Zygmunt Bauman, "Freedom From, In and Through the State-T.H. Marshall's Trinity of Rights Revisited", *Theoria*, no.108, December 2005, p.17.

12 임지현의 경우 이러한 문제를 "의도의 순수성"을 강조함으로써 회피하려는 경향이 있다. 그는 『대중독재』 2권 말미에 첨부한 「대중독재테제」에서 자신의 논리가 지닌 위험을 경계하면서, 대중독재 패러다임의 의도는 그것이 아니라고 말한다. "지금까지의 설명이라면, 대중독재가 반대나 저항을 위한 조금의 빈틈도 허용하지 않는, 완벽하고 철저하게 봉합된 정치 기계 혹은 괴물처럼 보일지도 모르겠다. 또 동의와 합의를 일방적으로 강조함으로써 명백한 테러 현상을 무시하도록 조장한다는 의구심을 불러일으킬지도 모르겠다. 그렇다면 그것은 대중독재 패러다임의 **의도와는 거리가 멀다**."(임지현 2005b, 612면) 그러면서 이러한 오해에 대한 해법을 다음과 같이 제안한다. "동의 자체의 다양한 층위에 대한 이해가 전제된다면 그러한 오해도 불식될 것이다. 대중독재에서 발견되는 동의는 내면화된 강제, 강제된 동의, 수동적 동의, 타협적 순응, 무의식적 순응 등에 이르기까지 실로 다양한 층위를 보여준다. 또 체제에 포섭된 것처럼 보이는 파시즘의 일상 세계와 동의 구조 속에도 다양한 저항의 지점들이 파편적으로 존재한다"(같은 글, 612~613면).

4) 자본주의의 역사, 국민국가의 역사 부재

이 점은 **국민국가의 역사에 대한 인식의 부재, 따라서 국가 형태의 획일화**의 문제와 직결되어 있다. 발리바르는 마르크스의 대중과 계급의 변증법 사상에 관해 고찰하면서 마르크스 및 그 이후 마르크스주의자들의 중요한 한계 중 하나로 "자본주의 자체의 역사를 사고하고 분석하지 못하는 무능력"을 지적한 바 있다.[13] 마르크스와 엥겔스를 비롯한 대부분의 마르크스주의자들에게 자본주의는 근원적으로 **역사적인** 생산양식이다. 곧 그것은 봉건제를 대체하면서 시작한 것이며 또한 언젠가는 종말을 맞을 수밖에 없는 한시적인 생산양식이다. 마르크스에게 부르주아 정치경제학자들의 근본적인 한계 중 하나는 이러한 자본주의의 역사성을 인식하지 못한 채, 자본주의적 제도들 및 범주들이 마치 초역사적인 것인 양 간주한다는 데 있다. 하지만 마르크스는 자본주의

임지현의 이러한 언급은 그가 자신의 논리가 낳을 수 있는 부정적인 또는 자가당착적인 효과를 의식하고 있음을 나타내준다는 점에서는 얼마간 긍정적인 측면이 존재한다. 하지만 문제는 과연 그가 지금까지 주장해온 전체주의적 국민국가론 또는 대중독재론에서 어떻게 "다양한 저항의 지점들이 파편적으로 존재"한다는 것을 설명할 수 있느냐 하는 점이다. 반대자들의 비판을 의식해 내 이론은 이런 것도 포함할 수 있다고 주장하는 것과 그것을 타당하고 설득력 있게 설명하는 것은 전혀 다른 문제다. 적어도 지금까지 그의 작업은 자신의 의도의 순수성(곧 국민국가론이나 대중독재론은 반대나 저항의 불가능성을 주장하려는 것이 아니라는 것)을 강변하는 데 머물러 있을 뿐, 과연 그것을 어떻게 설명할 수 있을지 논증하지는 못하고 있다. 사실 "'대중독재'는 왜곡된 근대화 혹은 전근대의 잔재의 불가피한 산물이라기보다는 **근대 국가 체제의 성과를 역사적으로 전유한 근대 독재인 것**"(같은 글, 601면)이며 "**근대의 정치적 주체**는 기실 개개인의 자율적 의지가 아니라 '통제되고 유도된 대중화' 과정의 산물인 것"(같은 글, 602면)이라고 주장한 가운데, 어떻게 다른 식의 설명이 가능하겠는가? 임지현 및 기타 다른 논자들이 국민국가론이 지금까지 전제해온 인식론적 틀이나 논리 구조에서는 반대나 저항의 가능성을 설명하는 것이 (불가능하지 않다면) 지극히 어려울뿐더러, 그러한 틀이나 논리를 전제하는 한 국민국가의 역사에 대한 생산적인 설명을 제시하기도 어려울 것 같다.

13 에티엔 발리바르, 서관모·최원 역, 『대중들의 공포』, 도서출판b, 2007, 304면.

의 역사성은 인식했지만, 곧 그것이 한시적인 생산양식이라는 것은 알았지만, **자본주의 그 자체가 역사적으로 끊임없이 변화한다는 점**, 따라서 자본-임노동 관계는 자본주의의 처음부터 끝까지 동일한 것이 아니라, 역사적으로 구별되는 상이한 형태들 속에서 표현된다는 점은 충분히 인식하지 못했다. 요컨대 마르크스주의자들은 18세기 말의 자본주의와 19세기 말의 제국주의적 자본주의, 또 20세기 말의 자본주의는 근본적으로 다르다는 점을 충분히 인식하지 못하고 있다. 따라서 그들에게 "계급투쟁은 '전부 아니면 전무'라는 식으로만 작용한다. 곧 계급투쟁이 자본주의를 파괴하지 않는 한 자본주의는 계속 동일하게 그대로 존속한다."[14]

마찬가지로 전체주의적 국민국가론자들에게 공통적인 문제점 역시 국민국가의 역사에 대한 인식의 부재를 꼽을 수 있다. 이들에게 18세기 말 프랑스 혁명 이래 태동한 국민국가는 계속 국민국가였을 뿐 아무런 내재적인 형태 변화나 구조 변화도 겪지 않는다. 국민국가는 내부의 소수자들에 대한 억압과 외부의 타자들에 대한 배제라는 두 가지 기본적인 특징으로 규정되며, 18세기 말의 국민국가든 20세기 중엽의 국민국가든 아니면 20세기 말~21세기 초의 국민국가든 간에, 그것이 소멸하지 않는 한 국민국가는 늘 억압과 배제의 권력 메커니즘으로 존속할 수밖에 없다. 가령 임지현은 근대 국민국가의 형성 과정이 "내부자들에 대한 무차별적인 억압 과정"(임지현 · 사카이 나오키 2003, 47면)이었음을 지적한다. 따라서 프랑스 혁명이나 나치즘이 모두 동일한 억압

14 발리바르, 같은 책, 319면 — 번역은 약간 수정.

과 배제의 메커니즘을 보여주는 것은 자연스러운 일이다.(같은 책, 47~48면 참조) 더 나아가 대개 민주주의의 확대의 징표이자 근거로 간주되는 보통 선거권과 여성참정권 획득 역시 그가 보기에는 국민국가의 지배 헤게모니의 강화를 나타내는 징표일 뿐이다. "보통 선거권과 여성참정권 획득으로 프롤레타리아트와 여성이 '국민' 속에 편입되었을 때, 국민국가의 지배 헤게모니는 사실상 더 강화되는 경향이 있다. 이 점에서 정치적 민주화는 근대 권력의 정당화 또는 합리화 가정이기도 했다. 그것은 국민국가에 포박된 근대 민주주의의 역설이라 하겠다."(임지현 2002, 91면) 국민국가라는 틀 속에서 이루어지는 한 정치적 민주화는 근대 권력을 정당화하고 합리화하는 기능을 수행하며, 따라서 국민국가의 지배력을 더욱 강화하는 결과를 낳는다.

그리하여 그는 '대중독재' 내지 '국민독재'라는 개념을 통해 국민국가의 동일한 본성과 토대를 파악하려고 시도한다. 그것의 핵심 기준은 자발적 동원이라는 점에서 찾을 수 있다(사카이 나오키 · 임지현 2003, 135~136면 참조). 이러한 관점에서 본다면 파시즘이나 나치즘과 서유럽의 민주주의 국가들 사이에는 별다른 차이가 존재하지 않는다. "(파시즘이나 나치즘, 스탈린주의, 군사 독재 같은 — 옮긴이) '대중독재'와 (서유럽의 — 옮긴이) '대중민주주의'는 그 형식적 차별성에도 불구하고, 둘 사이의 간격은 그리 크지 않습니다. 양자는 대중의 자발적 동원 또는 근대 국민국가의 틀 속에 대중을 포섭한다는 목표를 공유하면서도, 단지 그들이 놓인 역사적 조건의 차이 때문에 달랐을 뿐입니다. (…중략…) 양자는 모두 권력의 지배욕망을 감추고 대중의 의지와 욕망에 충실한 외양을 띠고 있습니다. 그것은 기본적으로 대중의 욕망을 만들어내고 유도하는 근대

적 기제가 있었기에 가능합니다."(사카이 나오키 · 임지현 2003, 186면)

한편 사카이 나오키는 1930년대 이래 근대 국민국가가 전환을 겪었음을 지적하고 있지만, '총력전 체제'라는 명칭을 통해 이러한 전환을 획일화한다. "총력전 체제란 합중국의 뉴딜 정책, 일본의 만주국 건설, 소련에서 시행된 일련의 5개년 계획, 독일의 강제적 균질화 등을 모두 시야에 넣은, 새롭고도 광범위한 사회 편제를 가리킵니다. 총력전체제의 특징 중 하나는 자본주의가 산출한 계급 분리나, 차별받는 주변집단을 국민국가에 최대한 통합시켜, 국가 전체가 그것을 전쟁을 수행하기 위한 자산으로 가장 유효하게 이용하려고 하는 체제라는 점입니다. (…중략…) 이런 제도가 총력전이 끝난 1945년 이후 현재까지 계속되는데요, 그러다가 1980년대에 세계적으로 커다란 전환이 일어납니다. 다시 말해 총력전 체제를 재검토하는 과정에서 대학의 독립법인화나 사회복지와 관련된 신자유주의의 주장이 맹위를 떨치고 있지 않습니까? (…중략…) 하지만 총력전 체제의 유제는 지금도 강력하게 남아 있습니다. 예를 들어 국민건강보험이라는 사고방식, 그리고 국민교육이라는 사고방식 말입니다."(사카이 나오키 · 임지현 2003, 332~334면)

사카이 나오키의 주장은 자본주의의 역사, 국민국가의 역사에 대한 나름대로의 관점을 피력한 것이라고 말할 수 있다. 하지만 문제는 '총력전 체제'라는 표현에서 알 수 있듯이, 그에게 이러한 복지 정책 또는 생명정치의 과정은 국민국가에 대한 포섭의 과정이고 각각의 개인들이 국민으로서 국민국가의 규범을 좀 더 내면화하고 국민국가에 좀 더 강하게 의존하게 되는 과정으로만 나타난다는 점이다. 따라서 '총력전 체제'로서의 사회 정책, 생명정치는 천황제 아래의 일본이나 나치즘

체제의 독일, 스탈린 치하의 소련, 루즈벨트 시절의 미국 등을 가릴 것 없이 본질상 동일한 것이다. 이것은 인식론적 관점의 문제 이전에 복잡한 역사적 사실들에 대한 과도한 단순화라는 측면에서도 문제가 있는 관점이 아닐 수 없다.[15]

이들의 관점은 **서구 자유주의 국가들의 이데올로기적인 자기 정당화에 대한 비판의 시도**라는 의미를 지니고 있다. 곧 서구 자유주의 국가들은 나치즘이나 파시즘, 또는 스탈린주의와 달리, 그리고 동유럽 국가들이나 주변부의 개발도상국가들과 달리, 자신들은 선진화된 민주주의 국가이며, 개인의 인권과 자유, 평등이 구현되어 있는 국가로 자처하곤 한다. 이들은 바로 이러한 이데올로기적 기만을 비판하기 위해 서유럽 국가들 역시 대중들의 국민화 및 자발적 동원에 의존해 있고, 그에 기반하여 개인들을 억압하고 또 배제한다는 점에서는 다른 전체주의 국가들과 차이가 없다고 주장한다. 하지만 이러한 비판은 결국 모든 민주주의는 지배자의 정당화 외피에 불과하며, 민주주의에 대한 대중들의 참여와 헌신은 결국 지배 권력을 더욱 강화하고 견고화한다는 결과를 낳을 수밖에 없지 않을까? 그리고 서유럽 자유주의 국가들의 이데올로기적 기만이나 가상을 비판하고 분쇄하기 위해 굳이 모든 국민국가는 결국 '대중독재', '국민독재'일 뿐이라는, 곧 전체주의 국가들일 뿐

15 반면 최근 출간된 한 저서에서 볼프강 쉬벨부시는 독일의 나치즘과 이탈리아의 파시즘, 그리고 미국의 뉴딜 정책의 유사성 및 그것이 20세기에 남긴 유산을 꼼꼼하고 통찰력 있게 분석하고 있다. 하지만 그는 임지현이나 사카이 나오키와 달리 "공통성의 영역을 찾는 일은 동일성을 주장하는 것이 아니"며 "비교하는 것은 동일시하는 것이 아니"(볼프강 쉬벨부시, 차문석 역, 『뉴딜, 세 편의 드라마』, 지식의풍경, 2009, 40~41면)라는 점을 명시적으로 지적하고 있다. 더 나아가 그는 파시즘이나 나치즘을 악마화하지 말아야 한다고 경고하면서 "1930년대에 이들 양 체제의 대중적 인기는 억압성이 아니라 평등성에 기인했던 바가 더 컸다는 사실"(34면)을 지적한다.

이라는 극단적인 논법이 필요한 것일까? 그러한 극단적이고 얼마간 단순화된 논법에 의존하지 않고도 서유럽 국가들(및 근대 국민국가 반)의 내적 모순과 문제점들을 해명하는 길은 없는 것일까?[16]

4. 국민국가의 내재적 비판을 위하여

결국 국민국가에 대한 이들의 대안은 국가 없는 개인, 국가 없는 사회가 가능하며, 또 그것이 바람직하다는 것으로 집약된다. 권혁범이 국가 바깥에 있는 개인들을 전제하고, "개인의 해방"을 "인간의 보편적 욕구"(권혁범 2004, 190면)라고 주장할 때 이러한 사정이 분명히 드러난다. 또한 니시카와 나가오가 사람들의 삶의 거의 모든 영역, 모든 측면이 국가로 회수된다고 주장하면서 "국민국가는 붕괴되어야 할 것, 뛰어 넘어야 할 것이고, 따라서 국민국가에 대해 밝은 미래를 이야기하는 것은 불가능"(니시카와 나가오 2001, 315면)하다고 말할 때에도 이 점은 명백하다.

---

16 에티엔 발리바르는 2차대전 이후 프랑스와 같은 소위 '복지국가' 또는 발리바르 자신의 표현을 빌리자면 '국민사회국가État national-social'와 파시즘을 동일시하는 것을 경계하고 있다. "지난 50여년 동안 산업적이고 외회정치적이며 포스트식민주의적인 사회들(프랑스 같은)이 경험했던 상대적인 사회적 평형이 파시즘과 친화성을 지니고 있다고 주장하는 것은 전혀 문제가 되지 못한다. 비록 이러한 사회적 평형이 불평등도 배제도 동원과 정상화의 강제도 모면하지 못한 것이 사실이라 해도 그렇다." 산업 발달을 이룩했고 의회제를 채택하고 있는 포스트식민주의적인 사회들(프랑스와 같은)이 경험해던 상대적인 사회적 평형 상태가 파시즘과 친화성을 지닌다고 주장하려는 것이 이 범주를 사용하는 이유는 결코 아니다. 비록 전자의 사회들에도 불평등과 배제가 존재하고 도덕화하고 정상화하려는 강제들도 존재했다는 것은 분명 사실이긴 하지만 말이다." 에티엔 발리바르, 『정치체에 대한 권리』, 14면.

임지현의 경우 이런 관점을 뚜렷하게 보여주고 있지는 않지만[17], 국민국가에 대해 다음과 같은 대안의 가능성을 피력할 때 그의 관점 역시 권혁범과 크게 다르지 않다는 것을 알 수 있다. "국민국가의 경계를 넘어선 관계도 자기 자신의 오류에 열려 있고 따라서 다른 번역의 가능성에 열려 있는 관계를 지향해야 하는 것이 아닌가 하는 생각입니다. 아무래도 솔리대러티solidarity보다는 어소시에이션association이 더 오해의 소지가 없을 것 같은데요. 글쎄요. 21세기의 연대 형태는, 일종의 형용모순이겠지만, '무정부주의적 연대'가 특정한 해석에 기초한 자기 폐쇄적인 연대를 대체하는 방식이 되지 않을까요?"(사카이 나오 · 임지현 2003, 435면) 하지만 이매뉴얼 월러스틴이 잘 지적한 것처럼,[18] 어소시에이션이라는 것은 19세기에 생시몽이 제창한 이른바 '유토피아적 사회주의'의 기본 관념이라는 점에서 전혀 새로운 전망이라고 하기 어렵다. 더욱이 가라타니 고진이 지적하듯이 "A(국가사회주의-인용자)의 소멸과 더불어 D(리버테리언 사회주의(어소시에이션))도 쇠퇴했다"[19]면, 어떻게 21세기 연대 형태가 '무정부주의적 연대' 또는 '어소시에이션'이 될 수 있을지 이해하기 어렵다.[20]

---

17 임지현은 네그리 · 하트의 제국론과 다중론에 대해 긍정적인 평가를 하면서도("공화주의적 문제의식을 소중히 하면서 국민주권의 주술에서 벗어나려는 시도로서 네그리 · 하트의 '탈근대적 공화주의'가 주목되는 것도 같은 맥락에서다."(임지현 2002, 191~192면) 그것을 온전히 수용할 수 있을까에 대해서는 유보적인 태도를 보이고 있다. "예컨대 하트와 네그리가 『제국』에서 제시한 '포스트모던 공화주의'의 가능성은 처음부터 봉쇄된 셈입니다. 물론 그것이 얼마나 실현 가능성이 있는가는 별개의 문제라고 생각합니다만……"(사카이 나오키 · 임지현 2003, 285면)

18 이매뉴얼 월러스틴, 강문구 역, 『자유주의 이후』, 당대, 1996, 4장 참조.

19 가라타니 고진, 조영일 역, 『세계공화국으로』, 도서출판 b, 2008, 19면.

20 가라타니 고진은 이 점에 대해 다음과 같이 부연한다. "그러나 이미 서술한 것처럼 국가사회주의가 쇠퇴했을 뿐만 아니라 동시에 리버테리언 사회주의도 쇠퇴하고 말았습니다. 왜 그랬을까요? 리버테리언 사회주의(어소시에이셔니즘)가 단순히 이념적이어서 현실적이

이들의 작업은 민주주의적인 관점에서 민족주의와 국가주의를 비판하고 국민국가의 역사적·내생적 한계들을 비판한다고 말하지만, 이론적으로 본다면 오히려 그것들에 대한 저항과 대안 모색의 가능성을 차단하는 결과를 낳는 것 같다. 국민국가가 괴물처럼 가공할 만한 지배의 장치, 기계로 묘사되면 될수록, 국민국가가 모든 개인들을 포섭해서 정신만이 아니라 신체에도 지배의 흔적을 새겨 넣고 그들의 자발적인 복종을 강화한다고 간주하면 할수록, 또한 근대의 세계사 전체가 이러한 의미에서의 국민국가의 확산과 강화의 역사로 간주되면 될수록, 도대체 어떻게 그처럼 악마적인 힘을 가진 국민국가에 저항할 수 있는지, 어떻게 탈국민국가의 길로 접어들 수 있는지 알 길이 없기 때문이다. 이 글에서 다룬 필자들이 모두 '개인의 해방'이나 '무정부주의적 연대', '탈국민화, 비국민화' 같이 막연한 전망에 머물고 있는 것은 우연이 아니다. 이들의 작업은 비판 그 자체만으로도 의미가 있는 게 아닌가, 한 번의 작업에서 모든 것을 바랄 수는 없으며 대안의 모색은 차후의 작업에서 기대해 봐도 좋지 않은가라는 반론이 있을지도 모르겠다. 하지만 문제는 민족주의와 국가주의 및 국민국가에 대한 비판이 이들과 같은 문제설정 위에서 전개되는 한, 오히려 그것에 대한 유효한 이론적·실천적 대안을 모색하는 것은 지극히 어렵다는 점에 있다.

지 않았기 때문만은 아닙니다. 거기에 자본, 네이션, 그리고 국가에 대한 인식이 결여되어 있었기 때문입니다. 어소시에이셔니즘은 자본, 네이션, 국가를 거절합니다. 그렇게 하는 것은 좋지만, 왜 그것이 존재하는가를 충분히 사고하고 있지 않습니다. 그렇기 때문에 결국 그것들에 걸려 넘어지게 된 것입니다. 오늘날 가령 리버테리언 사회주의와 같은 종류가 부활한다고 해도 자본, 네이션, 국가에 대한 인식이 없으면 같은 전철을 밟게 될 것입니다."(가라타니 고진, 앞의 책, 27면) 가라타니 고진 자신이 제안하는 대안에 대한 평가와는 무관하게 이러한 주장은 주목할 만하다.

서두에 밝힌 것처럼, 이 글은 이 글에서 다룬 필자들을 전적으로 거부하거나 그들의 주장을 모두 배척하기 위한 것이 아니다. 오히려 나 자신은 대상이 된 필자들의 문제의식에 상당 부분 깊이 공감하고 있으며, 특히 민족주의와 국가주의에 대한 비판, 동아시아에서 미국의 헤게모니에 대한 면밀한 분석과 저항, 소수자와 이주자들의 권리에 대한 존중의 필요성 등에 대해서 전적으로 공감한다. 이런 측면에서 이 글은 이를 테면 동지적인 비판이라고 해도 좋을 것이다. 하지만 실천적인 문제의식에 공감하는 만큼 이들의 작업에 대한 이론적인 비판과 대안의 모색은 더욱 절실히 요구된다는 것이 또한 나의 생각이다. 이러한 관점에서 마지막으로 국민국가에 대한 내재적 비판을 위해 필요한 세 가지 사항들을 지적해보고 싶다.

1) 이데올로기에서 대중의 존재론적 우위

첫째, **이데올로기에서 대중의 존재론적 우월성**이라는 관점이 필요하다. 지금까지 살펴본 논자들은 민족주의 및 국민국가를 넓은 의미에서 이데올로기적인 지배와 예속화 메커니즘으로 이해하고 있다. 문제는 그러한 지배와 예속화를 강제에 의한 것으로 이해하든, 아니면 임지현이 특히 강조하는 것처럼 일종의 자발적 예속으로 이해하든 간에(임지 2005a, 19면), 이러한 관점은 항상 이데올로기를 지배자에 의한 피지배자의 지배와 예속화의 수단 내지 도구로 이해한다. 여기에 전제되어 있는 관점은 피지배 계급 내지 대중은 존재론적·인간학적 또는 정치적으로 항상 열등하고 수동적이라는 생각이다. 대중들이 자발적으로 동의한다고 해도, 그것은 결국 대중들은 사태를 정확히 이해하지 못한 가운데 우매하게 지배자의 이데올로기적 기만이나 술책에 말려들어간다는 식의 가치 판단을 이미 함축하고 있다. 이 경우 설명이 불가능한 것은 피지배 대중들이 자주 반역을 하고 또 어떤 경우들에는 새로운 역사적 전환 및 민주주의의 진전을 이룩한다는 점이다. 인권선언을 통해 인권과 시민권을 근대 국가의 이념적 기초로 확립한 프랑스 혁명이 그랬고 19세기의 노동운동과 20세기의 여성운동이 그랬으며, 20세기 후반 미국 및 남아프리카공화국의 흑인인권운동이 그랬다. **지배 세력에 의한 기만과 조작의 시도들이 존재한다면, 그것은 그 이전에 대중들의 능동적인 저항과 반역의 시도들**(적어도 그 가능성)**이 항상 존재하기 때문이다.**

에티엔 발리바르와 자크 데리다는 각자 최근 저작에서 이 점을 강조한 바 있다. 발리바르는 알튀세르의 이데올로기론에 관한 글에서 "내가 보기에 우리에게 필요한 것은 오히려 **'이데올로기'의 기능작용 속에서 특권적인 능동적 역할을 피억압자들 또는 피착취자들에게** (적어도 잠적으로) **부여하는** 이유들을 설명하는 것이다."[21] 이것은 다시 말해 지배 이데올로기가 진정으로 지배적인 효과를 산출하기 위해서는 그것은 피지배 대중들의 상상계에 뿌리를 두어야 하며 그러한 상상계를 자기 나름대로 구성하고 활용할 수 있어야 한다는 것을 의미한다. 마찬가지로 데리다는 『마르크스의 유령들』에서 유령성, 곧 이데올로기를 모든 사회적 관계가 형성되기 위한 조건으로 제시하면서 동시에 모든 이데올로

21 에티엔 발리바르, 윤소영 역, 「비동시대성-정치와 이데올로기」, 『알튀세르와 마르크스주의의 전화』, 이론, 1993, 183~184면-강조는 발리바르.

기, 모든 종교 안에는 대중들의 해방에 대한 열망이 담겨 있음을 지적한다. 그가 '메시아주의 없는 메시아적인 것'[22]이라고 부른 것은 이처럼 계시 종교나 이데올로기 일반 안에 존재하는, 그리고 그러한 종교나 이데올로기를 가능하게 해주는 근원적인 해방의 열망, 해방의 경험의 형식을 가리킨다. 이 두 사람이 주장하듯이 이데올로기에서 피지배자 또는 대중의 존재론적 우월성이라는 관점을 택할 경우에만 우리는 국민국가 및 민족주의의 강고한 지배 구조를 해명한다는 구실 아래 국민국가 전체를 전체주의로 획일화하는 위험에서 벗어날 수 있다.

2) 권력에 대한 긍정적이고 생산적인 관점

둘째, 푸코가 강조했듯이 권력을 부정적이고 억압적인 또는 포획적인 관점에서 이해하지 않고 **긍정적이고 생산적인 관점**에서 이해해야 한다. 이 글에서 다룬 필자들의 또 다른 특징은 권력에 대해 추상적이고 부정적인 관점을 전제한다는 점이다. 특히 임지현은 그가 주창하는 대중독재론의 이론적 전거로 푸코를 명시적으로 거론하고 있음에도(임지현 2005b, 605~606면), 푸코가 여러 차례에 걸쳐 역설한 권력의 긍정성, 생산성, 다양성과 정면으로 대립하는 권력관을 보여준다. 이는 그의 대중독재론이나 국민독재론이 푸코나 알튀세르에 관한 상당히 피상적인 인식에 기반을 두고 있다는 점을 짐작케 해준다.

---

22 자크 데리다, 진태원 역, 『마르크스의 유령들』, 이제이북스, 2007, 322~324면 참조.

하지만 푸코는 그의 관점과 달리 규율권력이라는 개념을 처음 도입한 『감시와 처벌』(1975) 및 『성의 역사』 1(1976), 『사회를 보호해야 한다』(1997) 같은 저작에서 지속적으로 권력을 부정적이고 억압적인 것으로 인식해서는 안 되며, 긍정적이고 생산적이며 다원적인 것으로 이해할 것을 역설한다. 특히 다음과 같은 푸코의 언급은 임지현 식의 권력관을 정면으로 반박하고 있다. "그러니까 개인들을 복종시키고 억압하는 권력이 적용되는, 또 타격을 가하는, 일종의 기본적인 핵이나 최초의 원자, 다수의 불활성 물질 등으로 개인을 생각해서는 안 될 것이다. (…중략…) 권력을 전면적이고 동질적인 지배의 현상으로 간주하지 말 것이다."[23]

푸코가 권력을 부정적이고 추상적인 것이 아니라 긍정적이고 생산적인 것으로 인식해야 한다고 말했을 때 염두에 둔 것은 권력을 단순히 지배, 그것도 전일적 지배와 동일시하거나 권력에 의해 작동되는 주체화 양식을 철저한 예속화 양식과 동일시하는 것을 피하기 위해서였다. 그는 1982년에 쓴 「주체와 권력」이라는 글에서 그 당시까지 전개된 자신의 작업을 세 가지로 분류하면서 자신의 연구의 일반적 주제는 **권력이 아니라 주체**라고 말하고 있다. 이는 다른 말로 하면 예속화assujettissement 또는 sujétion 양식과 주체화subjectivation 양식의 갈등적인 과정에서 산출되고 그러한 과정 속에서 자기를 변형시켜나가는 주체에 대한 탐구가 자신의 주요한 관심사라는 것이다. 실제로 푸코는 규율 권력에 대한 분석, 특히 『감시와 처벌』이나 『비정상인들』에서 근대 규율 권력이 어떻

23 미셸 푸코, "Il faut défendre la société", *Cours au Collège de France* (1977~1978), Paris : Seuil, 1997; 박정자 역, 『"사회를 보호해야 한다"』, 동문선, 1998, 48면 — 번역은 약간 수정.

게 개인 주체들을 예속적 주체로 생산해내는지 분석한 반면, 생명 권력 / 생명 정치 개념이 도입된 이후 말년의 몇몇 글에서는 예속적 주체들, 규율된 주체들이 생산되는 예속화 양식과 구별되는 주체화 양식의 가능성을 모색했다.

우리가 권력을 긍정적이고 생산적인 것으로 인식할 때에만, 권력의 기술에 따라 예속적인 주체가 산출되는 것과 동시에 또는 그 이전에, 권력의 작용 속에는 항상 이미 저항의 가능성이 들어 있다는 것, 또는 예속적인 주체는 항상 이미 그 예속에 저항할 수 있는 가능성을 품고 있다는 것을 사고할 수 있다. 곧 권력은 본질적으로 관계론적인 것이며, "관계로서의 권력은, 고착된 상태의 권력 관계, 곧 지배와 구별되며, 그 자체 안에 항상 저항과 자유의 가능성을 담고 있다. 물론 **이러한 저항과 자유 역시 관계론적인 형태를 띠고 있다**. 다시 말해 예속과 지배가 관계들로 이루어져 있는 것처럼, 저항과 자유 역시 관계들로 구성"[24] 되는 것이다.

3) 국민국가의 모순들이라는 문제설정

셋째, 국민국가 및 민족주의에 대한 분석에서 **국민국가의 역사**라는 관점을 이해하고 또 채택할 수 있어야 한다. 이는 사소한 지적처럼 들릴 수도 있다. 왜냐하면 국민국가는 이러저러한 역사적 사건들을 통해

24 진태원, 「생명정치의 탄생-미셸 푸코와 생명권력의 문제」, 『문학과 사회』 제75집, 2006년 가을호, 235면 — 강조는 원문.

전개되어 왔으며, 따라서 국민국가에 대한 분석에서 그러한 역사적 전개과정에 대한 인식은 당연한 전제가 되기 때문이다. 하지만 내가 '국민국가의 역사'라는 표현으로 말하려는 것은 국민국가의 역사를 **내적으로 규정해왔던 모순들**이 무엇이고 그러한 모순들의 전개과정에 의해 국민국가의 역사적 형태들이 어떻게 결정되었는가라는 문제다.

내가 본문에서 다룬 필자들은 모두 국민국가를 일방적인 억압과 배제, 예속의 체계로 이해할 뿐, 이를테면 국민국가가 민주주의를 확장하려는 경향과 지배 세력을 중심으로 하는 그것과 반대되는 경향의 모순적인 갈등의 산물로 이해하지 않는다. 이들의 비판과 달리 근대 국민국가는 전체주의적 국가와 동일한 것이 아니며, 국민 모두를 예속시키고 외국인을 비롯한 타자들은 항상 배격하는 억압적이고 패권적인 국가와 동일한 것도 아니다. 역사적으로 국민국가들이 그러한 문제점을 드러냈고 오늘날에도 여전히 드러내고 있다는 점은 부인할 수 없다. 하지만 그에 앞서 근대 국민국가는, 프랑스 혁명의 기본 이념이 담긴 『인간의 권리와 시민의 권리에 관한 선언』이 보여주듯이, 개인들의 자유와 평등의 이념에 기반을 두고 있으며, 그러한 이념들은 역사적으로 헌법을 통해, 각종의 사회적 제도와 장치들을 통해 구현되고 확장되어 왔다. 이를 끊임없이 잠식하고 약화시키는 반경향, 곧 시민들의 기본적인 권리들을 축소하거나 박탈하고 억압적이고 치안적인 장치들을 강화하는 경향도 줄곧 동반되어 왔으며, 어떤 의미에서 이러한 반경향들은 국민 국가 속에 구조적으로 기입되어 있다고 할 수도 있다. 하지만 적어도 그것은 유일한 경향은 아니었으며, 그것에 대한 완강하고 지속적인 저항과 투쟁을 모면할 수도 없었다. 따라서 이러한 저항과 투쟁이 존재하며, 그것을 통해 성취된 역사적 성과들이 근대 국민 국가들의 헌정 자체 속에 기입되어 있다는 사실을 간과해서는 안 된다.[25]

또한 '국민'은 강제적인 억압 권력으로서의, 개인들 하나하나를 남김없이 포획하고 복종시키는 예속 권력으로서의 국민 국가에 사로잡힌 신민들과 동일한 것도 아니다. 이들이 간과하는 것은 **개인이라는 범주 자체**가 국민국가를 통해 형성되었으며, 오늘날에는 더욱 더 국가를 벗어난 개인이라는 것은 성립 불가능하다는 점이다. 따라서 강명관이 말하듯 국민국가가 개인들을 국민으로 '제작'한다는 것은 적절한 말이 아니다. 국민국가는(또는 좀 더 정확히 말하면 권력은) 국민이 아니라 개인들 자체를 제작한다(이런 표현을 개인들은 자연적 존재자들이 아니라 인위적 존재자들이라는 의미로 사용한다면).[26] 국민 이전에 독립적인 개인들이 존재한다고, 따라서 국가 외부에, 국가와 독립하여 개인들이 일종의 자연 상태 속에서 성립할 수 있다고 가정하는 것은 개연성이 적은 주장이다. 개인들은 국가에 의해 제작되는 것 또는 형성되는 것 이외에 달리 존

25 이 점에 관해서는 Donald Sassoon, One Hundred Years of Socialism : The West European Left in the Twentieth Century, *New York*, NY : The New Press, 1998. 중 6장 참조. 발리바르는 근대 국민 국가의 이러한 모순적인 역사적 전개과정을 파악하기 위해 국민국가 대신, 특히 흔히 사용되는 복지국가나 사회국가라는 용어 대신 '국민사회국가'라는 개념을 사용할 것을 제안한다. 이 점에 관해서는 에티엔 발리바르, 『우리, 유럽의 시민들?』 4장 「공동체 없는 시민권?」 및 『정치체에 대한 권리』, 121면 이하를 각각 참조하라.

26 내가 알기로 '제작한다fabriquer'는 표현은 푸코가 『감시와 처벌』에서 근대 규율권력과 관련하여 처음으로 사용한 것이다. 그리고 푸코는 정확히 '개인들을 국민으로 제작한다'고 하지 않고 "개인을 제작한다"(Michel Foucault, 오생근 역, 『감시와 처벌』, 나남, 1994, 225면)고 말한다. 그리고 이 경우에만 『감시와 처벌』이 지닌 전복적인 의미가 살아날 수 있다. 하지만 과연 국민국가에 대해 푸코의 표현을 가져다 쓸 수 있는가 하는 점은 논의의 여지가 있다. 푸코는 국민국가가 개인을 제작한다고 말한 것이 아니라 규율권력이 제작한다고 말하기 때문이다. 푸코 자신의 관점에서 본다면 전자는 형용모순에 가까운 표현일 수 있다.

재하거나 성립할 수가 없다. 하지만 바로 **그렇기 때문에** 개인들은 철저히 종속적이고 예속적이라고 말하는 것은 잘못이다. 그것은 권력을 (의지와 욕망을 가진) 초월적인 대주체의 권력으로 가정하는 것이며, 권력의 작용을 부정적인 것으로만 파악하는 것이고, 더 나아가 권력의 메커니즘을 한 치의 오차도 없는 완전한, 목적론적 메커니즘으로 이해하는 결과를 낳을 수 있다.

개인들이 국가를 떠나서는 존재할 수 없다는 것, 또는 개인들은 국가를 통해 성립하고 국가를 통해 생존한다는 것은 한편으로는 개인들이 누릴 수 있는 자유와 권리는 국가 안에서, 국가를 통해서만 가능하다는 것을 의미한다.[27] 이를 천부적 자연권으로서의 인권 개념에 대한 비판 및 (일종의) 전도를 통해 처음으로 명확히 지적한 사람은 바로 한나 아렌트였다. 1차 세계 대전과 2차 세계 대전 사이에 유럽 출신의 모든 유대인 및 특히 여성 유대인들이 그랬듯이 복잡다단하고 곡절이 많은 삶을 살았던 한나 아렌트는 1920년대에서 1940년대까지의 정세, 특히 유럽에서 파시즘이 출현하던 위기의 시대에 자유주의 나아가 근대 정치-이데올로기 전반이 근본적으로 무력했던 이유를 성찰하면서 시민권의 중요성을 역설한다. 아렌트는 특히 이 시기에 발생한 거대한 '무국적stateless' 난민들의 비참한 상태를 관찰하면서, 근대 국민 국가의 이데올로기적 기초인 인권 이념이 근본적으로 진실이 아니라는 결론을 내린다.[28]

근대적 인권 이념에 따르면 실정적이고 특수한 시민권은 그에 앞서

27 지그문트 바우만은 T. H. 마샬Marshall에 대한 재독해를 통해 이 점을 명확히 밝혀주고 있다. Z. Bauman, "Freedom From, In and Through the State", op. cit. 참조.

28 한나 아렌트, 박미애 · 이진우 역, 『전체주의의 기원』 1, 한길사, 2006, 9장 참조.

존재하는 자연적이고 보편적인 인권의 제도화이며, 이러한 인권은 시민의 권리와 정치적 제도에 대해 보편적인 정당성의 원리를 제공해 준다. 따라서 인권은 시민권보다 더 광범위하고 또 그로부터 독립적이다. 이 때문에 인권은 국가에 속하지 않은 사람들 역시 권리들을 보장받을 수 있게 해 주는 기초가 될 뿐만 아니라, 그런 사람들이 늘어나는 상황에서 점점 더 중요해진다. 하지만 아렌트가 볼 때 사태는 전혀 그렇지 않았다. 그녀가 볼 때 **시민의 권리가 제거되거나 역사적으로 파괴되면 인권 역시 파괴되었다.** 왜냐하면 인권이 시민권을 기초하는 것이 아니라, 시민권이 인권을 기초하며, 따라서 **국가나 제도가 보장하지 않는 자연적 권리란 존재하지 않기** 때문이다. 이런 의미에서 아렌트가 제시하는 '권리들을 가질 권리'는 추상적 인권 개념에 대한 반박이며 그것의 전도라고 할 수 있다.[29]

따라서 개인들이 국가를 떠나서는 생존할 수 없으며 자유를 누릴 수도 없다는 것은 개인의 자유가 근원적으로 제한적이라는 것을 의미하지 않는다. 오히려 그것은 개인들의 존재 그 자체, 그리고 개인들이 향유할 수 있는 권리와 자유는 역사적으로 가변적이고 탄력적이라는 것을 의미한다. 17세기의 개인과 18세기의 개인, 또 오늘날의 개인은 동

29 아렌트의 이 개념이 지닌 복합적이고 때로는 모순적인 함의 및 그것이 미친 영향에 대해 여기서는 길게 논의하기 어렵다. 이 개념에 관한 상이한 해석들로는 특히 다음과 같은 저작들을 참조할 수 있다. 자유주의적 해석으로는 Michael Ignatieff, Human Rights as Politics and Idolatry, *Princeton*, NJ : Princeton University Press, 2001, 칸트주의적 해석으로는 Seyla Benhabib, 이상훈 역, 『타자의 권리』, 철학과현실사, 2004, 반폭력의 정치라는 관점에서의 해석으로는에티엔 발리바르, 『우리, 유럽의 시민들?』 중 특히 7장 「폭력과 세계화—시빌리테의 정치는 가능한가?」, 민주주의적 관점에서의 비판으로는 Jacques Rancière, "Who Is the Subject of the Rights of Man?", South Atlantic Quarterly, vol. 103, no. 2 / 3, 2004를 각각 참조.

일한 개인이 아니다. 또 어떤 의미에서 서유럽의 발전된 나라에서 살아가는 개인들과 아프리카 및 다른 저발전 국가들에서 폭력과 기아, 자연 재해를 겪으며 간신히 목숨을 부지해가는 사람들은 똑같은 개인, 똑같은 인간이라고 말할 수 없다. 이는 서구 중심주의 내지 유럽 중심주의를 정당화하기 위한 이야기가 아니다. 오히려 그것은 개인들의 존재와 그들이 누리는 자유와 평등이 역사적으로 가변적인 만큼 그러한 불평등과 그러한 비동일성은 현재와 장래에 얼마든지 해소되거나 적어도 격차를 줄일 수 있다는 것을 뜻한다.

따라서 국민국가의 역사적 한계들을 비판하기 위해 국민국가를 획일적인, 억압적·배제적 권력으로 간주할 필요도 없으며, 개인들이 국가 곧 국민국가를 통해서만 성립하고 실존한다는 것을 예속의 숙명적 필연성으로 받아들일 필요도 없다. 또 국민국가의 위기를 마침내 절대악으로부터, 악마적인 지배 권력으로부터 벗어날 종말론적인 약속의 시간으로 이해할 필요도 없다. 국민국가가 역사적 존재이고 국민 역시 역사적 존재인 한에서, 국민국가와 국민은 전환 가능하며 그것도 내재적인 방식으로 전환 가능하다. 그러한 전환이 반드시 다행스러운 방향으로 이루어질 것이라는 보장은 없지만, 그러한 방향으로 전개되도록 모색하고 노력할 수는 있다.

결국 국민국가의 성격에 대한 좀 더 균형 잡힌 인식을 위해서는 국민국가에 대한 비판이라는 이름 아래 국민국가를 전일적이고 전능한 예속적·배제적인 권력 메커니즘으로 간주하는 대신에, 국민국가의 **역사**라는 관점에서, 또 그러한 역사를 가능케 하는 국민국가에 고유한 **내재적 갈등과 모순들**이라는 관점에서 국민국가를 파악하려고 시도해야 한다. 더 나아가 이러한 모순과 갈등의 역사를 **피지배자, 대중, 인민의 관점**에서 설명할 수 있어야 한다. 그것이 민주주의적인 관점에서 국민국가의 역사 및 성격을 해명하기 위한 좀 더 적절한 방식일 것이다.

필자 소개

박헌호朴憲虎 Park, Heon-ho

고려대학교 민족문화연구원 HK교수. 지은 책으로는 『이태준과 한국근대소설의 성격』, 『한국인의 애독작품-향토적 서정소설의 미학』, 『식민지근대성과 소설의 양식』 등이 있고, 함께 쓴 책으로는 『동아시아 서사학의 전통과 근대』, 『근대어, 근대매체, 근대문학』, 『작가의 탄생과 근대문학의 재생산 제도』 등이 있다. 이외에 『나도향-어머니(외)』와 『심훈 장편소설-상록수』를 책임 편집했다.

이승희 李承姬 Lee, Seung-hee

고려대학교 민족문화연구원 HK연구교수. 주요 논저로는 『한국영화와 민주주의』(2011, 공편), 「공공 미디어로서의 극장과 조선민간자본의 문화정치」(2010), 「조선극장의 스캔들과 극장의 정치경제학」(2010), 「식민지조선 흥행시장의 병리학과 검열체제」(2012) 등이 있다.

김정한金廷翰 Kim, Jung-han

서강대학교 철학과를 졸업하고 동 대학원 정치외교학과에서 박사학위를 받았다. 현재 고려대학교 민족문화연구원 HK연구교수로 있다. 지은 책으로 『대중과 폭력』, 『알튀세르 효과』(공저) 등이 있고, 옮긴 책으로 『폭력의 세기』, 『혁명가』(공역) 등이 있으며, 「5·18 광주항쟁에서 시민군의 주체성」, 「5·18 무장투쟁과 1980년대 사회운동」, 「폭력과 저항－발리바르와 지젝」, 「한국 라깡주의 정치의 가능성과 조건」 등의 논문을 썼다. 『문화과학』, 『실천문학』의 편집위원을 맡고 있다.

함돈균 咸燉均 Hahm, Don-kyoon

고려대학교 민족문화연구원 HK교수이자 문학평론가. 2006년 『문예중앙』으로 등단했다. 한국문학의 미적 전위에 대해 깊은 관심을 가지고 있으며, 미적 전위와 정치적 진보의 접합 가능성에 대한 연구에 집중하고 있다. 연구서로 『시는 아무 것도 모른다』(수류산방 2012) 『13인의 아해가 도로로 질주하오』(공편, 수류산방 2013) 『한국문학과 민주주의』(편저, 소명출판 2013) 『근대 계몽기 단형 서사문학 연구』(공저, 소명출판 2005)가 있으며, 평론집으로 『얼굴 없는 노래』(문학과지성사 2009) 『예외들』(창비 2012) 『정거장에서의 충고』(공저, 문학과지성사 2009) 『씨네리테르』(공저, 문예중앙 2011) 등이 있다. 2009년 김달진문학상 젊은평론가상을 수상했다.

류시현 柳時賢 Ryu, Si-hyun

전남대학교 호남학연구원 HK교수. 한국 근현대사를 전공했고, 관심 분야는 '조선학'과 한국적 정체성, 번역과 근대 사상, 민족사의 구성 요소로서의 종교와 예술 등이다. 주요 논저로는 『최남선 연구』(역사비평사, 2009), 「근대 조선 지식인의 세계 여행과 동서양에 관한 경계의식」, 「1910년대 조선 불교사 연구와 '조선학'의 토대 형성」 등이 있다.

서지영 徐智瑛 Suh, Ji-young

고려대학교 민족문화연구원 HK 연구교수를 역임하였으며, 현재 캐나다 브리티시 콜롬비아 대학(University of British Columbia) 아시아학부 박사과정에 재학 중이다. 문학과 역사를 가로지르는 문화사적 연구 방법론을 모색하면서 한국의 모더니티 연구에 천착해 왔다. 특히, 전근대 / 근대 초기 유흥풍속, 하위주체, 도시공간과 여성 등에 주목하여 젠더적 관점에서 역사의 틈새를 복원하는 작업을 시도해왔다. 주요 논저로 「민족과 제국 '사이'—식민지 조선 신여성의 근대」, 『한국학연구』 29, 고려대학교 한국학연구소, 2008, 「상실과 부재의 시공간—1930년대 요리점과 기생」, 『정신문화연구』 116, 2009. 가 있다.

김일환 金日煥 Kim, Il-hwan

고려대학교 민족문화연구원 HK교수. 고려대학교를 졸업하고 동 대학원에서 석사, 박사 학위를 받았으며, 미국 일리노이 주립대학에서 박사후 과정을 가졌다. 주요 논문으로는 「역대 총선별 '선거' 관련어의 변화 양상」, 「대규모 신문 기사의 키워드 추출과 분석」, 「공기어 네트워크를 이용한 감정명사의 사용 양상 분석」, 「단발어에 대하여」, 「어근적 단어의 형태·통사론」 등이 있다.

문한별 文한별 Moon, Han-byoul

현재 고려대학교 강사로 재직 중이다. 고려대학교를 졸업하고 동 대학원에서 석사, 박사 학위를 받았으며, 고려대학교 민족문화연구원에서 연구교수를 역임하고, 연세대학교에서 박사후 과정을 가졌다. 주요 저서로는 『한국 근대소설 양식론』이 있으며, 논문으로는 「근대전환기 연설체 서사의 서술 전략」, 「근대 소설의 귀향과 여로 모티프 비교 연구」, 「일제강점기 번역 소설의 단행본 출판과 검열 양상」, 「〈조선경찰월보〉를 통해서 고찰한 일제강점기 단행본 소설의 출판 검열의 양상」등이 있다.

정병욱 鄭昞旭 Jung, Byung-wook

고려대학교 민족문화연구원 HK교수. 한국근현대사를 전공했으며, 대표 논저로 『한국근대금융연구』, 『日本の朝鮮植民地支配と植民地的近代』(공저), 『일기를 통해 본 전통과 근대, 식민지와 국가』(편저), 「조선식산은행 일본인 행원의 식민지 기억」이 있다. 계간지 『역사비평』에 「식민지 불온열전」을 연재 중이다.

김승우 金承宇 Kim, Seung-u

현재 고려대 민족문화연구원 HK연구교수, 고려대 국어국문학과 강사로 재직중이다. 한국 고전문학을 전공하였고, 주요 관심 분야는 한국 고전시가의 제현상, 19세기 서구인들의 한국문학 인식, 정전正典 형성 문제 등이다. 2007년 이래 고려대 민족문화연구원에서 연구원, 선임연구원, HK연구교수로 근무하고 있으며, 주요 논저로는 『용비어천가의 성립과 수용』, 「고전시가 속 '漁父' 모티프의 수용사적 고찰」, 「김태준의 詩歌史 인식과 高麗歌詞」 등이 있다. 제20회 나손학술상羅孫學術賞을 수상하였다.

김항 金杭 Kim, Hang

연세대학교 국학연구원 HK교수이다. 지은 책으로는 『말하는 입과 먹는 입』이 있으며, 함께 쓴 책으로는 『인터뷰 한국 인문학 지각변동』이 있다. 옮긴 책으로 「근대초극론」, 「미시마 유키오 대 동경대 전공투 1969~2000」, 『동아시아를 만든 열 가지 사건』(공역, 2008), 『예외상태』, 『정치신학』 등이 있다.

진태원 陳泰元 Jin, Tae-won

연세대학교 철학과와 같은 과 대학원을 졸업하고, 서울대학교 철학과에서 「스피노자 철학에 대한 관계론적 해석」이라는 논문으로 박사학위를 받았다. 현재 고려대학교 민족문화연구원 HK 연구교수로 재직 중이다. 스피노자를 비롯한 근대철학에 관심을 갖고 있으며, 요즘은 주로 정치철학과 민주주의론에 관해 연구하고 있다. 엮은 책으로 『알튀세르 효과』가 있으며, 「국민이라는 노예? 전체주의적 국민국가론에 대한 비판적 고찰」, 「어떤 상상의 공동체? 민족, 국민 그리고 그 너머」, 「푸코와 민주주의」 등을 저술했고, 『헤겔 또는 스피노자』, 『법의 힘』, 『마르크스의 유령들』, 『우리, 유럽의 시민들?』 『정치체에 대한 권리』 등을 옮겼다.